普通高等教育"十一五"国家级规划教材

21世纪高等学校经济学系列规划教材

"十三五"江苏省高等学校重点教材（编号：2016-1-115）

U0739927

通信经济学

（第3版）

储成祥 张玉梅 张振亮 主编

Communication
Economics

人民邮电出版社

北 京

图书在版编目（CIP）数据

通信经济学 / 储成祥，张玉梅，张振亮主编. -- 3
版. -- 北京：人民邮电出版社，2019.2
21世纪高等学校经济学系列规划教材
ISBN 978-7-115-49515-0

Ⅰ. ①通… Ⅱ. ①储… ②张… ③张… Ⅲ. ①邮电经
济学－高等学校－教材 Ⅳ. ①F60

中国版本图书馆CIP数据核字(2018)第228023号

内 容 提 要

在经济学的体系中，产业经济学是研究国民经济各种产业共通的运行规律的应用经济学。但是，国民经济各个行业还有其特殊性和运行规律，如工业经济、商业经济和运输经济等。通信经济同样具有自身的特殊性。通信经济学就是一门带有通信行业特色的产业经济学。

本书内容包括通信的起源与发展、通信业的地位与职能、通信业与社会信息化、通信业的产业属性与经济特征、通信网与网间互联、通信企业及边界、通信产品、通信产品成本、通信资费、通信收入与通信产业绩效、通信市场发育与结构及通信规制。

本书可作为高等院校相关专业本科生和研究生的教材，也可作为通信行业高级管理人员的培训教材。

◆ 主　　编　储成祥　张玉梅　张振亮
　　责任编辑　孙燕燕
　　责任印制　焦志炜

◆ 人民邮电出版社出版发行　　北京市丰台区成寿寺路 11 号
　　邮编　100164　　电子邮件　315@ptpress.com.cn
　　网址　http://www.ptpress.com.cn
　　北京科印技术咨询服务有限公司数码印刷分部印刷

◆ 开本：787×1092　1/16
　　印张：20　　　　　　　　　2019 年 2 月第 3 版
　　字数：488 千字　　　　　　2025 年 6 月北京第 4 次印刷

定价：59.80 元

读者服务热线：(010)81055256　印装质量热线：(010)81055316
反盗版热线：(010)81055315

通信业包括邮政与电信。由于邮政在通信业中的比重迅速下降（中国邮政完成的函件数量已经从 20 世纪末的 100 亿件左右降至 2017 年的 31.5 亿件），同时邮政是以实物形式传递信息的，邮政的运行过程既具有通信的特点，又具有实物运输的特点；因而，它在宏观经济现实中已经被列入运输部门管理。电信业也已经作为独立系统运行，为表述的系统性和完整性，本书主要围绕电信业进行论述。

以微电子技术为基础的电信业是当代国民经济各部门中发展速度最快的，其运行趋势和规模不断出现新的特点。本书的任务是系统地表述一个学科中被公认的、成熟的知识体系。本书不负责回答正在研究的最前沿的问题，但是我们有必要指出这些亟待回答的问题。目前需要进行研究的问题有：每个人最终需要多少个通信终端？通信终端普及率与经济增长还有直接的关系吗？由于通信的传输成本下降，距离对传输成本是否已经没有影响？消费者对信息流量的需求是否永无止境（成为黑洞）？通信成本下降是否将长期持续，制约成本下降的因素有哪些？价格的下降导致电信业增加值在 GDP 中的比重趋于下降的趋势是否还将持续？还能计算被通信业替代的交通费用吗？

随着通信技术的发展，通信终端数量迅速增长，2017 年年底，中国已经拥有超过 16 亿电话用户，其中，移动电话用户总数 14.2 亿户，移动电话用户普及率达 102.5 部/百人；互联网宽带接入端口数量为 7.79 亿个，网民规模为 7.72 亿人，互联网普及率达到 55.8%。通过对以往的研究能够得出，电话普及率提高一个百分点可以推动国民经济发展多少，但是当普及率提高到 100%以上之后，普及率的进一步提高所体现的意义已经与过去完全不同。例如，韩国信息化水平世界排名第二，但是其人均 GDP 在世界上排名 29 位左右。中国的信息化水平与其 GDP 在世界上的地位相近。许多经济问题会随着技术进步而消失。譬如，长途电话收费问题、移动通信的双向收费问题、漫游费问题等，在成本较高时期，如何收费一直存在激烈争论。但是，随着技术的进步和成本的迅速下降，这些争议随之结束。

目前，人们的生活节奏越来越快，人们之间的联系越来越密切，世界仿佛变得越来越小！这一切与各种网络密不可分。其中的一个网络就是通信业形成的网络。各种网络使社会上每一个人、每一个机构组织之间的关系变得平等，不再是以往的近乎垂直的关系，而是越来越趋向于一种平等的关系。因此，所有的网络产业均被定义为准公用产业，当然，各种网络的公用性程度是不同的。网络运行速度的加快使人与人之间的距离拉近了。在 20 世纪末，通信业发生的重大事件是光电信号传递的信息数量超过用实物传递的信息数量。21 世纪初正在发生的是：互联网已经从协议规模上超越了传统的通信网络，成为新的基础结构！随着一些新的互联网技术不断发展和广泛应用，传统的电信企业压力倍增。但传统的通信方式和新型的互联网通信方式之间的竞争总体来说是件"好事情"，对消费者有利。截至 2018 年第一季度，微信用户已突破 10 亿人。

通信业的管道化趋势以及其社会效益递增、企业边际效益递减的趋势，都是亟待研究的重大课题。2007 年，美国实现第一次太空授课。第二次有重大影响的太空授课发生在 2013 年的中国，当时授课面向了 6000 多万学生和其他观众。这些都只能计算社会效益，而无法计算经济效益，尤其是企业的微观经济效益。

通信业不断出现的新事物尚未在经济上得到令人满意的解释。例如，微信等通信创新不仅是技术和业务问题，也是一种经济问题。相当于金融创新提高了货币资本的价值，通信创新提高了通信网的经济价值。这种价值提高如何计算，是需要我们深入研究的。E-mail、社交网站没有直接收费，但是却完成了通信，实现了使用价值。因为其消耗的资源是有限的而提供的使用价值很高，所以必然创造价值，只是其价值不是通过正常的市场交易实现的。

互联网内容产业、物联网、云计算、大数据、远程 3D 打印、微信等均要以电信系统为基础。电信业与上、下游产业形成的产业链，原来主要是电信业和通信设备制造业之间的关系。现在，通信终端和互联网内容产业的地位和作用大幅提高，开始与电信业争夺产业链的主导权。一些过去靠体制变革难以解决的问题，随着技术的进步迎刃而解。

各种产业的技术进步是不平衡的，而半个世纪以来，微电子技术、信息技术的进步是最快的。走在最前面的电子信息技术不仅推动了信息产业的迅猛发展，而且对其他产业起到了带动和改造作用。

在工业化进程中，与工业产品的生命周期现象不同的是，各种基础设施提供的服务项目的生命周期现象似乎不明显。但是，电子信息革命带来了巨大而深刻的变化，在不到 30 年的时间里，先是电报业务由盛而衰，然后是固定电话业务在很大程度上被移动电话业务取代，固定电话业务正在逐渐边缘化，成为电信宽带业务的一部分。目前正在发生的是移动互联网业务后来居上，逐渐成为主流业务。2017 年，移动数据及互联网业务收入 5489 亿元，比 2016 年增长了 26.7%，在电信业务收入中的占比从 2016 年的 38.1% 提高到 43.5%，对收入增长的贡献率达 152.1%。

除技术进步之外，电信业的发展动力还来自于体制变革。在 20 世纪的最后 20 年中，全世界电信业最大的变革是由垄断向竞争的转变。21 世纪初以来正在发生的是电信基础设施的共建共享。我国在 2005 年已提出电信基础设施共建共享，但是进展较为缓慢。2014 年，我国正式提出建立国家铁塔公司，这标志着电信基础设施的共建共享进入了实质性阶段。在发达国家已经流行的虚拟运营商在中国也已成为现实，这些都具有划时代的意义。截至 2017 年年底，中国获得移动转售业务牌照的虚拟运营商共有 42 家，累计发展用户超过 6000 万人，占移动用户总数的比例超过 4%，直接吸引民间投资超过 32 亿元。

综上，电信业的发展日新月异，但是还是有其内在规律的，本书的任务就是要清晰地概括描述这些规律和发展趋势。本书是在 2015 年出版的《通信经济学（第 2 版）》教材的基础上修订完成的。相比上一版教材，本书在对以往每一章内容进行充实和更新的基础上，还调整和优化了章节次序，全书的逻辑体系以及相关的概念范畴表述的严谨性也进一步得到加强。

本书由储成祥、张玉梅、张振亮担任主编，另外刘钰碧、张强、彭英也参与了编写工作。其中，储成祥编写绪论及第 10 章；张玉梅编写第 8 章、第 9 章、第 11 章、第 12 章；张振亮编写第 6 章、第 7 章；刘钰碧编写第 3 章、第 4 章；张强编写第 1 章、第 2 章；彭英编写第 5 章。全书最后由储成祥、张玉梅负责审稿、定稿。

本书在编写过程中，参考并借鉴了大量国内外学者的研究成果，并均在书中或参考文献中一一列出，在此表示感谢。

编　者
2018 年 8 月于南京

目　录

通信经济学一直以来都是研究通信行业运行规律的重要学科之一。与国民经济各个行业有其特殊性和特殊的运行规律类似，通信经济同样具有其特殊性而有别于工业制造业、农业等。通信经济学就是一门带有行业特色的产业经济学，是以理论经济学为基础，以通信运营业（包括邮政和电信运营）为研究对象，研究和揭示其经济运行规律的应用经济学。

一、通信经济学的性质和研究对象

1. 改革开放以来我国通信经济的发展

20 世纪 70 年代末，我国通信业面临着十分严峻的形势，集中体现为通信的基础设施，不仅数量少而且技术差，较落后于世界各国的平均水平。进入 20 世纪 80 年代后，世界主要发达国家陆续从工业社会向信息社会过渡，各国都十分重视通信网络的建设和发展，通信已经成为发达国家经济发展中举足轻重的产业。随着改革开放的推进，我国经济的发展逐渐从封闭趋于开放，信息的流动方式发生了很大转变。商品经济的发展使得人们在社会生产和日常生活中的交往日益增多，由此引发了通信业务量的骤增，尤其是住宅电话待装户数量的急剧上升。通信在经济发展中的重要作用进一步显现，这一时期通信瓶颈也成为制约经济发展和对外开放的主要因素之一。

要想解决通信发展的瓶颈问题，首先要解放思想，转变观念。为此，邮电部门组织开展了一场关于通信性质、地位和作用的大讨论，其中心内容是要明确通信是社会生产力的基本观点。全国第十八次邮电工作会议明确指出：邮电通信是社会经济的基础设施，是国民经济中应该优先发展的"先行官"，但当前的邮电通信较落后，是国民经济薄弱环节中的薄弱的环节，"先行官"不先行已经掣肘了国民经济的发展。1982 年，在第二十次全国邮电工作会议召开前后，国务院领导指出：邮电通信事业目前的落后状况与其在现代化建设中的重要地位极不相称，并再次强调邮电通信已经成为经济发展薄弱环节中的最薄弱环节。在此期间，我国从上到下对通信高度重视，掀起了以"通信定位"为主题的思想解放大讨论，大规模的宣传和深层次的讨论研究，使人们充分认识到"邮电通信是社会生产力"这一基本观点，并且制定了一系列优先发展通信的政策、措施，奠定了我国通信产业"高起点、超常规、大跨度"式发展的基础。

为了改变通信落后的局面，国家在政策上给予了大力扶持，主要的政策包含"六条指示"

（电信优先发展、多方共建、多渠道筹措资金、政策扶持、采用新技术、引进外资和设备）、"三个倒一九"（所得税上缴 10%、非贸易外汇上缴 10%、贷款偿还 10%）和收费（收取初装费和附加费）分成。在国家政策的扶持下，从 20 世纪 80 年代中后期开始，各种信息业务应用增多，程控交换技术成为技术选项，通信网络开始向数字网发展。电信号的时分多路技术走向成熟，公共电话交换网（PSTN）逐渐得到普及，交换方式发展出新的类型。蜂窝网等各种无线移动通信业务向公众开放，促进了个人通信的迅速发展。

20 世纪 90 年代中后期，国家进一步加大改革力度，实现政企分开、邮电分设，重组了中国电信和中国联通，正式成立了中国移动，这标志着竞争机制的引入。经济理论和实践都已证明：竞争是提高产业整体效率、改善社会整体福利不可缺少的重要因素。随着技术条件的变化、市场容量的扩大及其竞争形式的多样化，通信业的自然垄断特性逐渐被弱化；与此同时，信息通信技术的发展使一部分业务领域的市场进入成本和供给成本有所下降，降低了电信市场的进入门槛；信息通信技术的融合使通信产品更加多样化，产品替代性大大加强；政府管制思路发生变化，以形成竞争机制为目标，探索建立更有效的市场竞争框架。

进入 21 世纪，第三代移动通信网络在新的频谱上制定出新的标准，享用更高的数据传输速率。2008 年 4 月 1 日，中国移动通信集团公司在北京、上海等 8 个城市，启动第三代移动通信（3G）"中国标准"TD-SCDMA 社会化业务测试和试商用，标志着我国第三代移动通信（3G）标准 TD 正式开启商业化应用。同年 5 月 24 日，中华人民共和国工业和信息化部（以下简称工信部）、中华人民共和国国家发展和改革委员会（以下简称国家发改委）、中华人民共和国财政部（以下简称财政部）联合发布《关于深化电信体制改革的通告》，宣布电信重组正式开始，国内电信运营商由 6 家变为 3 家，这些变动实现了各大运营商之间的实力平衡，为中国 3G 通信网全面铺开奠定了基础。2009 年的 1 月 7 日中国移动的 TD-SCDMA、中国联通的 WCDMA 和中国电信的 WCDMA2000 分别获得了我国仅有的三张 3G 牌照。

2013 年 12 月，工信部在其官网上宣布向中国移动等 3 家电信运营商颁发"LTE/第四代数字蜂窝移动通信业务（TD-LTE）"经营许可，也就是 4G 牌照。至此，移动互联网的网速达到了一个全新高度。目前我国 4G 信号覆盖率极高，以 TD-LTE、FDD-LTE 为标配的智能电子产品越来越多。

通信技术的更新速度非常迅速，第五代移动通信技术的诞生，将进一步改变人们的生活。国际电联将 5G 应用场景划分为移动互联网和物联网两大类。互联网、物联网带来的庞大终端接入、数据流量需求，以及种类繁多的应用体验提高需求推动了 5G 的研究。与 4G 网络相比，5G 不仅传输速率更高，还呈现出低时延、高可靠、低功耗的特点，可实现多种新型无线接入技术和现有无线接入技术（4G 后向演进技术）的集成，更好地支持互联网和物联网的应用。

技术的快速发展、新业态的形成、新业务对传统业务的替代给电信运营企业带来了新挑战。物联网、云计算、大数据等替代性互联网技术的快速发展，不断丰富着信息通信业的内涵，不仅包含传统电信服务，还涉及互联网服务。近年来，信息通信业产品及收入结构不断调整和优化，传统电信业市场份额下降，以互联网为代表的新应用、新业态市场份额不断上升，2014 年互联网服务收入已经超过基础电信业收入，成为行业发展的核心和焦点。从两大领域的发展特点看，基础电信业成熟期特征明显，固定电话用户连续 8 年下降，移动电话普及率已超过 95 部/百人，市场趋近饱和；再加上受到通过互联网向用户提供各种应用服务

（Over The Top，OTT）的业务异质替代竞争的影响，基础电信业收入增速明显趋缓，即使扣除"营改增"短期财税政策调整的影响，按可比口径计算的收入增速不到 4%，远低于国民经济增速。2015 年互联网服务收入超过 9 000 亿元，其中 5 000 亿元来自增值电信企业，其规模是 2010 年的 2.3 倍。

随着社会发展，信息通信早已渗透社会生活的方方面面，建设网络强国不仅是国家赋予通信业的使命和职责，更是通信企业自身实现转型发展的历史机遇。针对通信网络重构与服务转型，传统业务收入和流量收入仍然占主导地位。因此，在服务模式云端化、数字内容宽带化和应用类型多样化的发展背景之下，通信运营商需尽快转型，构建新的价值生态系统。

2．通信经济学的名称、性质

国内专家学者结合我国的实际情况对通信经济的理论和实践做了许多有益研究。20 世纪 50 年代以来，通信经济领域基本以介绍苏联及西方的邮电经济理论为主。通信经济学的名称在不同的时期也有所区别。最早见诸课堂的是《邮电经济管理导论》等，诸幼侬、李国梁的《邮电经济学》是代表作，此后随着通信的发展、邮电的分营以及移动分离中国电信等，出现了如"社会主义邮电经济学""邮电通信经济学"的名称，现在比较多地使用"通信经济学"这一名称。

关于通信经济学是一门什么性质的科学，一般认为它与理论经济学不同，具有显著的实践性和应用性。由于电信通信业已经成为通信业的主体，本书在结合实际进行分析时主要联系电信通信业和新兴的互联网企业的实际进行分析。邮政通信和电信通信还是有很大差异的，目前还不具备独立编写《邮政通信经济学》和《电信通信经济学》的条件，只能在相关章节中分别加以阐述。20 世纪 90 年代至 21 世纪初，中国乃至世界通信业的大发展，更是为通信经济理论的发展提供了坚实的实践基础。通信业是当代国民经济各部门中发展最快的行业，但是，正是由于通信业的飞速发展，出现了大量新的现象和规律需要总结和概括。通信经济学这一学科在学科体系方面必然是不够完善的、不够成熟的，加之通信业日新月异的发展，不断提出新的课题需深入研究。一方面，原有的通信经济学体系中还有需进一步完善和探讨的地方；另一方面，也需要将通信经济理论研究的新成果吸收到通信经济学的理论体系中来。编写新的通信经济学教材，有助于在这两方面均发挥较大的作用。但是，我们认为在建设中国特色社会主义市场经济过程中，在工业社会向信息社会过渡的大背景下，通信经济理论的体系尚不完善和成熟。因此，本书仍然具有过渡性质。

3．通信经济学的研究对象

通信经济学作为一门带有行业特色的产业经济学，是以理论经济学为基础，以研究和揭示通信运营业（包括邮政和电信运营）的经济运行规律为研究对象，主要研究通信部门的经济运行规律，即通信经济发展过程中的必然联系和发展趋势的。通信经济学研究对象的范围是整个通信部门，是狭义的通信业，但不是某一具体的通信专业或通信企业。

通信经济学研究的范围主要包括以下几个方面：（1）研究通信部门经济运行的特殊性，其在社会发展和社会分工中的地位和作用；（2）研究通信业发展的宏观背景和各种影响因素；（3）研究通信业产生发展的历史进程和趋势；（4）研究通信业为社会提供的劳动成果的结构、数量和质量；（5）研究通信生产经营过程中的资源配置；（6）研究通信市场的发育和运行规律；（7）研究通信业的投入与产出，通信业的经济效益；（8）研究政府的通信政策。作为经济学，通信经济学要研究的是经济问题，即要研究生产要素的合理配置、生产要素的节约、投入产出、供给与需求、经济结构等问题。在研究以上问题时，我们要特别注意区分通信经济学与宏观经济学、运输经济学以及信息经济学之间的界限。

把握通信经济学的对象范围，要注意处理好以下关系：一是要处理好与宏观经济学之间的关系；二是要处理好与微观经济学之间的关系；三是要处理好与管理学之间的关系；四是要处理好与通信技术科学之间的关系；五是要明确部门经济学与产业经济学之间的关系。产业经济学研究国民经济各种产业发展运行的本质特征和一般规律，而部门经济学则研究某一具体产业的特征和发展规律。通信经济学以理论经济学为理论基础，研究通信部门经济运行的规律，也就是通信经济发展过程中内在的必然联系和发展趋势。通信业是国民经济大系统中的一个子系统。通信业这个子系统与其他子系统如农业、工业、交通运输业、建筑业、商业以及金融业等其他第三产业之间存在着密切的联系。社会经济的每一个子系统在其运行过程中都存在通信问题。一方面需要通信的支撑，另一方面又为通信的发展提供动力。可以说，通信实际上是一项全社会参与的活动。因此，要真正认清通信业的发展条件和规律，就必须将通信放在国民经济大系统的总体运行中进行研究。

二、通信与信息化

1. 通信与信息

通信即信息的传递。通信有两种形式：一种是用实物传递信息，被称为邮政通信；另一种是用光电信号传递信息，被称为电信通信。

要认识通信，首先要认识信息。关于信息的定义，目前尚未完全统一。1948年，贝尔实验室的香农，给"信息"下的定义是"不确定性的消除量"；苏联学者格卢什科夫把"信息"定义为"物质和能量在空间和时间分布不均匀的测度"；意大利学者郎格认为"信息是事物间的差异"；我国信息经济专家杨培芳认为信息即"可传递的差异性"。广义的信息是一切客观事物之间影响的总和。任何物理现象、化学现象、天文现象、地质现象和生物现象都是信息。信息的最高形式是人类的思想理论。信息（Information）又被称为负熵（熵指对客观事物混乱度的测量、对无序状态的描述），是系统形成开放状态、有序状态（耗散结构）的基本条件。人们通常理解的信息也就是狭义的信息，指的是客观事物相互之间发生的影响中间已经被人们认识到的或感觉到的那一部分，尤其是指被人们认为是有价值的那一部分。信息论中的信息是指信源（指产生信息的源即信息发出者）向信宿（指信息的归宿即信息接收者）发出的，能够消除信宿在认识上的不确定性的东西，也就是使信宿对事物的认识由未知到已知转变的要素或必要条件。信息是通信传递的对象，信道指信息的通道，即传输信息的媒介物。

信息是表现事物特征的一种普遍形式，是自然界、人类社会和人类思维活动中的一切事物的属性。信息与物质、能量并列为人类所观察到的3类宏观现象。人类通过感觉器官接收外界的种种消息、情报、指令、数据、信号判断事物的存在与发展变化。信息的交换不仅存在于人与人之间，而且存在于人与动物、人与植物、动物与动物、植物与植物乃至任何物质之间。真实的信息有以下特点：①客观性，不反映客观实际的信息是虚假的、没有价值的信息；②滞后性，某一事实的信息只有在这一事实发生后才会产生，而有关该事实的信息价值则随着时间的推移而降低；③可扩充性和可增长性，信息不会因被利用而消失，反而会因为被利用而得到充实和发展；④可传输性，这是信息区别于其他一切事物的特性。科技革命使信息不仅可用实物传递，而且可以通过电磁波传递；⑤可扩散性和保密性并存，信息安全具有重要意义；⑥可压缩性，信息可以被加工、概括、归纳和整理，成为浓缩的、精练的信息；⑦可分享性，信息被转让或出售后，买者得到信息，而卖者并未失去信息，双方可共享同一信息。

信息范畴在经济学中的地位正在迅速提高。以研究市场信息如何消除经济运行中的不确定性和获取信息的条件的不均衡为对象的"信息经济学"已经产生并得到发展。信息是人类各种行为的决策依据。现代决策理论认为决策过程实际上就是一个收集信息、处理信息、选择应对方案的过程。诺贝尔奖获得者西蒙认为，由于人类获取信息的能力是有限的，处理信息的能力也是有限的，因此人类的决策能力是有限的。在获取信息和处理信息的过程中就离不开作为支撑系统的通信。在现代经济中，从事以信息为劳动对象的产业即信息产业已经成为最重要的产业，通信业则是信息产业中最重要的组成部分之一。

2. 经济与社会信息化

20世纪中叶以来，电子产品开始了一场"数字化"革命，数字产品把信息、声音、图像、文字、图表等变成了简单的一串"1"和"0"，使计算机、家用电器、通信和娱乐四者之间的界限越来越模糊。

到目前为止，人类历史上共经历了五次信息革命：语言的产生；文字的创造；印刷术的发明；通信的出现以及计算机的产生（目前，计算机的主要功能之一是通信，即通过计算机网络将别人的成果拿过来使用）。这里随之产生了一个问题，智能通信终端能否成为一次信息革命？智能通信终端能否代替计算机？信息技术和通信基础设施的存在极大地推动了某类知识的编码化。所有能够编码并使其成为有用信息的知识都可以长距离传递或传播，而且花费甚少。正是由于知识的可编码成分的不断增加，使得现在的时代具有"信息社会"的特征。由于编码化，知识获得了更多的商品属性，方便了知识的市场交易，加速了知识的扩散。

国民经济信息化是指国民经济由以有形物质和能量为主要基础的经济，向以信息和知识为主要基础的经济转化的进程，对其用一种形象的说法就是：国民经济信息化的过程就是国民经济不断软化的过程。国民经济信息化包含的内容很多，而且其内容还在不断增加。其中最主要的表现是：生产经营的信息化即企业信息化，指按现代企业制度的要求，为适应市场竞争的需要，对经营管理和生产流程进行优化，用现代信息技术支撑运作。企业的生产运营建立在掌握准确全面的信息基础之上。社会生产与流通系统的信息化，包括金融电子化，金融市场通过电子信息网络实现全国联网乃至全世界联网。商业电子化，即建立网上交易系统。建立在互联网和企业内部网基础上的电子贸易，成为21世纪商品交易的重要手段。国家为经济运行提供全方位的信息服务。从总体上讲，国民经济信息化指的是：①国民经济各个部门在运行过程中创造产生出的信息越来越多；②国民经济各个部门在运行中接收和使用的信息越来越多，对信息的依赖程度越来越高；③在生产和传输信息方面耗费的资源越来越多，也即在国民生产总值中，生产和传输信息的部门所占比重越来越大，国民经济中用于传输信息的费用超过用于运输货物的费用；④最终体现在社会提供的商品和劳务中的信息含量越来越高，物质产品的信息含量越来越高，产品向"轻薄短小"的方向发展。

社会生活信息化包含的内容也极其广泛，信息消费也成为消费的重要组成部分之一，反而有形物质消费比重下降。例如，远程教育、远程医疗、远程科技服务乃至各种选择性的或消费者可以直接参与的文化娱乐、游戏等方式使信息实现共享；最新的科技信息、社会新闻、灵活多样的文娱节目和游戏通过信息网络可以为全球的每一个角落的人服务。通过网络进行社会交往正在成为普遍的社会现象之一。

衡量一个国家的经济与社会信息化程度有两种最基本的方法：一是衡量全社会的劳动力结构，即用从事与信息有关的劳动的人口占总就业人口的比重来衡量；二是运用信息化指数，该指数是用来衡量一个国家或地区社会信息化程度的指标。目前世界上已经产生了好几种信息化指数的计算方法，当今世界上影响较大的测度方法主要有：美国学者波拉特提出的"信息经济测算法"和日本学者小松提出的"信息化指数方法"。日本学者在 20 世纪 80 年代又提出了新的信息化指数，特别是增添了各产业信息装备率的一组指标，用以体现在信息化过程中信息技术及信息部门对国民经济各产业的影响。随着全球信息化浪潮和知识经济社会的来临，美国的 IDC 公司和 WorldTimes 公司在此基础上提出了"社会信息化指数（Information Society Index）"，对世界上的绝大部分发达国家和发展中国家进行跟踪测算并定期发布，引起了世界各国的重视。

中国互联网信息中心发布的《国家信息化发展评价报告（2016）》显示，中国的信息化排名从 2012 年的第 36 位攀升至 2016 年的第 25 位。中国信息化发展在产业规模、信息化应用效益等方面取得了长足的进步，已经位居全球领先位置。该报告的评估结果显示，中国各省份的信息化发展程度与人均 GDP 呈现正相关关系。绝大多数人均 GDP 水平高的省份，其信息化发展程度高于人均 GDP 水平低的省份的信息化发展程度。

自 20 世纪 90 年代中期以来，国际互联网用户的多少已经成为衡量一个国家社会信息化程度的重要指标之一。互联网用户增长速度极快，1995 年全球用户数估计为 800～3 000 万户；1996 年底上升到 2 800～4 000 万户；1997 年年底超过 1 亿户。2013 年全球互联网用户数达到 27 亿户，其中 6 亿用户在中国。2017 年，全球互联网用户数突破 40 亿户大关，证实了全球有一半的人口"触网"。

作为中国高速信息化的标志，自 20 世纪末以来，电信业经历了前所未有的发展。全世界固定电话发展 10 亿用户，用了 125 年（1876—2001 年）；移动电话发展第一个 10 亿用户用了 20 年（1982—2002 年）；移动电话发展第二个 10 亿用户用了 4 年（2002—2006 年）。2017 年 7 月，全球移动电话用户数首次突破 50 亿户大关，中国电话用户总数达到 16.1 亿户，其中，移动电话用户净增 9 555 万户，总数达 14.2 亿户，固定电话用户总数 1.94 亿户，比上年减少 1 286 万户。

2010 年，中国电信业务总量 30 955 亿元（2000 年价格），2011 年为 11 771 亿元（2010 年价格），2012 年为 12 984 亿元（较 2011 年增 9.3%）；2010 年电信业务收入 8 988 亿元（当年价格），2011 年为 9 879 亿元（较 2010 年增 9%），2012 年为 10 762 亿元（较 2011 年增 6.2%）；2013 年为 11 600 亿元。2017 年我国电信业务总量达到 27 557 亿元（按照 2015 年不变单价计算），比上年增长 76.4%，电信业务收入 12 620 亿元，比上年增长 6.4%。

2015 年中国电话用户数为 15.37 亿户，2016 年为 15.3 亿户，2017 年为 16.1 亿户；2015 年固定电话用户 2.31 亿户，2016 年 2.07 亿户，2017 年为 1.94 亿户；2015 年移动电话用户数为 13.06 亿户，2016 年为 13.2 亿户，2017 年为 14.2 亿户（4G 用户达 9.97 亿户）。

电信收入结构，2017 年移动通信收入占 71.9%，固定通信占 29.1%。

由于经济发展的不均衡，中国通信业发展不均衡的状况较严重。2012 年，中国主要发达省市的电信业务收入为：上海 512 亿元，北京 506 亿元，天津 158 亿元，广东 1 462 亿元，江苏 821 亿元，浙江 724 亿元，山东 616 亿元，辽宁 413 亿元。上述 8 省市人口占全国人口的 1/3，而电信业务收入占全国电信业务收入的 48%。

中国 2000 年开始使用的信息化指标是全球第一个由国家制定的信息化标准，由 20 项指标组成，是继 GDP 之后，反映信息化时代国家综合实力的重要指标。该指标包括每千人广播电视播出时间、人均带宽拥有量、人均电话通话次数、长途光缆长度、微波信道占有数、卫星站点数、网络资源数据总容量、电子商务交易额、每千人大中学毕业生比重、信息指数等。2000 年中国国家信息化指数（National Information Quotient，NIQ）为 38.46。当年对信息化水平总指数增长拉动最大的是信息网络建设和信息技术应用的快速增长。增长较慢的是信息化发展环境指数和信息化人力资源指数。这反映出信息技术、信息网络的发展与人才培养、制度建设之间的不相适应。21 世纪以来，中国信息化水平迅速提高，2010 年中国国家信息化指数为 52.94；2016 年为 72.8（《国家信息化发展评价报告（2016）》）。

三、通信经济学研究的指导思想及发展

通信经济学是在既定的宏观背景下进行研究的，因此，其研究的指导思想首先是以理论经济学的结论为前提的。在当代中国，通信经济学研究的指导思想主要是社会主义市场经济理论，这一点毋庸赘述。不仅通信管理体制要服从于国民经济管理体制，通信业的发展战略发展目标也都要服从于整个宏观经济的发展战略和发展目标，服从国家的产业政策。社会主义市场经济中更不能排斥计划的重要作用。通信部门是全社会正常运转的支撑系统，国家的计划管理是必不可少的。而且，在研究中要注意通信部门的特殊性。通信部门属于服务业，不能简单地照搬从工业部门运行实践中抽象概括出来的规律。通信部门的企业多数属于公用企业。公用企业与其他一般工商企业的差别在于必须全面地考虑国家利益、消费者利益和企业利益，必须为社会提供普遍性服务或一定意义上的普遍性服务，必须将社会效益和宏观经济效益放在第一位，将企业的微观经济效益放在第二位。通信业的发展不仅关乎国民经济的发展大局，而且关系到政令畅通和国家安全，以及发展与改革的观点。人类社会的经济基础是由生产力和生产关系共同组成的。以法律形式固定下来的生产关系就是经济制度，经济管理体制则是经济体制的具体体现。生产关系必须适合生产力发展的需要，生产关系应随着生产力的发展变化而变化。中国的经济体制改革已经取得了伟大的成功，但还有很长的路要走。中国通信经营管理体制的改革也同样不可能一蹴而就，尚需较长期的艰苦努力。即使将来建成了适合当时通信生产力发展的通信经营管理体制，这种体制也不可能是一成不变的，还要随着经济的发展不断地调整和完善。

国家在对通信业进行行业管理、对通信市场进行调节时，需要制定系统的政策法规和具体的规章制度。在制定政策法规时，首要的依据是理论经济学和宏观经济学的基本原则，同时，还要依据对通信部门特殊运行规律的认识以及对当时中国通信业发展实际的认识。而后两者则是通信经济学的任务。在社会主义市场经济的运行中仍需要国家计划。通信经济的发展关系国民经济发展的大局，国家有必要制订通信发展的计划和发展战略，并根据实际情况的变化不断调整计划和发展战略。通信经济理论的研究是制订发展计划和战略的工作基础。通信业属于社会的基础设施，其性质和运行规律与一般的工商企业相比有许多特殊性。通信业强调全程全网联合作业，强调网络的统一兼容。通信部门整体运作的特点，决定了通信业

的经营与国家宏观经济大背景联系密切，而这些关系只有从整个部门角度去进行研究才能真正认识清楚，仅站在一个企业的立场是不易看清的。作为社会的基础设施，通信企业不仅要考虑本企业的投入和产出，而且要考虑为社会运行提供支撑，为全社会每一个单位、每一个人服务，并提供越来越多的消费者剩余。

经济学的研究离不开对企业的研究。传统企业的定义是以盈利为目的的经济实体。随着经济的现代化和社会化，责任经营的概念正在逐步被社会和企业所接受。在仅以盈利为目的的指导思想向责任经营思想转变的过程中，通信企业尤其是其中的基础电信运营商是走在前列的。目前，通信业呈现一种通信业务量的增长速度远高于通信业务收入增长速度的长期趋势。在评价通信企业的绩效时，如果企业的业务收入不变，但是其提供的通信业务量实现了增长，应该视为企业为社会福利的增长做出了贡献，而为社会福利增长做出贡献应该是现代企业的第一要务。

四、通信经济学的研究方法

1. 系统分析的方法

通信部门是国民经济这一极其庞杂的大系统的组成部分，而通信系统本身也是一个复杂的系统。在这里，我们要特别注意系统关系。各系统由于其结构、属性、功能不同，它们相互之间的作用和关系也是不同的。概括起来，系统关系可分为4类：一是互相依存关系，彼此以对方的存在为前提，如通信主业与通信设备制造业之间的关系；二是竞争求存关系，一般指同类系统在竞争中互相促进的关系；三是破坏关系，即系统间以削弱甚至摧毁对方功能为目标的关系；四是吞食关系，例如，一系统以他系统作为输入的内容并经过交换改变他系统的原有属性，就是吞食关系。在市场经济发展的初期，企业间的竞争关系最为普遍和强烈，往往以第三和第四类关系为主。当市场经济发展到一定程度，在一个市场中只有少数企业时，协同发展就成为主要的关系形式。

系统分析并不排斥因素分析，实际上系统分析是建立在因素分析基础之上的。在通信经济分析的过程中，我们将常用到因素分析。在通信需求分析中，我们要研究影响通信需求的各种因素；在分析通信供给增长过程中，我们要分析影响通信资源配置的结构和数量的因素。但是，因素分析不能代替系统分析，系统大于各因素之和。系统分析能使我们的研究上升到理论层面，得出完整的结论。

2. 规范分析方法与实证分析方法

规范分析方法是对经济事物进行价值判断的分析方法。规范分析方法在理论经济学中运用较多。通信经济学是研究在一定的经济制度条件下通信业发展的规律性，因此，规范分析不是我们研究的重点。实证分析着重于现实中各类经济现象之间的联系，寻找事物发展的发展规律和发展趋势；着重于事物发展的结果，并探究其原因。通信经济学在理论经济学的研究成果和国家已经建立的经济政治制度前提下，根据现实经济生活的具体数据、资料案例去进行研究。我们需要从通信经济发展的实践中去概括总结其运行的规律，而不是单纯依靠逻辑推理来得出结论。这里，有时会需要进行描述性的分析，以使人们充分认识通信经济发展的历史趋势。

3．动态分析方法与静态分析方法

动态分析方法与静态分析方法的差别在于，动态分析方法通过引进时间因素，从历史和未来发展的角度研究经济运行以及从旧的均衡状态到新的均衡状态所需要的条件。现实中的通信市场供求状况、经济结构、经营管理体制等都是历史发展的结果，而且通信经济本身还将继续向前发展。社会生产力，尤其是其中的科技因素是不断发展的。生产力的发展必然导致经营管理方式的变革。例如，西方发达国家的电信通信业在 20 世纪 80 年代出现"民营化"浪潮。在研究这一现象的时候，除了研究民营化本身的内容之外，还应研究为什么会有民营化的对象，国有电信通信企业是何时由何种原因产生的，为什么恰恰在 80 年代提出了民营化的要求等。只有将通信经营管理体制放在生产力和生产关系矛盾运动的宏观大背景下进行研究，才能真正认清其实质。

4．定性分析方法与数量分析方法

经济学中，任何一个分支学科的研究都首先要进行定性分析，通信经济学也不例外。因为如果没有明确的概念，没有严格的逻辑推导，数量分析就变成了数学游戏。面对现代社会的海量信息，在其中选择有用的信息比收集信息更困难。但是，没有精确的数量分析，定性分析本身也是缺乏说服力的。因此，在进行通信经济分析时，人们要注意将定性分析和定量分析结合起来，二者都不能偏废。在经济学的研究中，有些问题是难以数量化的，有些问题则只需要进行最初步的数量分析，在这种情况下，引入高深的数学工具只能使简单的问题复杂化，让人难以理解。但是随着经济规模的不断扩大，技术水平的不断提高，在经济学的研究中必然越来越多地采用数量分析的方法，这是一个历史趋势。

5．比较分析方法

比较分析方法的内容非常丰富，大体上可以分为横向比较法和纵向比较法。横向比较法是指不同的经济体系之间的比较方法；纵向比较是指同一经济体系的历史比较方法。在通信经济研究中，通过对通信经济资源、经济体制、经济政策、经济结构、业务增长等方面进行比较都可以得出许多值得借鉴的结论。这里特别要注意的是，世界各国、各地区的情况是不同的，不能只做简单的类比就轻易下结论。例如，将中国电信通信发展水平与发达国家处于同样经济发展水平时期进行比较就可看出，20 世纪 80 年代初，中国通信的水平较低于发达国家相应时期的水平，到 21 世纪初中国的通信发展水平又远高于发达国家相应时期的水平。这里当然有通信部门的努力在起作用，但整个国家宏观经济背景的特殊性在其中的作用也是不容忽视的。不了解这一点，我们就无法理解 20 世纪 90 年代中国通信业的迅速发展的原因。

第 **1** 章　通信的起源与发展

远古时期的人类已经懂得将信息对应成几种信号，用鼓点或者号角声传递到远方。随着人类活动的增加，更多的信息产生出来，信息贯穿了人类的发展史。生活在人类社会的每一个人，都需要与他人进行信息交流。语言、文字、词典等为人类提供了交流手段，但这些只能满足人们面对面交流的需要。到了近代，随着电和编码的发明及广泛运用，从莫尔斯电码到电话的出现推动了通信的快速发展，大大扩大了人们的交流范围。进而，计算机、晶体管和信息论的诞生，为处理大量信息提供了可能，人类社会从此进入信息时代。如今，通信已渗透社会各个领域，成为经济社会不可或缺的重要产业，成为一个国家的重要基础设施和现代社会的神经系统，对世界各国的经济建设、社会发展和人民生活产生了深刻影响。

本章主要对通信产生及发展的历史进程进行了简明梳理；分析了影响通信业发展的因素；比较了邮政通信和电信通信方式两者的差异、各自的优势；回顾了中国通信业发展的扼要历史；对当下通信业发展趋势及发展水平评价指标进行了探讨。

1.1　通信产生发展的历史进程

1.1.1　通信的起源

克劳德·香农（Claude Elwood Shannon）1948 年在其著作《通信的数学理论》中这样描述通信："通信的基本问题是，在一点精确地或近似地复现在另一点所选取的讯息。"通信，就是人们传递、交换信息的过程，是指人类依仗某种工具来解决非面对面的有距离阻隔的交往的一种活动。

通信业包括邮政通信与电信通信，由于邮政通信在通信业中的比重迅速下降，同时邮政通信是以实物形式传递信息的，邮政通信的运行过程既具有通信的特点，又具有实物运输的特点，因而在宏观经济现实中已经被列入物流运输部门管理。电信通信业也已经作为独立系统运行。

1.1.2　通信发展的阶段划分

通信业的发展历程可以划分为古代通信（BC13—BC11）、邮驿通信（BC221—AC1844）、现代邮电通信（AC1844—1940）和信息社会通信（1940 年至今）4 个基本阶段。其中，古代通信阶段主要局限于原始的光声通信，而到了邮驿通信阶段，便出现了有组织的通信行为。

例如，近代以来蒸汽机的发明运用，不仅大幅提高了邮政通信的生产力水平，促进了邮政组织管理模式的进步，更使得通信部门逐渐走向独立，实现专业化生产运营，进而衍生出现代邮电通信。此后，随着电力相关技术的使用，电报、电话和无线电等新兴设备的发明，以20世纪80年代以后出现的互联网、光纤通信、移动通信等技术为标志，通信业逐步从现代邮电通信阶段过渡至信息社会通信阶段。通信技术的每一次重大进步，都极大地提高了通信网的通信能力和扩展了通信业务。

1.1.3 影响通信业发展的因素

通信业的发展主要受到需求、供给等两方面因素的影响。其中需求因素包括经济发展水平、经济产业结构、经济体制机制、国家对外关系、人口城市化程度、人口集中程度和人口流动性、国民受教育程度、收入分配结构等，供给因素则包括人力资源、资金投入、科学技术等。倘若以当前电信通信为例进行分析，不难看出其超快的发展既得益于宽松的市场政策，同时也依靠创新的科学技术，包括移动技术、数字化技术、光纤和网络的应用与普及。此外，该领域市场随着国民经济的持续发展、信息化和城市化进程的不断深入和人口流动而越加蓬勃，加之高回报、高期望所引发的巨额市场投资与并购，都是推动电信通信日益兴盛的重要因素。

1.2 通信方式

1.2.1 邮政通信与电信通信的区别

首先，从传递对象来看，邮政通信所传递的是有形的实物载体，而电信通信所传递的则是无形的非实物载体。

其次，从传递方式而言，邮政通信主要利用交通运输工具，通过实物的空间位移来实现信息的传递。因此，应用邮政通信，对方收到的是信息或实物的原件。而电信通信则主要借助有线或无线线路，通过将信息转换成光电信号，经过传输再转换成信息的方式传递信息。因此，应用电信通信，对方收到的是信息的复制品。

再次，从传递的节奏来看，两者快慢有别。相较而言，邮政通信的生产节奏要慢于电信通信的生产节奏，这是由于货物运输速度比电磁波传递速度更慢，且邮件在中转过程中会产生搁置，而电信网络则可实现各节点无储存传递。

最后，从生产要素密集性来看，两者程度不同。邮政通信的实物传递方式决定其对运输业存在密切的依赖。尽管随着科学技术的普及和进步，许多先进设备被应用至邮政通信领域，但其仍然无可避免地消耗着人的劳动，因此，它被归为劳动密集型产业。而电信通信自诞生以来，更多的是依靠资金投入和技术革新，因此，它被划作资金、技术密集型产业。

1.2.2 两种通信方式各自的优势

人类在传递信息时，总会根据不同需要采用不同的方式。当今社会，电信通信高速发展、高度普及，也得到了广大受众的普遍认可，这是由于它具备难以匹及的优越性。对于通信的本质，其作用在于克服人们在传递信息时所面临的时空距离。比起每秒30万千米的电磁波，邮政通信的实物运输方式在效率上无疑相形见绌，因而，速度一直以来都是电信通信的立根之本。无论是最为普遍的电话业务，抑或是电子邮件、电子报刊、可视图文等其他多媒体工具，其均对邮政通信带来了严重的威胁与冲击，客观上极大地削弱了邮政业务的市场占比。此外，电信通信所具备的即时交互性也是邮政通信所无法比拟的，而随着新技术革命的持续深入，电信通信的触及范围还在不断拓展和延伸。

当然，邮政通信也有其自身无可替代的优势，这也是邮政通信自诞生以来能够绵延不息的重要原因。首先，在安全保密方面，电信通信始终面临着"编码"与"译码"之间的博弈；而邮政通信则并无此虞。其次，邮政通信能够实现"实物全息"，也就是将传递物完整送达，使需求者能够更加真实全面地获取信息；而电信通信必须要将信息进行编码，使其转换成一定的符号和数据后，方能通过光电信号传输。且不论是否所有信息都能够完成编码过程，有限、抽象的代码能否表达丰富、具象的现实，也是值得思考的问题。在可以预见的未来，人类社会对信息的质量要求将会日渐提高。而伴随着运输业的不断发展，邮政通信克服距离困难的能力将不断增强，其"实物全息"的优势将越加凸显。

1.3 我国通信业发展的历史沿革

1.3.1 我国邮政通信业的发展

我国邮政通信业可以划分为古代邮驿（BC1400—1913年）、近代邮政（1913—1954年）和现代邮政（1953年至今）3个历史阶段。

我国古代邮驿是古代统治阶级利用驿马和邮车传递军情和文书的通信组织。大约创始于殷商时期，历经周秦直至清朝等几十个朝代，前后延续达3 300年左右。官方通信中的代表产物包括邸报、飞钱、海青站、急递铺，以及1896年成立的大清邮政和1912年成立的中华邮政等专门机构，而民间通信则有民信局、乔批局、麻乡约等。清朝将"邮""驿"这两种组织形式融为一体，就使得驿站不仅作为官方的交通组织，也作为通信组织使交通与通信融于一体，这是我国邮驿制度发展的重要标志。

我国近代邮政的产生、形成与演变大体上可分为"近代邮政的传入""海关邮政""大清邮政"和"中华邮政"等几个阶段。近代邮政中出现了客邮以及海关兼办邮政，而在土地革命时期，中国共产党领导下的"赤色邮政"为民族解放事业发挥了重要作用；抗日战争时期，各抗日根据地先后建立了交通总局或战时邮政；解放战争期间，随着解放战争胜利的前进步伐，各解放区相继成立了人民邮政通信机构，为解放战争和解放区人民群众提供通信服务。

自中华人民共和国成立以来，伴随社会经济的发展，我国人民邮政事业步入至现代邮政阶段。1949年11月1日邮电部成立，在全国建立了各级邮政机构，经营邮政业务，从此开始了人民邮政的新时代。我国对邮政和电信采取"统一领导、分别经营、垂直系统"的体制，即邮政和电信由邮电部统一领导，部内设邮政总局和电信总局，分别经营邮政和电信业务。这标志着我国邮政事业进入了一个新的历史发展时期。1955年5月经邮电部第四次全国邮电工作会议确定，县邮电局作为一级企业，负责管理县内的全部邮电工作。这样就在全国形成了邮电部——省（自治区、直辖市）邮电管理局——县市邮电局三级管理体制。1986年12月全国人大六届十八次会议通过了《中华人民共和国邮政法》。为了适应我国经济建设的飞速发展，1998年3月国务院机构改革实施邮电分营，成立了国家邮政局，主管全国邮政工作。

2005 年 7 月，国务院通过了《邮政体制改革方案》，重新组建中华人民共和国国家邮政管理局和中国邮政集团公司以及中国邮政储蓄银行，实现了邮政政企分开。

1.3.2　我国电信通信业的发展

我国电信通信业起步较晚，在第一阶段（1949 年以前）中，我国电信主要由西方列强所经营把控，沦为政治工具。而在第二阶段（1949—1979 年）中，我国电信取得了独立自主的地位，但还是较落后，整个电信企业完全依靠行政垄断进行经营，在管理上采用政企合一的方式。直至第三阶段（1979—1994 年），中国联通成立，我国电信业依然处于行政垄断时期。我国电信成为国民经济最薄弱的环节之一。而在进入第四阶段（1994 年至今）之后，我国从政策上开始扶植整个电信业的发展，其中包括初装费政策、加收附加费政策等。1995 年我国的电信用户数已经突破 4 000 万户，而在 1978 年，国内的电信用户仅有 192 万户。1994 年至1998 年我国电信通信业初步引入竞争，体制改革开始酝酿。1997 年 1 月，邮电部做出在全国实施邮电分营的决策，并决定进行试点。以 1998 年信息产业部的成立为开端，到 2000 年中国电信和中国移动成立，全行业实现了政企分开。1998 年 3 月，国务院撤销邮电部，将其与电子工业部合并重组为信息产业部（以下简称信产部）。电信业实现了政企分开，为随后一系列的电信产业改革奠定了体制基础。1999 年 2 月，信产部开始决定对中国电信进行拆分重组，中国电信、中国移动、中国联通、网通、吉通、铁通、中国卫星通信七雄并立，也形成了电信市场分层竞争的基本格局。2002 年 5 月中国电信南北分拆（北方 10 省电信公司从中国电信剥离，与小网通、吉通合并，成立新的中国网通）。这次重组，形成"北网通，南电信"的格局。2002 年至 2008 年，"七雄"变"六霸"，通信行业大发展，我国电信业得以迅速发展，逐步建成世界最大的通信网络——由光缆及 SDH 传输设备，程控交换机，多媒体网组成的完整、统一、先进的国家公用通信网，且移动电话、固定电话、有线电视和互联网的用户总量均居世界第一。2008 年 5 月，国务院新组建的工业与信息化部开启新一轮电信重组，我国进入中国移动、中国电信、中国联通三雄共舞的 3G 时代，并引领我国电信通信业尤其移动通信业快速从 3G 到 4G 通信过渡。2014 年铁塔公司的成立，在一定程度上实现了对基础网络这一重要垄断资源的剥离，电信通信业进入"网业分离模式"，接着引入虚拟运营商，2017年中国联通开始实施混合所有制改革，民营资本开始进入基础电信市场竞争。我国电信通信业正在不断通过打破垄断，实现管道中立，开放服务业务竞争来打造新的竞争优势。

1.4　世界通信业发展的趋势及评价指标

世界通信业自进入信息社会通信阶段（1940 年至今）以来，逐步以信息技术革命作为推动力量，以电子计算机在通信领域的广泛应用作为发展标志，这不仅在行业内部产生了巨大变革，而且为人类社会带来了深远的影响。信息、连接和计算能力三大力量汇聚推动了全球科技的高速发展。信息与连接的基石就是通信。作为人类社会生产发展的直接产物，通信业的发展水平受到社会生产力发展水平的影响和制约。随着人类社会的进步，通信业自身也在经历着变化，无论是技术革新还是制度创新，其对社会发展的影响和作用的侧重点也在不断转移。从最初的政治工具，到后来的社会生产一般条件，再到如今的社会基础设施，通信业完成了自国家统治附属工具到具有独立经济利益的产业部门的"华丽转身"。

1.4.1 新技术、新经济下的通信发展

当今社会，人们的生活节奏越来越快，人们之间的联系越来越密切，世界仿佛变得越来越小，这些变化的产生归功于各种网络。各种网络使社会上每一个人、每一个机构组织之间的关系发生改变，不再是以往的近乎垂直的关系，而是越来越趋向于一种平等的关系。所有的网络产业均被定义为准公用产业，当然，各种网络的公用性程度是不同的。网络运行速度的加快使人与人之间的距离拉近了。

在 20 世纪末通信业发生的重大事件是光电信号传递的信息数量超过用实物传递的信息数量。通过互联网传递的信息数量已经超过传统的电信系统传递的信息数量。21 世纪初互联网已经从协议规模上超越了传统的通信网络，成为新的基础结构。随着新兴互联网技术不断发展和广泛应用，传统的电信运营企业压力倍增。但传统的通信方式和新型的互联网通信方式之间的竞争总体来说是件"好事情"，对消费者有利。

传统通信（CT）行业加速与信息（IT）行业相融合，形成了全面互联的信息通信（ICT）行业。ICT 是信息、通信和技术三个英文单词（Information Communication Technology）的词头组合。现代生活离不开移动通信，从信息的生成、传输到接收，网络通信的背后蕴含着无数人智慧的结晶。从 1G 到 5G 的演进，时代的转换一幕接一幕，2G 实现从 1G 的模拟时代走向数字时代，3G 实现从 2G 语音时代走向数据时代，4G 实现 IP 化，数据速率大幅提高。5G 将会给我们带来怎样的改变？5G 将给我们带来的最大的改变就是实现从人与人之间的通信走向人与物、物与物之间的通信，实现万物互联，推动社会发展。如今，5G 已经被认为是未来关键网络的基础设施，已成为新一代信息技术的发展方向和战略制高点，未来将进一步渗透社会生活的各个领域，成为推动国民经济和社会发展；促进产业转型升级的重要动力。

1.4.2 信息通信业发展水平的评价指标

当今世界，信息与通信产业已成为各国产业的制高点，是一国产业整体水平高低的衡量标志。但国际上尚无通行的信息与通信行业发展水平评价指标体系。国际电信联盟（ITU）发布的信息与通信技术（ICT）发展指数 IDI（ICT Development Index），是由 11 个要素合成的一个复合指标，主要反映一国或地区的信息化水平。全球领先的 ICT 厂商华为从 2014 年开始每年发布全球连接指数（GCI）报告，该报告根据四大经济要素（供给、需求、体验、潜力）和 5 大使能技术（宽带、数据中心、云计算、大数据、物联网）共设计了 40 个指标，可持续反映一国或地区间 ICT 与 GDP 增长关联性。

有学者从互联网与通信产业国际竞争力研究角度，结合产业经济学、技术经济学以及发展经济学等相关理论，构建了互联网与通信产业国际竞争力的评价体系。有学者借助哈佛学派 E.S.Mason 及其 J.Bain、G.Stigler 等学者所阐扬的（Structure Conduct Performance，S-C-P）理论，并采用绝对集中法中的产业集中度系数（CRn）及赫氏指数（HHI）方法，对不同经济体通信市场结构进行测度；借助 Metafrontier 思想并采用了资料包络分析法（Data Envelopment Analysis，DEA）及 Malmquist 全要素生产率指数测评了不同经济体的通信产业在不同的生产技术下的经营效率。有学者将 GDP 和电信业务总量作为国民经济和通信业发展的综合衡量指标，证实两者之间存在双向的格兰杰（Granger）因果关系，指出通信业与国民经济增长之间存在交替推进发展效应。

　　由工业和信息化部编制的《信息通信行业发展规划（2016—2020 年）》（以下简称《规划》）中提出了我国 ICT 行业"十三五"发展目标，包括 2020 年行业要实现的总体目标以及涵盖信息通信网络基础设施、互联网设施与资源能力、现代互联网产业体系、技术掌控力、安全保障、绿色发展、服务质量等七个方面分项目标，并以专栏形式特别提出了我国信息通信业量化发展的 19 个评价指标（见表 1-1），可以作为衡量我国信息通信业发展水平的一个综合评价指标。

表 1-1　　　　　　　　　"十三五"时期信息通信业发展主要指标

指　　　标		2015 年基数	2020 年目标	年均增速 [累计变化]
● 行业规模				
（1）信息通信业收入（万亿元）		1.7	3.5	15.5%
（2）其中：互联网服务业务收入（万亿元）		1.0	3.0	24.6%
（3）信息通信基础设施累计投资（万亿元）		1.9（十二五）	2（十三五）	[0.1]
● 发展水平				
（4）ICT 发展指数（IDI）全球排名		82	72	[10]
（5）互联网普及率	移动宽带用户普及率（%）	57	85	[28]
	固定宽带家庭普及率（%）	40	70	[30]
（6）域名数（万个）		3 102	5 300	11.3%
（7）国际出入口业务带宽（太比特每秒）		3.8	20	39.4%
（8）国内市场活跃 APP 应用规模（万个）		600	900	[300]
（9）网站数（万个）		423	620	[197]
（10）月户均移动互联网流量（兆）		389	3 100	51.5%
（11）IPv6 流量占比（%）		<1	5	[>4]
（12）M2M 连接数（亿）		1	17	75.9%
（13）互联网行业发展景气指数		104.8	>115	[>10.2]
● 服务能力				
（14）大中城市家庭宽带接入服务能力（兆比特每秒）		20	>100	[>80]
（15）半数以上农村家庭宽带接入服务能力（兆比特每秒）		4	>50	[>46]
（16）行政村光纤通达率（%）		75	98	[23]
● 绿色发展				
（17）单位电信业务总量综合能耗下降幅度（%）		39.7（十二五）	10（十三五）	-
（18）新建大型云计算数据中心的 PUE 值		1.5	<1.4	[>0.1]
● 服务质量				
（19）用户申诉率（人次/百万用户）		<70	<70	-

注：1. [ ] 内数值为 5 年累计变化数
2. IDI 指标由国际电信联盟（ITU）计算并定期发布

表格来源：工业与信息化部《信息通信行业发展规划（2016—2020 年）》。

　　从《规划》中的 19 个定量发展指标看，相比"十二五"规划，互联网相关指标大幅增加，如用以衡量互联网基础资源和应用水平的国际出入口带宽、月户均移动互联网流量、M2M（机器到机器）连接数、国内市场活跃 APP 应用规模 、域名数、网站数等指标。《规划》还首次引入了衡量各国家和地区 ICT 发展水平的综合评价指标——ICT 发展指数（IDI）全球排名。由 ITU 发布的 IDI 其中包含大量与使用情况、公民素质相关的指标，作为拥有庞大人口基数的国家，我国在一些分项指标上得分不高。

复习思考题

1. 了解通信起源与发展阶段的划分。
2. 影响通信业发展的主要因素有哪些？
3. 简述邮政通信与电信通信的区别与联系。
4. 简述信息通信业发展水平的评价指标。

第 2 章　通信业的地位与职能

当今世界已进入信息时代，通信已渗透社会各个领域，成为经济社会不可或缺的重要产业，成为一个国家的重要基础设施和现代社会的神经系统，对世界各国的经济建设、社会发展和人民生活产生了深刻影响。信息产业是信息化的必要前提条件，其发展水平是信息化水平的重要标尺。而通信业是信息产业的核心产业，在信息化中发挥着重要的作用。通信业作为提供电子信息传输平台、提供传输服务并直接向社会提供信息服务的部门，对信息的开发、流通、应用等过程都施加了重要的影响。通信业对推进信息化建设起着至关重要的作用，因此，通信业在信息化中具有基础性、先导性、战略性的地位。本章主要阐明信息产业的范围，对通信业的范围进行界定，分析通信业在经济社会中的地位、作用和职能。

2.1　通信业范围的界定

2.1.1　信息产业的范围

当今世界已进入信息时代，信息社会经济活动的特点是一切围绕着信息展开。经济活动可以抽象概括为信息的创造、生产、传递和传播给信息需求者或附加到有形的物品上。通信则是其中不可或缺的环节。因此，要了解通信产业，首先需要对信息产业有比较全面的认识。信息产业的范围是极其广阔的，而且随着经济和社会的发展，其范围还在不断扩大。1997年美国、加拿大、墨西哥3国制定的《北美产业分类体系》（NAICS），首次对信息产业进行了归类，该体系规定，信息产业作为一个独立而完整的部门应该包括以下范围：生产与发布信息和文化产品的单位；提供方法和手段，传输与发布这些产品的单位；信息服务和数据处理的单位。具体包括出版业、电影和音像业、广播电视和电信业、信息和数据处理服务业等四种行业。

鉴于各方对信息产业的分类的观点不同，在综合分析的基础上，国家统计局发布的《统计上划分信息相关产业暂行规定》认为，目前关于信息产业划分大致有3个口径：一是大口径，即将与信息活动有关的内容都列为信息产业，它包括所有的信息生产、搜集、加工、传播、管理活动，以及与信息有关的产品生产、销售、租赁和技术活动；二是中口径，即电子信息设备制造，电子信息设备销售和租赁，电子信息传输服务，计算机服务和软件业，其他信息相关服务；三是小口径，它是在中口径的基础上，剔除了信息文化产品的内容（其他信息相关服务）。其范围包括电子信息设备制造，电子信息设备销售和租赁，电子信息传输服务，计算机服务和软件业。国家统计局在信息产业的统计口径上选择的是中口径。从比较广义的角度来看，本书认为目前信息产业大致包括以下几个方面。

- 信息源：信息的创造（科学研究、发明创造、社会言论、写作和文艺节目制作、各种媒体的通信报道）、信息产品的生产和复制、信息处理（计算、系统化）。
- 信息服务：建立各类数据库，根据客户需求提供信息。
- 咨询业：根据客户要求代客户收集信息、处理信息并得出结论，提出建议和方案（政治、经济、法律、其他）。
- 信息中介：信托业、经纪人产业及各种代理人产业。
- 互联网内容提供。
- 信息传递：通信，一般为点对点（有时为一点对多点）、交互反馈方式。
- 信息传播：宣传、教育、文艺、出版发行、广播电视、报刊杂志、广告等；信息传播一般为一点对多点或点对面的形式（多数为单向无反馈）。
- 信息设备制造业：信息处理设备（计算机）、通信设备、广播电视设备制造业。
- 软件研制与系统集成业。

从产业关联角度直观地看，信息设备制造业和软件业处于信息产业的上游；信息服务、咨询业和通信业处于信息产业的下游。但是在经济实践中产业链的情况是复杂的。作为直接为消费者提供通信服务的通信业处于信息产业的下游，而作为信息服务业的信息传递支撑，通信业又处于上游位置。这一点将在第3章详细论述。从事信息业的部门和行业之所以能够实现产业化，关键在于计算机的出现，因此，以往人们认为计算机是信息产业的核心。但当代计算机充分发挥作用还需要依赖通信网络，孤立的计算机只是一个处理信息的工具。现代社会被定义为信息社会，人类社会生活和生产是建立在社会上的海量信息的基础之上的。计算机只有形成网络才能够发挥利用社会海量信息的作用。因此，通信网络是信息产业的核心的观点正在深入人心。

2.1.2 广义的通信业

通常意义的通信业指的是专门从事通信工作为全社会提供信息传递服务的行业。但实际上，全社会的所有企事业单位在运转过程中都有通信工作。运输业也有同样的问题。所以，在中国现在正在运行的通信网除公用通信网之外还有数十个全国性专业通信网（如广播电视、电力、水利等系统都有自己的通信网）。企事业单位也有自己的通信部门和人员。在互联网方兴未艾之际，内部网又开始登场，据美国微软公司20世纪末的调查，世界上87%的大企业正考虑建立自己的内部网，进入21世纪以来企业内部网成为普遍的存在。企业信息化的外部化促使企业运营的范围不断拓展扩大。企业信息化的外部化可以从下列场景中体现。例如，一位顾客在一个轿车展示厅中通过一个屏幕亲手来配置她想要的车，选择各种颜色和配件；一家制衣公司根据其外地顾客的详细要求缝制服装；一个远东跨国公司通过电视会议宣布取代美国的一个重要集团；一个商业主管通过东京的一台自动出纳柜机进入他在美国华盛顿州西雅图的现金管理账户等。这些活动都具有一个特点，即公用通信网与企业内部通信网同时运作。所以，广义的通信业应包括全社会所有的通信工作。这种广义的通信工作，面广量大纷繁复杂，现在要揭示其运行的普遍规律还是我们力所不能及的。

2.1.3 狭义的通信业

狭义的通信业指的是专门从事通信工作为全社会提供信息传递服务并从中获得收益的部门，无论信息产业的划分口径如何，狭义的通信业都是信息产业的重要组成部分。目前，我们只能把研究范围界定在为社会提供信息传递服务的通信部门。但是，由于市场经济日新月异的发展，在中国，部分专业通信网正在获得公用通信业的经营权，对公用通信业的界定将发生一定困难。信息服务作为一种新业务，具有强大的生命力，但其主体并非通信业务。信息服务包括信息的采集、处理和向用户提供，其主体即信息的采集和处理并不属于通信。但是，通信部门具有提供信息服务的先天的有利条件，决定了通信业必然向信息服务业拓展。因此，要精确地划分通信业与非通信业的界限，也是很困难的。通信业范围的界定是伴随着经济运行中部门、行业的形成而发展变化的，是长期社会分工的结果，部门、行业的形成有利于社会分工的进一步发展，有利于发挥专业化的优势。现代经济运行中有一些大企业开始多元化经营，但任何企业都应坚持在主业明晰的前提下开展多种经营业务。而多种经营业务或延伸经营业务一定要以发挥由主业所决定的自身优势为前提。主业与多种经营业务之间应是相互补充、相互促进的关系。

邮政通信业是以实物形式传递信息的。作为通信业，邮政要注意与电信业的区别；又由于邮政业是以实物传递信息的，邮政业还要注意与运输业的区别。20 世纪 90 年代，邮政行业曾经出现过盲目扩大经营范围的倾向。最有代表性的口号就是"社会需要什么服务，我们就提供什么服务"，导致全行业经营思想的混乱。

对于电信业来说，其也有类似的问题存在。在一些电信企业提出做综合信息服务商的情况下，产生了通信业的范围界定问题。其中通信业最直接的上下游产业即网络运行维护和通信增值业务是最容易与通信业混为一谈的。我们在这里必须明确，拥有数千家企业的网络运行维护业和同样拥有数千家企业的增值业务领域不是通信经济学研究的对象。

交通运输与通信同为社会的基础设施。通信即信息的传递有两种方式：一种为实物传递，另一种为光电信号传递。实物传递属于货物的空间位移，货物的空间位移是运输业的职能。历史上，最早产生的通信方式是邮政通信。由于邮政的实物传递特征，导致其对交通运输业高度依赖。因此，传统的经济部门划分，将邮电部门划归交通部门，即大交通概念是包含邮电在内的。电信业产生之后完全脱离开交通运输业，而现代通信系统中电信比重越来越大逐渐成为主体，用经济指标衡量，在发达国家，邮政（包括快递）和电信通信业对国民经济的贡献已经超过交通运输业的总和，因此，再将邮电通信业划归交通部门就不合适了。但是，邮政的实物传递特征决定了其与交通运输业的不可分割的联系。这种联系，一方面表现为邮政通信生产过程对于交通运输业的依赖；另一方面表现为两个部门两个行业在业务经营方面存在交叉竞争和融合发展。在包裹尤其是快递业务方面，交通运输部门已经与邮政部门展开了普遍的竞争。从总体上讲交通运输业与通信业是互相依存的关系，通信业的发展离不开运输业的基础；运输业生产经营的现代化也离不开发达的通信业。现代化经济运行的节奏越来越快，信息能迅速准确地送达是通信业和运输业正常运行的关键。

建筑施工、通信设备制造业、电力供应、软件工程和系统集成等；其后向关联产业包括信息服务、广播电视、互联网内容供应商、电子商务及政务以及其他相关产业，它的发展将会带动电子设备制造商、运营商、开发商、芯片商、硬件商及代工厂和终端商等相关产业的迅速发展和快速成长，同时创造了大量就业岗位，进而带动了大量的社会消费。

2.2.4 信息产业的重要组成部分

　　虽然对于信息产业范围的认识没有统一的标准，但通信业是信息产业的重要组成部分这一点毋庸置疑。一方面，就信息产业中各行业的地位而言，通信行业在信息产业中居于核心位置。在邮政通信方面，法律赋予了邮政在信函类业务方面的垄断专营地位，任何以信函为载体的信息通信必须经由邮政进行，这决定了邮政在以信函通信为主要形态的实物通信方面的核心地位；在电信通信方面，高投资、高沉没成本使得电信行业在现阶段获得了自然垄断的地位。电信行业的通信网遍布全国各地，使得该行业拥有规模巨大的用户群体，而这一群体对于信息产品的消费行为，与电信企业有着千丝万缕的联系。对于电信用户的掌握，使得电信企业对产业链中相关的上下游企业具有一定的影响力，进而使电信企业居于相对核心的地位。另一方面，从经济活动的角度来看，通信产业是信息产业的重要组成部分。通信产业不仅能通过资本投入推动经济增长，还可依靠其通用技术的特性，发挥其强大的技术外溢能力推动信息产业的经济增长。时至今日，通信产业对经济最大的贡献并非是靠产业本身促进经济增长，而是在被使用行业中作为"创新互补品"来提高该行业的生产率，从而在更大的范围推动经济增长。近年来，伴随着信息产业内其他行业的发展、通信业务资费的不断下降，通信增加值在信息产业增加值中的比重不断减小。2010年电信业务总量30 955亿元，电信主营业务收入8 988亿元。到2017年，我国电信业务总量达到27 557亿元（按照2015年不变单价计算），同比增长76.4%，电信业务收入12 620亿元，同比增长6.4%。

　　价格下降是电信通信业在信息产业中比重下降的重要原因。近十年来，电信通信业提供一个单位的服务统计到GDP中的价值不到原来价值的1/3。与此相应的数据是近十年来，生产一个单位的石油统计到GDP中的价值则是增加了5～10倍。但电信业在为我国经济发展创造出巨大的直接经济价值的同时，通过通信业务价格的下降也间接推动了其他行业的发展。图2-1描述了2010—2017年我国电信业务总量及业务增长情况。

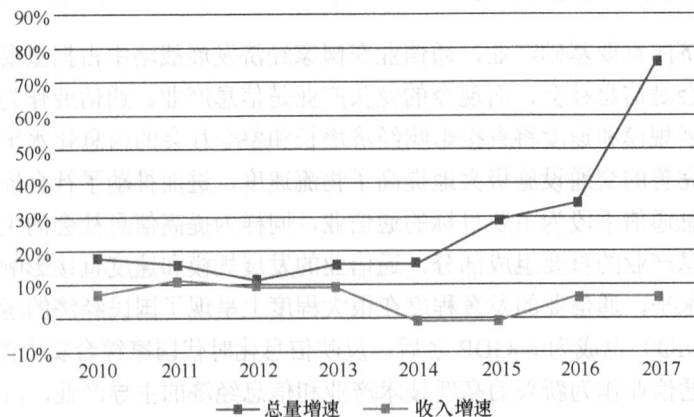

图2-1　2010—2017年我国电信业务总量及业务增长情况
数据来源：中华人民共和国工业和信息化部

因此,工业与信息化部 2017 年发布的《信息通信行业发展规划(2016—2020 年)》引言中明确指出,信息通信业是构建国家信息基础设施,提供网络和信息服务,全面支撑经济社会发展的战略性、基础性和先导性行业。

2.3 通信业的职能

2.3.1 通信的军事职能

纵观历史,军事需要、军事用途长期以来都是通信业发展最为重要的动力支撑。尽管作为人类生产和生活的必要条件之一,通信的产生和发展同样服务于生产和生活的需要,但通信业尤其是邮政业诞生的目的便是服务于国防事业,满足军事需要。此外,电报和移动通信在早期主要用于军事目的,电子计算机和互联网在最初也是为军事目的而发明的。

通信为指挥军队、进行军事信息传递、完成军事通信任务提供了基本手段,同时也是衡量军队战斗能力与水平的重要要素之一。现代战争中,传统的作战手段已被摒弃,高精尖武器被广泛运用,战争的科技含量大幅提高,作战空间不再局限于某个地区,而是扩大到更广的区域。此外,作战部队高度机动,作战方式换代频繁,电子对抗激烈,战机稍纵即逝,这些均在无形中增加了军队对通信技术的依赖性。

据统计,美军的军事情报约有 70% 来源于卫星,而在美国所有的军用长途通信中,约有 70%~80% 的信息是通过卫星传送的。可见,通信技术在沟通军事各层、获取战场情报、保持态势监控、操控作战部队上的应用具有重要意义。可以说,通信作为现代战争的重要组成部分,关乎国防军事事业的存续和发展,关乎战争的走向甚至成败。只有真正掌握了先进的通信技术,并将其有效地运用于国防军事领域,才能高效地指挥战斗部队,进而控制战争走向,确保战争胜利,保障国家安全。

而近现代历次战争,均能证明通信在军事国防中具备无可比拟、无法替代的重要作用。虽然战时通信以无线电通信为主,但往往会出于保密目的随时转而利用民用通信手段或设施。同时,民用通信设施的正常运转,也有利于战争各方发动社会力量支援军事行动,稳定公众情绪,进而为相关军事行动提供有利的社会环境。因此,通信部门往往成为战争各方首要打击敌方的军事目标。另外,因为军事目的而诞生的互联网,同样促成和引发了现代军事的急剧变革。在军事活动中,上级的各项命令均可以通过互联网及时、迅速且准确地传达到下级各个作战单位,所以,当代战争也随之逐步演化为网络战和信息战,这导致拥有先进通信技术的一方将直接掌握战争的主动权。

2.3.2 通信的社会职能

1. 国家政治职能

通信是建立国家政权、巩固国家统治、实现国家管理等政治职能所不可或缺的技术装备条件。在邮政通信产生之初,其目的便在于传达中央政府命令、反馈地方社情民意。在土地革命时期,中国共产党领导下的"赤色邮政"为民族自由和人民解放提供了重要的服务保障,而自中华人民共和国成立以来的人民邮政事业同样为社会主义经济的成长与发展提供了重要支撑。

当前，电子政务等全新管理服务手段的运用与广泛普及，也得益于通信技术的应用与发展。无论是在政府部门，还是在企事业单位，基于现代通信技术而产生和运行的信息化管理模式极大地提高了相关部门的办事效率及质量，使得这些部门更加经济有效地履行自身职责，进而向公众提供更为优质的服务。所以，通信业所具备的国家政治职能，使其在经济、社会发展中扮演着不可或缺的角色。

2. 社会治理保障职能

人民社会生活的诸多方面都依赖通信行业的支撑，通信的正常运转将为社会生活提供重要保证，而通信的片刻中断将会使社会生活陷于瘫痪。在各种社会网络中，电网传输能量；包括公路、铁路、航空、水运以及管道运输在内的交通运输网络主要用于运送货物；而通信网络则承担传递知识、实现交易的社会功能。而相较而言，通信网络均要远远胜于其他网络，因为它的覆盖面更广、运转更趋灵活，对于经济社会的影响也最为深入。

作为整个社会机体的神经网络系统，通信在产生之初就是为了适应国家机器的统治需要，用于保证政令的上传下达和民意的下情上达。而在当今社会，尽管它仍然承担一部分政治功能，但通信的社会生活功能显然更为突出。为了打破空间距离上的交流障碍，克服地理分野所导致的沟通困难，民用通信应运而生。同时，伴随着经济社会的高速发展，人类的经济交往和各种社会交往也日趋频繁，这为现代通信提出了更新、更高、更为全面的要求。如何确保信息传递更为安全准确、快捷方便，并为社会生活提供更具普遍性的服务，成为通信部门需始终思考和亟待解决的关键问题。

3. 社会生活职能

随着经济社会的不断发展，广大人民群众的信息需求日益增长，通信已然成为人民群众生活的重要部分，而满足通信要求，落实通信权益，已经成为实现人民群众对于美好生活追求的必由之路。除了服务于国家上层建筑，通过网络为社会生活各方面提供通信服务，同样也是通信业的基本任务。

作为传播、普及和推广社会文化以及科学技术的重要桥梁，通信已然成为科研与教育发展的必要条件。传统的授课方式，已无法满足社会公众日益增长的学习需求，而以网络化、数字化为核心的信息技术应用于教育教学，促进了教育技术的迅猛发展，引起了教育领域的深刻变革，给教育观念、教学方法和教学组织形式等方面带来了深远的影响。借助于现代通信手段，偏远地区的居民可以享受远程教育，离开学校的人可以实现终身学习，教育从学校走向家庭和社区，从课堂走向世界的各个角落。此外，网上购物、远程医疗、网络交友、共享单车等新事物的出现与普及，昭示现代通信技术已经渗透人们生活的方方面面。可以说，通信在改变社会政治、经济、文化等形态的同时，也对人类本身产生了深远影响，潜移默化地影响着人们的生活状态和思维方式。

2.3.3 通信的经济职能

通信的经济职能首先体现在它能直接为国民经济创造财富。20世纪80年代以来，在发达国家的国民生产总值中，通信业所占的比重已上升到3%以上，甚至于超过了农业在国民经济中的比重。通信业为社会经济所带来的效益，可以划分为直接经济效益和间接经济效益。

从生产者、企业自身的微观角度来看，通信业可以加快企业内部信息交换，为生产管理和运营决策过程及时提供信息，从而提高生产与销售效率，提高利润率、成本利润率和资金利润率，最终实现人均盈利最大化的目标。而从国民经济及其他经济部门的宏观角度来看，通信业可以优化经济运行，节约时间和费用，缩短空间距离，使生产、分配、交换、消费各环节联系得更紧密，从而加速资金循环周转、提高劳动生产效率等。

在过去物质型的经济社会中，社会所生产、分配、交换、消费的产品主要是物质产品，而在当今信息型的经济社会中，社会所生产、分配、交换、消费的产品主要是信息产品，通信业在社会经济的重要性和显著性得到了大幅提高与集中体现。这是由于通信业不仅为社会劳动生产信息提供了传输保障，加速了商品周转和货币流通，节约了商品经济发展和社会生活所带来的各项成本，促进了对外贸易发展并增进了对外经济技术交流，更能刺激、诱发和带动相关产业的发展。

复习思考题

1. 认识通信业与信息产业的关系。
2. 分析通信业在经济与社会中的地位和作用。
3. 简述通信的军事、社会和经济职能。

第3章 通信业与社会信息化

随着信息通信技术的迅速发展，信息化浪潮席卷全球，同时，信息经济、网络经济等新的经济形态不断完善并改变着人们的生产、生活等方面。在信息化推进和新经济形态发展的过程中，信息通信技术是不可或缺的重要基础。本章重点阐明当前两个重要的新经济形态——信息经济和网络经济的内涵与特点、信息化的内涵与层次，分析信息化水平的测度方法及评价指标，并对通信业在新经济形态中的地位和作用进行总结和分析。

3.1 信息经济与网络经济

3.1.1 信息经济的概念与特征

在现代信息技术革命将人类社会带入信息社会的过程中，社会经济形态也在逐步由物质经济转向信息经济。

1. 信息经济的概念

信息经济是相对物质经济而言的。最早较为系统地提出"信息经济"这一概念的是美国经济学家马克卢普。1962 年，马克卢普出版了《美国的知识生产和分配》一书。书中提出了知识产业和信息经济的概念，确立了知识产业的范围及其类型划分，分析了知识生产和分配的经济特征和规律，阐述了知识产品对社会经济发展的重要作用。马克卢普的这部著作在学术界引起了很大轰动，被看作是信息经济学研究上的里程碑。以后有关信息经济、信息产业的重要著作都是在马克卢普的理论的基础上进行的。随后不久，美国企业家保罗·霍肯在《未来经济》一书中以相对"物质经济"的概念提出了"信息经济"的概念。霍肯认为，每件产品、每次劳动，都包含物质和信息两种成分。在传统的"物质经济"中，总体而言，物质成分大于信息成分的产品和劳务占据主导地位。在"信息经济"中则出现了相反的情况，即信息成分大于物质成分的产品和劳务占据主导地位。由此可以看出，物质经济正在向信息经济过渡。美国学者根据这一基本观点，进行进一步研究，提出了"信息经济"的理论体系，并以此拉开了在全球范围研究探讨信息经济的序幕。

这些学者认为，随着社会的发展，服务业和信息产业的重要性会进一步提高。在农业、工业发展到一定水平时，信息产业就会迅速地发展起来。人类的兴趣或需要也将从物质转向精神活动。这种需要决定了产业发展的顺序，即从第一产业到第二、第三产业。研究者们从社会进化的角度预言了信息将在新的社会形态中扮演重要的角色，为信息经济的诞生、同时也为日后新经济的出现提供了一些理论来源。

从社会生产力发展的历史看，人类在古代利用土地、原材料等自然资源，依靠人力和畜力，建立了农业经济和农业社会；在近代则利用物质和能量两种资源，特别是资金积累和矿物质资源，制造动力工具，建立工业经济和工业社会；在现代又进一步利用物质、能量和信息三种资源，把信息资源提到重要的战略资源的高度，制造智能工具，复制、延伸人的脑力劳动，使人类逐步向信息社会过渡。信息社会的主要经济形态就是信息经济。

所谓信息经济，是以现代信息技术等高科技为基础，信息产业起主导作用的，基于信息、知识、智力建立的一种新型经济形态。如果说在工业经济中，钢铁、汽车、石油化工、轻纺工业、能源、交通运输等传统产业部门扮演着重要的角色，那么，在信息经济中，居重要地位的则是芯片、集成电路、计算机硬件和软件、光纤光缆、卫星通信和移动通信、数据传输、信息网络与信息服务、新材料、新能源、生物工程、环境保护、航天与海洋等新兴产业部门，同时，科技、教育、文化、艺术等部门通过产业化而变得越来越重要。

2．信息经济的特点

（1）网络型经济

信息经济是以信息技术的充分发展为基础的。在互联网的崛起，计算机的普及标志着人类跨入信息时代的同时，国民经济正在从两个方面接受信息化的根本改造：一方面，信息化建立了企业与市场之间的桥梁，企业可以快速、准确地了解市场动态和顾客需要，传统的大规模生产和销售可能被灵活高效的信息服务所取代；另一方面，信息技术由过去的大型主机统一处理信息和发布指令，发展到个人计算机成为信息形成、处理、发布和传输的主要角色，提高了人与人之间交换信息及协调合作的水平，使众多由计算机组成的互联网得以在商业活动中发挥最佳媒体的作用。现在进行网络贸易已不是天方夜谭了，而是许多大公司正在开展的业务。企业通过互联网可以非常方便地与世界上其他的企业进行信息交换，以宣传企业及及其产品。

（2）创新型经济

创新是经济增长的发动机。劳动力密集型经济和资源密集型经济的发展固然离不开创新，特别是资源密集型经济在其发展历程中的每一次创新，如石油资源超越煤炭资源、石油化工超越煤炭化工、内燃机技术超越蒸汽机技术等，都极大地促进了经济的发展。在信息经济时代，技术创新速度大大加快，范围将覆盖全社会。技术创新已成为经济增长的最重要的动力。中国科学院提供的一份研究报告指出，信息经济正在逐渐成为国际经济的主导力量，在这个过程中，世界科技的发展更加迅猛，技术革命向产业革命的转换周期将更短。在这样一个新技术不断出现、落后技术迅速被淘汰的社会中，一个企业的竞争力的大小，取决于其技术创新能力的强弱。一个缺乏创新能力的企业，将失去其存在的根基。据科学家的研究，技术对经济增长的贡献率，在 20 世纪初为 5%～20%，在 20 世纪 70 年代至 90 年代为 70%～80%，在信息高速公路联网后，提高到 90%。这就说明，在技术和产品生命周期日益缩短的信息经济时代，"不创新，就灭亡"。唯有全面创新，包括技术创新、制度创新、产品创新、市场创新、管理创新等，以及将这些创新互相结合，并形成一种持续创新机制，使技术与经济、教育、文化有机结合，综合协调，一体化发展，企业才能赢得和保持竞争优势。

（3）智力支撑型经济

信息经济也可称为智力经济，它是一种以智力资源的占有、配置、使用为最重要因素的经济。在传统经济发展中，大量资本、设备等有形资产的投入起决定性作用；在信息经济中，智力、知识、信息等无形资产的投入起决定性作用。应用知识提高智力、添加创意成了知识经济活动的核心问题。财富和权力的再分配取决于人们拥有的信息、知识和智力。智力既是个人的特殊财富，又是企业拥有的一种资本。智力资源的多寡，智力资源开发和利用程度的高低决定着企业面向未来的竞争优势的多寡。正是智力资源对于经济发展的特殊重要性，才使现在世界各国对于智力资源的开发越来越重视；一方面，强调对知识和人才的管理，对专家学者的智囊作用给予高度重视，甚至连企业都在努力成为"学习型组织"，要求员工不断地获取新知识和自学成才；另一方面，企业推崇人本管理，创造一种使员工精神愉快、关系和谐的企业文化和工作氛围，既强调对员工的物质鼓励，又重视对员工的精神激励，从而使员工愿意为组织工作，并最大限度地发挥出自己的聪明才智。

总之，信息经济作为一种新的经济形态，以知识的生产和人的智力的充分发挥为支撑，以信息化和网络化为基础，通过企业持续、全面的创新，合理、有效地利用资源，促进科技、经济、社会的和谐统一，实现经济的可持续发展。

3.1.2 网络经济的形成与发展

网络经济有两种含义。网络经济的第一种含义是对信息经济的描述，是指由于计算机和互联网络在经济领域的普遍应用，使得经济系统中原本是垂直关系的经济部门逐渐呈现出扁平化趋势，信息替代资本在经济中占据主导地位，并最终成为核心经济资源的经济形态；第二种含义是指包括交通运输、电力、通信等具有网络特征的部门经济。本书使用这一术语主要是指其第一种含义。

网络经济是在信息网络化时代产生的一种新经济现象，表现为经济生活中微观主体的生产、交换、分配、消费等经济活动，以及金融机构和政府职能部门等主体的经济行为，都越来越多地依赖信息网络。网络经济不仅要从网络上获取大量经济信息，依靠网络进行预测和决策；而且，许多交易行为直接通过信息网络进行。特别是在国际互联网络开通以来，网络经济活动的发展势头之猛，超出了所有人的想象。

对网络经济的生成原因，英国学者维克托·基根（V.Kicon）在《展望》月刊发表的题为《信息高速公路经济学》的文章中给出了解释。按照基根的分析，网络经济的产生"是在不同的技术领域同时发生3场革命的结果"：一是数字化革命，即完全以重新安排1和0这两个数字组合为基础，开启一个新的经济时代，一切经济信息都依靠1和0这两个数字的不同组合精确表达、迅速传递；二是全球电话网主干线开始使用光导纤维，使信息传输容量和传播速度发生革命性的变化，仅一束像头发丝那样细的光纤就可以支持同时进行的数百万次电话交谈和数百次视频传输，而且传播速度每秒可达30万千米；三是计算机及其附件的成本大幅下降，网络计算机没有软件、也不配置硬盘，可以使用软件直接从网络上选取，资料存取也在网络上进行，计算机成本可以降低3/4。这样，网络终端就可以迅速普及一般消费者。在维克托·基根看来，计算机技术和通信技术的革命是网络经济产生的根本原因。然而，市场经济主体之所以入网从事经济活动从而产生网络经济，最根本的原因在于交易费用的差异和网络经济效应的存在。按照科斯（R.H.Coase）的分析，交易费用是获得准确的市场信息以及谈判和经常性契约所需要付出的费用。交易费用在市场经济中是不可避免的，这是由信息不对称和信息不充分所决定的。正如企业的存在是为了节约市场交易费用，即用费用较低的企业内交易替代费用较高的市场交易一样，网络经济的存在也是为了节约交易费用，即用费用较低的网络交易替代费用较高的市场交易。市场主体进入信息网络不仅可以极大地降低为获取准确的市场信息所要付出的费用，而且能够在极短的时间内迅速完成对信息的收集、处理、加工和分析工作，使信息资源同物质资源与能量资源有机结合，创造出"互补效应"。另外，信息网络化可以使市场主体及时掌握现时信息，从而将以往依靠经验和"预测"的事前决策的行为方式，转向依靠学习和适应的"即时决策"的行为方式，产生了巨大的"学习效应"。无论是生产者、消费者、金融机构，还是政府职能部门，其都越来越深切地感受到网络经济能为他们节约成本，并带来巨大的收益。正是市场主体对网络经济的实际需求，推动了网络经济的产生与发展。

具体地说，网络经济的产生从经济活动的规模与范围上可以划分为以下三个层次。

第一个层次是微观主体网络经济，主要体现在大企业或企业集团内部，始于 20 世纪 50 年代中期。随着计算机网络技术的进步和管理科学的发展，企业的管理方式和组织结构发生了重大变化。企业不断地加大内部信息网络的投入，强化对现代管理方法的运用，计算机辅助设计系统（CAD）、计算机辅助制造系统（CAM）以及物资需求计划管理系统（MRP）等软件，在微观主体网络经济中得到了有效的利用。

第二个层次是微观主体扩张型网络经济，从 20 世纪 60 年代末、70 年代初开始发展。这时，网络经济现象已经突破了单个企业或集团内部的范围，扩展到企业和企业之间、企业和消费者之间，信息网络已经覆盖了整个市场，金融、保险、贸易以及企业兼并、企业联合等经济活动也越来越依赖信息网络。

第三个层次是社会融合型网络经济。这是 20 世纪 80 年代末、90 年代初发端于发达国家的全新的经济现象。如果说微观主体网络经济和微观主体扩张型网络经济是网络经济的萌芽形态和初级形态，那么，社会融合型网络经济则是其高级形态，是真正的宏观意义上的网络经济。随着网络技术的高度发展和信息网络对全社会各主要产业和经济部门覆盖率的不断加大，各产业部门开始打破彼此分工的界限，相互介入，从而建立起一种新型的竞争协同关系。

3.1.3 网络经济的特征

1. 网络经济的外部性

外部性是网络经济运行过程中显现出来的重要特征。一般来说，市场交易是买卖双方根据各自独立的决策缔结的一种契约，这种契约只对缔约双方具有约束，并不涉及其他市场主体。但是在许多场合，市场交易却影响到了缔约双方以外的"外部"，这就是所谓的"外部性"。例如，在现存电话网络中，增加一个新的入网者 A，入网契约是由 A 和网络经营者之间缔结的。缔约双方以外的人都属于该契约的"外部"。但是属于"外部"的某个已入网者 B 却又可以与 A 通话。这就是说，A 与网络经营者的契约给"外部"提供了方便。这种情况就被称为"网络的外部性"。网络的外部性现象并不仅限于电话网络。铁路、公路、航空等交通运输网络，以及广播、电视、微波通信等传媒网络，同样存在着明显的外部性现象。

网络经济的外部性产生的根本原因在于网络自身的系统性、网络内部信息流的交互性和网络基础设施的长期垄断性。首先，不论网络如何向外延伸，也不论新增多少个网络端点，其都将同原网络结成一体成为网络的一部分，因此，整个网络都将因网络范围的扩大而受益。其次，在网络系统中，信息流并不是单向的，网络内任何两个端点之间都能进行交流，信息交流的可能性将呈指数态势陡然上升，并且在整个网络中没有"中心"或"首脑"区域的存在，即使网络中的一部分端点消失了，也不影响其他端点间的正常联络，这就保证了外部性的普遍意义。最后，网络基础设施，如铁路、公路、港湾、空港、通信设施等，一般都具有投资额巨大，投资周期长，垄断性强和使用期限长等特点，这就决定了网络外部性的长期存在。

网络外部性的大小既与网络的规模直接相关，又与网络内部物质流动的速度有关。当人类社会进入信息网络时代，生产、交换、分配、消费都与智能化的信息网络息息相关时，网络的外部性就更明显了。这是因为，一方面，网络规模已经覆盖了整个经济社会；另一方面，网络内的信息流动的速度可达到光速。

2．边际收益递增

网络经济是边际收益递增的经济。所谓边际收益，是指企业增加一个单位的产出或者销售所带来的收益。边际收益随着生产规模的扩大呈现出3种不同的趋势：一是逐步扩大，称为边际收益递增；二是保持不变，称为边际收益不变；三是逐步减少，称为边际收益递减。边际收益递减是工业社会物质产品生产过程的普遍现象。西方经济学的传统理论也把边际收益递减作为其理论分析的基本假设。但是这个流行了二百年的假设在网络经济面前遇到了严峻的挑战。网络经济是一种边际收益递增的经济，这是因为网络经济的边际成本随着网络规模的扩大而呈递减趋势；网络信息价值具有累积增值和传递效应；网络信息系统具有信息的自动记忆和自动生成功能；网络经济的创新效应非常明显；网络经济中存在着极强的学习效应；网络经济中的消费行为具有显著的连带外部正效应。此外，作为边际收益递减理论基础的传统经济学中的边际效用递减规律也同样在网络经济中受到挑战。边际效用递减规律指消费者消费同一种产品的数量越多，新增加的对该产品的消费给消费者带来的效用越少，也就是价值越低。人们对于信息产品的消费则是相反的，获得并占有信息量越多的人，其在获得新的信息时所得到的享受和满足越多，也就是价值越高。在相当长的时期内，由于网络外部性的作用，规模越大的网络价值越大，其资费也往往高于规模较小的网络的资费。

3．规模经济性、业际化倾向范围经济性和联结经济性

（1）规模经济性

从工业经济的发展过程可以看出，由于社会分工的细化和专业化协作的加强，生产的经济效益和生产的规模之间存在着一定程度的数量关系。在一定的限度内，在既定的技术水平下，经济规模的增加可以带来经济效益的提高。这种随着产品产量增加，单个产品成本不断下降所带来的经济性，就是规模经济性。在网络经济中，规模经济性的作用将会不断地减弱，其主导作用将让位于范围经济性和联结经济性。

（2）业际化倾向

所谓业际化是指各产业部门打破原来形成的行业及产业间的经营界限，相互介入，从而形成一种新的产业间竞争和协同关系。竞争协同的范围涉及信息产业、制造业、流通业和服务业等各个领域。现今的"互联网+"商业模式就是业际化倾向的具体表现。这种新型的关系不仅比企业经营多角化所涉及的范围更为广泛和深刻，而且比通常所说的"兼业化"更具有竞争色彩。它不仅是由于产业间、行业间的进入障碍降低而出现的产业融合关系，而且是更为激烈的竞争关系。应该指出，这种业际化的发展是与经济的信息网络化的进展相伴而行的。后者是前者的前提条件，前者是后者的必然结果。

（3）范围经济性和联结经济性

关于业际化倾向产生的原因，经济学界从经济效益的角度做过一些探讨，许多学者认为，其主要原因在于企业追逐的重要目标已由工业社会的"规模经济性"转向"范围经济性"。虽然这种分析符合信息社会的实际，但是在由信息时代发展到信息网络时代的经济社会中，仅用范围经济性的概念已经不能充分说明业际化的发展了。在信息网络经济社会里，单一市场主体靠自身的力量拓展生产经营范围、实行多角化经营、实现范围经济性，固然可以获得规模经济性以外的效益，但是，由多数市场主体通过信息网络的联结所产生的复合效应要比范围经济性产生的效应更为可观。

近十几年来，随着产业组织理论的更新与发展，范围经济性已经越来越被人们所重视。许多企业都在拓展经营范围，实行多元化经营。范围经济性产生的根本原因在于信息、知识等软要素的共享性。信息、知识等共同的生产要素可以不费分文地从一种生产过程转用到另一种生产过程。信息化程度越高，软要素在生产过程中投入比重越大，这种转用的经济性就越明显。

范围经济性是与社会经济的信息化程度呈正比的。但是，当信息化发展到信息网络化阶段时，多个市场主体通过信息网络相互联结，建立起一种新型的竞争协同关系，可以创造出既不同于规模经济，又不同于范围经济的新的经济效应。这就是所谓的联结经济性。

联结经济性有以下 4 个特征：第一，联结经济性不仅包括投入方面的共通生产要素转用的无成本或低成本，而且包括产出方面的多个主体（企业）相结合所创造的乘数效应；第二，即使仅从投入方面考察，也不仅仅限于各企业的内部资源，企业外部其他企业的资源，即外部资源也可以通过信息网络被使用；第三，范围经济性的概念主要是着眼于单一主体（企业）的复合生产或联合生产，与其相对应，联结经济性是由多个主体相互联结，通过知识、信息、技术等共有要素的多重使用所创造的经济性；第四，联结经济性同企业集团、跨国经济合作组织等介于市场和企业之间的所谓"中间组织"有着较密切的联系。

3.1.4　网络经济对社会经济结构的影响

网络经济的兴起推动了产业结构的大调整，并从根本上改变了国民经济的结构，使其向高级化、信息化方向发展。信息产业本身具备的特点，使它在国民经济中已成为与农业、钢铁、能源、汽车相并列的支柱产业和先导产业。这主要表现为：信息产业在发展过程中，通过与传统产业相互融合、渗透，可以改进传统技术并促进传统产业的改造与升级，使经济结构趋于软化和高级化；信息产业也是促进其他高技术产业形成和发展的基础；信息网络化的过程实质上是物质产品和劳务向知识密集型产业转化、产业结构的重心向附加值较高的信息产业演变的过程。网络经济对经济结构的优化作用，主要表现在产业结构的高级化、劳动结构的知识密集化以及消费结构的信息网络化等方面。

1. 产业结构的高级化

所谓产业结构的高级化，是指高技术产业部门在整个国民经济体系中所占比重增加，地位日益重要，成为带动国民经济发展的主导产业；高技术工业品或具有高附加值的产品所占比重越来越大，其发展水平成为整个国民经济发展水平的重要标志。

（1）知识产业迅速崛起，成为带动国民经济发展的主导产业。从世界范围看，产业结构调整经历了 3 个阶段，每一阶段都有其主导产业。第一阶段以英国为代表，支柱产业是纺织业和钢铁业；第二阶段以美国和德国为代表，支柱产业是机械制造业和汽车业；第三阶段以美国和日本为代表，支柱产业是以半导体为基础、以计算机和通信为主体的电子工业以及以软件为代表的信息产业。目前，在网络经济时代，产业结构的调整仍将持续下去，知识产业将蓬勃发展，取代传统的制造业，成为带动国民经济发展的主导产业。处于知识产业核心地位的计算机、软件、数字通信、专利与商标等无形资产以及管理与技术人才等，在经济活动中的重要性将越来越突出，他们所创造的价值在国民收入中所占的份额也将越来越大。

（2）产业的轻型化和"软化"趋势。产业结构高级化，还表现在各产业内部高技术化、信息化的行业和产品的发展快于传统行业、传统产品的发展；制造业内部以信息技术为核心的新兴制造业的发展快于传统制造业的发展；在服务业内部，信息服务业的发展快于其他服务业的发展。

（3）微电子和计算机、信息技术向各产业渗透，催生了一些新的"边缘产业"，例如，光学电子产业、医疗电子器械产业、汽车电子产业等。以汽车电子业为例，汽车电子装置在20世纪60年代出现，在70年代中期后发展速度明显加快，在80年代已形成了统称"汽车电子化"的高技术产业。每辆汽车的电子装置的价值（以美国为例），从1970年的25美元上升到了1990年的1 383美元，2000年达到了2 000美元，占汽车成本的20%以上，按照此趋势，汽车电子产业的产值将会达上百亿美元。可以说，产业之间的相互结合和发展新产业是未来的趋势。

2. 劳动结构的知识密集化

信息技术产业化和传统产业的信息化使生产要素的投入结构发生了重大变化，知识、技术、信息成为重要的生产要素，脑力劳动所占比重不断增大。劳动结构的变化主要体现在以下几个方面。

（1）知识、信息成为独立的产业部门，吸纳越来越多的劳动就业人员。发达国家占就业人数70%以上的服务业中有近40%的知识信息服务业人员，并且该比重有不断增长的趋势。

（2）新兴产业使知识密集型的高技术产业，更多地需要智力劳动者，而不是体力劳动者。近年来，在发达国家，技术密集型部门就业人数占制造业就业人数的比重大幅度上升；同时，资本密集型部门、资源密集型部门、劳动密集型部门在就业中的比重大幅度下降。半导体、计算机、电信和生物工程4个主要的信息技术部门的就业人数增长速度是最快的。

（3）传统产业的信息化，使传统产业就业人员不断加强学习，用先进的文化、技术知识武装自己，否则，他们就不能适应新的工作岗位而面临失业。传统产业的劳动结构也将向知识密集型发展。

（4）随着信息网络技术的飞速发展，发达国家出现了"在家办公"的趋势。由于计算机网络已经延伸到家庭，许多工作，如科研、教学、医疗、新闻等都可以在家中通过网络进行，甚至连工厂中的工程师，都可以把过去必须在单位干的一部分工作放在家中进行。目前在各大都市出现的"SOHO"一族就是这一趋势的明显例证。

3. 消费结构的信息网络化

在发达国家的国民生产总值中，居民消费支出部分大约占2/3，因此，消费结构的变化对整个经济结构有着重大影响。居民消费结构的变化既受人们生活水平的影响，也反映着网络经济的时代特点。随着生活水平的提高，吃、穿、住等生活费用开支在居民消费结构中所占比重逐渐降低，而精神生活和服务等方面的开支所占比重逐渐增大。21世纪初，美国、日本以及在欧洲各发达国家（如英国、法国、德国等），反映其居民消费结构的恩格尔系数（食品支出占家庭消费总支出的比重）普遍下降到 20% 以下，美国的恩格尔系数甚至下降到 10% 以下。家庭支出开始出现服务化、信息化趋势。

3.2　社会信息化及其测度

3.2.1　信息化的内涵与层次

世界正迅速向信息化推进，信息化是现代社会发展的一种趋势。随着全球信息化进程的不断推进，信息技术和信息经济正逐渐成为经济增长和社会进步的主要力量。信息化是一项复杂庞大的系统工程，既涉及信息技术和信息资源本身，也涉及政治体制、经济模式、生活方式、文化传统、人的思维方式和行为等内容。在推进信息化的过程中，人类社会生活的方方面面都发生了深刻的变化。

1. 信息化的内涵

阿尔文·托夫勒（Alvin Toffler）指出，信息化是推动社会进步与发展的"第三次浪潮"。信息化涵盖的内容如下。

（1）政府的信息化

政府的信息化是指政府部门为了更加经济、有效地履行自己的职责，向公众提供更好的服务而广泛应用信息技术、开发利用信息资源的活动和过程。政府的信息化有利于提高政府的行政效率，推动政府机构的改革，使政府依据精简、统一、效能的原则，进行机构改革，建立办事高效、运转协调、行为规范的行政管理体系。同时，政府信息化能为公众提供更有效的服务。政府通过建立电子政务为公众设立办事窗口，可以提高服务水平，方便公众。此外，政府的信息化开启了一扇公众参政议政的窗口。公众参政议政是宪法赋予的权力，也是每个公民的职责。一直以来，一方面，政府部门总感到公众参政议政的积极性不高；另一方面，公众则抱怨对一些政府部门的建议、批评以及各种合理要求反映不到政府部门。同时，政府的信息化有利于公众参政议政，公众对政府出台的各项政策、法规有什么想法和建议，对某些部门或某个公务人员有什么批评和意见，都可通过电子邮件直接反映给相关部门，简便快捷。此外，政府是公众信息的最大拥有者，其有义务向社会提供非保密的公众信息服务。政府信息网络可以快速、广泛地传播公共信息，减少信息的不对称。

经济的发展不能没有政府的引导、推动和支持。政府信息化可以充分利用计算机和现代通信技术，建立向社会开放的企业信息网络，以提高企业获取信息的能力，为企业创造良好的外部环境。而且政府信息具有权威性、系统性，可以减少决策中不良信息的"噪声干扰"，增强企业的竞争力。

（2）教育的信息化

由于信息技术的不断发展和广泛应用，教育将呈现出信息化的特征和发展趋势。首先，多媒体教学方式已基本普及。多媒体是指文字、声音、图形、动画、视频等多种信息的组合，使多种信息建立逻辑关系，集成一个具有交互性的系统。多媒体的关键特征主要表现为交互性、信息载体多样性及集成性。交互性是指使用者能参与其中或提供反馈信息；信息载体多样性是指所处理信息种类的多样化。早期的计算机只能处理如数值、文字方面的信息，而多媒体计算机可以综合处理文字、图形、图像、声音、动画、视频等多种信息；集成性是指多种信息媒体的集成、处理这些媒体设备的集成以及集成一体化的多媒体操作系统、多媒体信息管理系统等。其次，教育方式个性化、远程化。信息技术的发展改变了师生必须在同一间教室进行教学的教育状况，为个性化、远程化的教育方式提供了物质基础和技术保证。远程教育或网络教育不同于传统课堂的教学方式，它使得学习成为学习者的自主行为。互联网将全世界的学校、研究所、图书馆和其他各种信息资源连接起来，让其成为一个庞大的信息资源库，同时，世界各地的专家可以从不同的角度提供教学指导。学生也不必在一个固定的时间和固定的地点，挤在一起去听老师讲课了。只要打开计算机，学生何时何地都可以自己选择想学的内容。这种学习使得因材施教和个性化学习成为可能。远程教育和网络教育使学习成为一种大规模的各取所需的过程，没有统一的教材，每一个学生可根据自己的学习特点，在互联网中尽可能多地获取最需要的信息，同时还可以向千里之外的教师提问，并随时与网上其他的同学讨论和交流在课堂上所学到的知识。

21世纪是信息化的世纪，信息化是一个不可逆转的趋势。新知识、新事物，随时随地都会大量地涌现。信息瞬息万变，知识更新频繁，这些在客观上造就了大量需要继续学习的群体。人们必将从一次性的学校学习方式转向终身学习的方式，而互联网则为教育走出校园、迈向社会提供了强有力的支持。网络化教育在传递信息的快捷性、检索信息的便利性、群体之间的协作性、学习时间和学习场所的灵活性以及学习费用的廉价性等方面具有无可比拟的优势。教育将通过互联网从学校走向家庭、走向社区乃至世界的每个角落。

（3）生活方式的信息化

随着"信息高速公路"计划的实施，人们将广泛地利用信息网络，自觉或不自觉地使日常生活信息化，具体例子如下。

居家上班。信息高速公路的建成将使越来越多的人可以选择在家上班。人们在家可以随时与上司取得联系，请示汇报工作，进行理论探讨等，并且省去了上下班在路上花费的时间。

居住方式。远程工作方式使人们可以根据自己的喜好来选择居住地，而不必考虑是否住在大城市或工作是否便利。高度灵活的工作场所使人口分散、环境压力减小，从而使生活质量提高。

网上购物。消费者不必亲自跑到商店，而只需利用键盘或遥控装置就可以从屏幕的"货架"上选购商品，还可以将镜头拉近，阅读商品用途说明等。坐在计算机前，人们可以方便地从国内外购买商品，使购物更方便。

远程医疗。医生可以通过信息高速公路，使用"虚拟现实"技术，给远在千里之外的患者进行诊断，使病人在家里便能及时得到医治。

网上交友。信息网络把世界上各个国家和地区连成一体，形成"地球村落"，通过计算机，人们可以随时随地探亲访友，交流谈心。

信息技术的巨大进步是人类在科学上取得的最具有历史意义的成就之一，信息技术将推动人类文明实现大发展。

2. 信息化的层次

从信息化涉及的社会层面来说，信息化可分为企业信息化、产业信息化和社会信息化 3个不同的层次。

（1）企业信息化

企业信息化是实现国民经济信息化的基础。作为市场经济微观基础的企业，其信息化在国民经济信息化中的基础作用更为突出。企业信息化不仅是信息技术的延伸，更重要的应该是企业管理的延伸，它已成为现代企业的重要特征和衡量企业综合实力的重要标志。随着经济全球化浪潮的到来，世界经济正在由传统型经济向信息经济和知识经济转变，在这个演变过程中，我国企业的生存与发展面临着巨大的机遇和挑战，实现企业信息化是应对挑战的必然选择。

企业信息化就是将信息技术应用于企业生产、技术、经营、管理等领域，不断提高信息资源开发效率，获取信息经济效益的过程。信息技术的大量采用，不但改进和强化了企业物资流、资金流、人员流及信息流的集成管理，而且对企业固有的经营思想和管理模式产生了强烈冲击，为企业带来根本性的变革。信息技术与企业管理的发展与融合，不仅能使企业发展和管理水平不断升级，而且能使企业竞争力不断提高。

（2）产业信息化

产业信息化是指在由同类企业（非信息企业）所组成的产业部门，通过大量采用信息技术和充分开发利用信息资源而提高劳动生产率和产业效益的过程。信息产业的出现不仅改变了已有的经济结构，而且还为传统产业改造提供了先进的技术设备和信息资源，并在改造传统产业的过程中促使其向扩大信息消费的更高阶段发展。所以，在信息产业化的同时必然出现产业信息化的现象。产业信息化不但促进了传统产业的升级换代，使传统产业部门的组织结构、管理体制、经营模式都发生了彻底的变革，而且反过来又使社会信息需求得以极大地扩展，带动了信息技术的创新和信息产业的发展壮大。因此，产业信息化的结果是整个国民经济的信息化。

（3）社会信息化

社会信息化是指在人类工作、消费、教育、医疗、家庭生活、文化娱乐等一切社会活动领域里实现全面的信息化。社会信息化是以信息产业化和产业信息化为基础，以经济信息化为核心向人类社会活动的各个领域逐步扩展的过程，其最终结果是人类社会生活的全面信息化，主要表现为：信息成为社会活动的战略资源和重要财富；信息技术成为推动社会进步的主导技术；信息专家成为引领社会变革的中坚力量。

从促进社会信息化的推动力来看，企业信息化和产业信息化的主要推动者是政府和企业，而社会信息化的主要推动者除了政府之外，还有社区、家庭、个人。从社会信息化与其他层次信息化的关系上看，企业信息化是信息化建设的基础和前提；产业信息化则包含了企业信息化的内容；社会信息化不仅包括企业信息化和产业信息化两方面内容，而且还涵盖了政府信息化、社区信息化和生活信息化等更大范围的信息化内容。

3.2.2　社会信息化的测度方法

到目前为止，有关信息化水平的测算（或测度）模型或方法已经有二三十种了，本教材选取了其中几种主流的方法进行分析。

1. 马克卢普—波拉特法

该方法是借助国民生产总值账户体系统计指标，将信息部门增加值从社会总增加值中划分出来，形成对信息经济的测度。这种统计方法的优点是可以根据具体部门和环境考虑信息要素的分配和结构，目前世界各国普遍采用此法测度信息经济。马克卢普将知识产业划分为五大类——教育、研究与开发、通信媒介、信息设备设施以及信息服务，主要考察了信息产业在经济发展中的作用，其提出的一套测算信息经济规模的计算公式为：

$$GNP=C+I+G+(X-M)$$

式中：GNP——独立的商品化信息部门的 GNP 值；

C——消费者对最终产品和服务的消费量；

I——企业对最终产品和服务的消费量；

G——政府对最终产品和服务的消费量；

X——产品和服务的国外销售量；

M——产品和服务从国外的购买量。

1977 年，波拉特以马克卢普、丹尼尔、贝尔等人的研究为基础，发展了克拉克的三次产业理论，将信息活动从三次产业中分离出来，构成独立的第四产业——信息产业。波拉特首次比较系统地提出了信息化的测算方法。

波拉特测算理论的核心是将信息部门从国民经济各部门中逐个识别出来，然后将信息部门分为一级信息部门和二级信息部门，进而建立起一套可以量化的测算体系。一级信息部门又称第一信息部门，包括所有向市场提供信息产品和信息服务的企业（或产业），这个部门提供信息处理与信息传递所需要的技术性的基础设施。波拉特采用测算国民生产总值的最终需求法和增值法对第一信息部门的总产值进行了测算，得出了其在国民生产总值中的比重。最终需求法的计算公式及方法与马克卢普的计算公式及方法大体相同。二级信息部门又称第二信息部门，包括民间和政府的管理部门，此类部门涵盖了经济领域中行使计划、决策、管理活动的有关机构。波拉特用第二信息部门内信息劳动者的收入和该部门购入的信息资本的折旧来测算其产值，这两项之和就构成了第二信息部门的总产值。

"马克卢普—波拉特"统计方法中存在明显缺陷，如信息产业外延太广，将第二产业中部分部门也包括在内，又因将非信息部门的信息活动排除在外，不能全面反映社会信息化水平，且计算过于复杂，难以经常进行。

2. 信息化指数法

1965 年，日本经济学家小松崎清介提出了信息化指数法。信息化指数法主要是从邮电、广播、电视新闻等行业中选取信息量、信息装备率、通信主体水平和信息系数 4 个要素来体现社会的信息化程度，这 4 个要素具体又细分为 11 个变量，将这些指标与某一基准年相比得到的就是信息化指数。其中，信息量中包括五个指标：人均年使用函件数、人均年通电话次数、每百人每天报纸发行数、每万人书籍销售点数、每平方千米人口密度；信息装备率包括 3 个指标：每百人电话机数、每百人电视机数、每万人计算机数；通信主体水平包括：每百人中在校大学生数、第三产业人数的百分比；信息系数包括：个人消费中除衣食住行外杂费的比例。

这种方法的优点是便于操作，但其缺点也很明显：第一，指标体系不完善，不能全面地反映一个国家或地区的信息化水平；第二，各个指标的重要性没有区别；第三，时代特征明显，随着技术、经济的发展进步，需要经常更换指标。

3. 国际电信联盟指标体系法

1995 年，国际电信联盟在西方七国集团召开的"信息社会"大会上提出了一套评价七国信息化发展程度的指标体系，共包括 6 大类、12 小类指标，如表 3-1 所示。

表 3-1　　　　　　　　　　　　国际电信联盟信息化指标体系

指 标 类 别	细 化 指 标
电话线	每百户居民拥有的电话线数 数字交换的电话线数
蜂窝式电话	每百人中蜂窝式电话数 蜂窝式电话在七国中分布的情况
综合业务数字网	每千人中 ISDN 数 ISDN 在 7 国中分布的情况
有线电视	有线电视用户数 有线电视用户数比例
计算机	每百人中拥有的计算机数 每万人中拥有的互联网主机数
光纤	光缆千米长度 光缆千米年增长率

与信息化指数法类似，尽管这样的指标体系操作简单，但是难以反映信息化水平的全貌，特别是国际电信联盟的这套指标体系主要集中在信息基础设施方面，带有明显的时代特色。

4. 国际数据公司的信息社会指数法

1996 年，国际数据公司（IDC）提出了信息建设指数法（也称信息社会指数法），以评价各国收集信息、吸收信息及有效使用信息的能力。2000 年，国际数据公司又对原有指标体系做了重大调整，形成了一套具有 4 大类、23 小类的完整的指标体系如表 3-2 所示。

表 3-2　　　　　　　　　　　　国际数据公司信息社会指数体系

指 标 类 别	细 化 指 标
信息基础结构	有线/卫星覆盖率 移动电话拥有量 传真机拥有量 本地电话资费 电视机拥有量 录音机拥有量 电话出错率 电话线数
计算机基础结构	软硬件费用比 PC 联网比例 教育用 PC 数 政府/社区用 PC 数 家庭 PC 数
社会基础结构	公民自由度 新闻出版自由度 报纸发行量 高等教育人数比重 中等教育人数比重

续表

指 标 类 别	细 化 指 标
互联网基础	电子商务 互联网主机数 互联网供应商 互联网家庭用户 互联网商务用户

5. 综合信息产业力度法

1993 年，我国学者靖继鹏在"马克卢普-波拉特"方法的基础上设计了一套新的信息产业综合测算方法，取名为"综合信息产业力度法"。这种方法包括 6 大类指标，各大类指标又细分为若干小类，共计 252 项指标。在综合信息产业力度法中，信息产业发展潜力、信息产品开发力、信息产业生产力与信息资源流通力被定义为软变量，信息资源利用力被定义为硬变量，信息产业平衡力被定义为协同变量，而综合信息产业力被定义为一种非简单相加的合力，由此建立了综合信息产业力的函数关系模型。表 3-3 所示为综合信息产业力度法指标体系。

表 3-3　　　　　　　　　　　　综合信息产业力度法指标体系

指 标 类 别	细 化 指 标
信息产业发展潜力	社会结构 人员素质 每百人在校大学生数 人口文化教育水平综合均值
信息产品开发力	科技人员比重 科研成果项目数 专利批准量 技术情报和文献机构经费收入所占比重
信息产业生产力	人均信息产业增加值 信息产业人员数
信息资源流通力	广播人口覆盖率 电视人口覆盖率 电视机普及率 电话机普及率 计算机普及率 邮电业务总量 邮电通信网 信息技术水平
信息资源利用力	科研成果转让率 信息商品消费量 信息服务量 文献数据库利用率
信息产业平衡力	信息产业增加值占 GNP 比重 信息劳动力占劳动力比重 第一、二、三产业劳动力比例协调率

6. 信息化综合指数法

1998 年，我国学者钟义信等人在广泛吸收"马克卢普-波拉特"法等方法的基础上从整体性、综合性角度出发创设了一种测算信息化水平的新方法——"信息化综合指数法(CIIC)"。该指标体系（见表 3-4）包括 5 大类、18 小类。

表 3-4　　　　　　　　　　信息化综合指数法的指标体系

指 标 类 别	细 化 指 标
信息产业能力	第一信息部门产值 第二信息部门产值
信息基础设施装备能力	电话普及率 电视普及率 联网计算机普及率 联网数据库人均容量 人均网络容量千米数
信息基础设施使用水平	年人均电话次数 年人均电视收看时数 计算机平均利用率 年人均信函数 年人均书报量 年人均拥有的音像制品量
信息主体水平	信息业的就业人数比率 每百人的大学生数 九年制义务教育普及率 信息技术研究开发费用比率
信息消费水平	个人平均信息消费指数

3.2.3　我国社会信息化的特点

随着世界信息技术的迅速发展，信息化浪潮已席卷全球，对社会发展产生了巨大而深刻的影响。信息化已经和正在改变着一国的经济增长、社会结构、文化传统和军事外交实力，也改变着人们的工作、学习和生活方式。在制定发展战略时，推进信息化已经成为世界各国的首选战略。早在 1993 年美国政府提出建设国家信息基础结构行动计划以来，世界各国纷纷采取措施制定并实施本国的信息化发展战略。我国作为发展中大国，既要实现既定的工业化发展目标，又要迎接世界信息化浪潮的挑战。

我国作为一个尚未完成工业化任务的发展中大国，正面临工业化和信息化的双重挑战。为应对这一挑战，经过多年的发展，我国逐步形成了以信息化带动工业化，以工业化促进信息化，推进工业化和信息化融合，发挥后发优势，实现社会生产力的跨越式发展的方针。目前我国处于工业化中期，同时面临信息化的发展机遇。只有以信息化带动工业化，以工业化促进信息化，推进工业化和信息化融合，才能走出一条科技含量高、经济效益好、资源消耗低、环境污染少、人力资源优势得到充分发挥的新型工业化道路。

各国在推进信息化的过程中，既有共性规律，又有个性特点。信息化的共性规律，是指信息化过程中必须遵循的内在规律，不论国别地区差异皆然。而信息化的个性特点则取决于国情、地情的具体条件，主要包括经济发展水平、制度环境、文化传统以及教育基础等。我国在推进信息化的实践中，认真分析了影响信息化的重要因素，初步确立了具有中国特色的信息化道路，其主要特征可概括为8个方面，具体如下。

第一，我国经济发展尚处在工业化过程中，必须把信息化与工业化结合起来，以信息化带动工业化，以工业化促进信息化。发达国家的信息化是建立在完善的工业化基础之上的，而我国目前虽然已经具备了一定的经济基础，但是总体生产力水平仍然很低，经济结构落后，国民经济整体素质不高，地区差距明显，所以利用信息技术改造传统产业、带动工业化进程的任务十分迫切。这决定了我国信息化战略的核心是以信息化带动工业化，实现跨越式发展。同时，加速工业化，为信息化奠定物质基础也是当务之急。

第二，我国的经济体制为不断完善和发展的社会主义市场经济，信息化必须在体制发展和完善的过程中进行，发挥政府的推动作用十分重要。

第三，在我国，广阔的信息技术市场与相对薄弱的技术自主开发能力的矛盾突出。在信息化过程中，既要对外开放，博采众长，又要注重发展具有自主知识产权的信息技术，以信息化带动信息产业，培育支撑我国信息化的坚实物质技术基础。

第四，我国城乡之间、地区之间发展不均衡明显，信息化必然要采取梯次推进策略，同时要注意克服"数字鸿沟"，防止发展差距过大。

第五，在推进信息化过程中，必须在吸收国外优秀文化的同时，维护和弘扬我国优秀文化，为两个文明建设服务。

第六，在开放信息网络环境下，不但要扩大对外交往和合作，更要重视网络和信息安全，维护国家权益。

第七，信息化是覆盖全社会的事业，要求各级政府的主要领导对其进行强有力的推动和协调，同时还要充分发挥市场机制的作用。

第八，信息化是人类社会发展过程中的新生事物，没有现成的成功经验可以借鉴。因此，在推进信息化的过程中，需要针对各地区、各部门、各单位实际，首先开展信息化试点，积累一定的经验后，再推广普及。

3.3 通信业在新经济形态中的地位和作用

3.3.1 通信业在信息经济中的地位和作用

信息产业既是信息化的必要前提条件，又是信息化水平的重要衡量标尺。通信业作为提供电子信息传输平台、提供传输服务并直接向社会提供信息服务的部门，对信息的开发、流通、应用等过程都施加了重要的影响。通信业对推进信息化建设起着至关重要的作用，它在信息化中的基础性、先导性、战略性的地位正是这些作用的结果。

1. 通信网络是国家信息基础设施的核心与基础

在国家信息基础设施（NII）的基础层面、应用平台和应用环境3个层面上，通信网络都发挥着重要作用。

（1）基础层面：通信网络是一个无缝隙的高速信息电信网络，具有高速、智能化、可靠的特点。它以公用电信网为主体，是各部门专业应用信息系统的平台，并与世界未来的全球信息基础设施（GII）接轨。

（2）应用平台：通信网络是建立在基础平台上，为社会各行业提供信息应用而组建的各种应用信息系统，各种专网、服务系统和各类公用、专用数据库，如经济信息网、各种专网等。这些系统必须具有统一的电信协议与标准接口，其结构可以由高性能的计算机、服务器、工作站、数据库、远程终端设备组成，利用它们可以组成局域网或通过互连协议结合成广域网及城域网。

（3）应用环境：通信网络是保证信息基础设施能够实现的条件和环境，如政策法规、管理机制、资金、技术标准以及各种从事信息产业的不同层次的管理技术人员等。电信网络平台是信息化进程中的核心内容，也是信息网络基础架构的基础，为各种信息化应用系统提供网络基础平台。信息化进程中的各个领域、各个层次都以电信网络作为基础设施。

2. 通信业的发展带动了信息技术的进步

在技术层面上，信息时代的支柱技术包括微电子技术、计算机技术与电信技术等，它们的无一例外地以超常规速度发展。电信技术是信息技术的重要组成部分，同时也是近年来使信息技术迅猛发展的主要因素之一。电信技术的发展得益于电信业的快速发展，电信业的发展为电信技术的应用创造了条件。从电信业发展的特点来看，电信业是技术密集型产业，任何电信业务的发展都离不开先进的电信技术的支撑。电信技术的日新月异使得电信业在技术的更新换代中持续发展。电信业的发展，包括电信网络的不断进化和电信新业务的不断涌现，也极大地提高了信息技术的开发和应用水平。在电信技术的推动下，电信网络进行了技术改造，电信业务也越来越丰富，为国家信息化的发展提供了良好的信息基础设施，信息资源也得到广泛开发。

3. 通信业促进了信息资源的开发和利用

信息资源的开发和利用是全社会各行业共同的职责，发展各具特色、面向大众的网上数据库产品是信息资源开发和利用的关键。电信业互联互通的特点为信息资源的传播与共享提供了便利条件，尤其是互联网的发展更促进了信息资源的开发与利用，离开了电信业去谈信息资源的开发与利用是不可能实现的。电信业对信息资源开发和利用的推动作用主要体现在两个方面：一方面，电信业本身是信息资源开发和利用的核心。近年来，随着互联网业务的迅速发展，"互联网+"背景下创新的商业模式不断涌现；另一方面，随着电信基础设施的逐步完善，信息资源的共享和传送也更加便利。

4. 电信业的发展带动了信息产业的发展

电信业是信息产业体系中发展得最为活跃的部分之一，也是信息产业的重中之重，在信息化进程中具有战略意义。在信息产业中，电信业是信息产业的基础和核心。电信业属于信息服务业的范畴，大量的基础设施及设备装置是其开展服务的基础，电信基础设施对电信及计算机设备的大量需求必然带动电信设备制造业的发展。同时，电信业务的发展也大大促进了各类应用软件的开发与应用，为电信设备及各类应用软件提供了市场需求。电信产业的发展、繁荣也必然会加快工业信息化的发展步伐，并以此带动整个国民经济的信息化发展。

5．通信业务的普及促进了国民信息化素质的提高

通信业的发展对于提高国民的信息化素质、普及信息知识具有促进作用。通信消费在国民消费中所占的比重逐年提高——通信已经成为继衣食住行后的又一大国民必需消费品，这是人类向信息社会迈进的一个发展趋势。通信业已经成为人们了解信息化的方式与途径，人们在享受各类通信服务的同时也提高了自身的信息化水平。通信业务的逐步普及培养了人们对信息技术的兴趣，也提高了人们运用信息化手段生活和生产的能力。

6．通信业成为带动产业升级的重要力量

国际上产业结构的升级是通过促进信息产业化来实现的。信息技术的广泛应用，推动了传统产业的改造，提高了其劳动生产率，加快了产品的升级换代，提高了产品的竞争能力，促进了产业结构向知识密集型产业结构转变。据有关研究机构测算，在这一过程中，信息技术在改造我国传统产业方面的投入产出比可达 1:4，这个比例在有些领域甚至能达到 1:20。在优化产业结构、转变经济增长方式的同时，信息产业可为国民经济带来了巨大经济效益，其中当然包括通信服务业所做的贡献。

3.3.2 通信业在网络经济中的地位和作用

1．通信业在网络经济中的地位

（1）通信业是网络经济的重要组成部分

对网络经济可从不同的层面去认识它。从经济形态这一最高层面看，网络经济有别于农业经济、工业经济的信息或知识经济。在这种经济形态中，信息网络尤其是智能化信息网络将成为极其重要的生产工具，是一种全新的生产力。从产业发展的中观层面看，网络经济就是与电子商务紧密相连的网络产业，既包括网络贸易、网络银行、网络企业以及其他商务性网络活动，又包括网络基础设施、网络设备和产品以及各种网络服务的建设、生产和提供等经济活动。它可细分为互联网的基础层、应用层、服务层、商务层。电子商务是互联网经济的一个重要内容。从企业营销、居民消费或投资的微观层面看，网络经济则是一个网络大市场或大型的虚拟市场，其交易额几乎每百天增加一倍。网络经济的上述三个层面是相互联系的。网络市场扩大了，网络产业发展了，表现为全新经济形态的网络经济也就必然水到渠成了。

作为网络的建设者和运营者，电信业的地位日益重要。不管是传统的 IT 企业还是新兴的 .com 公司以及今后的信息家电，其都毫无例外地与电信企业有着千丝万缕的联系；而传统的电信业也开始越来越多地向 IT 产业渗透，并将在今后直接对 IT 产业产生深远的影响。

面对网络经济的良好发展前景，电信企业也不甘落后，不满足于充当信息传输平台的单一角色，纷纷提出了与网络经济发展相适应的转型战略，即从传统基础网络运营商向现代综合信息服务提供商转型，从而电信企业会逐步成为电信全业务的提供者、互联网应用的聚合者、中小企业信息和通信技术服务的领先者，进而成为基于网络的综合信息服务价值链的主导者。

互联网与电信业不断融合，为电信企业搭建了广阔的平台。电信企业抓住机遇，可以大力发展即时通信、电子商务、网络游戏、视频点播等互联网业务。而且，由于互联网与电信网络的连接以及互联网业务的蓬勃发展，电信企业基于宽带的增值业务发展迅速，且增值业务在通信业务收入构成中占的比例逐年上升。

（2）通信业是网络经济形成的前提条件

20 世纪 90 年代，信息技术改变了经济活动的模式。由于信息技术设备、通信设备、软件与服务的广泛应用，国内市场与国际市场正在融合成为一个市场。这一市场由互联网占主导的全球信息基础设施支持。信息技术产业是网络经济发展的基础，因此，信息技术产业发展的状况直接关系到网络经济发展的潜在规模和可能的增长。信息技术产业是直接进行信息的生产、加工与分配，并以信息产品或服务作为其产出的产业。信息技术产业是一种为其他产业服务的产业，它包括信息的收集、传播、处理、存储、流通、服务等过程。

由第 2 章对信息产业的划分可以看出，通信业是信息产业的重要组成部分。就目前的通信业而言，它在信息的收集、传播、处理、存储、流通、服务等各个环节均起着重要的作用，是网络经济形成与发展不可或缺的前提条件。此外，信息高速公路是网络经济的基础设施。网络经济的形成和发展，需要网络系统及其他相关技术，如数据库软件、网络交换中心和集线器、加密硬件和软件、多媒体支持工具、WWW 等的支持。信息高速公路的核心内容是国家信息基础设施，其实质是以现代通信和计算机技术为基础，建设一个以光缆为干线的覆盖全国的智能通信网，以推动国家或地区经济与社会的高度信息化进程。这是将电视、计算机、电话等结合在一起的新技术，实现信息传输的网络化、大容量化、快捷化以及信息的双向交流。由此可见，只有通信业搭建起良好的网络，网络经济才有坚实的基础。

2．通信业在网络经济中的作用

作为网络经济环境下的通信业，其除了要密切关注网络经济的特征，使行业发展符合网络经济的要求外，同时还要担当网络经济的"筹划人"角色。这是由通信业自身的特殊情况决定的，因为通信业除了有在网络经济中行业自身发展的一面，还有负责网络建设的一面，这是网络经济发展的物理基础。

通信业在网络经济中的主要作用就是保证网络的畅通无阻，维持网络的正常运行秩序，具体来说，包括以下几点。

（1）保障网络畅通，促进网络经营繁荣。网络的畅通无阻是网络经济运行的前提，网络经济毕竟是新生事物，其运行毕竟还有许多不可知的因素存在，这些都要求有一个坚强的后盾，作为网络经济运行的技术支撑。通信业不仅提供了理想的技术支撑，其发展也促进了网络繁荣。运营商可以通过建设优质的通信网络，收取合理的网络费用，吸收更多的企业上网经营繁荣网络经济。

（2）执行网络规章，维护网络秩序。网络经济作为一种特殊的经济形态，必须有它的经济运行秩序。良好的网络经济又是以规范的网络秩序为基础的。网络与现实生活之间有很大的差别，这也增加了网络秩序维护的难度。

（3）开发各类数据信息，增加网络经济运行所需的信息资源。在信息爆炸的今天，无论是企业还是个人，其往往被周围大量的数字所困扰，无从选择。杂乱无章的数字是不能被称为信息资源的，因而大量数字的系统化就势在必行了。通信业要抓住这一机会，充分利用自身的有利条件，进行各类数据的归集，建立起各种类型的综合数据库，为网络经济下的每个经济单元运行提供有效的信息资源。

（4）建立网络安全机制，注意对网络用户秘密的保护。随着网络上经济交易的增多，许多商业机密、个人隐私也越来越多地通过网络传输。这对网络的安全性提出了极高的要求。网络的安全还意味着运营商要随时防止网络病毒的发作，为网络经济的运行提供一个安全的环境。

（5）利用行业自身的网络优势，积极推进电子商务等应用。长期以来，通信行业在信息技术应用方面一直处于领先的水平，通信业信息化的发展与应用也走在了各行业的前头。在电子商务发展方面，通信业是为各行各业电子商务发展提供基础服务的重要产业，对全社会的电子商务发展水平和层次有着实质性的影响。

复习思考题

1. 什么是信息经济？它有什么特点？
2. 网络经济有哪些特征？
3. 如何测度社会信息化水平？
4. 如何理解通信业在信息经济和网络经济中的地位和作用？

第 **4** 章 通信业的产业属性与经济特征

在产业经济学中，产业是指具有某种同类属性或生产类似产品的企业经济活动的集合。产业关联和产业属性是研究产业发展的两个重要方面。本章重点阐述并应用产业关联的相关理论，结合电信业的发展历程，分析电信产业链的发展规律与趋势；在阐明几种主要的产业属性划分理论的基础上，分析通信业的产业属性；最后结合通信业的生产经营特点，分析通信业的经济特征。

4.1 通信业的产业关联

4.1.1 产业关联的基本原理

产业关联分析又称为投入产出分析，由美国经济学家里昂惕夫在 20 世纪 30 年代提出。投入产出分析是运用投入产出表从数量上分析产业之间在投入产出上的相互依存关系的过程。运用投入产出表进行投入产出分析是宏观经济学和产业经济学的重要内容，本书不做赘述。

1. 产业关联的方式

产业关联可以分为两种方式：一是前向关联，指一产业的产品在其他产业中被利用而形成的产业关联，即对其下游产业的影响，也就是上游产业为下游产业提供生产资料或中间产品的供给作用；二是后向关联，指一产业在其生产过程中需要投入其他产业的产品所引起的产业关联，即对其上游产业的影响，也就是某个产业的发展为向它提供中间产品或生产资料的产业创造需求。

前向关联系数是指一个产业向其他产业提供的中间产品占全社会对该产业总需求的比重，用来衡量一产业前向关联效果的大小，其公式为：

$$HL_i = \frac{\sum_{j=1}^{n} X_{ij}}{X_i} (i = 1, 2, \cdots, n)$$

式中，HL_i——前向关联系数；

$\sum_{j=1}^{n} X_{ij}$——第 i 部门的全部中间需求；

X_i——第 i 部门的总需求。

后向关联系数则是指一个产业所使用的其他产业提供的中间产品与该产业总产出的比重，用于衡量后向关联效果的大小，其公式为：

$$VL_j = \frac{\sum_{i=1}^{n} X_{ij}}{X_j}(j=1,2,\cdots,n)$$

式中，VL_j——后向关联系数；

$\sum_{i=1}^{n} X_{ij}$——第 j 产业部门的全部中间投入或中间消耗量（这里指的是实物而不包括劳动）；

X_j——第 j 产业部门的总产出。

2. 产业链的实质及其整合

对产业链的研究最早可以追溯到 17 世纪中后期古典经济学家亚当·斯密的研究，不过其关注的焦点与现在学者对产业链的研究范畴有较大差异。产业链是产业经济学中的一个概念，是各个产业部门之间基于一定的技术经济关联，并依据特定的逻辑关系和时空布局关系客观形成的链条式关联关系形态。产业部门依据前、后向的关联关系组成的一种网络结构被称为产业链。产业链的实质就是产业关联，而产业关联的实质就是各产业相互之间的供给与需求、投入与产出的关系。产业链是用于描述一个具有某种内在联系的企业群结构，它是一个相对宏观的概念，存在两维属性：结构属性和价值属性。产业链中大量存在着上下游关系和相互价值的交换，上游环节向下游环节输送产品或服务，下游环节向上游环节反馈信息。

产业链分为狭义产业链和广义产业链。狭义产业链是指从原材料一直到终端产品制造的各生产部门的完整链条，主要面向具体生产制造环节；广义产业链则是在面向生产的狭义产业链基础上尽可能地向上下游的拓展延伸。产业链向上游延伸一般使得产业链进入到基础产业环节和技术研发环节，向下游拓展则进入到市场拓展环节。

产业链分析需要明确以下几个问题。

（1）产业链上下游分别是谁？

（2）产业链各环节之间的竞合关系如何？

（3）产业链的主导者是谁？

明确这些问题之后，才能分析该产业链的商业模式，预测该产业的发展趋势。

产业链整合是对产业链进行调整和协同的过程。整合的本质是对分离状态进行调整、组合和一体化。产业链整合是产业链上的某个主导企业通过调整、优化相关企业关系使其协同行动，提高整个产业链的运作效能，最终增强企业竞争优势的过程。按整合企业在产业链上所处的位置划分可分为横向整合、纵向整合以及混合整合三种类型。横向整合是指通过对产业链上相同类型企业的约束来提高企业的集中度，扩大市场势力，从而增强对市场价格的控制力，进而获得垄断利润的过程。纵向整合是指产业链上的企业通过对上下游企业施加纵向约束，使之接受一体化或准一体化的合约，通过产量或价格控制实现纵向的产业利润最大化的过程。混合整合又称为斜向整合，是指对和本产业紧密相关的企业进行一体化或是约束的过程，它既包括了横向整合又包括了纵向整合，是两者的结合。

4.1.2　电信产业链的发展

1. 电信业的前向和后向关联产业

作为社会基础设施，电信业无论其前向关联还是后向关联的链条都是很长的。图 4-1 所示是电信业的产业关联的大体状况。

电信业产业关联的范围广、链条长，决定了电信业的发展能对国民经济的发展起到很强的推动作用和拉动作用。广义的电信产业包括邮电服务业和相关的设备制造业。狭义的电信产业指电信服务业和电信设备制造业。电信产业的核心任务是传输信息，而信息是重要的战略资源。20 世纪 70 年代以来，新技术革命和制度变革为电信产业的发展提供了新的巨大动力。

2．电信产业链在各发展阶段的结构

（1）垄断经营阶段

在 1994 年之前，我国的公共电信业完全由邮电部垄断。那时候安装一部电话需要支付高额的初装费，打电话需要支付高额的话费，这就使得电信服务的用户集中在高端市场，这些用户是那些愿意并且能够支付高额费用的群体，主要以高收入阶层和公款支付用户为主，而普通用户数量极少。当时的邮电部借助政策性垄断，通过价值链一体化，独占网络资源、垄断分销渠道，既是网络资源唯一拥有者，又是服务的唯一提供者，在产业链中处于核心地位。它为最终用户提供的是语音服务。在信息的传递过程中，只需保证信息传递的安全性与及时性，而不必为用户创造什么价值。此时的电信产业链结构如图 4-2 所示。

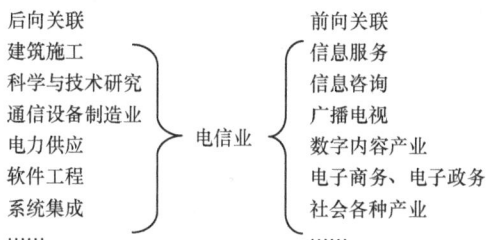

图 4-1　电信业的产业关联　　　　图 4-2　垄断经营阶段电信产业链结构图

在这样的垄断体制下，邮电部在电信产业链上独占，产业链上游只存在电信设备提供商，他们将网络设备与终端设备提供给邮电部，再经过邮电部将已经入网的电话机卖给最终消费者。在这条产业链里，最终用户唯一的接口就是邮电部。此时的市场是典型的卖方垄断市场，邮电部没有为用户服务的意识和动力，用户只能接受邮电部提供的服务，并且支付高额的初装费和话费。

（2）寡头垄断经营阶段

1994 年中国联通成立之后，邮电部垄断的局面被打破，双寡头垄断的市场结构使得电信业务市场的效率得到提高，大幅度降低了初装费和话费。在此阶段电信产业链上构成主体增加，而且由于机号分离，终端设备无须与网络资源捆绑销售，用户可以通过分别购买手机终端和入网许可（即 SIM 卡）来享受电信服务。随着入网费、资费的下调，通信服务不再是贵族的消费，客户群体扩大的同时伴随群体差异分化，客户选择由高端向中低端兼容现象的发生。客户需求的差异化使得此时的电信运营商要重新定义市场。此时的电信产业链结构如图 4-3 所示。

此阶段电信产业链与之前的区别在于：第一，运营主体由邮电部变成了两家，打破了绝对垄断的情况；第二，用户不但可以从运营主体购买移动终端来接受电信服务，还可以从移动通信分销渠道进行购买。此时电信运营商为用户提供的业务范围大部分是语音业务，还有极少的增值业务和数据业务。此时邮电部在电信产业链中不再是唯一的核心，电信运营主体及分销渠道的介入扩充并延长了产业链，一方面使电信运营商的价值获取分散化，另一方面使用户和产业链的接口增加，用户需求得到了更多的重视。然而，如图 4-3 所示，该产业链虽然得到了发展，但还是很短，即还不是一个完全意义上的"链"。

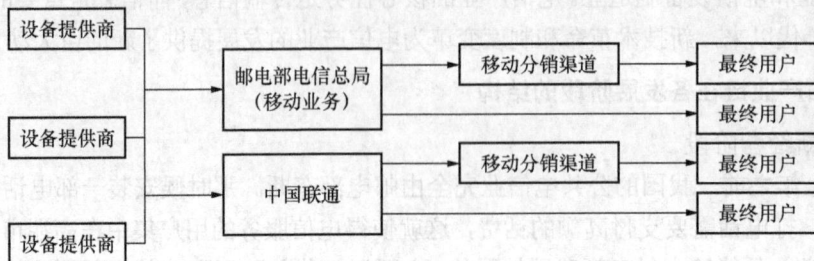

图 4-3　寡头垄断经营阶段电信产业链结构图

（3）语音业务阶段

1998 年 3 月，我国进行政府机构改革，在电子部和邮电部基础上组建了信息产业部，随后电信实现了政企分离。1999 年 2 月，信息产业部对中国电信进行拆分重组，将中国电信寻呼、卫星、移动业务分离出去，原中国电信被拆分为新中国电信、中国移动和中国卫星通信公司 3 个公司，其寻呼业务归入联通公司。2000 年 12 月，铁道电信信息有限责任公司成立。从此时开始，电信产业链的演变进入一个新的纪元。在政企分离之后，电信产业链有了一般性的结构，如图 4-4 所示。

图 4-4　语音业务阶段电信产业链结构图

从图 4-4 可以看到，语音时代一般性产业链由设备提供商、系统集成商、电信运营商和最终用户 4 个部分组成。这样的产业链是语音时代产业链的代表，人们在此时，对于通信的需求只是简单的语音业务，人们要做的就是从移动设备商购买终端，然后通过电信运营商提供的服务来满足自己语音通信的需求。

（4）数据业务初期

随着技术的不断进步，政府管制的不断放松，电信市场竞争的不断加剧，用户需求的不断个性化、差异化，电信的主要业务由基础语音业务开始向增值数据业务转变。在这样的背景下，电信运营商必须改变原来语音时代的电信产业链模式，与更多的服务提供商进行合作，形成适应发展的电信产业链。此阶段的产业链结构如图 4-5 所示。

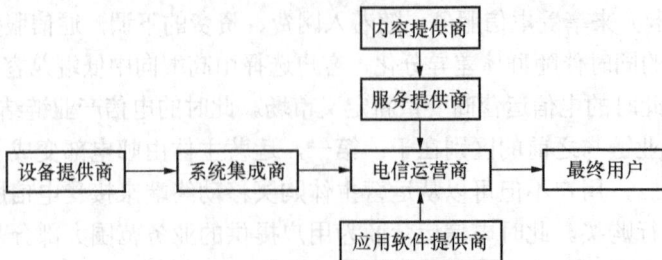

图 4-5　数据业务初期电信产业链结构图

图 4-5 可以看出，整个电信产业链已扩展到涵盖了设备提供商、系统集成商、电信运营商、服务提供商、内容提供商、应用软件提供商和最终用户等各大主体的一条长的但近似线性的链。在这样的电信产业链里，电信运营商凭借自身用户资源、品牌优势、网络实力而占据了整个产业链的核心地位。运营商手中掌握的用户资源，使其拥有最终用户的连接权和价值分配权。整条产业链的价值来源于最终用户，因此，其他环节必须通过电信运营商才能在电信产业链中获取自己相应的价值。运营商在整条产业链中居于完全的核心地位，是电信产业链的盟主。

在这条产业链中，网络设备提供商提供网络设备与设备软件，为产业链各个主体提供高速、稳定的网络；终端提供商为消费者提供能支持各类服务的手机终端，或通过独立在各信息产业卖场出售，或通过电信运营商的定制，在电信运营商渠道出售；内容提供者（Content Provider，CP）/服务提供商（Service Providers，SP）制作内容资源，通过电信运营商提供的网络接入，向最终用户提供各种包括信息类、娱乐类、通信类、电子商务类和社区类的服务；电信运营商为各个主体提供接入服务，并依托自己强大的用户/网络资源，独立向用户提供各种服务。

该阶段的电信产业链发展有瓶颈，主要在于内容的制作和加工以及服务的提供方面。众多 CP/SP 提供近似同质的服务，很难有区别于其他的差异化的服务出现，这就需要以电信运营商为盟主的产业链各方同心同德，激发广大 CP/SP 的制作热情，把产业链"蛋糕"做大，才能实现共赢。

（5）3G 时代（数据业务高速发展期）

随着国家发放 3 张 3G 牌照，各个电信运营商拿到牌照后都开始发力 3G 网络建设。我国电信业务进入 3G 时代后与之前的数据业务初期阶段不同。之前受限于低速的网络，最终用户使用的服务一般以信息浏览、即时聊天等服务为主，需要的流量较小；在 3G 时代（数据业务高速发展期），由于技术的升级有了更高速的网络，可以提供给用户更宽的带宽，更高速的上下行速率，于是大流量、高速率的应用服务的蓬勃发展成为必然。这样的服务将包括处理图像、音乐、视频流等多种媒体形式，提供如网页浏览、电话会议、电子商务等多种信息服务。

此阶段的电信产业链发生了极大的变化，各个主体在价值链上的位置再也不是固定不变的了，而是不断地向自己的上游或者下游融合，或是向产业链其他位置融合，不断地进入其他产业链主体的领域，进行着一体化战略。此时，电信产业链的各个主体再也不是链上一个个的点，也不只是固守自己在链上的位置，而是成为一段，即成为跨产业链几个位置的一段。各主体也不再局限于自己之前的定位，而是开始一体化发展，成为覆盖价值链多个位置的具有多种功能的集合体。

此阶段电信产业价值链上的核心——电信运营商，正凭借自己在网络/用户资源上的优势、对产业未来发展深刻的把握以及自己在产业链上的号召力和影响力，不断地向上下游各个位置融合，开展着一体化战略：通过收购媒体、音乐等资源，提供媒体、新闻、音乐、资讯等服务，并且推出自己的服务应用软件（如 IM，即时通信），这是向上游的 CP/SP 融合的后向一体化战略；通过向终端厂商定制手机，贴上运营商品牌，淡化终端厂商品牌，销售自己的终端，这是向下游终端厂商融合的前向一体化战略；电信运营商建立应用程序商店，搭建一个平台，占据平台核心地位，让产业链各方通过平台来合作与盈利，这是以前各个阶段没有出现过的，也是电信运营商的一体化战略。电信运营商一体化融合的部分产业链结构如图 4-6 所示，其中，虚线箭头表示主体融合的方向。

在这一发展阶段里，SP 市场的竞争越来越激烈，众多 SP 提供信息服务、娱乐、通信、电子商务和社区类服务，但同质化的现象很严重，基本没有出现一家 SP 提供的服务是能够排他胜出的，很难满足用户差异化、个性化的要求。这其中的原因有 CP 没有足够的积极性来制作内容，一些掌握着优质资源的 CP 无法找到合适的 SP 合作等。在这样一个"内容为王"的时代，众 SP 也开始了

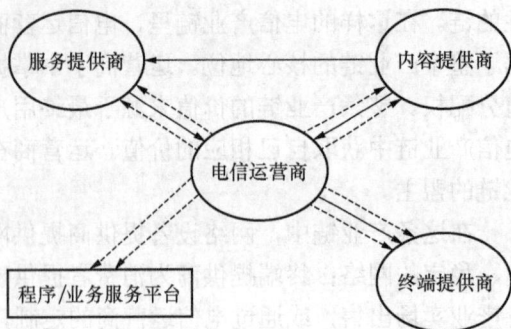

图 4-6　3G 时代电信运营商一体化融合的子产业链结构图

自身在电信产业链上的一体化融合探索。纵观国内外 SP 的一体化战略有两类：一是 CP/SP 一体化，一些大型的 SP，通过自身强大的渠道实力、丰富的内容资源和用户基础，自做 CP，从上游内容制作到下游运作，独占 CP/SP 子产业链，这样的模式适合强势并且对服务提供有经验，对市场的需求有清晰了解的 SP；还有一类是 SP 与大型的 CP 捆绑合作，盈利分成，通过与拥有优质内容的 CP（如广电，传媒等握有媒体资源、音乐资源的公司）合作，并且确定好分成比例，共同将内容包装推向市场。这类模式适合手中握有众多优质内容资源但对市场运作不很了解的 CP 和对市场运作熟悉但没有资源的 SP，这样的合作对双方来说是"双赢"。

对于电信产业链上重要的一环——终端提供商来说，国内外各厂商也在经历着一体化融合的进程。由于各终端提供商规模不同，其采用的一体化战略也不尽相同。总的来说，各终端厂商均建立起了自己的应用程序商店，建设一个平台，吸引众多 CP/SP 开发应用程序，并且自做 CP/SP，与运营商的平台模式一样，要向产业链的核心进军，这便是终端厂商的后向一体化战略；有的终端厂商（如苹果公司）凭借其强势的地位、优秀的产品和良好的用户口碑，与运营商分成，使运营商沦为"管道"，这是其向运营商融合的一体化战略。

在电信产业链上，最上游的网络设备提供商也在向下游进发，在提供网络设备/接入的同时步入了用户导向的市场。一方面，设备提供商通过紧跟电信运营商的终端集采政策，研制各种制式手机，为电信运营商提供深度定制手机服务，进而投放国内外市场，实施向下游终端提供商融合的一体化战略，并且通过研制各制式 3G 上网卡，开发企业级和用户级解决方案，抢占这片市场；另一方面，各厂商都提出"网络+终端+应用"的模式，通过提供包括设备、终端与应用服务的整套解决方案来吸引个人与企业用户。总的来说，终端提供商的一体化战略便是与上游的电信运营商深度定制，并通过提供整套解决方案来接近最终用户。设备制造商一体化融合子产业链结构如图 4-7 所示。

除了原先电信产业链上各主体进行一体化融合争夺市场地位之外，各类电信行业以外的企业也纷纷找准自己的切入点，切入电信产业链。最典型的例子就是以谷歌为代表的互联网企业，其通过开发终端系统/应用软件以软件提供商和服务提供商的身份进入电信产业链，并且建立程序/业务服务平台来向电信运营商融合；又让终端提供商接受定制，将系统与各类自做软件预装在手机终端中，以这种方式实现向终端提供商的融合。互联网企业一体化融合的子产业链结构如图 4-8 所示。

总之，3G 时代的电信产业链上各主体都在向更靠近最终用户、更容易创造用户价值的位

置迸发，与用户的接口由以前的电信运营商增加到了包括终端提供商、电信运营商、内容提供商、服务提供商、程序/业务服务平台和互联网企业 6 个，与用户的联系更为紧密，整个行业对于用户需求、用户偏好的改变有了更深刻的了解和更快的调整速度，为整个行业的快速发展提供了保证。经过融合后的各个主体，再也不是之前的只专注于单一业务的企业了，而是成为横跨几类业务的一个综合的企业。例如，在 3G 时代，再也不能只把一个手机厂商（如苹果公司）单独归类于终端提供商范畴，它除了制造手机终端以外，还制作各类 App 应用（同内容提供商），提供给用户各类 SP 服务（同服务提供商），并且与运营商合作定制终端，在收入通信费的同时与电信运营商对信息服务费进行收入分成。

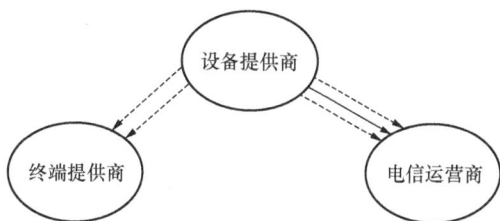

图 4-7　3G 时代设备提供商一体化融合的子产业链结构图　　图 4-8　3G 时代互联网企业一体化融合的子产业链结构图

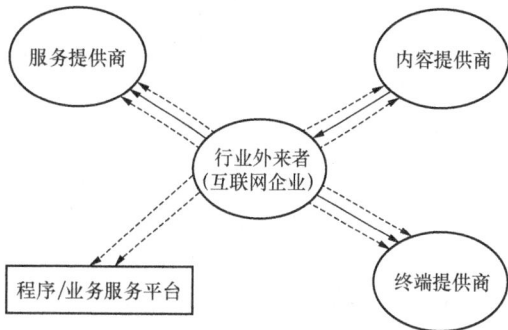

3G 时代，就单个公司而言，每个公司在行业内的地位也有了翻天覆地的变化。因为一切产品、服务的最终目的都是用户购买，用户可以说是所有企业都要争取、都要得到的最终资源，在整个产业层级中处于最高的位置。离最终用户越近的企业越能得到用户喜好、需求的直观的数据，其推出的产品、服务越能快速适应用户需求，并且通过向上游企业订购实现较大的话语权；而离用户远的企业对用户信息难以拥有快速的反应能力，其提供的产品并不会直接给用户使用，更多的可能是作为一个中间产品提供给产业链下游企业，对用户的需求通过下游企业的订单获知，其主动权与获益相对前者的较少。在这样的条件下，离用户较远的上游企业便会利用各种方法向下游融合，力争更靠近最终用户。另外，下游企业也会向上游融合，力争通过占据产业链上更多的环节，获得更大的利益。

（6）4G 时代

4G 电信产业链由上游厂商（包括射频器件厂商、测试厂商）、中游厂商（包括主设备商、传输配套厂商、网维网优厂商、无线终端天线厂商）和下游厂商（包括运营商、虚拟运营商、CP/SP 提供商、移动终端供应商）3 个部分组成。4G 与 3G 的主要区别在于频谱利用效率和上、下行速率方面，而产业链的深度和广度差别不大。在 4G 电信产业链中，除了电信运营商、终端提供商、无线主设备制造商等重要环节外，CP/SP 提供商、系统集成服务商等原 3G 产业链中的作用将得到进一步加强，同时测试设备提供商、网优/网维厂商等环节也将在产业链中发挥作用。此外，在我国的电信产业链中出现了虚拟运营商。

4G 产业链呈现出两个明显的特点：纵向延长和横向扩展。

① 纵向延长。目前 4G 产业链的构成可以大致分为上游厂商、中游厂商和下游厂商三部分。但随着纵向不断延伸链条，产业链不断被拉长、细分和开放，加入一些新的市场主体和价值创造者；4G 产业链的划分将变得更加细致、具体，有望向上游厂商、中上游厂商、中游

厂商、中下游厂商、下游厂商这种结构形式发展。

② 横向扩展。随着4G产业链纵向的不断延长与扩充，链中各环节对价值创造的贡献也将被重新界定，价值和利润在链上发生转移，向对价值创造起关键作用的环节集中，每一个环节的运作效率对整个产业链的整体效率影响越来越大，各成员企业间联系更为紧密，从而实现优势互补，而且相互依赖。不断深化分工和扩展协作伙伴，稳固和提高每一个环节的价值形成能力，每一个参与分工协作的电信企业，都成为价值网络中的一个"节点"。

4.1.3 邮政产业链的打造

邮政通信业的产业关联度低于电信通信业的产业关联度，但是其产业关联也发挥着重要作用。例如，邮政的发展对运输业的需求拉动作用表现很突出。水运和航空运输业在早期曾经从邮政通信业获得了强大的推动力。现代速递业务也为航空运输业提供了大量的需求。同时，现代化的中国交通运输也在推动邮政通信业的发展，使通信时限不断缩短。北京至天津的快速铁路的建成就为两市之间当日到达的速递业务创造了条件。商业中的邮购业与邮政业也高度相关。邮政业在新兴的物流业和电子商务中将扮演更重要的角色。

随着互联网和电子商务的发展，邮政通信在包裹运输服务上的优势越来越明显。从市场发展看，为了满足客户"一站式采购"的需要，邮政服务已从文件和包裹的递送，向物流和供应链管理方向延伸。因此，邮政速递物流所处产业链的构成和协同方式正在发生或已经发生了重大变化，改变了过去只基于产品或服务的利益交易方式，取而代之的是以优势互补、资源共享、流程对接、文化融合等为特征的专业化战略联盟形式，价值和利润也在向产业链中起关键作用的环节集中。每一个环节上的运作效率对整个产业链的整体效率影响越来越大，各成员企业间联系更为紧密，优势互补且相互依赖，并出现了一系列的重叠、替代、交叉和趋同等变化。邮政速递物流竞争优势的打造，将越来越多地源于企业与产业链上、下各环节的系统协同中，从更高的层次上加入产业链的竞争，在产业层面上建立更高、更广的战略视野，以谋求在更新、更广泛的资源和能力基础上构建竞争优势。

1．优化内部价值链

邮政企业要集中于产业链的一个或几个环节，不断优化内部价值链，获得专业化优势和核心竞争力，同时以多种方式与产业链中其他环节的专业性企业进行高度协同和紧密合作，在提高整个产业链的运作效率的同时，使企业获得以低成本快速满足客户日益个性化需求的能力。

邮政企业在速递物流的整体定位要紧密依托渠道优势，致力于打造独特的商业模式，并通过作业优化与流程再造，优化内部价值链。同时，要满足客户对商品从信息跟踪、货到付款甚至到仓库管理的新兴需求，以遍布全国的服务网络、统一的服务标准、先进的信息技术、创新的管理理念，为客户提供综合的、全方位的服务甚至是整体的解决方案，并使运营体系时时处于动态调整状态。这样一种基于产业链的服务体系，正是将用户置于核心地位，使产品与服务的设计以满足用户需要为出发点，吸引用户并增加客户黏性，形成稳定可靠的专业服务的优势。

2．改造薄弱环节

从总体上看，我国邮政服务资源分散、技术落后、服务效率低，尤其是在服务电子商务这一新经济形态时，出现"短板"且非一日可以改变的。但同时，我国正大力发展服务业，出台了调整与振兴物流业的发展规划，为邮政快递服务加快发展营造了良好的环境。网络设施规划与建设、处理中心规划布局等纳入国家政策层面；快递服务技术设备利用率不断提高，配送、装卸、运递活动所需的各种机械设备、计算机设备与通信网络配套，使得网络的信息化水平大幅提高；交通综合运输体系改革提高了快递服务与交通运输资源的组合效率，为快递服务增强能力、提高服务、提高效益提供了有力支撑。邮政速递物流应通过建立战略合作伙伴的方法，改造产业链中的薄弱环节，提高整个产业链的运作效能，使其竞争优势建立在产业链释放的整体效率基础上，从而获得相比链条上其他竞争对手更大的优势。

3．加强与上、下游企业的协同关系

邮政企业通过投资、协同、合作等战略手段加强与产业链上、下游企业的协同关系，在开发、生产及营销等环节上密切合作，使产品与服务进一步融入产业链运行中，可切实提高效率，增加产品与服务的有效性。

邮政企业通过开放的网络系统，与各种交通设施整合，构建多式联运的快速运递网络，以一体化、标准化及模块化的形式发挥规模经济效益；与电子商务、生产制造企业结成战略联盟，形成多方位、纵横交叉、相互渗透的协作有机体，使三者相互依存、相互促进、共同发展，促使物流网络规模效益的显现及社会分工的深化，快速响应市场需求。

4．抓住关键环节，增强协同有效性

近年来，电子商务发展迅速，使得 B2C 行业格外受到资本的青睐。但电子商务生态体系是一个庞大而复杂的系统工程，其各环节的价值贡献差异很大。目前，邮政在速递物流上已经能为客户提供快递、陆运、货运、通关、供应链、贸易、办公事务等一揽子的服务能力。但是从产业链竞争的角度看，邮政企业还必须识别和发现所在产业链的核心价值环节，将优势资源集中于此，构建集中的竞争优势，进而获得与其他环节协同的主动性，获得其他环节转移来的利润或价值，构建起基于产业链协同的竞争优势。对于产业链上价值重心的转移与变化，要始终有自如应对的方案，持续保持竞争优势。

4.2　通信业的产业属性

4.2.1　产业划分的基本理论

国民经济系统是由很多不同的产业所构成的。在现代产业经济学中，产业是一个介于微观组织和宏观经济组织之间的"集合概念"，它既是具有某种同一属性的企业的集合，又是国民经济以某一标准划分的部分。这种"集合"和"部分"划分的标准以及划分口径的粗细，则取决于现实的可用性，因而现实中呈现出各种各样的分类标准和划分方法。

1．3 次产业划分理论

3 次产业分类法是新西兰经济学家费歇尔首先创立的。他在 1935 年发表的著作《安全与进步的冲突》中提出了对产业的划分方法。当 1971 年诺贝尔经济学奖获得者库兹涅茨运用这个方法系统研究和揭示 3 次产业在国民经济中的变化规律之后，3 次产业分类法逐渐为各国所接受，并已成为世界通行的统计方法。这种划分方法将国民经济各部门划分为 3 个产业，即第一产业、第二产业和第三产业。第一产业指农业，第二产业包括工业和建筑业，第三产业包括除第一产业和第二产业之外的所有产业。第三产业不直接生产有形的产品，而向社会

提供无形的服务。随着现代商业经济的发展，第三产业不断发展壮大，其包括的行业多、范围广。根据我国的实际情况，第三产业被进一步划分为两大部分：一是流通部门；二是服务部门。具体又划分为 4 个层次，分别如下。

第一层次：流通部门，包括交通运输业、邮电通信业、商业饮食业、物资供销和仓储业等。

第二层次：为生产和生活提供服务的部门，包括金融、保险业，地质普查业，房地产、公用事业，居民服务业，旅游业，咨询信息服务业和各类技术服务业等。

第三层次：为提高科学文化水平和居民素质服务的部门，包括教育、文化、广播电视事业，科学研究事业，卫生、体育和社会福利事业等。

第四层次：为社会公共需要服务的部门，包括国家机关、党政机关、社会团体以及军队警察等。

2. 马克思的两大部类理论

马克思主义政治经济学根据各类物质产品在社会再生产过程中的地位，从社会再生产的实现条件来研究各产业的对比关系和结合状况，提出了关于物质生产部门与非物质生产部门的科学划分。一般来说，凡是从事物质资料生产的部门，均称为物质生产部门，如农业生产部门、工业生产部门、建筑业部门、交通运输部门等。与此相对应，凡是不创造物质资料的部门，均称为非物质生产部门，如财政金融部门、生活服务部门、文化教育部门、卫生保健部门、行政管理部门等。马克思从简单劳动过程的观点出发，指出："如果整个过程从其结果的角度，从产品的角度加以考察，那么劳动资料和劳动对象表现为生产资料，劳动本身则表现为生产劳动。"因此，从事这种劳动的部门就是物质生产部门；从事其他劳动的部门就是非物质生产部门。区分物质生产部门与物质非生产部门的根本标志，就是能否创造物质产品。这是就总体而言的，并不排除物质生产部门中有的劳动并不创造物质产品，而非物质生产部门中有的劳动却创造物质产品。

物质生产部门与非物质生产部门的形成及其再细分，是社会生产力不断发展、社会分工的出现和加深、社会生产日益专门化的必然结果。它经历了一个长期发展变化的历史过程。在原始社会中，由于生产力极端低下，没有或很少有剩余产品，所以不可能存在物质生产部门和非物质生产部门的划分。在人类社会进入到奴隶社会后，随着生产力的发展和第三次社会大分工的出现，以及体力劳动与脑力劳动的逐渐分离，才出现了物质生产部门与非物质生产部门的初步划分。但是，两类部门的明确划分及其细分，却是资本主义社会生产力高度发展、生产日益社会化的结果。从此，出现了众多的物质生产部门，如农业、工业、建筑业、交通运输业、邮电业等，也出现了一些非物质生产部门，如财政、金融、文化、教育、卫生、生活服务等。这些部门又可细分为若干部门，如工业分为重工业和轻工业，重工业又分为冶金、石油、机械等部门，商业分为批发商业、零售商业等部门。特别是随着生产力和现代科学技术的发展，社会分工进一步扩大和加深，不断分化出和形成许多新的生产部门和非生产部门，如航天工业、电子工业、新材料工业、生物工程、信息产业、旅游业等。

3. 四次产业划分理论

进入 20 世纪 80 年代，信息技术及以其为核心的现代高技术群体迅速壮大，人类产业活动的规模和方式有了巨大变化，3 次产业分类理论的局限性日益突出。需求结构升级使产业范围扩大，产业正涵盖起愈加丰富的社会生活领域，包容越来越多的形式、日益多样的分工和专业化程度日益提高的人类经济活动。伴随着生产力的飞跃和经济发展水平的提高，社会分工的规模增长和深度的加大，生产的社会化和经济的一体化发展，导致生产和消费过程社会化，第三产业取得长足发展，并且其中不同的部门和行业有不同的表现，不仅其他产业内部不断有新的部门分离出来进入第三产业，第三产业内部也出现了分化和重组。尤其是以信息生产、流通、加工和分配为中心，以信息产品和信息服务为产出的信息产业日益成为对现代经济有着重要影响的主导产业。发达国家纷纷展开了对知识经济和信息经济的研究。美国经济学家马克卢普在其《美国的知识生产和分配》（1962）中首次提出"知识产业和信息服务"的概念。之后，美国经济学家马克·波拉特出版了研究报告《信息经济：定义与测量》，系统地提出了一套关于信息产业经济分析的基本概念和整体框架。该报告按照一个部门的经济活动是否具有信息业性质把国民经济各个部门划分为 3 大类别，即第一类信息部门、第二类信息部门和第三类非信息部门，其中，第一类信息部门是指那些向社会提供信息产品和劳务的部门，第二类信息部门则是指不直接向社会、只向组织内部提供信息产品和信息劳务的部门，第三类非信息部门是指第一类和第二类信息部门之外的所有部门。同时，马克·波拉特在"费歇尔—克拉克产业"分类体系的基础上，首次提出将社会经济部门划分为：第一产业即农业，第二产业即工业，第三产业即服务业，以及第四产业即信息业。此划分体系初步确立了四次产业划分的框架。

4.2.2 通信业属于第三产业

3 次产业的划分方法依据的是产业的经济运行方式。通信业是第三产业的重要组成部分。通信业之所以属于第三产业，是因为其生产的目的或成果不是制造出有形的物品，而是提供一种服务或劳务；它使用的劳动力和机器设备所发挥的作用不是对劳动对象进行加工改变其形态，而是实现劳动对象即信息的空间位移。

4.2.3 通信业属于物质生产部门

物质生产部门与非物质生产部门的划分，有利于政府把握二者的比例，保持物质生产部门的必要比例，以防止国民经济的空壳化。因为物质生产是国民经济的基础，非物质生产部门是建立在物质生产部门的基础之上的，没有这个基础，非物质生产部门就成了"空中楼阁"。按照这种划分方法，通信业属于物质生产部门。

物质生产过程，实际上是一个将人类的有用信息加到劳动对象之中的过程。有形的物质生产，如种植业、采掘业、制造业、建筑业等必须有交通运输业和通信业的配合协作才能最终生产出有用的物质产品。每一件物质产品的价值都包含着一定量的通信业的劳动。有关通信业的产业属性问题，历来存在着争议，一派认为通信业既然属于第三产业就不应属于物质生产部门；另一派则认为通信业属于物质生产部门，认为通信业既是物质生产部门又是第三产业的组成部分，这是我国宏观经济理论中的主流观点。我国实行的国民经济核算体系，既保持了马克思主义政治经济学中关于物质生产部门与非物质生产部门的划分，又引进了西方经济学中关于第一产业、第二产业和第三产业的划分。在这一体系中，货物运输业和邮电通信业既归属于物质生产部门又归属于第三产业。存在此种情况的原因在于该体系依据的是两种不同的经济理论。在一些论文和教科书中用通信业属于第三产业来否定其物质生产部门的性质，其实是没有必要的，因为当代西方经济学中并没有物质生产部门和非物质生产部门的概念，通信业属于第三产业不能作为其不属于物质生产部门的依据；而马克思主义政治经济学中也没有有关三次产业的划分方法。当然，通信业属于物质生产部门也不能作为其不属于第三产业的依据。在通信部门的产业属性问题上之所以产生分歧，是因为有些研究人员将第一产业和第二产业与物质生产部门混同起来，又将第三产业与非物质生产部门混同起来。对基本理论概念不清晰，对部门经济理论问题当然也不可能清晰。这一问题是宏观经济理论领域的问题，不是在通信经济理论中能够解释清楚的。这里需要明确的是，通信业与货物运输业一样，其归属于物质生产部门是有一定意义的，这两个行业都是物质生产过程中不可缺少的，这两个行业中投入的劳动是最终形成物质形态的使用价值所必须付出的劳动，其劳动和生产资料的耗费成为物质产品最终价值的组成部分。但是通信业与货物运输业是在以一种特殊的方式为社会提供服务，它们的运行规律与直接制造物质产品的物质生产部门的运行规律之间存在许多差异。而按三次产业划分方法界定的第三产业的范围又是极其广泛的。在发达国家，第三产业的就业人数已经比第一产业和第二产业就业人数总和还要多 1 倍，其内部行业多种多样、纷繁复杂，但都有一个共同点就是以各种形式向社会提供服务。将通信业放在第三产业范围进行研究，可以使人们更清晰地认识其内在规律。应该指出的是，将通信业归属于物质生产部门和第三产业都是有足够的理由的，这在逻辑上是允许的。事实上有许多产业部门都存在类似情况，例如，电力、煤制气等行业，其生产过程属于工业生产，而其运输送往千家万户属于第三产业——服务行业，这些服务与使用价值的保存和增加有关，所以也是物质生产部门的一部分。此外，在国民经济核算体系中，商业既被归属于物质生产部门，又被归属于第三产业，道理是相同的，因为商业中的部分环节与商品的使用价值的保存和增加有关。

4.2.4　通信业属于信息产业

经济发展进入信息社会之后，信息产业所占的比重越来越大，成为国民经济发展的主导，对国民经济进行 4 次产业划分对于把握国民经济的结构比例也有重大意义。按照这种划分方法，通信业属于第四产业即信息产业。

信息产业的范围已经在第 2 章 2.1 节中列出。同样，信息产业与非信息产业的划分同 3 次产业的划分方法，同物质生产部门与非物质生产部门的划分方法一样，也都是有交叉的。例如，通信设备制造业属于信息产业，同时又属于第二产业中的工业，当然也是物质生产部门的一部分。这 3 种划分方法提出问题、分析问题的角度不同，但都是有价值、有意义的。此外，通信不仅为经济基础服务，还为政治上层建筑服务，关系到政令畅通和国家安全。历史上，邮电通信发展的第一动力始终来自军事政治的需要，因此，在给通信部门尤其是国家公用通信网定性时，必须考虑到它们与政治上层建筑的联系。

4.3　通信业的经济特征

4.3.1　生产的网络性

社会化的通信，必须有一个完整的网络才能提供社会性的服务。这就是全程全网联合作业。单一的或少量的通信线路和信息传递不能算作社会化的通信。一个信息要传递到用户所要求的地方，往往需要不同通信企业的共同努力才能实现，属于同一经济体内的通信企业要联合作业，属于不同经济体的通信企业也要联合作业，这体现出通信生产的网络性。据国通网分析，在 2001 年确立的互联互通政策为各电信运营企业创造了可观的业务收入，约合 1 000 亿元（不含出租电路得到的收入）。当年，中国电信在互联中得到的业务收入约为 270 亿元（含公网、专网联网收入 40 亿元），中国移动在互联中得到的业务收入约为 520 多亿元，中国联通在互联中得到的业务收入约为 90 亿元（不含国信寻呼收入），而对于前中国网通、吉通公司来讲，其全部的业务收入均来自于与其他电信网的互联互通。

网络经济中的梅特卡夫定律认为，网络的业务量与网络节点的平方成正比。国通网根据 2001 年 1 月各电信运营企业有关数据进行测算，实现互联互通后，各电信运营企业的网络价值均有不同程度的提高。其中，中国电信的网络价值提高了 1.7 倍，中国移动的网络价值提高了 10 倍，中国联通的网络价值提高了 126 倍。虽然以上数据的准确性尚待进一步考证，但是互联互通对网络价值的提高存在现实的意义。结合通信业其他特征，可以得出结论，通信网络同时具有边际成本递减和边际效益递增的特征，但是这两种特征不能从无限的和绝对的意义上去理解。尤其是边际效益递增在很大程度上体现为消费者剩余的增加。

4.3.2　产品的服务性

美国著名市场营销权威者菲利普·科特勒给服务下的定义是：服务是一方能够向另一方提供的基本上是无形的任何行为和绩效，并且不导致任何所有权的产生。它的生产可能与某种物质产品相联系，也可能毫无联系。我们在这里对服务给出一个简要的表述：服务是由人或由人操纵设备为他人提供的一种无形的使用价值。在市场经济中，被交换的对象包括商品和服务（或劳务），在实际经济运行中，商品和服务往往是结合在一起的。在市场上，从纯商品供应到纯服务供应大体可分为五类：①纯有形商品；②伴随服务的有形商品；③混合型，供给中有形的商品和无形的服务比例相当；④以服务为主伴随少量产品；⑤纯服务。现代经济与传统经济的重要区别之一就是服务的重要性越来越突出，第三产业就被称为服务业或服务部门。通信业是第三产业的主流产业，其服务经济的特征当然是极其明显的。

我们这里所说的服务贸易性指的是与商品贸易相对应的，不是以有形的物品的形态进行的交易。由于服务是无形的，其就具有与有形商品不同的性质。首先，服务具有易消失性，即服务是不能保存的，只能即时享用；其次，由于服务贸易是无形的，其不存在所有权问题，这种交易就成为不可逆的贸易。商品售出后可退换或收回，而服务是不可能收回的。例如，通信部门将一个信息替用户传递到其所要求的收信方，收信方已经了解了信息的内容，是不可能退回或恢复到不了解该信息内容的状态的。因此，信函业务必须由发信方付费。但是，专利使用权和商标使用权等属于其中的特例，因为专利和商标的使用与市场联系紧密。由于服务是无形的，其必然具有不可分割性。一项服务是完整的一个整体，如果只完成了其中的一部分，就很难给用户带来实际的使用价值。

4.3.3　产业的准公用性

完全以社会效益为目标的组织是公用性组织，如国防、环保机构等。一些提供社会基础设施的组织往往具有准公用性，主要体现为外部经济性与普遍服务性。外部经济性指一个行业或一个部门为社会带来的经济效益高于其本身的经济效益。通信部门每完成一个单位的业务，可为社会节约相当可观的费用。例如，用投入产出法计算，20 世纪 80 年代在联邦德国电信部门每投资 100 马克可诱发的国民生产总值为 179 马克，其诱发系数为 1.79。日本的研究表明，各种公共投资的诱发系数分别为：通信为 2.75，铁路为 2.18，公路为 2.38，住宅为 2.76。1983 年中国邮电部经济技术发展研究中心利用当年全国 41 个部门的投入产出表对我国邮电通信投资的生产诱发系数进行了测算，其值为 2.38，介于当时的联邦德国和日本的通信诱发系数值之间。

普遍服务是指一个部门的经营以全社会各阶层的人为服务对象进行的服务。发达国家正在将人们在全国任何地方均享有同等水平通信服务的通信权作为人权的组成部分。20 世纪 80 年代末，国际经济发展与合作组织（OECD）做出的《普遍服务和电信资费的改革》报告，将普遍服务理解为"任何人在任何地点都能以承担得起的价格享受电信服务，而且服务质量和资费标准是相同的"。作为社会基础设施，通信业如果不能向社会所有的人提供普遍服务，人们在获取信息和传递信息方面就会拉开差距，甚至出现两极分化的现象，其结果将是经济上和精神上的两极分化。由于经济发展的不平衡，提供普遍服务的企业在经济上就要遭受损失。对提供普遍服务的企业进行补贴的方式主要有以下几种：一是由政府直接补贴；二是各种通信业务相互之间交叉补贴；三是征收普遍服务基金。我国曾经实行过的有：政府的直接补贴；各种通信业务之间的交叉补贴，如长途电信对地方电信业务的补贴和电信业务对邮政业务的补贴等。通信的发展水平取决于社会生产力的发展水平，同样，通信普遍服务的内容和标准也是随着生产力水平的提高而提高的。中国通信业的普遍服务内容和标准就是由"村村通邮"到"村村通电话"再到"村村通宽带"。经济发展的不均衡有许多原因，但其中一个重要原因是信息获得方面的差异。决策就是对信息的收集和处理的过程。由于人们获得信息的能力受到限制，人们的决策能力也随之会受到影响。经济落后地区如果能够实现"村村通电话"和"村村通宽带"的目标，解决普遍接入问题，就可在缩小信息"贫富"差距的同时逐步缩小经济上的贫富差距。

4.3.4　产业的自然垄断性

自然垄断性的含义是，当一种产品的生产或一种服务的提供全部交给一家垄断企业经营时，这对全社会来说总成本最低。具有自然垄断性的行业的主要特征有以下两个方面：一是规模经济性或范围经济性显著；二是投资会形成巨大的"沉淀资本"。其中，规模经济性是指，在一定的市场需求范围内，企业生产单位产品的平均生产成本随生产规模的扩大、产量的增加而不断下降，规模越大、成本越低的经济现象。在电信生产过程中，需要庞大的固定资本投资，而且固定成本在运营成本中占绝对比重，因此，电信业具有很强的规模经济性。范围经济性是指，当企业联合生产多种产品时，其总成本低于多家企业分别生产这些产品时的成本之和；或者，企业追加的新产品的生产成本，也低于单独生产该新产品的成本。电信业具有很强的范围经济性，原因在于许多不同的电信业务可以共用通信的基础网络设施，形成共用成本。沉淀资本是指，有些企业在参与一个行业的经营后，需建设大量基础设施，并购置大量专用设备，而这些基础设施和设备又难以挪作他用，也就是进入门槛和退出障碍都很高。如果在同一地区，多家企业参与竞争，必然导致多头竞争，重复建设，资源浪费。通信设备多数属于专用设备，不能用于其他领域。通信的这一特征不应从绝对意义上去理解，而且随着生产力的发展，其将不断发生变化。但对于本地固定电话网来说，其在目前不会发生根本变化。通信规模效益明显主要体现为运营成本中固定成本比重大，变动成本比重小，随着经营规模的扩大，单位产品成本趋于下降。这一点在本书的第 9 章将详细进行论述。

4.3.5　经营的网络外部性

如第 3 章所说，外部性是网络经济运行过程中显现出来的重要特征。网络外部性是指连接到一个网络的价值取决于已经连接到该网络的其他人的数量。通俗地说，就是每个用户从使用某产品中得到的效用与用户的总数量正相关。用户人数越多，每个用户得到的效用就越大，网络中每个人的价值与网络中其他人的数量成正比。这也就意味着网络用户数量的增长，将会带动用户总所得效用呈几何级数增长。著名的梅特卡夫法则（Metcalfe Law）描述了这一现象，即网络的价值以网络节点数平方的速度增长。也就是说，网络的效益随着网络用户的增加而呈指数形式增长，网络对于每个人的价值与网络中其他人的数量呈正比。网络外部性分为直接外部性和间接外部性。直接网络外部性是通过消费相同产品的用户数量变化所导致的经济收益的变化，即由于消费某一产品的用户数量增加而直接导致商品价值的增加；间接网络外部性是随着某一产品使用者数量的增加，该产品的互补品数量增多、价格降低而产生的价值变化。

电信经营过程中具有典型的网络外部性。首先，所有的电信用户构成一个经济网络，网络内部成员间的通信更便宜，通信质量也更有保障，这些好处随使用同一网络的成员人数的增加而增加，表现为一种直接网络外部性。其次，电信用户的增加使得基于该网络平台的增值服务增加，从而吸引更多用户使用该通信网络；最后，用户的增多使该运营商有动力增设营业网点，并针对细分的用户群开发个性化服务，从而吸引更多用户选择加入该电信运营商的网络，表现为一种间接网络外部性。

复习思考题

1. 什么是产业间的前向关联和后向关联？如何理解电信业产业链的变化发展？
2. 产业属性的划分方法有哪几种？怎样认识通信业的产业属性？
3. 通信业的经济特征有哪些？
4. 什么是网络外部性？分析通信业的网络外部性特征。
5. 自然垄断性的主要特征有哪些？如何理解通信业的自然垄断性？

第 5 章 通信网与网间互联

通信网是通信企业开展生产经营活动的物质技术基础。本章重点介绍通信网的分类、基本组织形式、分层结构及发展趋势，并对电信网间互联的意义、方式、原则、网间互联结算和通信网络安全涉及的相关问题进行探讨。

5.1 通信网的组织形式

5.1.1 通信网的概念和分类

通信网是指由多个通信点和通信链路，按照一定的组织形式所构成的通信系统的统一体。它包括一切用于传递信息的网络，是实现信息传递的物质技术基础。按照所传递信息及传递信息时所采用的技术手段的不同，通信网络可分为电信通信网和邮政通信网。电信通信网是指利用有线、无线的电磁系统或者光电系统，传递、发射或者接收语音、文字、数据、图像以及其他任何形式信息的通信网，简称电信网。邮政通信网是传递实物载体信息的通信网，它通过实物载体的空间位移，达到传递信息的目的。

在通信网络中，网的基本构成要素有通信点和通信链路。通信点又分为通信端点和网中的通信节点。通信端点指的是通信网的末梢，是信息入网和出网的端口。通信端点可以是通信企业设置的为用户提供服务的营业网点、电话点、报刊点、信箱信筒或邮电业务代办点；也可以是用户自己的终端设备，如电话机、数据终端机、移动电话机、电视机等。通信节点是指通信企业在通信网中设置的集中处理和交换信息的地点，是通信网的核心。通信节点在电信网中是电信交换设备和电信转接设备所在的交换中心和电路转接节点；在邮政网中则是邮件的集散地点，即邮件处理和转发中心。通信链路是连接各个通信点的环节，是构成通信网中点与点之间的信息传递通道。在电信网中，通信链路是指由各种有线和无线传输设备构成的通信线路，如电缆、光缆线路、微波通信线路、卫星通信线路等；在邮政网中则是指利用各种运输工具运送邮件的邮路，如水路、陆路和航空邮路等。

总的来说，通信网可分为电信网和邮政网两大类，而两者又可以根据其不同的性质、特点再进行细分。目前，我们可以从以下几个方面的特征来对电信网进行分类。

（1）按用户可移动性划分，可分为固定通信网和移动通信网。

（2）按服务对象划分，可分为公用通信网和专用通信网。

（3）按服务区域划分，可分为国际长途通信网、国内长途通信网、本地通信网、市内通信网、郊区通信网，或者分为局域网（LAN）、城域网（MAN）和广域网（WAN）。

（4）按信号形式划分，可分为模拟通信网和数字通信网。

（5）按网络拓扑结构划分，可分为网状网、星形网、环形网、栅格网、总线形网和以太网等。

（6）按传输介质划分，可分为明线通信网、电缆通信网、光缆通信网和卫星通信网等。

（7）按业务性质划分，可分为电话网、数据通信网、图像通信网、有线电视网和可视图文通信网等。

（8）按交换方式划分，可分为电路交换网、报文交换网、分组交换网和宽带交换网等。

（9）按信息传递方式划分，可分为同步转移模式（STM）网和异步转移模式（ATM）网。

我们可以从以下两个方面的特征来对邮政网进行分类。

（1）按网络的不同业务功能，可分为普通邮件综合网和特快专递网。

（2）按网络的覆盖范围，可分为全国干线邮政网、省邮政网和邮区邮政网。

5.1.2 通信网的基本组织形式

为了保证通信网中任何两点间都能进行通信，同时又能经济合理地优化组织通信网络，需要研究通信网中通信点和通信链路之间的具体组织形式。从构造上说，通信网最基本的组织形式有网形网、星形网、环形网、总线形网、复合网、格形网和树形网，其中前 3 种是构成网络的基本结构形式。

1．网形网

网形网是指网络中任意两个节点间均有互相连接的传输链路构成的完全互连的网络。具有 N 个节点的网形网共需传输链路数为 $N（N-1）/2$ 个，如图 5-1 所示。

网形网的特点是各通信点之间均由直达链路相连。该网具有灵活可靠，信息传递迅速，不需要汇接交换功能，交换费用低，通信质量高等优点。假如通信网中任何两点之间因发生故障而不能直达通信时，仍可经过网中临近点实现转接，从而大大提高通信网络的可靠程度。但这种连接方式在网上通信量不大的情况下，电路利用率低，易造成浪费。由于点与点相连，在网中通信点多的情况下，电路数较多，会使建设投资和日常维护费用加大。因

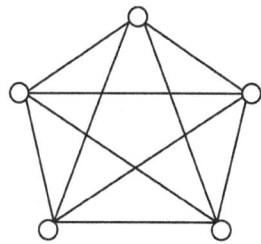

图 5-1 网形网的拓扑结构

此，只有当网中各通信点间的信息传输量很大，而通信点数不太多时，才考虑采用此形式。

对于邮政网而言，由于邮政通信传递的是信息实物原件，点与点相连无需转接，故此形式对邮政通信很适应。但点与点之间能否设置直达邮路，要受到交通条件和邮件传递数量多少的制约，通常只有在两点之间需传递的邮件达到一定数量，而且具备合适的交通条件的情况下，才能在两点之间开辟直达邮路。

2．星形网

星形网是以网中某一节点作为中心通信点，网内各点都与中心通信点设有直达链路，除中心通信点之外，网内各点之间的通信都需通过中心节点进行转接的网络。具有 N 个节点的星形网共需传输链路数为 $N-1$ 个，如图 5-2 所示。

采用星形网组织电信通信网时，与其他的网络组织形式相比，在网内通信点相同时，其网内连接所需电路数最少，电信网结构比较简单，投资建设和维护费用相应也较少。由于中心通信点增加了汇接交换功能，集中了业务量，因而提高了电路的利用率。但该种制式的网络可靠性差，由于使用迂回线路，一旦某个线路发生故障，该通信点就无法接通。特别是如果通信中心点发生故障，可导致整个通信网陷入瘫痪。通信中心点汇接交换功能的增强，会导致负荷过重而影响传递速度，且通信量较大时，通信中心点的转接费用也会相应增加。故这种制式一般在网中传输链路费用高于中心节点设备费用时才考虑采用。在实际组网时，在通信点比较分散，距离远，各点之间通信量不大，且各点与通信中心点间的业务量比较大的情况下，可采用这种网络形式。

对于邮政网来说，这种制式同样适用于邮件交换中心与各通信点间的邮件量较大，且直达交通便利，而每个通信点之间无直达交通线路或邮件量较小的情况。

3．环形网

环形网是指由 3 个以上的通信点用闭合环路形式组成的通信网，其组网所需链路数等于通信节点数，如图 5-3 所示。

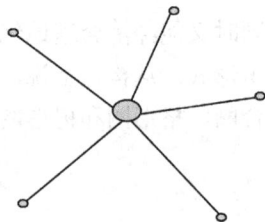

图 5-2　星形网的拓扑结构　　　　图 5-3　环形网的拓扑结构

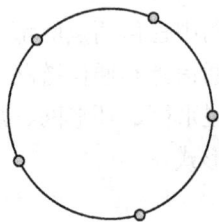

该种制式的通信网中的任意一通信点，除了与临近的两点间有直达线路外，与其他非相邻的通信点之间的通信均需经过转接。其特点是在同样多的通信点的情况下，所需的通信线路也较网形网少。此外，当网中任意两点间的线路发生故障时，仍可通过迂回实现转接；但同样，增加转接必然会影响信息的传递速度。

4．总线形网

总线形网是指所有节点都连接在一个公共传输通道——总线上，所有节点共享总线，如图 5-4 所示。这种网路结构比较简单，所需要的传输链路少，增减节点进行网路扩展十分方便；但稳定性较差，网路使用范围受到限制。这种网形主要用于计算机通信网。

5．复合网

复合网是运用网形网和星形网两种制式复合而成的网。它以星形网为基础，在通信量较大的通信点间又构成网形网，如图 5-5 所示。

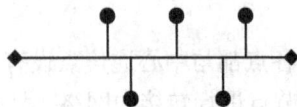

图 5-4　总线形网的拓扑结构　　　　图 5-5　复合网的拓扑结构

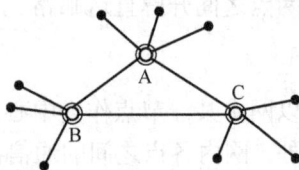

由图 5-5 可知，网中 A、B、C 各点之间构成网形网，网中其他各点则采用星形网（辐射形式），这样就使得各辐射点可以通过 A、B、C 各点的汇接经转，实现与网中的任意一个通信点相连。其中，由于 A、B、C 各点在网上处于汇接位置，故一般将其称为网的汇接中心；其他各点都是辐射点，所以，复合网被称为辐射汇接网。由于吸取了网形网和星形网的优点，该种制式相对经济合理且有一定的可靠性，是目前一些国家构建电信网的基本形式。这种网在大多数情况下各通信点之间没有直达线路，需要经过一次或多次转接；而转接次数过多，在一定程度上会影响通信质量。在应用中，要根据实际情况和发展趋势确定复合网的级数。图 5-5 所示为二级复合网。

6. 格形网

格形网又称栅格形网。它可由复合网结构演变而成，也可由网形网退化（取消若干链路）而成，如图 5-6 所示。

格形网是复合网向网形网发展的中间形态，其视发展的完备程度，集中性逐渐降低，分散性渐渐增强。

7. 树形网

树形网是一种分层结构，适用于分层控制的系统，如图 5-7 所示。它与星形网一样，如果网内有 N 个节点，则需要 $N-1$ 条传输链路。

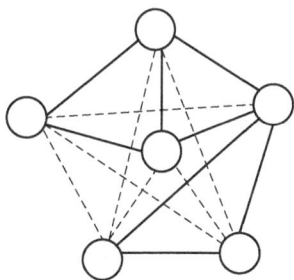

图 5-6　格形网的拓扑结构

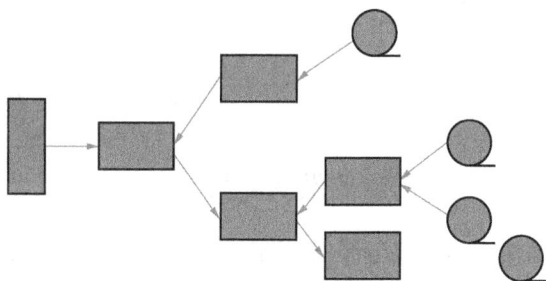

图 5-7　树形网的拓扑图

5.1.3　通信网的分层结构

传统通信网络由传输、交换、终端三大部分组成，其中传输与交换部分构成通信网络的核心，传输部分为网络的链路，交换部分为网络的节点。随着通信技术的发展与用户需求的日益多样化，现代通信网正处在变革与发展之中，网络类型及所提供的业务种类不断增加和更新，形成了复杂的通信网络体系。传递信息的网络是复杂的，从不同的角度来看，会对网络有不同的理解和描述。网络可以通过其功能、逻辑、物理实体和对用户服务的界面等不同的角度和层次进行划分。

1. 纵向分层（垂直分层）的观点

从网络纵向分层的观点来看，可根据不同的功能将网络分解为多个功能层，上下层之间的关系为客户/服务者关系。从垂直功能上来看，可将通信网分为应用层、业务网和传送网，如图 5-8 所示。

在垂直分层网总体结构中，应用层面表示各种信息应用，处于分层结构的最高层，主要涉及各类通信业务和各类终端。业务网层面表示传送各种信息的业务网，主要用于提供基本的语音、数据、多媒体业务，可由采用不同交换技术的节点交换设备来组成不同类型的业务网。传送网层面表示支持业务网的传送手段和

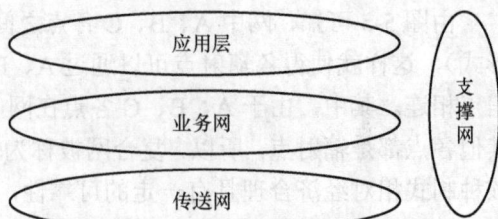

图5-8 纵向分层（垂直分层）的通信网结构

基础设施。支撑网则可以支持以上3个层面的全部工作，具备保证网络有效正常运行的各种控制和管理能力，它包括信令网、同步网和电信管理网。

2．水平观点描述

从水平观点描述来看，通信网是基于实际的物理连接来划分的，可将通信网分为核心网（长途网与本地网）、接入网（端局与用户之间的部分）和用户驻地网，如图5-9所示。

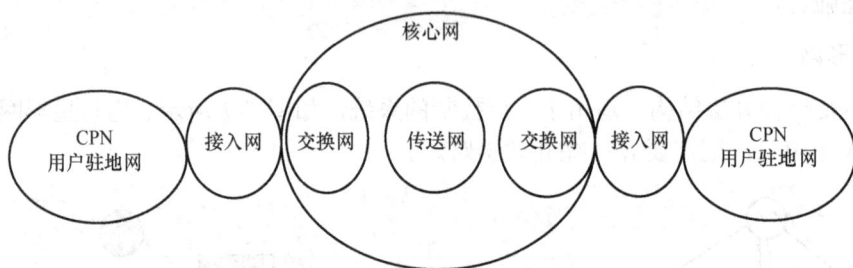

图5-9 水平观点描述的通信网结构

5.1.4 通信网的发展趋势

通信网的发展与通信设备、电子器件、计算机技术的发展紧密相关。一方面，电子技术按摩尔定律或超摩尔定律飞速发展，具有宽带化、智能化、个人化和多媒体化的特征；另一方面，基础设施投资巨大、回收周期较长，促使人们在研究应用更先进的通信网络理论技术的同时，必须考虑到市场需求，兼顾投资回报率，形成与原有通信网长期并存的局面。

如今，通信网正在向着下一代网络（Next Generation Network，NGN）的方向发展。下一代网络，泛指一个不同于当代网络的体系结构，通常是指以数据为中心的融合网络。从广义上讲，下一代网络应是一个能够提供包括语音、数据、视频和多媒体业务的基于分组技术的综合开放的网络架构。

下一代网络的含义可以从多个层面来理解。从业务上看，它应该支持语音、数据、视频和多媒体业务；从网络层面上看，在垂直方向它应该包括业务层、传送层等不同层面，在水平方向它应该覆盖核心网和边缘网。

下一代网络至少包含下一代交换网、下一代传送网、下一代互联网、下一代移动网和下一代接入网等5个领域。其在技术方面呈现出数字化、综合化、融合化、宽带化、智能化、标准化的特性；在新业务发展上展现出业务宽带化、业务IP化、业务智能化、业务移动化、业务个人化、基于物联网技术的业务蓝图的趋势，如图5-10所示。

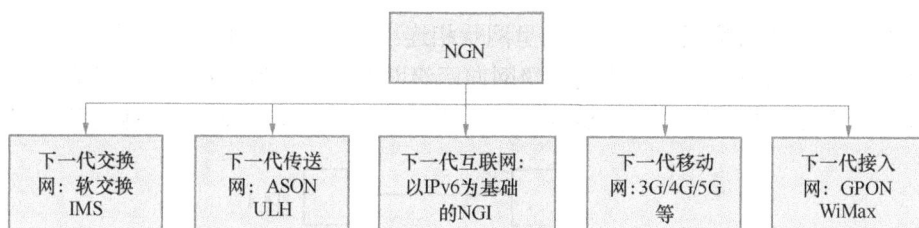

图 5-10 下一代网络涵盖领域

5.2 我国通信网的组成

我国的通信网由电信通信网、邮政通信网、物联网和泛在网几部分组成。

5.2.1 电信通信网

1. 公用电话网

公用电话网是进行交互性语音通信，开放电话业务的电信通信网。公用电话网包括长途电话网和本地电话网，是目前电信通信业务量最大、服务面最广的业务网。它可以兼容其他许多非话业务网，是电信通信网的基本形式和基础。其他业务网要完成通信过程，基本上都要不同程度地依赖电话网，并利用电话网中的某些传输、交换设备来实现四通八达的通信。

在相当长的时期内，我国电话网的网路等级分为五级，由 C1、C2、C3、C4 四级长途交换中心和 C5 本地第五级交换中心组成。这五级交换中心的设置原则是：根据业务量的大小和行政区划将全国划分为几个大区，每个大区设一级交换中心 C1；每个大区包含若干个省（区、市），每个省设二级交换中心 C2；省内包含若干个地区，每个地区设三级交换中心 C3；地区又包含若干个县，在每个县设四级交换中心 C4。C1、C2、C3、C4 按照复合网（辐射汇接制）的基本形式构成我国的长途通信网。其中 C1 级交换中心之间以网形网相连，以下各级以星形网逐级汇接。五级交换中心 C5，即为本地网端局。本地电话网相对于长途电话网来说是一种区域性的电话网。在我国，本地网实际是包括了原来的市话网、郊区网以及周围卫星城镇和县城电话网在内的一个扩大了的自动电话交换网。本地网在结构上多采用两级复合网，而且每个本地网内都有一个长途局负责本地网用户与外部的长途电话通信。但该长途局仍属于长途电话网的组成部分，在等级结构上属于 C4 级交换中心。图 5-11 所示为我国五级电话网等级结构图。

随着电话通信网数字化进程的实现和我国"八纵八横"格状光缆骨干网的建成，我国长途

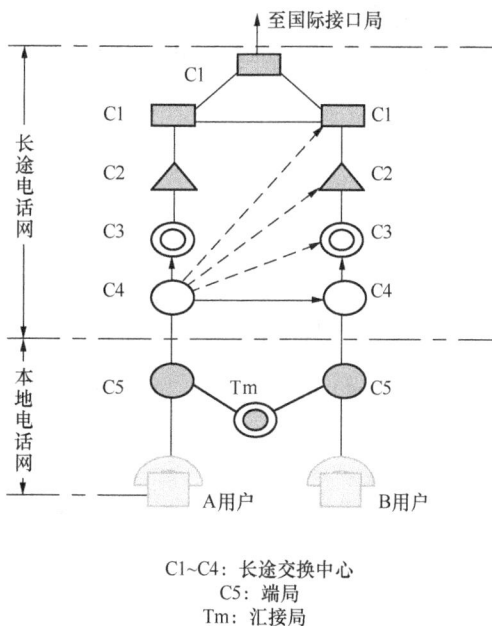

C1～C4：长途交换中心
C5：端局
Tm：汇接局

图 5-11 我国五级电话网等级结构图

电话网中 C1 和 C2 的界限日趋模糊，已呈网状相连；由于 C3 本地网的建设和市话交换程控化，C4 级消失。长途电话网在完成由四级网向两级网的过渡之后，其网路结构已向全国长途网和本地电话网二级网转化，如图 5-12 所示，为最终过渡到无级动态选路网创造了条件。

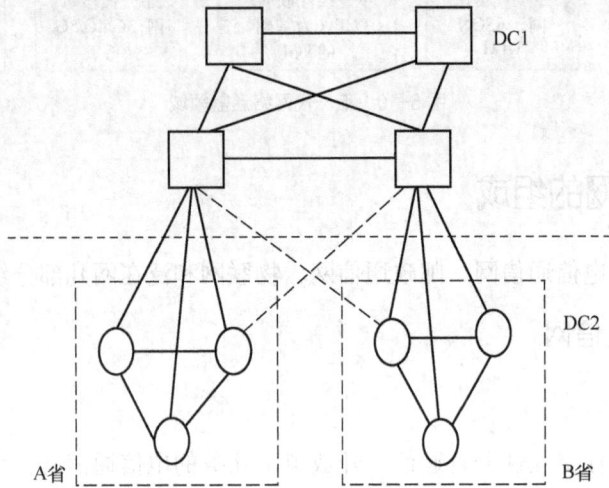

图 5-12　二级结构的长途电话网

2．移动通信网

移动通信是指移动体与固定地点或者移动体相互间通过有线和无线通道进行的通信。由于移动通信受空间限制少，实时性强，在信息时代高效率的社会生活和生产活动中，为人们更有效地利用时间提供了可能，顺应了通信发展个人化的需求，因此，其近年来发展异常迅速。移动电话网由移动交换局、基站、中继传输系统和移动台组成。移动交换局和基站之间通过中继线相连，基站和移动台之间为无线接入方式，移动交换局又和本地电话网中的市话局相连组成移动电话网，如图 5-13 所示。

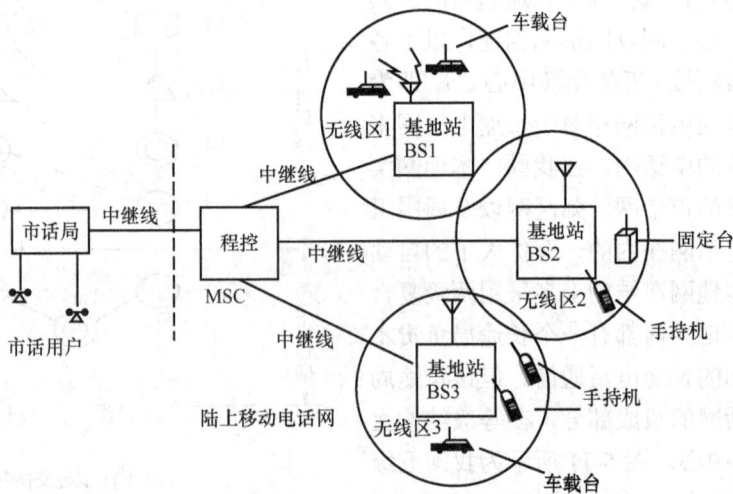

图 5-13　移动通信网的构成

第一代移动通信是模拟移动通信系统；第二代移动通信是数字移动通信系统（GSM）；

第三代移动通信系统，包括 WCDMA、CDMA2000、TD-SCDMA、WIMAX 等技术标准。4G 是第四代（The 4th Generation）移动通信技术的简称，被定义为具有超过 IMT-2000 能力的新移动系统（IMT-Advanced）。该系统能够提供广泛的由移动和固定网络支持的基于分组传输的先进移动业务。4G 包含正交频分复用技术（OFDM）、智能天线（SA）、多入多出天线（MIMO）技术、软件无线电技术（SDR）四大关键技术，具有兼容性强、智能化程度高，全 IP 核心网络，无缝连接，容量高、速度快等特点。

据国际电信联盟的定义，4G 技术是可为移动中的用户提供 100Mbit/s 的数据传输速率、为静止的用户提供 1Gbit/s 的数据传输速率的无线通信技术，并具有以下特性。

（1）在保持成本效率条件下和支持灵活广泛的服务和应用基础上，达到世界范围内的高度通性。

（2）支持国际移动通信（International Mobile Telecommunications，IMT）业务和固定网络业务的能力。

（3）高质量的移动服务。

（4）用户终端适合全球使用。

（5）友好的应用、服务和设备。

（6）世界范围内的漫游能力。

（7）提高峰值速率以支持新的业务和应用。

3．数据通信网

数据通信就是以传输数据为业务的一种通信方式，是计算机和通信相结合的产物；是计算机与计算机、计算机与终端以及终端与终端之间的通信。计算机直接参与通信是数据通信的重要特征。由于数据通信业务有其自身的鲜明特点，传统的电话网不能满足其技术上的要求，往往需要建立专门的数据通信网络来开展业务。建立在计算机技术发展和广泛应用基础上的数据通信，是一种新的通信技术。数据通信网的建立和应用，为更大规模的生产活动和社会活动的自动化以及更大范围的信息资源共享与交流提供了必要的条件。数据通信系统是由一个远端的数据终端设备通过一条数据电路与一个计算机系统相连而构成的，如图 5-14 所示。

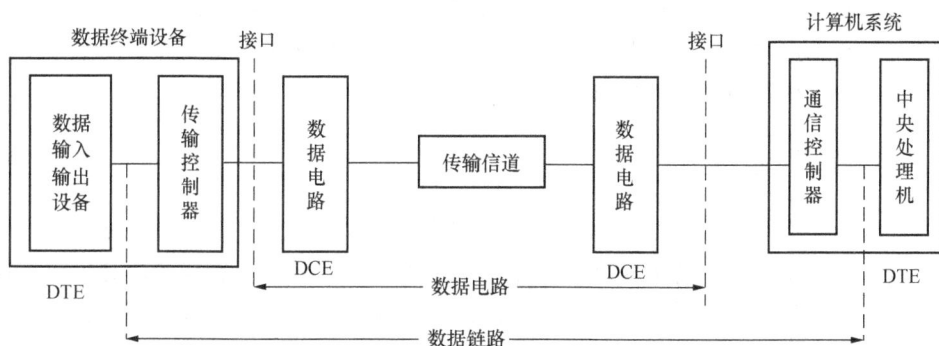

图 5-14　数据通信系统的基本构成

数据电路由传输信道及两端的信号转换设备（数据电路终接设备）构成。如果传输信道是通过交换网提供的，则在通信开始前必须先通过呼叫过程建立连接，并在通信结束时拆除连接；如果是采用固定连接的专用线路，则无须这个过程。当数据电路建立之后，为了进行有效的通信，还必须按一定的规程对传输过程进行控制，以达到双方的协调并使其可靠地工作。这些功能是由传输控制器和通信控制器来完成的。它们按照双方约定的传输控制规程对传输过程进行控制。控制装置与数据电路一起构成数据链路，只有在建立起数据链路之后，通信双方才可真正有效地进行数据传输。数据通信网实际上就是数据通信系统的扩充，或者说是若干个数据通信系统的互连。

4．互联网

网络互连是指将不同的子网连接起来的状态，以实现子网间的数据流通，从而达到共享子网内资源的目的。以小写字母 i 开始的 internet（互联网）是一个通用名词，它泛指由多个计算机网络互连而成的虚拟网络。以大写字母 I 开始的 Internet（互联网）则是一个专用名词，它是指当前全球最大的、开放的、由众多网络相互连接而成的特定计算机网络，它采用 TCP/IP 协议族，且其前身是美国的 ARPANET。IP 协议并非唯一的互联网互连协议，如 ITU-T 的 X.75 建议书也是可以实现网络互连的。

国际互联网与普通意义上的局域网或广域网不同，它不隶属于某一个国家或集团，有具体的网络结构，而是由遍布世界的广域网、局域网，公用网、专用网，校园网、企业网，以太网、令牌网，有线网、无线网等形形色色的计算机网络通过运行 TCP/IP 协议栈，经网关和路由器互连所构成的全球范围的计算机互联网络。Internet 是一个源于美国、现已连通世界、由多个网络互连而成的网络集合体；同时，Internet 是集各个领域、各个学科、各个应用，无所不有的各种信息资源为一体的供用户共享的资源数据网。从通信的角度看，Internet 是一个以统一标准协议 TCP/IP 协议连接全球范围内的多个国家、部门、机构的计算机网络以数据方式通信的通信网。而从功能的角度看，Internet 是一个有层次结构的计算机网络协议与标准的巨大族系。现在 Internet 已经是全球最大、最流行的计算机资源网，覆盖了世界上近 200 个国家和地区，为上千万的网络用户提供了涉及各个领域的信息资源共享。Internet 作为应用业务和社会生活的承载者，已经成为国家信息基础设施之一。

到目前为止，互联网历经了从早期的 Web1.0 到 Web2.0，再到 Web3.0 的过程，网络世界逐渐从封闭走向开放，并正在迈向全新的协同领域。互联网的无国界性，传播的快速性、广泛性为其在全球迅速发展奠定了坚实的基础。互联网大大拓宽了人类的视野，激发了人类的思维能力，使计算机向模拟人脑的目标迈进了一大步。

5.2.2 邮政通信网

作为一种以传递实物载体信息为主的通信方式，邮政通信主要依靠各种交通运输手段，如飞机、汽车、火车、船舶等来实现。为了能在网上快速有效地传递信息，必须对全国邮政网进行有效的组织和管理。过去，我国的邮政网络结构是结合我国行政区划的设置建立起来的全国、省、地、县四级辐射转口制邮政网。随着我国国民经济的发展，邮政业务量出现大幅度的增长，邮政处理、运输手段也逐渐摆脱传统方式，向机械化和自动化方向迈进。在这种情况下，为适应邮政业务状况及邮政通信生产技术发生巨大变化的客观事实，必须对我国邮政通信网络的结构进行适当的调整。在借鉴国外先进经验的基础上，结合我国的实际情况，我国邮政通信行业实现了邮区中心局体制。邮区中心局体制，是邮政通信网在自然网体制发展到一定阶段后，网络功能专业化分工进一步加深，网络功能结构发生变革的必然结果；是邮政通信网从自然网体制向现代网体制发展的必然趋势。

　　邮区中心局体制是邮政通信网的一种具体组织制度和方式。它根据国内邮件的流向、流量和经转关系及交通运输条件，考虑到行政区划和地理位置等情况，将全国划分为若干个邮区，在每个邮区设一个中心局，并按规定给出编码代号。邮区中心局作为网上的节点，是邮政网中邮件处理封发中心和总包邮件的集散中心，也是网路基本组织中心。其在网上的地位和所承担的功能一般由所在地城市的邮局来体现和完成。根据邮区中心局在全网中的地位和作用、邮件的集散与经转量及交通运输条件等因素，邮区中心局可以划分等级或不分等级，由此形成分级邮政网或无级邮政网。我国推行的邮区中心局体制，其邮区中心局分为三级，即一级中心局、二级中心局和三级中心局，并在此基础上，组成全国干线、省和邮区三级邮政网，如图 5-15 所示。

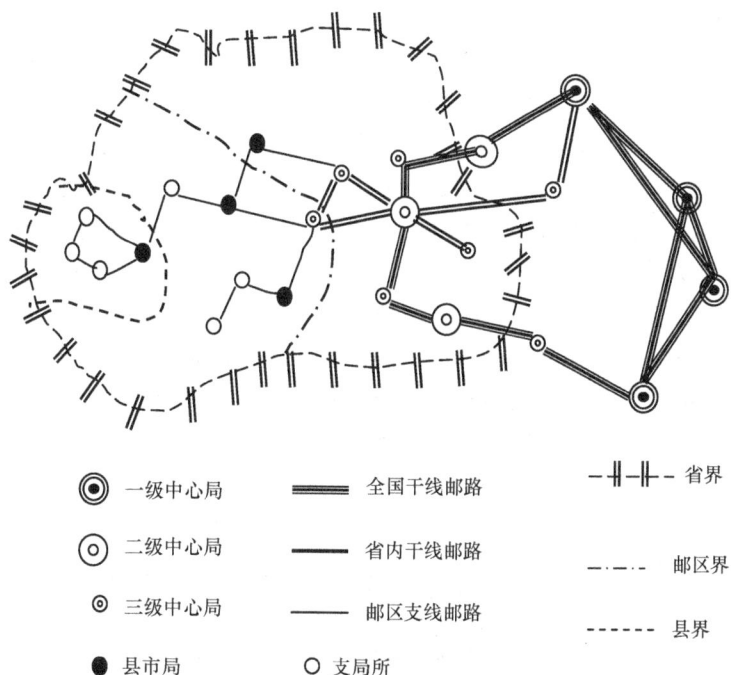

图 5-15　邮政通信网示意图

　　一级中心局位于全国干线邮路的节点上，除完成本邮区邮件集散任务外，主要担负省（区、市）间的邮件分拣封发、经转和邮运转口任务，在网络结构中处于省（区、市）间中心，即全网大区中心的地位。包括首都局、上海局、部分省会局和地处全国交通枢纽部位的部分转口局，一般是日处理邮件量在 70 万件以上的大型邮件处理中心和发运中心。二级中心局一般位于全国干线邮路和省内干线邮路的汇接点上，除完成本邮区邮件的集散任务外，主要担负省内和邻省的邮件分拣封发交换和转口任务，在网络结构中处于省中心的位置。包括省会市局或地处省内交通枢纽的省转口局，一般是日处理邮件量在 40 万件以上的中型邮件处理中心和发运中心。三级中心局一般位于二级干线邮路和邮区支线邮路的连接点上，主要担负本邮区内邮件集散和相邻邮区邮件的分拣封发交换和转口任务，在网络中是邮区中心，是处理各类进、出、转口邮件的小型处理中心和发运中心。

我国的邮政网是以邮区中心局为基础的三级辐射转口相结合的复合网形式，其中一级中心局之间以网形网相连。各一、二级中心局之间和省内二、三级中心局之间基本上由直达邮路沟通，邮区内通信由各中心局向本邮区各收投点辐射。

5.2.3　物联网和泛在网

物联网（Internet of Things，IOT）被认为是继计算机、互联网之后，世界信息产业掀起的第三次浪潮。有关物联网的实践，最早可以追溯到 1990 年施乐公司的网络可乐贩售机（Networked Coke Machine）的使用。1991 年美国麻省理工学院（MIT）的凯文·艾什顿（Kevin Ash-ton）教授首次提出物联网的概念，1995 年比尔·盖茨在《未来之路》一书中提及了物物互联的概念。1998 年麻省理工学院提出了当时被称作产品电子代码（Electronic Product Code，EPC）系统的物联网构想。1999 年，麻省理工学院自动识别（Auto-ID）中心阐明了物联网的基本含义。物联网，顾名思义，是指"物物相连的互联网"，即利用二维码、射频识别（Radio Frequency Identification，RFID）和各类传感设备，按照约定的协议，将任何物体与互联网相连接，进行信息交换和通信，实现物与物、物与人之间的交互，进而实现对物体的智能化识别、定位、跟踪、监控和管理的一种网络。物联网的体系架构可分为 3 层：物联网感知层、物联网传输层、物联网应用层，如图 5-16 所示。根据 2005 年 11 月 17 日国际电信联盟（ITU）在突尼斯举行的信息社会世界峰会（WSIS）上发布的《ITU 互联网报告 2005：物联网》，物联网的发展将推动人类进入智能化时代，实现人与人（Human to Human，H2H）、人与物（Human to Thing，H2T）、物与物（Thing to Thing，T2T）在任何时间、任何地点的互联，实现智能互动。物联网是一种建立在互联网上的泛在网络，是感知世界，物物互联的综合信息系统。物联网技术的目标就是使所有机器设备都具备连网和通信能力，其核心理念就是网络一切（Network Everything）。物联网的概念强调人与物、物与物的信息交换，物联网的最终形态既包括互联网和部分移动网，也包括传感网以及射频识别（Radio Frequency Identification，RFID）、二维码等信息标识网络。

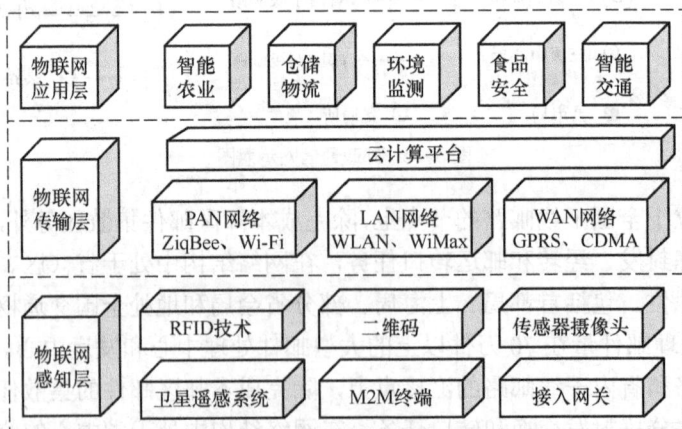

图 5-16　物联网的体系架构

物联网在军事、民用及工商业领域都具有广阔的应用前景。在军事领域，物联网通过无线传感网，可将隐蔽地分布在战场上的传感器获取的信息回传到指挥部；在民用领域，物联网在智能农业、智慧城市、智慧港口、家居智能化、环境监测、医疗保障、火灾预测、智能电网等方面得到了广泛应用；在工商业领域，物联网在工业自动化、空间探索等方面都得到了广泛应用。物联网是互联网的一种延伸，它既具备互联网的特性，又进一步提高了互联网的能力，实现了虚拟世界向现实世界的进一步扩展和延伸。随着网络的不断发展，网络的泛在化已成为趋势，从人与人的通信扩展到人与人、人与物、物与物的通信，这将是物联网的演进过程。

泛在计算也称为普适计算，是继主机计算、桌面计算之后发展起来的一种新的计算模式。这个概念最早是由美国施乐公司首席科学家马克·维瑟（Mark Weiser）于 1991 年在《21 世纪的计算》一文中提出的。其目标是要建立一个充满计算和通信能力的环境，同时使这个环境与人逐渐融合在一起。普适计算是信息空间与物理空间的融合，在这个融合的空间中，人们可以随时随地、透明地获得数字化的服务。其中，"随时随地"是指人们在工作、生活的场合就可以获得服务，而不需要离开这个现场，去端坐在一个专门的计算机面前；"透明"是指获得这种服务时不需要花费很多注意力，即这种服务的访问方式是十分自然的甚至是用户本身注意不到的，即所谓蕴涵式的交互（Implicit Interaction）。

泛在网（Ubiquitous Network），是指基于个人和社会需求，利用现有的网络技术和新技术，提供人与人、人与物、物与物之间按需进行的信息获取、传递、存储、认知、决策、使用等服务。泛在网具有超强的环境感知、内容感知及智能性，能为个人和社会提供泛在的、无所不含的信息服务和应用。物联网是泛在网的起点，是泛在网发展的物联阶段，而泛在网是物联网发展的终极目标。物联网与传感网、互联网、泛在网的关系如图 5-17 所示。从网络技术上看，泛在网是通信网、互联网、物联网高度融合的发展目标，它将实现多网络、多行业、多应用、异构多技术的融合与协同。

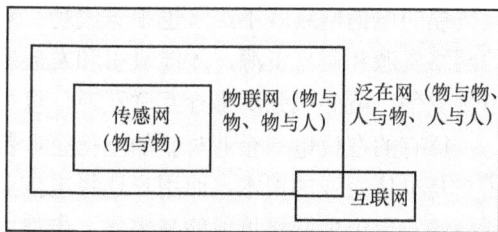

图 5-17 物联网、传感网、互联网、泛在网的关系

5.3 电信网间互联

5.3.1 网间互联的概念和意义

互联互通，也称网间接续，即电信网间互联。所谓互联是指电信网之间的物理连接，互通是指电信业务互通。鉴于互联的网络种类不同，可将网间互联基本分为：本地网与本地网互联、长途网与本地网互联、移动网与本地网互联、移动网与移动网互联等。

国际电信联盟（ITU）给出的互联互通的定义是：电信业务经营者把他们的设备、网络、业务连接起来，使用户能够呼叫其他电信业务经营者的用户，使用其他电信业务经营者的业务。世界贸易组织（WTO）也给出了互联互通的定义：电信业务经营者提供公用电信传输网络或业务的连接，目的是允许一个电信业务经营者的用户能与另一个电信业务经营者的用户通信和享用另一个电信业务经营者提供的业务。我国信息产业部在 2001 年颁布的《公用电信网间互联管理规定》中明确指出："互联，是指建立电信网间的有效通信连接，以使一个电信业务经营者的用户能够与另一个电信业务经营者的用户相互通信或者能够使用另一个电信业务经营者的各种电信业务。互联包括两个电信网网间直接相联实现业务互通的方式，以及两个电信网通过第三方的网络转接实现业务互通的方式。"互联的根本目的有两个：一是不同运营商的用户之间能够相互通信；二是用户能够选择使用不同运营商提供的服务。互联互通必须保证对用户的服务质量。互联与互通是统一的；二者不能割裂。

互联互通问题的产生，主要是源于电信市场引入的竞争机制。尽管不同电信运营公司拥有各自的网络资源和用户资源，但对于每一个用户而言，其不论属于哪个公司，都希望能和其他所有公司的用户进行通信。电信网作为社会基础设施所具有的全程全网、联合作业和外部经济性的属性，要求实现互联互通。如果各电信运营公司的网络间无法实现互联互通，就等于没有了全程全网，各个公司也势必形成业务孤岛。从整个电信产业来看，实现网络价值最大化的规律决定了电信业必须要沟通，而沟通必定要求实现各个电信网络之间的互联互通。沟通是电信业的任务，也是电信业的价值所在。电信业的目的就是为人们提供便捷的沟通服务，在这个过程中，电信业实现了自己的价值。同时，沟通也是电信普遍服务原则的体现。电信普遍服务原则体现在任何人都有权利在任何时间、任何地点与想要沟通的对象进行沟通方面。

互联互通是开展电信市场竞争的前提。新电信企业在加入电信市场竞争之初，必然存在两大不足：其一是拥有的电信用户太少；其二是电信网络覆盖面太小。如果不实行互联互通，新电信企业必须投入巨资，经过长期建设积累，才能建成一个能够与原垄断电信企业抗衡的电信网络，但是鉴于电信业的规模经济特性和由此而生的自然垄断性，新电信企业再建一个大规模的电信网络既不经济也很难成功。新电信企业只有通过互联互通，借用其他电信企业的网络资源和用户资源，才能吸引和发展新的用户，参与电信市场的竞争。政府要鼓励电信市场竞争，就必须强制推行互联互通，以扶持新的电信企业。

原有的在位电信企业与新的电信企业都需要顺畅的互联互通：一是互联互通能吸引用户。用户是电信企业的根本，而用户选择电信业务的目的就是实现顺畅完全的通信；二是互联互通能够实现电信网络价值的最大化。电信业特点之一是其边际成本很低，在没有超过设备容量的前提下，用户的增加会带来规模效益，因此，电信业互联互通程度越高，电信网的价值也就越大。在竞争性市场条件下，电信企业想要提高自己网络的价值，就必须增大整个网络的互联互通量，做大电信产业。

5.3.2 网间互联的方式

互联互通包括固定本地电话网、国际电话网、国内长途电话网、IP电话网、陆地蜂窝移动通信网、卫星移动通信网、互联网骨干网等网络之间的互联，可大致分为两类，即网关之间的互联和独立网络元素的接入互联。

1. 网关之间的互联

网关之间的互联即两个通信网通过网关方式建立的物理连接。网关之间互联的模型如图 5-18 所示，其主要特点是：网关可以是长途交换机、汇接交换机、本地交换机或专用互联网关；互联点（POI）指居于连接两网网关传输链路的中间位置点，是理论上的点；互联根据网络运营商的请求和协商建立。

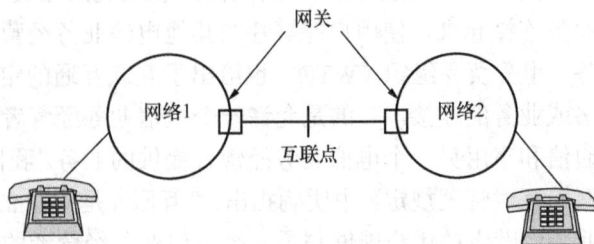

图 5-18 网关之间的互联方式

2．独立网络元素的接入互联

独立网络元素的接入互联主要是指接入本地环路的互联，实际就是租用本地主导电信运营商的独立网络元素，如图 5-19 所示，其主要特点是：网络 2 可以在网络 1 的 A、B、C 任意点实现接入；接入是因为位于 D 点的用户请求成为网络 2 的直接用户；建立互联以后，D 点的用户便成为网络 2 的直接接入用户；网络 1 的运营商继续拥有、运行和维护被接入的本地环路，网络 2 的运营商以租用的方式使用这些本地环路。

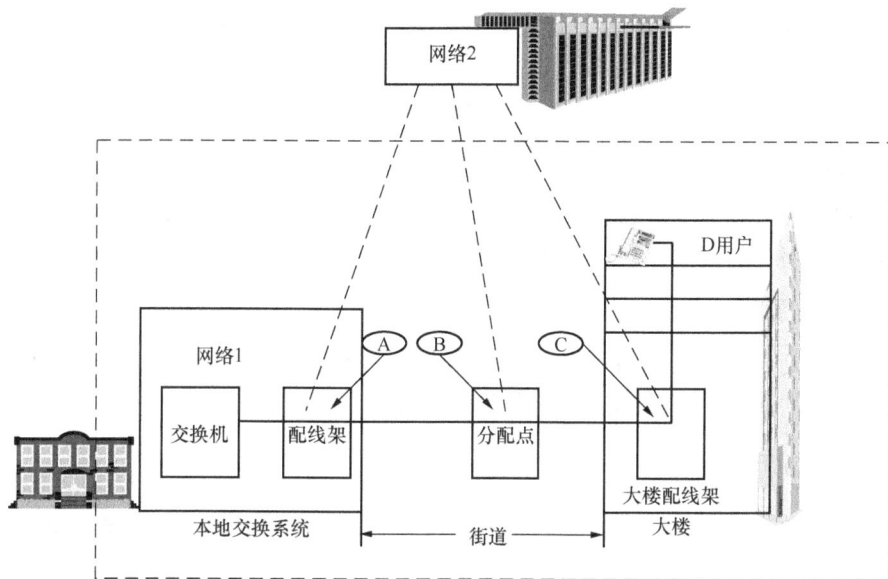

图 5-19　独立网络元素的接入互联方式

5.3.3　网间互联的原则

企业之间实现互联互通和政府对互联互通实行监管都必须依据一定的原则，具体如下。

1．平等原则

平等原则即平等接入原则，也称非歧视原则，是指在技术标准、互联费用和通信质量等方面，主导电信企业有义务为归属自己和不归属自己的相同性质网络提供同样的服务。本地固定电话网有其天然的垄断性，形成进入本地电话市场的障碍，很少有国家或地区在同一个城市同时有两个本地固定电话网的情况出现。主导电信企业可能经营多个网络，也许有本地固定电话网、国内和国际长途电话网、移动通信网和互联网等，而电信企业真正需要接入的往往就是本地固定电话网。政府互联互通重点管制的也就是本地固定电话网。因此，平等接入主要就是指各电信企业的相同性质的网络平等接入本地固定电话网的问题。

2．成本补偿原则

因为互联，给其他运营商带来成本支出的运营商必须做出成本补偿。

3．有偿使用原则

使用互联服务的运营商（受益方）须向提供服务的运营商交纳相应费用。

4. 随意呼叫原则

任何运营商的用户都能够随意呼叫其他运营商的所有用户。

5. 非捆绑原则

运营商有权在非捆绑的基础上要求主导电信企业提供所需的网络元素或服务。例如，美国1996年的新《电信法》中明确规定，主导本地电话运营商有义务向竞争电信公司提供独立网元接入，即意味着主导本地电话运营商不仅要提供电信业务，还要提供它所拥有的各种网络资源，包括本地环路、电路交换、传输设备、网络接口设备、信令和与呼叫有关的数据库、运营支撑系统等。这样，竞争性公司可以自建本地网络，也可通过租用主导电信企业独立网络元素的方式，开展本地电话业务，加入本地电信市场的竞争。

6. 透明原则

主导运营商应公开互联互通谈判的程序，公布互联互通的协议指导书；运营商之间应该交流有关网络和服务的规划、建设与维护的基本信息，交流互联所需的信息等。

7. 成本分立原则

实现上述原则，要求运营商不得进行交叉补贴，要能够按照会计账单提供完整清晰的成本记录，在合理的成本分配基础上，确定互联费用。

5.3.4 网间互联结算

如果仅从技术角度考虑，互联互通是一个相对简单的问题。但从经济的角度出发，参与竞争的各电信公司具有各自的经济利益，甚至是对立的经济利益，这就使互联互通问题变得极其复杂了。网间结算，即互联费的确定，成为互联互通谈判中最为复杂、最难以协调的问题。网间互联费是被接入方为补偿接入方的互联成本而支付的费用。按照互联成本发生方式的不同，通常把互联费分为4类，即物理连接费、互联使用费、辅助性费用和补充费用。

1. 物理连接费

补偿为建立网间互联而增支的费用，包括互联点增设的设备、电路及其附属设施的建设、安装、维护和运营的费用以及因为互联而必须进行的网络改造费用。

2. 互联使用费

一家电信公司补偿另一家电信公司为其每次呼叫提供的各种互联服务的费用。

3. 辅助性费用

主导电信公司为其他电信公司提供的查号、紧急服务、话务员辅助服务等辅助性服务的收费。

4. 补充性费用

竞争性电信公司为迅速扩展网络和业务，从主导电信公司租用电信设施（线路管道、传输链路、机房、发射塔、杆等）的费用。有时还包括接入亏损和普遍服务补偿费，即竞争性电信公司为补偿主导电信公司履行普遍服务或其他社会义务所支出的费用。它与网间互联互通没有直接的关系，但也是必须考虑的因素。

目前互联费用计算的趋势是以网络结构为依据的。该方法始于英国、美国，由于其科学合理，现已为大多数国家或地区所接受。其基本原理是，将电信网络分成各个网络单元（即网元），分别制定互联费用和非捆绑式租用，如网络单元可分为用户环路、本地传输线路、本地交换、长途交换和长途传输等。传输也可再细分为租用带宽、租用线路或租用光缆等，甚至也可仅仅购买网络功能服务。在各种费用中，新运营商只需支付原垄断运营商网络中被使用部分的费用即可；反之也适用于原垄断运营商向新运营商支付网间互联费。

5.3.5　网间互联协议

网间互联协议的主要内容包括签订协议的依据、互联工程进度时间表、互通的方式、互联技术方案（包括互联点的设置、互联点两侧的设备设置、拨号方式、路由组织、中继容量，以及信令、计费、同步、传输质量等）、与互联有关的网络功能及通信设施的提供、与互联有关的设备配置、互联费用的分摊、互联后的网络管理（包括互联双方维护范围、网间通信质量相互通报制度、网间通信障碍处理制度、网间通信重大障碍报告制度、网间通信应急方案等）、服务等级要求、网间结算、违约责任等。一个典型的电信运营商网间互联协议包括以下内容。

（1）总体情况说明：包括网间互联的背景概述和主要用语的定义。

（2）网间互联的范围和目的：说明互联网络的性质，网间互联协议的目的以及网间互联结构。

（3）网间互联连接点以及网间互联设施：确定网间互联点的位置，对于特定网间互联点的设施位置，以及设施的标准规则要求。

（4）网络和设施的变化：规定相互通知网络变化和容量预测的要求，以便进行网络的规划和发展，对各方有关在网间互联设施的购买和提供方面的权利和义务做出规定。

（5）流量测算以及路由选择：确定负责流量测算的责任划分，确定路由选择规则。

（6）设施共享和共置：对共享设施的范围、容量、获取程序和费用做出规定，对共置设备，确定其可以获得的空间的程序，共置空间的价格或成本计算方法，确保共置设备准入和安全的程序等。

（7）收费问题：确定网间互联费用范围、水平、收费程序、支付条款，并对业务争议和调解程序做出规定。

（8）服务质量/性能和问题报告：规定服务质量标准、测试维护责任、问题报告制度、系统保护与安全措施。

（9）信息交换及处理：规定运营商之间进行信息交换与处理内容、方式以及各自的权限。

（10）平等接入和客户转移：规定依据平等接入方法采用的程序，对于转移客户的认证报告、处理客户争议的程序。

（11）辅助业务：规定运营商提供协助的业务种类以及其他辅助业务。

（12）协议终止：规定协议终止必须满足的限制性条件以及协议终止的程序。

（13）其他：免责条件、适用法律、监管机构批准、协议期限、修改程序等。

5.4　通信网络安全

通信网络在改变我们生活方式的同时，也给我们带来了一些安全隐患。2013 年 6 月，曾经在美国中央情报局（CIA）和美国国安局（NAS）工作过的爱德华·斯诺登向英国《卫报》和美国《华盛顿邮报》等国际媒体曝光了美国的"PRISM（棱镜）"项目，由此掀开了美国政府秘密监控全球民众网络信息活动的冰山一角，世界舆论一片哗然。这一事件被称为"棱镜"事件。"棱镜"事件进一步暴露出全球通信网络治理的严重缺陷，引起了各个国家对通信网络安全战略、国家安全政策、个人隐私保护等一系列重大议题的关注，推进了通信网络国际规则的研究和制定，加强了对数据挖掘的治理，促进了网络监管制度的完善。

5.4.1　信息安全和通信网络安全

通信是信息的传递。在通信过程中的信息安全问题，自古以来就备受人们的关注。例如，我国古代兵书《孙子兵法》提出的"能而示之不能，用而示之不用，近而示之远，远而示之近"体现了对军事信息保密的重视。再如，古罗马统治者凯撒（Caesar）曾使用字符替换的方式传递情报（如将 a、b、c 用字母 F、G、H 表示），反映了其对通信安全的重视。随着人类传递信息方式的变化和进步，信息安全的内涵在不断拓展。

信息安全是信息系统抵御意外事件或恶意行为的能力，这些事件和行为将危及所存储、处理或传输的数据或由这些系统所提供的服务的可靠性（Dependability）、可用性（Availability）、可控性（Controllability）、机密性（Confidentiality）、完整性（Integrity）和抗抵赖性（Non-repudiation）。

通信网络安全是在通信安全、计算机安全和密码技术的基础上建立的一种网络环境下的安全可控技术体系，其目的是保证网络系统本身以及网络系统内部存储和传递数据的保密性、完整性和可用性。网络安全技术包括身份认证、访问控制、攻击检测、网络数据安全技术以及网络应用安全技术。

5.4.2　信息安全威胁

信息安全威胁是指某人、物、事件、方法或概念等因素对某信息资源或系统的安全使用可能造成的危害。一般把可能威胁信息安全的行为称为攻击。在现实中，常见的信息安全威胁有以下几类。

（1）信息泄露：指信息被泄露给未授权的实体（如人、进程和系统等），泄露的形式主要包括窃听、截收、侧信道攻击和人员疏忽等。其中，截收泛指获取保密通信的电波、网络数据等；侧信道攻击是指攻击者不能直接获取这些数据或信号，但可以获得其部分信息或相关信息，而这些信息有助于分析出保密通信或者储存的内容。

（2）篡改：指攻击者可能改动原有的信息内容，但信息的使用者并不能识别出被篡改的信息内容。在传统的信息处理方式下，篡改者对纸质文件的修改可以通过一些鉴定技术识别修改的痕迹，但在数字环境下，对电子内容的修改不会留下这些痕迹。

（3）重放：指攻击者可能截获并存储合法的通信数据，以后出于非法的目的重新发送它们，而接收者可能仍然进行正常的接收，从而被攻击者所利用。

（4）假冒：指一个人或系统谎称是另一个人或系统，但信息系统或其管理者可能并不能识别，这可能使得谎称者获得了不该获得的权限。

（5）抵赖：指参与某次通信或信息处理的一方事后可能不承认这次通信或相关的信息处理曾经发生过，这可能使得这类通信或信息处理的参与者不承担应有的责任。

（6）非授权使用：指信息资源被某个未授权的人或系统使用，也包括被越权使用的情况。

（7）网络与系统攻击：由于网络与主机系统不免存在设计或实现上的漏洞，攻击者可能利用它们进行恶意的侵入和破坏，或者攻击者仅通过对某一信息服务资源进行超负荷的使用或干扰，使系统不能正常工作。后一类攻击一般被被称为拒绝服务攻击。

（8）恶意代码：指有意破坏计算机系统、窃取机密或隐蔽地接受远程控制的程序，主要包括木马、病毒、后门、蠕虫、僵尸网络等。它们由怀有恶意的人开发和传播，隐蔽在受害方的计算机系统中，其自身也可能进行复制和传播。

（9）灾害、故障与人为破坏：信息系统也可能由于自然灾害、系统故障或人为破坏而遭到破坏。

5.4.3　网络安全与防范

常用的网络攻击方法包括端口扫描、网络监听、口令攻击、缓冲区溢出、拒绝服务（DoS）与分布式拒绝服务（DDoS）、网络欺骗与 IP 欺骗等，针对以上的网络攻击方式可以采用入侵检测技术、防火墙技术、IPSec VPN 技术、"蜜罐"技术、应急响应技术等进行防范。

1．入侵检测技术

入侵检测是对入侵行为的发觉，其通过对计算机网络或系统中的若干关键点收集信息并对其进行分析，从中发现网络或系统中是否存在违反安全策略的行为和被攻击的迹象。进行入侵检测的软硬件构成了入侵检测系统（Intrusion Detection System，IDS）。入侵检测系统（IDS）的主要任务是：充分并可靠地采集网络和系统中的数据、提取描述网络和系统行为的特征；高效并准确地判断识别网络和系统行为的性质；对网络和系统入侵提供响应手段。

2．防火墙技术

防火墙是指设置在不同网络或网络安全域之间提供信息安全服务的一系列部件的组合，是不同网络或网络安全域之间唯一的信息出入口，能根据企业的安全策略控制（允许、拒绝、监测）出入网络的信息流，且本身具有强大的抗攻击能力。在逻辑上，防火墙是一个隔离器、限制器，同时也是一个分析器，能够有效监控内网和外网之间的任何活动，保证内网的安全。

3．IPSec VPN 技术

IPSec（Internet Protocol Security）是一套比较完整成体系的虚拟专用网技术。虚拟专用网（Virtual Private Network，VPN）既是一种组网技术，又是一种网络安全技术，是架构在公用通信基础设施上的专用数据通信网络，它利用隧道技术（Tunneling）、加解密技术、密钥管理技术、使用者与设备的身份认证技术和访问控制技术等，获得机密性保护。隧道技术是 VPN 的基本技术，类似于点对点连接技术，它在公用网上建立一条数据通道（隧道），让数据包通过这条隧道传输。

4．"蜜罐"技术

在网络安全技术中，"蜜罐"（Honey Pot）技术是指对攻击、攻击者信息的收集技术，而"蜜罐"就是完成这类收集的设备或系统，它通过诱使攻击者入侵"蜜罐"系统搜集、分析相关的信息。该技术也被称为"鸟饵（Decoys）技术""鱼缸（Fishbowls）技术"等，是网络陷阱与诱捕技术的代表。

5．应急响应技术

应急响应技术就是对国内外发生的有关计算机安全的事件进行实时响应与分析，提出解决方案和应急对策，来保证计算机信息系统和网络免遭破坏的技术。网络和信息系统设施遭到破坏的原因主要包括网络攻击、信息系统自身出现故障及自然灾害、战争破坏等不可抗力造成的损害。国内外相关机构高度重视信息系统安全的应急响应，组建了一些计算机应急响应小组/协调中心（Computer Emergency Response Team/Coordination Center，CERT/CC），负责制定应急响应策略并协调它们的执行，如美国卡内基梅隆大学在美国国防部等政府部门的资助下组建的美国 CERT/CC、欧洲的 Euro CERT、我国的国家计算机网络应急技术处理小组/协调中心（CNCERT/CC）等。

5.4.4 国内外信息安全法律法规

国内外信息安全法律法规如表 5-1 所示。

表 5-1   国内外信息安全法律法规

国家或组织、部门	法规名称、内容
联合国国际贸易法委员会（UNCITRAL）	《国际贷记划拨示范法》 《电子商务示范法》 《电子签名统一规则》
经济合作与发展组织（OECD）	《全球电子商务行动计划》 《密码政策指南》
国家或组织部门为国际商会	《国际数字化安全商务应用指南》
欧盟（EU）	《欧洲电子商务行动方案》 《关于信息社会服务的透明度机制的指令》 《欧盟关于建立电子签名共同法律框架的指令》 《关于统一市场电子商务的某些法律方面的建议》 《欧盟数据保护法》
美国	《统一电子交易法》 《全球和国内商业法中的电子签名法案》 《信息自由法》 《阳光下的政府法》 《隐私法案》 《美国电子通信隐私法》 《健康保险携带和责任法》 《金融服务现代化法》 儿童在线隐私保护规、国内税务局（IRS）税收征管程序、联邦委员会网站信息披露的有关规定等
英国	《网络的利益：英国电子商务议程》 《电子商务——英国的税收政策指南》
法国	《菲勒修正案》 《信息科学归档文件卡片与自由法》

国家或组织、部门	法规名称、内容
日本	《电子计算机系统安全措施标准指导》 《信息技术基本法》 《关于行政机关保有的电子计算机处理的个人信息保护法》 《计算机病毒对策基准》
中国相关行政法规	《计算机软件保护条例》 《中华人民共和国计算机信息系统安全保护条例》 《中华人民共和国计算机信息网络国际联网管理暂行规定》 《互联网信息服务管理办法》 《中华人民共和国电信条例》 《商用密码管理条例》
中国相关部门规章及规范性文件	《中国互联网络域名注册暂行管理办法》 《计算机信息系统安全专用产品检测和销售许可证管理办法》 《计算机病毒防治管理办法》 《互联网电子公告服务管理规定》 《关于维护互联网安全的决定》 《计算机信息系统安全保护等级划分准则》

5.4.5　信息安全标准体系

在互联网飞速发展的今天，网络和信息安全问题不容忽视，积极推进信息安全标准化，牢牢掌握在信息时代全球化竞争中的主动权是非常重要的。

1. 国际信息安全标准体系

国际信息安全标准化工作兴起于 20 世纪 70 年代中期，80 年代有了较快的发展，90 年代引起了世界各国的普遍关注，目前已经形成了较为完善的、全面的信息安全标准体系。世界上约有近 300 个国际和区域性组织，制定了标准或技术规则。与信息安全标准化有关的主要的组织有：国际标准化组织（ISO）、国际电工委员会（IEC）、国际电信联盟（ITU）、Internet 工程任务组（IETF）等。ISO/IEC 联合技术委员会子委员会 27（ISO/IEC JTC1 SC27）是信息安全领域最权威和经国际认可的标准化组织，它已经为保障信息安全发布了一系列的国际标准和技术报告，最主要的标准是 ISO/IEC 13335、ISO/IEC 27000 系列等。ISO/IEC 13335 包括：1996《IT 安全的概念与模型》；1997《IT 安全管理和计划制定》；1998《IT 安全管理技术》；2000《安全措施的选择》《网络安全管理方针》。ISO/IEC 27000 系列包括综合信息安全管理系统要求，风险管理、度量和测量以及实施指南等一系列国际标准，是目前国际信息安全管理标准研究的重点。

2. 国内信息安全标准体系

国内的安全标准化组织主要有全国信息安全标准化技术委员会以及中国通信标准化协会（CCSA）下辖的网络与信息安全技术工作委员会（TC8）。全国信息安全标准化技术委员会（TC260）于 2002 年 4 月成立，主要以工作组形式开展工作，现下设六个工作组，分别是：信息安全标准体系与协调工作组（WG1）、涉密信息系统标准工作组（WG2）、密码工作组

（WG3）、鉴别与授权工作组（WG4）、信息安全评估工作组（WG5）以及信息安全管理工作组（WG7）。网络与信息安全技术工作委员会（TC8），成立于 2003 年 12 月，主要负责研究有关通信安全技术和管理标准。其研究领域包括面向公众服务的互联网的网络与信息安全标准、电信网与互联网结合中的网络与信息安全标准、特殊通信领域中的网络与信息安全标准，设置有有线网络安全工作组（WG1）、无线网络安全工作组（WG2）、安全管理工作组（WG3）和安全基础设施工作组（WG4）4 个工作组。我国信息安全标准体系主要包括基础标准、应用标准和管理标准，如图 5-20 所示。

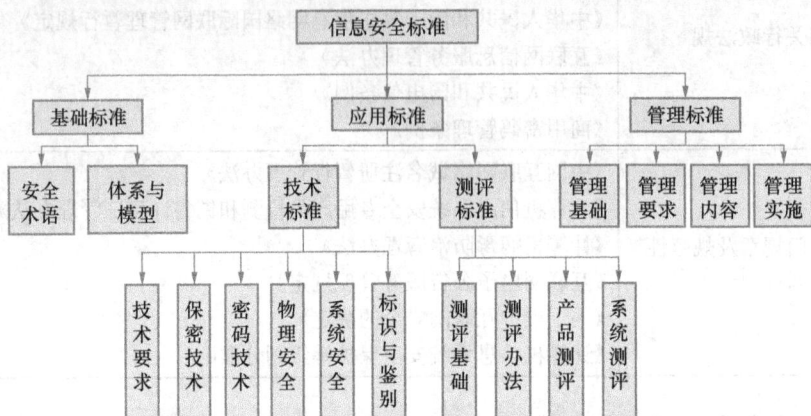

图 5-20　我国信息安全标准体系

复习思考题

1. 简述通信网的概念及分类。
2. 试举例说明通信网的基本组织形式。
3. 我国主要有哪些电信通信网？
4. 简述物联网、泛在网的概念及其应用发展前景。
5. 试阐述电信网间互联原则和电信运营商网间互联协议的主要内容。
6. 试举例说明主要的网络安全与防范技术。

第 6 章　通信企业及边界

通信企业作为通信经济的基本生产经营单位，是以信息传递业务为主要经营内容的法定的生产者和经营者，是通信经济活动中直接从事通信生产经营活动的营利性经济实体。本章基于通信企业承担法定普遍服务义务的特殊性，重点分析通信企业有别于一般工商业企业的特点、通信企业核心竞争力的构成要素及其培育举措、通信企业实行纵向一体化和多元化经营战略的优势与风险以及通信企业资本运营方式等相关问题。

6.1　通信企业的性质和特点

6.1.1　通信企业的性质

马克思认为，企业与人类生产劳动的分工协作有着密不可分的关系。他指出："企业是以内部具有分工协作关系的团队生产为基础，为交换而生产的经济组织。"而企业内部的分工协作与社会分工存在显著的区别："社会分工是指各种专门的劳动分别生产互不相同的产品，它们之间只有通过交换才能发生联系；企业内部分工则是在生产同一种商品的劳动过程内部实行的分工和专门化，它们之间的联系不需要通过商品交换。"马克思认为，从分工、协作的层面来看，工厂与企业首先是生产力的组织形式；但是从产权、利益的角度来看，工厂与企业又体现着一定社会制度下的生产关系，反映出其所处社会及时代的特有本质。因此，在马克思看来，资本主义企业的产生，是通过提高劳动生产率获取剩余价值的必然结果。而离开资本主义企业的制度属性，企业产生的一般原因则来自于社会生产力发展的需要。

现代经济学的企业理论认为，企业的性质就是指企业作为一种经济组织区别于市场机制的地方。经济学家科斯从交易费用（或称交易成本）以及企业与市场的关系角度来揭示企业的本质属性。他在 1937 年发表的《企业的性质》中讨论了产业企业存在的原因及其扩展规模的界限问题，并创造了"交易成本"（Transaction Costs）这一重要的范畴来予以解释。所谓交易成本，即"利用价格机制的费用"或"利用市场的交换手段进行交易的费用"。科斯认为，企业与市场是两种可以互相代替的资源配置方式，即企业可以作为市场机制、价格机制的替代物。当人类的交易活动通过价格机制在不同单位（个人或组织）之间发生时，就会形成市场机制；当人类的交易活动通过企业家的协调在特定组织内部进行时，这种特定组织就是企业组织。通过市场而展开的交易活动会产生某种交易费用，通过企业家内部协调而进行的交易活动也会产生交易费用。而当市场交易成本高于企业内部的管理组织成本时，企业便产生了，企业的存在正是为了节约市场交易费用。科斯在 1960 年发表的《社会成本问题》中指出，只要交易成本为零，那么无论产权归谁，交易费用都可以通过市场自由交易达到资源的最佳配置。1982 年诺贝尔经济学奖得主斯蒂格勒将科斯的这一思想概括为"在完全竞争条件下，私人成本等于社会成本"，并将其命名为"科斯定理"。既然企业的交易成本低于市场的交易成本，那么企业的规模就应该无限扩张，直到取代市场。但科斯认为不会这样，因为随着企业规模的扩大，企业的交易成本会上升，直到与市场进行的交易所花费的交易成本持平，企业规模便不会再扩张——交易成本是企业边界的唯一决定因素。因此，企业与市场之所以会共存，其原因在于，某一类活动如由市场而非由企业来完成交易，会节约交易费用；反之，另一类交易活动如由企业而非由市场来完成交易，会节约交易费用。

企业是根据市场反映的社会需求来组织和安排某种商品或服务的生产和交换的基本组织单位，应当具有从事市场经营所必需的软硬件条件，如应拥有与其经营内容和规模相适应的固定资产和流动资产，掌握必要的生产要素，独立核算、自负盈亏，自主地进行生产经营活动。

通信企业是以信息传递业务为主要经营内容的企业，是构成通信经济生产经营的基本单位。按照信息传递的对象和采用的技术手段不同，我国通信企业可以分为邮政企业和电信企业。根据《中华人民共和国邮政法》的规定，邮政企业是指中国邮政集团公司及其提供邮政服务的全资企业、控股企业。中国邮政集团公司为国务院授权投资机构，承担国有资产保值增值义务。财政部为中国邮政集团公司的国有资产管理部门。经国务院批准，自2015 年 5 月 1 日起，中国邮政集团公司由现行的母子公司两级法人体制改为总分公司一级法人体制，在全国各省、自治区、直辖市、各地市、县设置邮政分公司。中国邮政集团公司在政府依法监管和企业独立自主经营的体制下，按照完善现代企业制度的要求，全面深化改革，加快转型发展，逐步发展成为治理规范、管理科学、运营高效、服务优良、拥有知名品牌和显著竞争实力的大型现代服务业集团。根据《中华人民共和国电信条例》（以下简称《电信条例》）的有关规定，电信企业（电信业务经营者）是通过利用有线、无线的电磁系统或者光电系统，传送、发射或者接收语音、文字、数据、图像以及其他任何形式的信息从事经营活动的经济主体，如中国电信集团有限公司等。中国电信集团有限公司是国有特大型通信骨干企业，资产规模超过 8 000 亿元人民币，年收入规模超过 4 100 亿元人民币，位列 2017 年世界 500 强企业第 133 位，全球电信运营商第 8 位，多次被国际权威机构评选为亚洲最受尊崇企业、亚洲最佳管理公司、亚洲全方位最佳管理公司等。中国电信拥有全球规模最大的宽带互联网络和技术领先的移动通信网络，具备为全球客户提供跨地域、全业务的综合信息服务能力和客户服务渠道体系，目前已实现了 3 个全球之最，即全球最大的 FDD-LTE 移动通信运营商，全球最大的光纤宽带运营商，全球最大的 IPTV 运营商。截至 2017 年底，移动用户超过 2.6 亿户，宽带互联网接入用户超过 1.6 亿户，IPTV 用户超过 1 亿户。

6.1.2 通信企业的特点

通信经济活动具有特殊性，使得通信企业具有与其他工业企业、商业企业不同的特点。

1. 通信企业的服务性

通信企业是以传递信息业务为主要经营内容的服务性企业。通信业不直接生产具体的、有形的物质产品，而是作为国民经济基础设施的邮电通信业为国民经济其他部门提供通信服务。随着人类生产力水平和社会分工的发展，人们交流的信息量不断增加，交流信息的方式不断进步，人们对通信的需求也越来越大。当前，通信业正以前所未有的速度向前发展。快速发展的用户群、多样化的业务以及经营竞争环境，对通信企业的服务质量提出了更高、更新的要求，通信企业间的竞争也从网络竞争、产品竞争过渡到服务竞争，因此，服务成为增强企业核心竞争力最重要的因素。通信企业向"服务型企业"转型成为未来发展的主要方向，加快服务转型步伐是通信企业在服务战略落实上需要认真对待的问题。

2. 通信企业经营目的的双重性

按照现代经济学的主流观点，企业的根本目标就是追求利润最大化，以实现其经济效益。所以，通信企业作为市场经济社会中的一种经济组织，有其自身的经济利益与功利目标，这是企业生存与发展的理由与价值所在。通信企业的生产经营必须考虑企业的经济效益，特别是在竞争日趋激烈的市场经济中，追求经济利润成为通信企业不能动摇的生产目的。同时，作为国民经济基础设施的通信业属于公用事业，其生产经营活动又具有明显的公益服务性，承担着国家法定的普遍服务义务，以实现公民的基本通信权利。因此，通信企业存在的意义首先在于保证国家的通信主权、保障公民的通信权利并促进社会的可持续发展。普遍服务性和经济利益性要求通信企业必须将国家利益、消费者利益和生产经营企业的利益结合起来，坚持社会效益和经济效益的统一。

3. 通信企业的全程全网性

通信企业生产运营的最大特点就是全程全网联合作业、联合经营。全程全网可以从技术与服务两个角度观察。从技术角度来看，全程全网是指业务在发起端通过终端设备、传输链路、交换设备以及相应的信令系统、通信协议和运行支撑系统的共同协作，到达接收端。为了顺利完成通信生产，通信企业首先必须拥有或被允许使用一个通信网，这个通信网可以是全国性的网络或者是局部性网络，通信生产是在全网范围内完成的。从服务角度来看，用户在接受通信企业提供的通信服务的全过程中，有可能通过任何类型的终端连接全通信网络中的任何终端。通信企业只有保障不同运营商、不同类别网络、设备间的线路畅通，才能保证通信生产的正常进行。

4. 通信企业自主经营的独立性

通信生产经营具有全程全网的特点，完成一项通信任务往往需要多个通信企业的联合生产、相互协作。通信企业的生产经营决策会受到全行业以及互联互通企业的限制与影响。因此，通信企业彼此之间既存在互相竞争关系，又存在密切的合作关系。但是，通信企业依法享有开展生产经营活动的自主权。这意味着，通信企业作为一种在法律和经济上都具有独立性的经济组织，依法独立享有法律权利，独立承担法律义务。在市场经济条件下，通信企业与其他自然人、法人在法律地位上完全平等。通信企业拥有独立的、边界清晰的产权，具有完全的经济行为能力和独立的经济利益，实行独立的经济核算，能够自决、自治、自律、自立，实行自我约束、自我激励、自我改造、自我积累和自我发展。

6.2 通信企业的分类

6.2.1 邮政企业与电信企业

邮政企业是指中国邮政集团公司及其提供邮政服务的全资企业、控股企业。中国邮政集团公司是依照《中华人民共和国全民所有制工业企业法》组建的大型国有独资企业，依法经营各项邮政业务，承担邮政普遍服务，受政府委托提供邮政特殊服务，对竞争性邮政业务实行商业化运营。中国邮政集团公司经营的主要业务包括：国内和国际邮件寄递业务；报刊、图书等出版物的发行业务；邮票发行业务；邮政汇兑业务；机要通信业务；邮政金融业务；邮政速递业务；邮政物流业务；电子商务业务；各类邮政代理业务；国家规定开办的其他业务。

2005年，中国邮政实施"政企分开、邮储分离、完善机制"的体制改革方案：组建新的国家邮政局，作为政府机构依法监管邮政市场，并协调邮政普遍服务与机要通信等特殊服务的实施；组建中国邮政集团公司，作为国有独资企业经营各类邮政业务；成立由中国邮政集团公司控股的中国邮政储蓄银行，实现金融业务规范化经营；完善邮政普遍服务机制、特殊服务机制、安全保障机制和价格形成机制。2006年，中国邮政集团公司在中华人民共和国工商总局注册登记。同年12月，中国银监会批准中国邮政集团公司控股的中国邮政储蓄银行开业。

电信企业是通过利用有线或无线的光（电）传输系统从事通信服务经营活动的经济主体。我国电信企业在建立现代企业制度的过程中，经历了一系列的改革重组：1995年4月，原电信总局以邮电部电信总局的名义进行企业法人登记，逐步实现了政企职责分开；1998年在全国推行邮电分营，1999年各省（区市）邮政局正式挂牌，2007年全国邮政实现政企分开；1994年成立吉通公司，与原中国电信在数据业务领域展开竞争；随后成立中国联通公司，经营电信基本业务和增值业务。1999年起，信息产业部决定进行机构改革和产业重组，首先对中国电信拆分重组，将中国电信的寻呼、卫星和移动业务剥离出去。政府又给网通、吉通和铁通公司颁发了电信运营许可证。2002年"中国电信集团公司"和"中国网通集团公司"正式挂牌，中国电信领域已形成中国电信、中国网通、中国移动、中国联通、中国卫星和铁通公司等六家基础电信企业。2008年中国电信业再一次进行重组，上述中国联通、中国移动、中国网通、中国电信以及中国铁通重新组合为3大集团公司。

6.2.2 基础电信业务运营商、增值电信业务运营商和虚拟电信运营商

根据《电信条例》的有关规定，我国电信业务分为基础电信业务和增值电信业务。基础电信业务，是指提供公共网络基础设施、公共数据传送和基本语音通信服务的业务。增值电信业务，是指利用公共网络基础设施提供的电信与信息服务的业务。电信业务运营商也因此被划分为基础电信业务运营商与增值电信业务运营商。

基础电信业务运营商拥有覆盖全国的基础骨干网和基础接入网，经营电信基本业务和增值业务。经营基础电信业务，须经国务院信息产业主管部门审查批准，取得《基础电信业务经营许可证》。经营基础电信业务，应当具备下列条件：①经营者为依法设立的专门从事基础

电信业务的公司，且公司中国有股权或者股份不少于 51%；②有可行性研究报告和组网技术方案；③有与从事经营活动相适应的资金和专业人员；④有从事经营活动的场地及相应的资源；⑤有为用户提供长期服务的信誉或者能力；⑥国家规定的其他条件。申请经营基础电信业务，应当向国务院信息产业主管部门提出申请，并提交规定的相关文件。国务院信息产业主管部门应当自受理申请之日起 180 日内审查完毕，做出批准或者不予批准的决定。予以批准的，颁发《基础电信业务经营许可证》；不予批准的，应当书面通知申请人并说明理由。

增值电信业务运营商一般不具有全国范围的网络覆盖能力，通过租赁基础运营商的物理网络或与基础骨干网互联互通才能开展真正意义上的全程全网通信服务。增值电信业务运营商一般需要建立专门的销售渠道，发展一定规模的用户群，拥有专业化业务开发能力，建设与骨干运营商互联互通的基础资源。经营增值电信业务，应当具备下列条件：①经营者为依法设立的公司；②有与开展经营活动相适应的资金和专业人员；③有为用户提供长期服务的信誉或者能力；④国家规定的其他条件。申请经营增值电信业务，应当向国务院信息产业主管部门或者省、自治区、直辖市电信管理机构提出申请，并提交规定的相关文件。申请经营的增值电信业务，按照国家有关规定须经有关主管部门审批的，还应当提交有关主管部门审核同意的文件。国务院信息产业主管部门或者省、自治区、直辖市电信管理机构应当自收到申请之日起 60 日内审查完毕，做出批准或者不予批准的决定。予以批准的，颁发《跨地区增值电信业务经营许可证》或者《增值电信业务经营许可证》；不予批准的，应当书面通知申请人并说明理由。

虚拟电信运营商（Virtual Network Operator，VNO），是指没有或只拥有不完整的物理网络的运营商，其向基础电信业务运营商购买业务，根据用户需求，通过业务创新以自己的品牌向用户提供通信业务服务，实现电信服务附加值的提高。电信运营商把业务交给虚拟电信运营商去发展，按照一定的利益分成比例获得利益，其自身则集中精力去做更重要的工作，同时电信运营商自己也在直接发展用户。传统的电信运营商为保持核心的市场竞争力，同时保持低成本、高效率的运营状态，将重点集中于其最为擅长的核心网络的建设与维护，将大量的增值业务和功能化业务转售给更加专业的企业，合作开展业务运营。通过虚拟电信运营商，用户将能够获得移动、电信、联通 3 大运营商以外的电信运营商提供的电信服务。虚拟电信运营商虽然没有自己的网络设施，但从传统运营商处购买通信服务后，重新包装品牌，增加服务，再销售给用户。工业和信息化部在 2013 年底和 2014 年初先后向两批共 19 家民营企业颁发了虚拟电信运营商牌照。2018 年 4 月 28 日，工业和信息化部发文，决定自 2018 年5 月 1 日起，将移动通信转售业务由试点转为正式商用，符合条件的民营、国有和外资企业，均可申请经营移动通信转售业务。

当前，电信市场的竞争实际上已不纯粹是电信运营商之间的竞争了，而是各自以电信运营商为中心的产业价值链之间的竞争。价值链是由电信运营商、设备供应商、虚拟电信运营商（服务供应商）等组成的，电信运营商需要通过和设备供应商共同创新（包括新技术、新业务），来提高自身所形成的价值链的竞争力，而创新的工作是最耗费各种资源的。因此，在未来的电信市场竞争中，运营商将从费力而烦琐的市场开发工作中解脱出来，而全力投入业务创新和网络维护工作中，以此取得相对竞争优势，不断提高自身的整体竞争力。

6.3 通信企业的核心竞争力

6.3.1 通信企业核心竞争力的内涵和特征

根据哈默和普拉哈拉德的定义，企业核心竞争力是"组织中的积累性学识，特别是关于如何协调不同的生产技能和有机结合多种技术流派的学识。"核心竞争力具有价值性、独特性和延展性的特点。其后又有许多学者从各个角度进行了进一步的研究，形成了涵盖知识、资源、组织和系统等观点的核心竞争力的理论体系和方法。在各通信企业技术、业务、服务选择日趋同化的今天，通信企业必须建立自己的核心竞争力，才能获得持续的竞争优势。

通信企业核心竞争力是支撑企业取得并保持长期竞争优势（可持续竞争优势）的发展特有技术、开发独特产品和创造独特营销手段的能力。即通信企业的核心能力是企业核心竞争力的源泉，通信企业之间的竞争实际是企业核心能力的竞争。事实上，核心竞争力是一组技能、技术、管理、产品质量、成本、效益等诸要素有机的结合，在优势互补的基础上使之产生集成放大效应，而非单个分散的技能或技术等。因此，企业核心竞争能力的载体是企业整体形成的合力，而不是企业的某个业务部门、某项关键技术或某种产品和设备。企业核心竞争能力既是构成企业长期竞争优势的核心因素，也是企业保持竞争优势的基础。对不同企业及其发展阶段而言，核心竞争力的构成又不尽相同。

通信企业的核心竞争力具有以下特征。

1．价值性

通信企业核心竞争力的价值性是通过市场检验实现的，符合市场需求的程度越高，为顾客创造的价值越大，企业的核心竞争力的价值性越大，企业的竞争也就越显著。可见符合市场需求的价值性是通信企业核心竞争力的根本特征。通信企业的核心竞争力必须特别有助于实现用户所看重的核心价值。它使得企业在降低成本、创造价值、提供优质服务方面比竞争对手做得更好，在给用户带来价值的过程中，也为通信运营企业创造更多的价值以及长期的主动权和超过同行业平均利润水平的超额利润。

2．延展性

核心竞争力的延展性，即具有能够为自身所复制和模仿的特点，基于单一产品或服务领域的发展良好时，把这种核心竞争力应用于多种产品或服务领域。通信企业能够从核心竞争力衍生出一系列的新产品和新服务以满足用户需要。通信企业的核心竞争力为企业其他各种能力的发挥提供了一个更坚实的平台，为通信企业不断创造出新的利润增长点。

3．独特性

通信运营企业的核心竞争力必须是独一无二的，它是通信运营企业在长期经营过程中个性化发展的产物，是其独特的技术、技能、组织特征、企业文化、规章制度、员工素质共同作用的结果，在竞争中难以被掌握、模仿和超越，能为企业赢得更多的生存和发展机遇。

4．综合性

通信企业的核心竞争力是知识、技能、管理能力的有机整合，单独的任何一项都不能成为核心竞争力，企业作为一个有活力的低成本、高效率的具有很强市场敏感性的组织系统要具有整合这些关键性要素的能力。通信企业的核心竞争力是以满足用户需求为核心，由通信产业价值链、企业内部价值链、企业核心能力有机整合而形成的有机综合体，是对通信企业整体而言的。通信企业通过对资源和能力的整合，使其拥有的核心资源发挥效用，在向用户提供服务的过程中表现出相对于对手的显著优越性。

5．动态性

通信企业的核心竞争力不是一成不变的，它是与一定时期的产业动态、管理模式及企业资源等高度相关的。随着时间的推移，企业核心竞争力必然发生变化，因此，企业的核心竞争力在形成以后，就面临再培养和提高的问题。通信企业必须根据产业发展动态、资源变化及市场变化的情况，对核心竞争力进行持续的发展和培养，以维持企业的长期竞争优势。

6.3.2　通信企业核心竞争力的构成要素

通信企业核心竞争力由一系列相互协调、有机融合的关键要素，如技术、技能、产品、网络、服务、管理等构成。同时，通信企业核心竞争力的关键构成要素会随产业性质、企业类型、技术进步、经营环境的变化而变化。

1．企业的战略管理能力

企业的战略决策决定了企业主要资源的配置，从而决定了企业未来的发展方向。企业的战略管理能力是打造企业核心竞争力的基础。在经济全球化竞争中发展起来的现代企业，应具有一定的发展规划和战略。企业只有具备一个完善而科学的发展战略，并对企业发展战略随时组织实施、校正和管理，确保企业的发展战略科学合理、切实可行，才能为企业打造核心竞争力提供最基本的条件。

2．企业的技术创新能力

技术创新能力是指为增加知识总量，以及用这些知识去创造新的产品而进行的系统性创造的能力。技术创新能力的高低决定了企业将技术资源向技术优势进行转换能力的强弱。技术创新能力具有静态和动态双重特性。静态技术创新能力表现为企业的技术储存水平，是企业技术创新能力的基础；动态技术创新能力则表现为对企业技术存量的应用和操作，涉及技术创新的递增和重组过程。通信企业不但要注重提高静态技术创新能力，更要注重提高动态技术创新能力，因为动态技术创新能力对于通信企业获得持续竞争优势，保持在市场竞争中的有利地位更为重要。

3．企业组织管理能力

企业组织管理能力是打造企业核心竞争力的组织保证。它涉及企业的组织结构、信息传递、企业文化和激励机制等诸因素，它的作用在于通过管理过程的制度化、程式化而将企业的技术知识和生产技巧融入企业的核心竞争力中。企业组织效率的高低决定了企业将技术优势向市场竞争优势转换的效率。企业的组织管理能力应是企业独特的组织管理模式，企业只有根据自身的特点，在原来管理模式的基础上进行扬弃，在现有的基础上推陈出新，研究开发适应企业自身需要的、并能反映企业个性的科学的企业管理模式，才能保证企业组织结构合理、管理优化，企业在管理上才具备有真正意义上的核心竞争力。

4．企业市场营销能力

企业的市场营销能力包括企业对市场营销过程、销售网络及渠道的管理和控制能力，它直接决定了企业能否将技术优势外化为市场竞争优势，是打造企业核心竞争力的基础。经济全球化的竞争，实际是全球化的市场竞争。在全球化的市场竞争中，企业的核心竞争力同时也应体现在企业的营销能力方面，企业生产出来的产品价值必须通过市场配置才能体现出来。由于历史原因，我国通信企业的营销能力及售后服务水平是亟待改进并加强的工作环节。

5．企业财务状况因素

企业的财务状况是企业生产经营过程动态和静态的货币反映，包括所有资产、负债、资本损益的增减变化情况。企业在培育自身核心竞争力的过程中要注重对财务状况的分析，将定量分析与定性分析相结合，从效益、营运、偿债、发展几个方面进行综合分析。通信企业要根据自身行业特点在营运方面做重点分析，以便提高自身的核心竞争能力。

6．企业的人力资源管理能力

通信企业是由特定的要素以特定方式结合在一起的引领国民经济发展潮流的能力系统。在这个系统中，人是唯一具有自我变革和自我发展能力的要素，只有人才能对企业的构成要素及其相互关系进行调整。当企业内部及其与其他系统之间的平衡被打破时，必须借助于人的力量，才能达到企业与环境的适配。因而，人力资源管理能力也是通信企业核心竞争力的构成要素。

7．企业文化凝聚能力

企业文化凝聚能力是企业核心竞争力的具体表现，企业文化凝聚能力的增强有利于提高企业核心竞争力的地位。企业文化，同样属于抽象意识的范畴，与一些生产要素相比，企业文化的价值往往是很难被评判的，尽管如此，在现代化的企业制度中，企业文化的地位却是被普遍认可和尊重的。这是因为，一个企业的企业文化，影响着企业的管理工作、人才队伍建设的水平等较为具体的方面。当前，一个企业是否具备优秀的企业文化，已经不再是企业内部员工重视的问题，越来越多的用户在选择产品时，也会考虑到该企业的企业文化。这是因为，一个有着优秀文化内涵的企业，会在社会责任承担、质量安全等方面获得用户的信任，这是企业建设的重要的软实力。

8．品牌影响力

品牌是市场竞争加剧的产物，越来越多的企业重视品牌战略的打造。在商品高度趋同的今天，用户已经很难从使用价值的层面来判断究竟哪一种产品是满足自己需要的了，使用价值已经成为一种较低层次的需求。品牌是一个企业的产品区别于其他企业产品的重要标志，也是表示企业文化、价值、特色的符号。在现代社会中，品牌影响力意味着财富的积聚程度，拥有广泛影响力、口碑良好的品牌对企业的发展有着至关重要的作用。

9．合作竞争的能力

传统的竞争方式就是采取一切可能的手段，击败竞争对手，但是现在的竞争方式发生了根本性的变化，即企业为了自身的生存和发展，需要与竞争对手进行合作，即为竞争而合作，靠合作来竞争。战略的真正目标应该是争取找到"双赢"模式，即促进市场增长，使市场中多方参与者都能获益。

6.3.3　通信企业核心竞争力的培育

1．明确通信企业核心战略规划

培育企业核心竞争力属于企业重大战略范畴。"凡事预则立，不预则废"，制定战略规划，确立未来的奋斗目标，然后分解目标和落实措施。早在 1954 年，美国管理大师德鲁克就指出，并不是有了工作才有目标的，相反，有了目标才能确定每个人的工作，所以"企业的使命和任务，必须转化为目标"。

2．优化通信企业核心管理架构

一个企业的组织架构是这个企业推进战略发展的基础，是企业管理平台运行的支柱。而企业组织架构是否完善，直接影响着这个企业的效率和效能。对通信企业而言，其要想健全和完善企业的组织架构，就必须打破传统的界限性分工的围墙，结合现实状况，建设一个协调统一的企业组织架构，集满足需求、面向用户、销售、市场、财务于一体的统一发展架构，只有这样，才能够把通信企业内部的关系理顺，使组织架构得到优化，进而能够缩短企业管理链条，使企业能够把业务和市场进行充分的结合，加快企业核心竞争力的形成和发展。

3．构建通信企业核心技术能力

核心技术能力是企业核心能力的基础，核心技术能力能为顾客创造巨大价值，这种价值主要来自于企业的自主创新。因此，企业要建立良好的技术创新机制。通信企业的技术创新能力是企业过去技术资本的积累，是企业对技术创新的吸收、变革能力的综合反映。面向市场建设、优化通信网络是通信企业经营和发展的前提，也是进行通信服务的依托。提高与优化网络的竞争能力就是要在继续保持网络的先进性和统一性的基础上，进一步优化网络结构、完善网络组织架构、提高网络的利用率和灵活性。通信企业应建立一支具有创新精神的团队，不断扩展企业的核心技术能力。

4．培育通信企业品牌核心营销能力

利用通信企业品牌战略营销，不断提高企业形象。在企业与用户的关系发生了本质性变化的市场环境中，抢占市场的关键已转变为与用户建立长期而稳固的关系，从交易变成责任，从管理营销组合变成管理与用户的互动关系。只有处理好与用户的关系，才能实现长期拥有用户的目标。品牌核心营销能力是指企业使产品迅速市场化并使用户满意的能力，相对于竞争对手而言，客户忠诚是最有效的竞争利器。创建使用户满意的售后服务系统和建设有效的营销渠道是构成核心营销能力的重要因素。通信企业需要实施积极的市场发展战略，树立以用户为上帝的服务理念，健全和完善服务用户的战略服务体系，能够针对不同用户的特殊需求，积极推行业务与服务集成，提供多样化、多层次、个性化的服务，不断满足社会不同层次的信息通信需求。

5．建立学习型组织

学习和培训就是通信企业的生产力。快速学习能力和有效学习能力至关重要。学习是为了提高企业管理水平和业务创造能力。企业核心竞争力是特定企业个性发展过程中的产物，

是始终融合于企业的研究开发、设计、制造、销售、服务等各方面的职能部门，蕴藏于企业整体长期学习和经验积累之中，体现企业有形资源和无形资源的有机结合，是企业的一个学习过程。因而，要形成核心竞争力，就必须把企业培育成一个学习型组织。通过学习，培养创新人才，促进知识的生产、传播、应用，进而培育企业核心竞争力。通信企业应该向"学习型组织"转型，整合通信企业员工的各种知识，系统集成各种信息，让广大员工共同分享知识和信息，提高知识和信息的附加价值。

6. 培育通信企业核心员工能力

企业的竞争从根本上讲是人才的竞争，企业的核心能力是人的主观能动性得以发挥的结果。相对于竞争者而言，拥有卓越洞察力且忠诚于企业的员工是企业最重要的资产。教育与培训是人力资源良性循环的基本保证，建立先进而完善的员工培训系统，是员工核心能力培育的根本。除先进的培训机制外，为使企业的命运不仅仅掌握在个别人手里，还必须倡导并实现人力资本向组织资本的转化，构筑合理有效的知识分享机制。核心员工能力的培育在于更大范围地开发人力知识资本，调动更多人的主动性和创造精神，进而形成一支相当规模的、忠诚的，具有多学科知识、多方面实践能力的员工队伍。

7. 打造通信企业核心文化

通信企业的文化在内部显现为向心力、凝聚力和导向力，是通信企业核心价值观的外在体现。通过通信企业文化的建设，吸引和留住人才，树立通信企业的良好形象，是通信企业提高自己竞争实力，迎接国内外通信业务竞争的必要手段。通信企业的核心能力根植于企业的组织结构和组织文化当中，核心组织能力能为企业及用户创造巨大价值，这种价值来源于企业的经营理念。要打造企业独特的企业文化与形象，企业文化是形成企业核心竞争力的深层次因素。有了全体员工共同认可的价值观，则该价值观无形中就形成了对员工的激励，使之为此而奋斗，从而提高企业整体效率，形成独特的核心竞争力。

6.4 通信企业的纵向边界

明确的企业边界是企业组织结构的基本特征之一。企业的纵向边界反映企业在生产经营上向上下游业务领域扩张延伸的程度。

6.4.1 企业边界与企业纵向一体化

1. 企业边界的定义

企业边界（Enterprise Boundary）是指企业以其核心能力为基础，以企业产品和企业形象的市场作用程度为依据，受交易费用和组织费用共同制约而确定的经营范围和经营规模。企业的经营范围，即企业的纵向边界，确定了企业和市场的界限，决定了哪些经营活动由企业自身来完成，哪些经营活动应该通过市场手段来完成。企业的经营规模是指在经营范围确定的条件下，企业能以多大的规模进行生产经营，即企业的横向边界。

经济学家科斯在解释企业存在的问题时使用了交易费用的概念。他认为如果通过市场安排协调资源的费用（即交易费用）高于企业内部管理资源的费用，企业内部管理的资源配置就是十分必要的和合理的。即可以通过管理协调来降低市场协调成本就是科斯对企业存在的理论解释。关于"企业组织的边界"问题，科斯认为，企业扩张会带来自身的组织成本，这主要是因为对企业家的管理才能来说，收益可能是递减的，或者说"企业家也许不能成功地将生产要素运用到它们价格最大的地方，即不能导致生产要素的最佳使用。"因此，由于市场交易成本和企业组织成本的双重作用，企业将倾向于扩张到在企业内部组织一笔额外交易的成本等于通过公开市场上完成同一笔交易的成本或在另一企业中组织同样交易的成本为止。

经济学家契斯认为应该采用一种整体的视角，涵盖与企业能力建立相关的整个过程、整个企业的内部知识和产品的生产过程和外部的交易过程。他将企业动态能力定义为"企业整合、塑造和重组内部和外部竞争力以应对不断变化环境的整体能力"，并以企业动态能力为切入点对企业边界进行研究，认为"企业的边界在于能力的适用边界"。

企业在市场竞争中都会自觉形成自身的规模，企业边界变动是企业为适应环境变化进行自我调整的结果。企业边界的影响因素是多元的，决定企业边界变化的最终力量是效率。通过静态比较方法，对不同时期的市场结构和企业组织形态进行比较，可以确定企业纵向边界变动的方向。但交易成本并不是决定企业边界的唯一因素，因为企业边界差异的决定因素还应包括企业的专业化水平。从生产角度考察企业边界，侧重于动态、系统分析，适用于与专业化分工的产生和发展密切相关的企业边界问题的分析，包括生产技术的演进对企业组织的发展的巨大影响，这弥补了交易成本理论忽视企业生产职能的缺陷。而新兴的企业能力理论以整合企业内外部能力为核心，强调在进行企业边界分析时必须按照企业本身的要求和市场经济的内在要求，统一企业的生产功能和交易功能，保证企业在市场中的健康发展。

企业的横向联合能有效降低市场竞争中的不确定性，使其产品的产量、价格比完全竞争市场的要稳定，有利于企业建立稳定的预期。横向一体化使企业扩大了生产规模，达到了规模经济，提高了市场占有份额，增强了市场力量。纵向一体化弱化了企业因资产专用性、信息交易和广泛协调而产生的交易成本等优势。未来，企业应逐步对非核心业务进行不同程度的剥离，并强调与其他企业密切合作，集中精力发展自身的核心业务，并做大做强，将有利于企业在未来的竞争中立于不败之地。

当前，越来越多的中间组织形态对明确的企业边界提出了挑战，企业之间的边界日益模糊，战略联盟、虚拟企业、供应链、产业集群等网络化组织迅速发展。很多企业通过不断并购和重组使其规模变得越来越大的同时又力图使其下属企业或成员企业的规模变得越来越小；越来越多的企业基于价值链对业务进行纵向分解，将附加值较低的非核心业务外包，使企业边界不断内移，同时纵向相关的各企业之间实行跨边界管理和供应链协调，使原来分属于不同企业的生产环节的联系得到加强，这就使得某些企业在不扩大规模甚至缩小规模的情况下，扩大了管理和协调的范围。在经济全球化和知识经济时代的挑战下，企业正在不断地对组织结构和边界进行调整。未来的企业边界必然是对内以企业自身的核心技术为核心紧密结合新兴技术的发展趋势，对外通过各种联盟、合同等多种形式松散结合而形成最优边界，越来越多的虚拟企业和战略联盟将不断出现。

2．纵向一体化的概念界定

一体化战略（Integration Strategy）是企业重要的成长发展战略，是扩大企业规模，构建大型企业的有效途径。企业一体化包括企业内部一体化和企业之间的一体化。企业内部一体化可分为3种形式：横向一体化、纵向一体化与混合一体化。企业间的一体化的主要形式是战略联盟。企业一体化主要采用的手段就是并购和联合。纵向一体化（Vertical Integration），又称垂直一体化，它在供、产、销方面实行纵向渗透和扩张的策略，在一个行业价值链中参与许多不同层次活动。它意味着企业应用内部的或管理的职能而不是利用市场职能去实现其经济目的。

纵向一体化就是指企业在现有业务的基础上，向现有业务的上游或下游方向发展，形成供产、产销或供产销一体化，以扩大现有业务范围的企业经营行为。在产品或服务的生产或分销过程中，企业至少是参与过其中两个或两个以上的相继阶段，才可称为纵向一体化经营。纵向一体化按物质流动的方向可以划分为前向一体化和后向一体化：①前向一体化。这是指企业与用户企业之间的联合，是企业自行对本公司产品做进一步深加工，或者对资源进行综合利用，或公司建立自己的销售组织来销售本公司的产品或服务；②后向一体化。这是指企业与供应企业之间的联合，企业自己供应生产现有产品或服务所需要的全部或部分原材料或半成品。

纵向一体化有两方面含义：第一，指组织结构现有状态，即企业在产品的加工或经销各阶段上的延伸程度；第二，指企业行为，即企业通过纵向兼并进入另一加工或经销阶段的行为。

6.4.2　企业的纵向边界

1．由收益与成本所决定的企业纵向边界

任何产品或服务的生产都涉及相当多的活动，从获取原材料开始到最终产品的分配和销售的过程，被称为纵向链条。无论企业在纵向链条中处于何种位置，都必须有自己的边界，即决定业务由企业自己来完成还是借助市场力量来完成。企业纵向边界的确定是企业独自完成的，而不是向市场上其他独立企业购买的活动。要确定纵向边界，企业必须衡量利用市场的收益与成本，并与自己完成该活动的收益与成本相比较，如表6-1所示。

表6-1　企业利用市场的收益和成本

收益	市场厂商可以达到规模经济，而只供内部需要的生产不能达到。市场厂商受到市场规则的约束，它必须是有效率的和有创新性的，才可以生存。但是，企业整体上的成功可能掩盖内部部门的无效率和创新性的缺乏
成本	当某项业务是向一家独立的市场厂商购买的，而不是内部生产的时，纵向链条中生产流程的协调可能受到损害。当某项活动由一家独立的市场厂商执行时，私有的信息可能会被泄露出去。可能产生与独立市场厂商的交易费用，而在内部完成此项活动则可以避免该成本

现假定企业通过市场获得的收益为R_1，为此付出的成本为C_1，经济利润为R_1-C_1。企业纵向一体化经营获得的收益为R_2，付出的成本C_2，经济利润为R_2-C_2。如果$R_1-C_1>R_2-C_2$，则企业应更多地依靠市场力量，而缩减自己的纵向边界，也就是说，减少纵向一体化；如果$R_1-C_1<R_2-C_2$，企业应利用自己纵向一体化的经营优势，减少对市场力量的依赖。这时，企业的纵向边界不是缩减的而是扩大的；如果$R_1-C_1=R_2-C_2$，企业借助市场力量或依靠纵向一体化获得的利润是一样的，企业的纵向边界是扩大还是缩减取决于企业和市场未来的发展变化。

2．由代理效率和技术效率决定的企业纵向边界

企业可以运用技术效率和代理效率的相互关系来决定企业的纵向边界。技术效率意味着企业以较低的成本进行生产，它与生产过程相关。代理效率是指在纵向链条中，企业通过交

换组织形式降低交易成本的范围或幅度。市场最有利于降低生产成本，纵向一体化最有利于降低交易费用，企业要达到"经济化"目的，就存在权衡问题。最优的纵向边界应是企业可以减少技术非效率和代理非效率的总和，从而实现企业生产经营的经济化。如果技术效率和代理效率的静平衡有利于采购者和供应者的兼并，那么进行兼并实行纵向一体化就是合适的。这个时候，企业的纵向边界扩大了。反过来，如果兼并后期望效率的净平衡为负，那么兼并实行纵向一体化就是不合适的。此时，企业的纵向边界不应扩大而是要缩减。

3．网络经济条件下的企业纵向边界

现代网络技术的普及和应用，既增加了社会福利，又提高了企业利润，使企业的边界发生了动态调整。从网络外部性的"消费者"视角和"生产者"视角来看，现代网络技术的出现增加了消费者的效用，扩大了企业间进行合作的空间，增加了企业所生产的产品销售量，给企业带来了利润，从而促使企业进一步扩大其生产规模，因此，在某种程度上扩大了企业的横向边界。企业纵向边界的决定因素比较多，情况比较复杂。

现代网络技术对企业的生产成本、管理成本、交易成本以及网络成本都产生了影响，使企业边界向不同方向变化。现代网络技术降低了企业的生产成本、管理成本和交易成本。生产成本和管理成本的降低趋向于使企业边界扩大，而交易成本的降低和网络成本的增加，则趋向于使企业边界缩小。企业通过使用现代网络技术，不仅增加了消费者数量，而且使其成本降低，增加了企业的利润。企业利润的提高使企业倾向于增加"内在化"的工序，从而使制造成本和管理成本增加，市场交易成本降低。如果制造成本和管理成本增加的幅度小于市场交易成本减小的幅度，那么在现代网络技术条件下，企业的利润会进一步提高。此时，其"内在化"的工序数增加，从而企业的纵向边界扩大；反之亦然。因此，企业是否进行纵向一体化，要根据现代网络技术的应用视制造成本、管理成本和交易成本变化的具体情况来定。

6.4.3　纵向一体化战略的优势及局限性

1．纵向一体化战略的优势

纵向一体化有效地削弱了人的机会主义和有限理性，克服了环境的不确定性。企业内部的长期雇用合同促进了合作，权威制的组织安排避免了讨价还价成本，一体化的组织结构稳定了要素供给和产品销售，因此吸引着企业进行纵向并购，以获取纵向一体化的收益。

实行纵向一体化对企业的益处如下。

第一，有利于发挥资本与技术的协同效应。协同效应是公司兼并与收购中所追求的目标，合并后的企业经营目标表现要超过原分散的企业的经营目标之和。资本经营协同效应，一般出现在纵向一体化的合并案例中。几个行业存在上下游的关系，每一个行业本身都有较强的周期性波动，但联合在一起就可以大大增强稳定性，在这种情况下，通过将上下游企业一体化，组建企业集团，就有可能创造非常显著的资本经营协同效应。在某些情况下，纵向一体化提供了进一步熟悉上游或下游经营相关技术的机会。这种技术信息的对基础经营技术的开拓与发展非常重要。例如，许多领域内的零部件制造企业发展前向一体化体系，就可以了解有关零部件装配的技术信息。

第二，保证投入品的供应和销售渠道的畅通。为了保证供货的及时性，企业往往倾向于实行纵向一体化战略，生产自己需要的重要投入品。一个必须依靠分销系统来大量销售产品的企业，往往倾向于前向一体化，拥有自己的分销系统。纵向一体化能够确保企业在产品供应紧缺时得到充足的供应，或在总需求很低时能有一个畅通的产品输出渠道。也就是说，纵向一体化能降低上下游企业随意中止交易的不确定性。当然，在交易的过程中，内部转让价格必须与市场接轨。

第三，强化垄断地位，获得垄断利润。通过纵向一体化，企业并购另一个（上游）企业，也就是后向一体化，可以控制某种产品所必备的基本原材料的供给，假如该原材料没有替代品，在这种情形下，企业实际上就控制了使用该原材料所生产的产品的供给而形成垄断，就可以控制市场上的产品供给和产品价格，进而获得垄断利润。因此，企业实行纵向一体化战略，可以使关键的投入资源和销售渠道控制在自己的手中，从而使行业的新进入者望而却步，防止竞争对手进入本企业的经营领域。企业通过实施一体化战略，不仅维护了自己原有的经营范围，而且扩大了经营业务，同时还限制了所在行业的竞争程度，使企业在定价上有了更大的自主权，从而获得较大的利润。

第四，实现共赢目的。如果纵向链条的一个或多个阶段是不完全竞争的，那么企业就可以考虑兼并其他企业或被其他企业兼并进行纵向一体化经营。如果企业现在合作的供应商或经销商有较高的利润，这意味着他们经营的领域是十分值得进入的。在这种情况下，企业通过纵向一体化，可以提高其总资产回报率，并可以制定更有竞争力的价格。

2．纵向一体化战略的局限性

纵向一体化把各个有关阶段的生产经营活动组织在一起，把企业之间的市场"协调"变为企业内部的非市场"协调"，可以节省交易成本。但这种纵向一体化并不是规模越大越好的。对企业而言，纵向一体化有时候会产生以下几个方面的劣势。

第一，带来商业风险。纵向一体化会增加企业在行业中的投资，提高退出壁垒，从而增加商业风险，使企业在整个行业处于低迷状态时难以找到新出路，有时甚至还会使企业不能将其资源调往更有价值的地方。由于在所投资的设施耗尽以前放弃这些投资的成本很大，实行纵向一体化战略的企业对新技术的采用常比非一体化企业要晚一些。

第二，降低了技术效率。限于自身的实力和专业化程度，一体化企业自己供应生产要素和自己配售产品，其成本可能高于依靠市场所需要的成本，其产品或服务的质量也可能逊于市场上供给的产品或服务的质量。纵向一体化迫使企业依赖自己的内部活动而不是外部的供应源，而这样做所付出的代价可能随时间的推移而变得比外部寻源所付出的代价还高。产生这种情况的原因有很多。例如，纵向一体化意味着通过固定关系来进行购买和销售，上游单位的经营激励可能会因为是在内部销售而是竞争有所减弱的。反过来，在从一体化企业内部某个单位购买产品时，企业不会像与外部供应商做生意时那样激烈地讨价还价。因此，内部交易会降低员工对降低成本、改进技术的积极性。

第三，规模效益递减。一般来说，企业的规模越大，其管理的难度也越大。随着企业一体化范围的扩大，原先由竞争性市场调节的过程变为由企业自己来管理和调节，必然会增加管理的工作量和管理难度，对管理水平的要求更高。如果企业规模扩大后管理能力跟不上，将导致企业规模效益递减。纵向一体化实质上是对市场机制的替代，虽然可在一定程度上免除利用市场的交易成本，但企业内部的协调也会发生费用。如果在达到一定规模之后，纵向一体化企业内部的协调费用大于外部的市场交易费用，企业将趋向于纵向解体。

第四，不利于产业均衡发展。纵向一体化有一个在价值链的各个阶段平衡生产能力的问题。价值链上各个活动最有效的生产运作规模可能不大一样，这就使得完全一体化的目标很不容易实现。对于某项活动来说，如果它的内部能力不足以供应下一个阶段，差值部分就需要从外部购买；如果内部能力过剩，就必须为过剩部分寻找顾客；如果生产了副产品，就必须对其进行处理。

6.4.4　通信企业的纵向一体化战略

通信企业纵向一体化经营战略，可从前向和后向两个方面来考虑。后向一体化主要考虑技术开发和设备供应；前向一体化主要是满足用户的应用项目需求。这方面，集团客户的需求将成为重点。

前向一体化战略是大势所趋，按照目前流行的电信经营的结构层次，在应用层上起主要作用的将不再是电信企业，而是其他一些与用户的生活和工作息息相关的行业和部门，如电子商务、远程教育、远程医疗、网上报税、家庭办公和网上社区等。电信企业经营方式将走向广泛的联合。在业务层面上，电信企业仍将发挥主要作用，它根据市场需求设计并向社会推出各种电信业务。但是，许多业务的实现还要靠设备供应商和系统集成商来完成，这就要求电信企业与供应商、集成商配合默契。随之而来的是后向一体化问题。

后向一体化，是电信企业自己进行网络技术和业务开发，自己生产所需的设备，而不用向其他供应商购买。这样做，一方面可以降低成本，另一方面可以使经营更加灵活。但是，电信企业自己生产设备并不是成功的方式，中国通信业的历史和美国 AT&T 公司的实践都证明了这一点。因此，电信企业在后向一体化战略的应用上要进行创新，一个有效的办法就是结合虚拟经营战略，发展虚拟一体化。

纵向一体化的途径主要有"内部化"和"虚拟化"两种形式。内部化是指通过收购、自建等方式，把上游、下游或上下游企业的业务尽收囊中，使企业真正拥有并自主生产、提供这些产品和业务。虚拟化是指通过企业联合的方式实现企业所需功能，即通过与上下游企业联合的方式实现企业经营规模的纵向扩张。在经济发展史上，内部化曾经创造过辉煌，但在新的形势下，内部化战略的局限性越来越突出，与此同时，虚拟经营战略应运而生。虚拟经营是企业为了实现其经营规模扩张之目的，以协作方式，将外部经营资源与本企业经营资源相结合所进行的跨越空间的功能整合式经营。虚拟经营所实现的企业经营扩张，不是资产的扩张，也不是组织规模的扩张，而是经营功能与经营业绩的扩张。虚拟经营以较低的费用，较短的时间，实现了超越空间约束的经营资源的功能整合。

6.5　通信企业的横向边界

企业的横向边界，指的是企业所提供产品或服务的数量和种类，反映企业在生产经营上向横向领域扩张延伸的程度。

6.5.1　横向一体化背景下企业边界确定的依据

1. 信息的利用效率

企业需要对市场变化保持敏锐的嗅觉，对市场环境进行实时监测，及时有效地利用信息做出准确的决策，以保持自身的灵活性。随着企业规模不断扩大，其必然需要更多的管理人员和层级对企业内部的活动进行协调，这便产生了迅速获取、处理和传递信息与企业规模之间的平衡问题。如果企业因规模不断扩大而造成对市场变化反应迟钝，信息在层级之间传递扭曲、失真，导致信息利用效率减低，则成本上升将抵销企业规模扩大带来的益处。

随着信息技术的发展，企业内对信息的利用方式与传递渠道发生了巨大的变化，企业成员可以脱离繁复的组织层级通过虚拟的信息网络获取及时准确的信息，而不需要担心信息在传递过程中的失真。尽管如此，企业中仍然有大量的非结构化信息需要处理。因此，信息的处理成本对企业边界的确定有着重要的影响。

2. 风险与收益的平衡

从个人角度来讲，社会上不同的人对风险有不同的偏好，那些不喜欢风险的人会成为企业的雇员，而愿意承担风险的人则会成为雇主，因此，人们需要群体协作。从企业角度来看，横向的多元化具有风险分散效应。尤其是非相关多元化对风险分散有相当显著的作用，非相关多元化就是把企业所有资产扩展延伸至几个相互独立的业务，而这种扩展和延伸并不影响各个业务利润流的形成。根据投资组合理论，把互不相关的几项独立业务结合在一起并不一定能提高收益，但可以减少企业收益的波动。

3. 技术因素

技术进步也被称为技术变化、技术变革、技术创新等，它是指随着时间的变化，技术知识不断增长的过程。而一般来说技术往往包括两个重要的动态特性，即技术变革性和技术积累性。技术变革包括用新产品代替现有产品、用功效更高的工艺流程降低成本、提高质量等。而且变革并不是简单的、渐进的，也不是建立在原有工作基础上的，而是要付出高昂代价的，需要摒弃已有的技术，并投资于新创意的过程。技术积累性决定了企业进行技术创新的"轨迹"。技术积累性是指企业在自身发展过程逐渐形成的特殊的能力与技术，包括失败的教训、成功的经验等，是企业拥有的竞争对手无法模仿的独特竞争力。技术的这两种特性促使企业边界朝两个不同的方向发展。技术的快速变革促使企业实施战略外包，避免设备投入的技术风险。而技术积累性因为"路径依赖"的缘故，促进了企业边界的相对稳定的扩张。

4. 企业内部组织费用和市场交易费用

科斯认为市场是协调经济活动的一种组织形式，企业也是协调经济活动的一种形式。市场是一种配置资源的机制，企业也是一种配置资源的机制。在市场交易中，存在着相当高的交易费用，这主要包括发现相对价格以及获取有关信息的费用；为达成相互有利、相互依赖的契约而花费的讨价还价的费用；有些政府或者其他机构所采取的措施也可能导致市场有较高的费用。同样在企业中，企业内部组织的交易也存在着类似相关的费用。但是，当存在企业时，一系列的契约被一个契约所代替，从而节约了交易成本，另外，企业内部权威的命令也使活动的效率大大提高。即便如此，随着企业规模的扩大，这种权威命令的扭曲与执行的不到位，以及契约签订与执行的成本不断上升，这些会导致企业需要平衡市场交易成本与内部组织成本以确定有效的企业边界。

5. 边际报酬等于边际收益

新古典经济学对企业边界的分析，更多地集中于对企业生产经营活动的效率及成本收益分析。企业的生产经营活动过程需要各种生产要素的有效投入和合理利用。这些生产要素按其在生产经营过程中的变动特征可分为变动投入和固定投入两大类。固定投入的规模决定工业企业的经济规模。当然,固定投入是一个短期概念,从长期来讲,所有的生产要素都是可变的。企业经济规模就是指企业所拥有或占用的一定质态的固定投入的集中程度。显然,固定投入规模就是企业的总体规模。产出量取决于企业经济规模大小和变动投入量及其相互间的组合。

6.5.2　企业横向边界与多元化经营

企业作为市场经济的一个微观经济实体组织,是多种要素按一定方式的组合。无论从理论上还是从现实的层次上来看,任何一个组织,不论是营利性还是非营利性的,都存在一个经营领域或称作经营界限的问题。所谓企业的横向边界,指的是企业所提供产品或服务的数量和种类。当企业所提供的产品或服务跨越不同的行业时,我们就称企业的经营是多元化的。

1．多元化经营的概念

多元化经营是指企业超越以往的经营业务领域而同时经营两个或更多行业的经营战略,指企业同时向不同的行业市场提供不同的产品或服务。多元化经营是企业追求规模经济和范围经济的战略表现形式,也是与市场经济发展历程中各个阶段的生产力要求相适应的,它在不同的阶段表现出了不同的发展态势。每一种经营战略都各有利弊得失,专业化经营并不会因多元化经营的出现而丧失优势。对经营领域的扩张是自 20 世纪 50 年代以来世界各大公司的追求。企业进行多元化经营的类型在不断地创新,实施多元化经营的途径也在不断地丰富。

2．多元化经营的理论基础

许多公司进行多元化经营的动机之一就是要实现范围经济。范围经济是指,如果企业的活动水平没有提高,仅是增加了企业活动的种类（多元化经营）,就能使企业降低成本,我们就认为存在着范围经济。范围经济降低了公司的相对总成本。所谓相对总成本就是公司作为整体时生产多种产品的总成本与分离成两个或更多的公司时,其总成本的相对数。

降低交易成本是多元化经营的另一个重要理由。除了考虑获得的收益外,企业还必须考虑不同的多元化经营模式的交易成本。在几个独立的公司之间的合作被交易成本和与之相关的要挟问题（契约关系中一方当事人利用另一方由于关系性专用资产而产生的弱点来调整利益分配）弄得复杂的情况下,多元化经营是企业的一种有效的选择。

3．多元化经营的条件

并不是每个企业都适合实施多元化经营战略的,或者说企业实行了多元化战略并不必然能达到分散风险、提高效益的目的。国内外许多企业采用多元化经营战略的最终结果是企业的经营失败,究其原因,就是没能正确认识到企业自身是否具备实施多元化经营战略的内外部条件。企业能否从事多元化经营,多元化经营发展到何种程度应由企业内部条件和外部环境决定。实施多元化经营战略,要求企业自身具有拓展经营项目的实力和管理更大规模企业的能力。企业向多元化过渡应具备以下条件。

第一,要有稳定的核心竞争优势。企业实行多元化经营的过程,是一个核心竞争能力的培育过程。如果企业在原有业务领域并未真正获取竞争优势就急于进入新的业务领域,很容易使企业在新旧产业内同时陷入困境，从而导致经营失败。对于大型企业而言，其首先应追求主业（核心业务）的规模增长，通过对本行业的专注、忠诚和持续投入，培育核心竞争力，保持长期竞争优势。以核心竞争力为基础开展适度的相关多元化经营，有利于进一步增强企业的竞争优势。

第二，企业在主营业务所在领域已占据了相当稳定和有利的地位。企业的主营业务已有充分发展并在相关领域占据了有利位置，这是企业进行多元化经营的基本前提。多元化经营意味着企业将要进入新领域，由于缺乏对新领域充分的认识、相关信息和相应的专长，企业进入的风险往往较高，加之企业不能在新业务领域迅速取得期望的回报来平衡新领域的风险，因而，在多元化经营之初，企业格外需要稳定的保障和雄厚的实力支持。这不仅是多元化成功的前提条件，而且是企业避免因多元化的风险而受到致命打击的客观要求。

第三，企业要有一定的规模与资产剩余。企业规模大，将获得规模经济，从而为将来的多元化经营积累必要的资源优势。如果所在行业还处于成长期，企业则没有必要采取多元化经营战略，而应稳固企业在行业中的地位，提高市场占有率。企业是否积累了足够的技术、人力资源，企业的资产负债结构是否得到充分改善，企业是否具备进行多元化经营的剩余资产等，都是企业开展多元化经营的前提条件。

第四，目标行业具有一定的行业吸引力。行业吸引力可以由销售额、竞争状态、收益性和环境的制约条件等指标来进行评价。企业应考虑新进行业是否经过科学论证、市场调研和前景预测，是否能够带动原来的主营业务或受原来的主营业务带动。企业进入的新领域可以是别人还未发现的经营领域，也可以是别人已经涉足，但尚有发展潜力的领域。因此，为了保证企业能够正确地选择多元化经营所要进入的领域，还需对产业和业务领域进行分析。如果企业忽视了这些情况就会犯过早多元化的错误。

6.5.3　多元化经营的优势和风险

1. 多元化经营的优势分析

多元化经营战略是企业发展到一定阶段，为寻求长远发展而采取的一种成长或扩张行为。企业下定决心从专业化向多元化转型时，往往是看到自己原来的核心业务正逐渐地丧失高速增长的空间，新的业务显示出盈利前景或对自己企业未来发展具有战略意义，或是为了分散企业经营风险。多元化经营为企业带来的优势表现在以下几方面。

第一，规避风险，减少损失。这是企业进行多元化经营很常见的也很重要的一个原因。任何产品都存在"产生——成长——成熟——衰退"的生命周期性特点，当产品处于衰退期时，市场需求增长率就会停滞或变为负数。因此，企业必须在衰退期到来之前，进行研究开发，更新产品或为进入新的产业领域做准备。为了转移和分散风险，比较理想的选择就是采用多元化的发展战略分散经营，从而使企业在某一产品或经营领域遭受挫折时能通过在其他领域的产品来开拓市场，以业绩良好的业务来弥补亏损的业务，即采取灵活的互补政策，以达到以盈补亏、平衡收益的效果，从而做到均衡收益，实现稳定企业整体效益的目的。

第二，培育新的利润增长点。同产品一样，行业也有生命周期曲线。当企业所处的行业步入成熟期，即将衰退的时候，或企业由于自身的原因无法在原行业内获得较好的发展时，为了谋求生存和发展空间，企业可能将资本转向新的、它认为是更有希望的领域。而多元化经营就是要在恰当的时候，将企业引入更具发展潜力的行业并脱离原来趋于饱和或衰退的行业，从而寻求新的经济增长点。同时，一个企业经过多年的经营和成长，形成了一定的品牌、技术、市场营销、产品开发及经营管理等方面的优势和潜能，其商标、信誉、企业形象等无形资产具有很高的价值。如果充分发挥这些资源的优势，拓宽业务空间及领域，企业就会获得新的成长机会和利润增长点。

第三，发掘企业存在的剩余业务能力。企业在业务能力方面通常存在的问题是业务能力过剩。所谓业务能力过剩是指企业目前所拥有的业务能力超过企业目前经营的需求的状态。此处的业务能力不仅指企业的生产能力，还包括企业潜在的或可以利用而未利用的资源，如资金、资产、人力资源、知识、研究及开发能力（R&D）、品牌、商誉、企业文化、营销能力和企业管理能力等有形资产和无形资产的总和。

第四，提高或培育企业核心竞争力。一是通过现有企业核心竞争力在新的行业领域的运用来提高企业核心竞争力水平；二是在新的行业领域培育新的企业核心竞争力。企业多元化经营可以通过对大量关键原材料和销售渠道的控制，获得产业整合的经济性，节省协调生产经营活动的成本，降低市场风险，并且提高企业所在领域的进入壁垒和强化企业的差异化优势，以此增强企业竞争地位。

2．多元化经营的风险分析

企业实施多元化战略，意味着企业要在新的领域重新开始，则成功转型是一个问题，能否继续保持原来的核心业务优势是另一个问题。在实施多元化战略之前，企业需考虑以下风险。

第一，经营管理难度增大。企业由于在不同的业务领域经营，其管理、协调工作难度增大。例如，企业在一个业务领域实行成本领先战略，则要求企业在研发、生产制造、市场营销等各个方面节约一切成本开支，甚至在企业文化上也提倡厉行节约的风气。而企业在另一个业务领域实行差异化战略，要求企业使用更好的原材料，要突出产品的内在特色或外在特色，其经营理念则是把突出差异化放在第一位，节约成本放在第二位。因此，企业在这两个业务领域内同时经营就会造成管理理念的冲突，从而降低管理效率。

第二，分散企业资源。一个企业的资源是有限的，实施多元化经营战略必然要分散企业的资源，从而对企业主营业务发展产生不利影响。如果企业在主营业务并未获得真正的竞争优势时就急于进入新的业务领域，这不仅在新业务领域很难建立竞争优势，而且将使主营业务由于得不到充足资源的支持而陷入困境，从而造成经营失败。

第三，经营风险加大。多元化发展的好处之一是可以使企业由单一产品结构、单向经营领域向多种产品结构、多种经营领域发展，避免企业过度依赖单一市场，从而分散企业经营风险。因此，许多企业选择多元化经营战略主要是出于分散风险的考虑。但多元化经营在降低某些风险的同时也带来了新的风险。进入陌生、全新的领域，开展企业不熟悉、不擅长的业务，这种做法本身就带有较大的风险。综上所述，企业多元化的结果可能不是分散风险，而是分散资源，增加风险。因此，应正确认识多元化经营战略分散风险的作用。

第四，行业进入、退出风险增大。行业进入不是一个简单的"买入"过程。企业在进入新产业之后必须不断地注入资源，学习经营新行业并培养员工队伍，塑造企业品牌。同时，行业的竞争态势是不断变化的，竞争者的策略也是一个未知数，而企业在多元化投资前往往很少考虑退出的问题。如果企业深陷一个错误的投资项目却无法做到全身而退，可能会导致企业的重大损失。

6.5.4　电信企业的横向一体化战略

1．电信企业横向一体化战略的发端与演进

纵观电信企业的发展史，其从最初只提供电报、电话服务发展到提供电话、数据、多媒体服务等不同的业务，已经在走横向一体化的路线了。目前，电信、有线电视和计算机三网融合趋势的出现，把电信企业一体化战略推向了新的高度。三网合一意味着技术融合、网络融合、市场融合和终端融合，这将引发更加激烈的竞争。技术融合已经不成问题，市场融合取决于政府的有关产业政策。电信企业横向一体化战略最主要的问题是网络融合。

为了顺利实现三网融合，必须确定融合后的技术取向和网络模型，并制定实施步骤。不同的运营商对未来电信网络模型的看法略有不同，但其在技术选择上基本可以达成共识。未来的网络应该是基于宽带 IP 技术的扁平化网络，同时，整个电信运营结构将分成网络层、业务层和应用层三个层次。原先相互独立的网络在技术上逐渐趋向一致，在网络层上可以实现互联互通、在业务层上互相渗透和交叉、在应用层上使用统一的通信协议，便于使用统一的终端，也向社会提供了统一的应用平台，促进信息产业与传统产业更深层次的结合，推动经济发展。

以电子商务为代表的产业融合，为电信企业的一体化经营战略注入了新的活力。由于行业跨度较大，电信行业与其他行业相互之间都不太可能独自去经营对方的业务，同时，新的经济形势又要求它们必须紧密相连，如制造业要发展电子商务，必须拥有网络功能，同样，电信业要涉足电子商务，至少要具备物流和资金流等。这些功能都要通过企业联合来实现，从而形成企业一体化战略的新形式。

2．电信企业的全业务经营

电信企业的全业务经营是在电信行业内部的多种经营。电信业作为自然垄断性行业具有显著的范围经济性特征，具体表现为企业追加新的产品和服务进行联合生产的成本比生产单一品种成本低。上述特性决定了电信企业有内在的不断拓展新业务的积极性，也就是电信企业最终走向全业务经营的内在动力。

应该看到，全业务经营首先是电信技术和市场发展的必然结果。近年来，一些新的电信技术显示出强劲的发展力量，尤其是移动技术的迅猛发展使电信市场发生了深刻变化，不断更新换代的移动技术对传统电话业务产生了巨大冲击。美国著名的经济学家萨缪尔森 2003年在《纽约时报》上撰文指出，现在电信领域中真正的竞争已经是不同技术间的竞争了。在这种背景下，如果硬性限制传统的电话运营商只能固守某种技术，他们将无法面对新技术的挑战，势必在市场上陷入被动。全业务经营成为能让运营商利用最新技术扩大业务服务种类、谋求发展的必然途径。全业务经营能为企业提供更广阔的市场空间和机会。每一种电信业务，如移动通信业务、长途通信业务、数据业务等，都有其相应的市场规模。一家电信企业拥有的业务经营许可越多，它可以进入的市场空间就越广，企业所面对的市场规模也就越大，收入来源也就越广泛。尤其是对于在原行业中进一步发展受到限制的企业，这种战略为其拓展了新的发展空间。同时，由于社会信息化、网络化程度的不断提高，企业用户等集团用户对通信业务的需求呈现出综合化的特点，即集团用户希望电信业务提供商能够提供满足自身通

信需求的一体化解决方案,而不仅仅是对某项单一业务的提供。集团用户的这种需求特点,使得全业务运营商在集团用户市场上具有不可比拟的优势。

全业务经营能使企业充分利用现有资源,降低经营成本。各类不同的电信业务在提供给用户时具有不同的使用特点,但是在网络层和物理层,各类业务却存在大量共用的基础设施。因此,一家全业务运营商就可以通过建设一个统一的综合业务网络平台来供各业务单元共享,从而大大提高基础设施的利用效率,降低各项业务成本。作为全业务运营企业,其可以共享的不仅仅是基础网络,网络的规划建设、运行维护经验、人力资源、企业品牌、营销渠道等都可以为各类业务所共享。这不仅有利于企业迅速进入新的业务领域,而且为企业提供了以各类业务组合更好地吸引用户的可能。

全业务经营有利于分散业务风险。在全球经济形势复杂多变的环境下,在通信技术日渐综合化、个性化,电信市场竞争形式多样化的形势下,单一业务运营商所面临的风险大于多业务或全业务运营商所面临的风险。综合业务运营可以降低由于业务过于集中所导致的经营风险,获得稳定的收入和发展。随着通信技术的更新进步和业务开发,新的市场热点不断出现,从而引导用户的消费需求发生变化。经营多种电信业务的综合业务运营商的运营风险较分散,当一类业务出现衰退时,综合运营商可以将其经营重心转移至其他业务,创造新的利润增长点,保证企业的长期稳定发展。

2008 年重组之前,我国的电信运营商,除中国联通可实行全业务经营之外,其余都不是全业务运营商。随着经济全球化进程的不断推进和我国加入 WTO,我国电信市场将同全世界的电信市场融为一体。在此背景下,基础电信运营商应如何应对加入 WTO 后面临的挑战?是否应该实行全业务经营?目前,我国电信业虽然保持良好的发展态势,各项业务都实现了较高的增长速度。但由于多种因素的影响,固定通信运营商出现了增量不增收、增速显著放缓的情况。其间有资费调整的因素,也有移动通信挤压固话市场的因素。虽然固定电话已有百余年历史,但移动通信只有 20 余年市场经营的历史。从技术背景和市场背景看,移动通信具有符合个性化发展方向的先天优势,移动业务具有广阔的发展空间。在世界范围,2002 年移动电话用户数已经超过了固定电话用户数。我国的移动电话用户数超过固定电话用户数这一情况发生在 2003 年。在全国通信业务收入中,移动通信业务收入也超过了固定通信业务收入。移动通信是当今通信业发展的方向,因此,让更多运营商参与移动通信的竞争,共同把移动通信市场这块"蛋糕"做大,是很有必要的。在当今世界的电信业界,几乎所有世界级运营商均拥有全业务经营权。

6.6 通信企业的资本运营

6.6.1 资本运营的概念

美国经济学家史蒂格勒指出:"纵观世界上著名的大企业、大公司,没有一家不是在某个时候以某种方式通过资本运营发展起来的,也没有哪一家是单纯依靠企业自身利润的积累发展起来的。"资本运营,又称为"资本运作",是指企业的经营者把企业所拥有的一切有形和无形的存量、增量资产变为可以增值的活化资本,并把它与一切可以利用的资本存量、增量相结合,以金融市场为支撑,以制度创新为引导,运用资本的流动、组合、裂变和优化配置等各种方式，对企业的融资、投资和资本结构进行运筹，以谋求实现风险水平和盈利能力之间的动态平衡，从而实现最大限度的资本增值，最终达到企业资本总量扩张和结构优化的战略实施过程。

作为一种经营方式，资本运营以资本增值最大化为根本目的，以价值管理为特征，通过企业全部资本和生产要素的优化配置与产业结构的动态调整，实现资本增值最大化。它是企业迅速实现低成本扩张的有效手段，也是培育企业核心竞争力的有效方式之一。资本运营有两大功能：一是通过各种合法融资渠道，以尽可能低的资金成本，从金融市场上取得所需要的资金，以保证企业生产经营和投资活动的正常开展；二是通过合理使用各种金融工具，依据最优风险收益比率，盘活资金存量，或将闲置资金在金融市场上做投资，增加收益。

6.6.2　通信企业资本运营的类型

通信企业可考虑的资本运营方式主要有股权筹资、债务筹资、项目融资、企业并购、资产分割重组、融资租赁与经营租赁等。

1. 股权筹资

通过发行股票筹集权益资本是股份公司普遍采用的基本方式，也是通信企业融资的一个主要手段。股权筹资的主要优点是：可以获得大量资金；不会带来固定的费用支出；没有到期日；股权比例提高有利于提高企业信用等级，降低借款成本。但是，发行股票也存在分散控制权、稀释原有股东收益和费用较高的缺点。目前我国通信企业通过上市，推动公司建立完善规范的经营管理机制，真正实现以市场为导向的自主运作，并通过上市以较低的成本筹集大量资本，推动公司进入资本快速、连续扩张的通道，有利于提高公司的竞争能力和发展潜力、提高公司知名度、巩固市场地位、树立品牌形象，有利于全面提高通信企业的综合实力。

（1）改制上市

改制上市是指按照现代企业制度的要求，对企业进行股份制改造，同时对企业原有资产进行合理处置和重组，使其符合《中华人民共和国公司法》和《中华人民共和国证券法》的要求，符合通过证券市场公开募集资金，并挂牌上市的做法。目前，中国企业改制国内上市实行核准制，自企业提出股份制改造起，聘请有主承销资格的券商对企业进行至少为期一年的上市辅导，待各方面条件达到要求后，再提出上市申请。中国证券监督管理委员会发行审核委员会根据企业的资产状况、股份制改造结果等核准能否企业上市。

改制上市有两种常见的方式：整体上市和分拆上市。整体上市是以企业的所有资产为对象实施股份制改造，实现公开上市的方式；分拆上市指仅对企业的部分优良资产实施股份制改造，成立以原有企业为控股股东的股份制公司，实现上市，待时机成熟，视企业经营发展的需要，再将母公司的资产逐步注入上市公司，实现企业的分步上市。按照国务院电信体制改革方案的要求，在体制转型的过程中，国内电信企业多采取分拆方式分步实现企业最终的整体上市。

（2）境外上市融资

国内企业海外上市除须符合我国证券监管部门要求的境外上市外资股发行的审批条件

外，还必须符合股票上市地有关法规和证券交易所上市规则的要求，而且，不同的证券交易所上市条件各不相同。实际上，仅从形式条件和公司财务指标角度来看，我国证券主管部门选择和确定境外上市公司的标准往往高于上市地证券交易所实际要求的上市条件，影响我国公司能否上市和市场表现的真正因素其实在于公司制度和信息披露制度。目前，国内企业大多在香港联交所和纽约证券交易所实现境外上市，国内的主要通信企业如中国移动、中国联通和中国电信等都已经成功地在美国纽约以及我国香港地区上市。

（3）第二上市

第二上市是指已经在某一证券交易所上市某种股份的上市公司，继续将其同种股份在另一证券交易市场挂牌交易的行为。中国境外上市公司为了提高外资股的市场流动性、拓展境外融资渠道，开始谋求第二上市。以中国联通为例，中国联通继 2000 年 6 月在纽约和香港挂牌上市后，又于 2002 年 10 月在国内成功发行 A 股，这种行为就属于典型的第二上市。随着电信企业在资本市场上竞争的加剧，将会有更多的境外上市电信企业采取第二上市的方式，在另一证券市场募集资金，满足企业的资金需求。

（4）买"壳"上市

买"壳"上市，又称"借壳上市"，是指非上市公司通过证券市场购入已上市公司的若干比例的股票来取得上市地位，然后通过"反向收购"的方式注入自己有关业务及其资产，达到间接上市的目的行为。所谓"壳"，就是指上市公司的上市资格。从本质上讲，这种方式就是非上市公司利用上市公司的"壳"先取得绝对控股地位，然后进行资产和业务重组，利用目标"壳"公司的法律上市地位，通过合法的公司变更手续，使非上市公司成为上市公司的方式。通过这种方式上市，企业可以绕过会计、法律、审计、评估等规范化制度及烦琐的审批手续，从而节省大量时间及人力、物力，因此深受境内企业的青睐。

买"壳"上市对未来进入电信市场的通信企业不失为一种好的选择。买"壳"上市，首先，必须选择所要收购的"壳"公司。要了解"壳"公司的背景及前途等情况，选择有发展潜力的上市公司作为购并对象，以免背上沉重的债务包袱。其次，还要考虑"壳"公司能否与本企业的战略相容。对通信企业而言，其应尽可能选择通信概念股作为收购对象，以降低企业融合的难度。一般而言，企业借"壳"后，应该进行扩股工作，将非上市资产注入上市公司，从而为企业筹集到所需的资金。企业借"壳"上市后最佳的扩股时机是该公司的股票在交易市场上走红的时候，这样就能使企业扩股时提高发行价，并且使股票发行后容易销售。

2．债务筹资

（1）银行贷款

银行贷款是指银行根据其所在国家政策以一定的利率将资金贷放给资金需求者，并约定期限归还的一种经济行为。相对于其他融资方式尤其是上市融资方式而言，银行贷款手续简单、批准时间短。同时，因通信企业一般都具有良好的资信水平，在国内外银行客户中的信用评级较高，其在贷款时可以享受诸多有利条件，如较低的利率、较宽松的还款期限等，从而在一定程度上可以缓解企业负债融资对企业造成的压力。因此，银行贷款一直以来都应是国内主要通信企业融资的重要渠道之一。

（2）银团贷款

银团贷款也称"辛迪加贷款"，由获准经营贷款业务的一家或数家银行牵头，多家银行与非银行金融机构参加而组成的银行集团采用同一贷款协议，按商定的期限和条件向同一借款人提供融资的贷款方式。产品服务对象为有巨额资金需求的大中型企业、企业集团和国家重点建设项目。当借款者寻求的资金数额太大，以至于任何一个单一的银行都无法承受该借款者的信用风险时就会产生对银行团体的需求。银团贷款市场的使用者是在银行贷款市场寻求大额融资的借款者。

银团贷款主要集中于数额较大的中长期贷款。对获得贷款的企业来说，它能够获得较大规模资金的长期融资，满足从固定资产投资到生产流动资金的需求，避免发生资金链的断裂，而且融资成本也比较低。例如，中国联通就成为了中国大陆首家获得海外银团贷款的上市电信公司。对于获得 4G 牌照的电信运营商而言，其前期可能会面临巨额的网络建设投资以及运营支出，因而进行适度规模的外部融资是最优的选择。选择低成本融资、保障企业的偿债能力应成为公司资金筹措时考虑的重点。银团贷款将为 4G 电信运营商提供一个低成本、大规模融资的途径。由于国内外资金借贷市场利率存在差异，适时利用低利率的海外银团贷款融资将会是一条高效融资、改善企业偿债能力的捷径。

（3）企业债券

发行企业债券是通信企业筹集长期资金以扩充经营规模和提高经营能力的一种重要方法，它符合资金融通的规律和投资者心理。通信企业凭借行业的优势和信誉，可借助金融市场，通过发行企业债券面向社会公众筹集到所需的资金。债券为有价证券的一种，是指债务人按照法定程序发行并承诺，在特定日期还本付息的书面债务证书。通信企业采用公司债券筹集资金与采用其他方式筹集长期资金相比，具有明显的优势，如容易筹措、不影响企业的控制权，债券的利息支出可在税前列支（股利属税后利润的分配），融资成本低于股票融资的成本以及债券一般允许自由转让和买卖等，这都为企业灵活调度资金、调剂财务状况提供了方便。

发行企业债券的目的大多是为建设大型项目筹集大笔长期资金，适合财力雄厚、经营状况良好的大企业。与其他负债筹资方式相比，发行企业债券的突出优点在于筹资对象广、市场大。但这种筹资方式成本高、风险大、限制条件多，是其不利的一面。在国际上，发行债券是企业重要的、不可或缺的筹资手段，债券筹资额往往是股市筹资额的 3～10 倍。而在中国，企业债券市场规模与整个债券市场或股票市场相比，都显得微不足道。在发行企业债券筹资方面，中国移动和中国联通都有过不错的表现，例如，2001 年和 2002 年中国移动两次分别发行企业债券 50 亿元和 80 亿元，其融资成本远低于从银行贷款的成本；2005 年 7 月，中国联通发行了 100 亿元企业债券，该笔融资为国内最大规模的企业发债融资。

3. 项目融资

项目融资（Build-Operate-Transfer，BOT）是指为一个特定经济实体所安排的融资，其贷款人在最初考虑安排贷款时，满足于使用该经济实体的现金流量和收益作为偿还贷款的资金来源，并且满足于使用该经济实体的资产作为贷款的安全保障。在国外，它是一种应用广泛的融资方式，在中国也已经有近三十年的历史，主要用于需要巨额资金、投资风险大而传统融资方式又难以满足且现金流量稳定的工程项目。其特征是：融资不主要依赖项目发起人的信贷或所涉及的有形资产，而以该经济实体的现金流量和收益作为偿还贷款的资金来源。对于借款人而言，项目融资方式明显的吸引力是在满足资金需求的同时实现借款人对风险的分担。目前尚没有电信运营商明确采用项目融资，不过，电信运营商的竞争优势离不开资金保证，在资金出现缺口时，项目融资是一种不错的选择。

4．企业并购

企业并购包括企业兼并和企业收购两层含义、两种方式，即企业之间的兼并与收购行为，是企业法人在平等自愿、等价的有偿基础上，以一定的经济方式取得其他法人产权的行为，是企业进行资本运作和经营的一种主要形式。

在《中华人民共和国公司法》中，企业兼并是指一个公司被另一个公司所吸收，后者保留其名称及独立性并获得前者的财产、责任、特权和其他权利，前者不再是一个独立的商业团体；企业收购是指一家公司购买另一家公司的股票或资产，以获得对该公司本身或资产实行控股权的行为。根据收购的对象不同，将收购分为两种形式：一种是收购股权，即购买另一家公司的股权或发行在外的股份。法人或自然人及其代理人对上市公司的收购，其控制权一般是持有一家上市公司 25%以上的股份或投票权；另一种是收购资产，即购买目标公司的资产。通过并购进行资本输出的资本运营方式，企业可以达到快速、低成本资源整合与资本扩张的目的。企业并购有多种形式，选择适宜的形式才能取得较好的效果。企业并购，依据行业相互关系分为横向并购、纵向并购和混合并购；依据并购的动机和意图分为善意并购和敌意并购；依据企业并购的发生地点分为场内并购和场外并购。随着我国电信市场、资本市场与国际市场接轨步伐的加快，参与国外竞争也是必然趋势，企业并购将会越加频繁。

5．资产分割重组

在企业内部或集团公司内部进行资产分割重组，是指把企业的资产、人员按照不同业务进行分割，以形成多个专业化的生产基地，或多元化业务的子、孙企业的过程。这种方式通常以股权为纽带，形成一个金字塔型的控股体系，组成一个庞大的企业集团。资产分割重组有利于集团内部进行资产调拨，加强专业化发展，提高各子公司资产的运作效率，同时还可以灵活地开展有关业务的分拆和合并，进行资产和业务的优化组合。我国的电信运营企业都已经进行了较为成功的资产分割重组，企业资产的运作效率得到了提高。

6．融资租赁与经营租赁

融资租赁是指出租人根据承租人对租赁物件的特定要求和对供货人的选择，出资向供货人购买租赁物件，并租给承租人使用，承租人则分期向出租人支付租金的过程。在租赁期内租赁物件的所有权属于出租人所有，承租人拥有租赁物件的使用权。租期届满，租金支付完毕并且承租人根据融资租赁合同的规定履行完全部义务后，对租赁物的归属没有约定的或者约定不明的，可以进行协议补充；不能达成补充协议的，按照合同有关条款或者交易习惯确定；仍然不能确定的，租赁物件所有权归出租人所有。融资租赁是集融资与融物、贸易与技术更新于一体的新型金融产业。鉴于其融资与融物相结合的特点，出现问题时租赁公司可以回收、处理租赁物，因而在办理融资时对企业资信和担保的要求不高，非常适合中小企业融资。

　　融资租赁是一种通过短时间、低成本、特定程序，把资金和设备紧密结合起来的资本运营方式。如今融资租赁已经成为世界上设备建设投资的主要方式之一。企业采用融资租赁方式，可以用较少的启动资金获得急需的投资设备来开展生产。融资租赁的运作也相对简单，且能有效地规避在金融运作中的信用风险，并且不计入公司的资产负债表，所以不影响公司的资产负债结构。而经营租赁同融资租赁的主要区别在于承租人不承担租赁物（设备）的残值风险。使用融资租赁与经营租赁等资本运营方式，不仅能够减轻电信运营企业巨额设备采购支出的压力，加快网络建设的步伐，而且能够降低企业融资成本。国内电信运营企业在2G、3G、4G网络建设项目中已经采取了这两种资本运营方式，收到了较好的效果。

复习思考题

1. 结合通信企业的分类，简述通信企业是怎样培育核心竞争力的。
2. 纵向一体化的概念是什么？简述实行纵向一体化带来的优势与劣势。
3. 什么是多元化经营？简述实施多元化经营的理论依据和条件。
4. 简述电信企业的全业务经营战略及其优势。
5. 分析当前电信运营商所采用的资本运营方式及其各自的优缺点。

通信产品是通信企业所提供的各种信息传递业务的总称，是通信企业直接提供通信服务及邮件传递的最终有效成果。随着技术进步、业务创新和用户需求的变化，通信部门所提供的各种通信服务业务项目的数量、种类及构成也在不断发生变化。本章在系统阐述通信产品的内涵、分类及计量方法的基础上，重点分析邮政和电信产品结构及其变化趋势，以期为通信运营企业调整优化产品结构，更好地适应并满足社会的通信需要提供参考。

7.1 通信产品的分类与计量

7.1.1 通信产品的界定与特征

在经济体系中，有消耗、有产出，经济体系才能得以正常运行。产品就是经济体系中生产部门进行生产经营活动的最终成果。这种经营成果有的体现为一种具有外在实物形态的物质成果，如食品、汽车、住房等；有的则完全体现为一种对需求的满足，没有任何外在的实物形态。

通信产品是通信企业生产的产品，即通信企业所提供的各种信息传递业务的总称。在邮电通信生产过程中，通信企业员工借助于劳动资料，作用于劳动对象即用户所提供的需要传递的信息，从事通信生产活动，其生产的结果不是新的实物产品，而是为用户提供传递信息的服务，即把用户委托交付的信息或邮件，从发方传递到收方，达到其通信的目的。所以，通信产品的本质含义就是通信服务。通信产品与通信服务代表的是同一个概念，即信息的传递。当然，从通信产品的准确计量和统计核算的角度看，仅仅明确这点是不够的，还必须更进一步对通信产品进行规范的定义。

通信产品直接表现为用户提供传递信息的服务，不具备实物形态。但是，这种没有实物形态的通信服务（产品）与工农业产品一样，具有使用价值和自身的价值。通信部门在社会分工系列中的职责是传递信息。用户享用通信服务，由此达到互通信息的目的，这种信息传递对用户所产生的有益效用，就是通信产品的使用价值，包括节约的时间、费用，缩短空间等。通信企业为传递信息所耗费的物化劳动和活劳动以及活劳动所创造的剩余产品价值，就构成了通信产品的价值。通信产品同样是为交换而生产的，其使用价值的让渡和价值的实现同样也必须通过交换来完成。通信产品价值是其交换价值的基础，交换价值则表现为通信产品的价格。通信产品的非实物性，决定了其交换形式的特殊性。通信产品的交换，通常只能在生产者和用户之间直接进行。通信产品的生产过程就是用户的消费过程，同时也是和用户交换劳动的过程，这三者在时空上是直接统一、不可分割的。而一般工业产品以实物形态存在，其生产活动、交换活动和消费活动在时空上是可以分离的。

通信产品作为通信企业直接提供通信服务及邮件传递的最终有效成果，具有鲜明特征，具体如下。

第一，服务性。通信产品必须是通信企业为用户直接提供通信服务及邮件传递的项目，也就是说不包括通信企业经营的那些非通信性质或者与信息传递无关的生产成果。

第二，有效性。通信产品必须是通信企业为用户提供通信服务的有效成果。那些因质量问题而导致用户不能享受到或不能完全享受到有效的信息传递的服务，也是不能列入通信产品的。通信产品必须是为用户直接提供通信服务的有效成果。

第三，完整性。通信产品必须是通信企业直接提供通信服务的"最终"成果。这里的"最终"成果，一方面，是指用户所能享受到的完整意义上的通信服务；另一方面，也包括以企业为"口"的最终生产成果，即从进企业门开始到出企业门为止的分段通信服务在内。尽管分段通信服务不能单独供用户消费，但它是完成完整通信所必需的，是通信生产的阶段成果。通常所说的通信产品是指第一种意义上的完整通信服务。

7.1.2　通信产品的分类

1．根据传递信息所用技术手段不同分类

依据这一标准分类，通信产品可分为邮政通信产品和电信通信产品。

邮政通信和电信通信的区别主要有以下两点：一是传递的对象物不同，邮政通信传递的对象物是实物载体，诸如信函、包裹、汇票等，是有形的；电信通信传递的对象物不是实物载体，而是由电文、图片、语音、数据等信息转换成的电信号、光信号，是无形的。二是传递信息所用的手段不同，邮政通信主要借助于运输工具，使作为信息载体的实物完成从发方到收方空间位置的转换，从而达到传递信息或实物的目的。邮政是以原件转移的方式达到传递信息的目的。应用邮政通信，对方收到的是信息或实物的原件。电信通信的传输借助的是由终端、线路（含有线线路和无线线路）及交换设备组成的通信系统。信息传递过程表现为用户提交的原始信息的处理（编码）、传输、复制和还原。电信通信通过改变信息载体的存在方式达到传递信息的目的。应用电信通信，对方收到的不再是信息的原件，而是信息的复制品。

2．根据被传递的信息分类

用户提交的需要传递的信息千差万别，但所有被传递的信息都可分为听觉信息和视觉信息两大类，相应的通信产品就有语音业务和非语音业务的划分。

所有传递听觉信息的业务都属于语音业务，例如，各类电话如市内电话、长途电话、农村电话、移动电话等都属语音业务一类。被传递的视觉信息则有文本信息、图像信息和数据信息等。邮政和电报传递文本信息，传真传递图像信息，数据通信传递数据信息。所有传递视觉信息的业务都属于非语音业务。对于除邮政外的非语音业务，国际上通常称其为信息通信业务。随着通信技术的进步，特别是集语音、数据、图像于一体的多媒体通信业务的发展，通信的语音业务与非语音业务的界限日趋模糊。

3. 交叉融合产生的新的业务种类

随着科学技术的发展，不仅传统的通信业务彼此之间会有更多的交叉融合，而且通信与广播电视和新闻出版等其他信息媒介间的相互渗透，也越来越广泛，使得通信产品的品种日新月异。

利用邮政寄递录音带和录像带，这时邮政传递的内容是视听信息，而不再是文本信息；利用电子传输来替代邮政中的运输工具，出现了电子信函，这是邮政函件与电信的交叉融合；利用电报传递报刊，出现了电子报刊，也称"无纸张报刊"，这是邮政报刊与电信的交叉融合，这样传递的报纸就不再是邮政产品，而是电信方面的产品了；把视听两种信息一起传递，出现了可视电话、会议电视、智能用户电报、电子信箱、电子数据交换、可视图文、计算机会议等，这是计算机网与通信网相结合所产生的新的通信业务品种。在以上由交叉融合所产生的新的业务中，既有技术手段的交叉，也有被传递的信息的融合。

4. 根据通信服务方式的不同分类

根据通信服务方式的不同，通信业务可以分为以"传递个别信息"或"执行个别委托"为表现形式的产品和以"提供电路"或"出租机线设备"为表现形式的产品。

以"传递个别信息"或"执行个别委托"为表现形式的产品包括传统的邮件、电报、市内公用电话、会议电话等。其特点是只有当用户需要享受通信服务时，才向通信服务网点提出委托请求。而在此之前，因用户没有传递信息的需要，不向通信企业提交需要传递的信息，通信企业没有劳动对象，就无法开始通信生产过程，而只能处于等待状态。用户一旦提出委托请求，通信企业就要立即按用户的要求去传递信息。此类业务在计费方法上是每传递一次信息或邮件就付一次费用。传递一次性信息的通信产品，其生产过程与消费过程不可分割的特点最为明显。同时，这部分业务因用户通信需求的随机性，导致业务量按时间分布的不均衡性，进而对通信企业均衡、合理地组织生产的影响也最大。

以"提供电路"或"出租机线设备"为表现形式的产品，包括用户电报、用户电话以及租给用户的电路、专线等。与"传递个别信息"的通信产品相比较，这类产品的特点在于，用户不是每次需要通信时才去与通信服务网点发生联系的，也不是每传递一次信息就付一次费用的，而是用户向通信部门提出一次申请，租得机线设备，以便供自己专门使用、随时使用的。为保证用户租用的电路可随时用来传递信息，通信部门所提供的电路必须是协调动作、畅通无阻，且随时可用于传递信息的。通信企业的设备维护工作就是要确保这些电路的可靠和畅通，不论用户是否在传递信息，都要保持电路的开放和畅通。就用户来讲，其使用"提供电路"这样一种通信服务方式比使用传递一次性信息的通信产品更方便、更灵活，使用价值更大，但其相应的资费标准也较高。因此，计费办法既要考虑租用电路时间的长短，也要考虑传递信息使用次数的多少。

5. 根据通信生产过程完整与否分类

依据这一标准分类，通信产品可分为专业产品与企业产品。

专业产品指的是经历了"端到端"完整通信生产过程的可供用户消费的完整意义上的通信服务。它可能由一个通信企业实现，也可能需要多个通信企业联合生产、相互协作才能完成。

企业产品是从通信企业角度出发的，指的是以单个通信企业为"口"的最终生产成果。当一次完整的通信活动过程需要由多个通信企业共同协作完成时，每一个企业的生产成果——企业产品，只构成完整专业产品的一个组成部分。当一次通信生产活动的全过程完全由一个企业独立完成时，企业产品就是专业产品。大多数带有未完成性质的通信企业产品，对用户来说是没有什么意义的，因为它们并不能供用户消费。但是，企业产品的定义和计量在具体考核通信行业内部单个地理区域范围的通信企业的生产经营成果时，是一个不可缺少的概念和指标。

6．根据业务产生、发展的先后顺序以及其地位分类

对通信产品有传统业务和新兴业务的划分，以及基础业务与增值业务的划分。

传统业务和新兴业务的划分，基础业务与增值业务的划分是交叉的，但不是全同关系（见图7-1），即新业务中有一部分属于增值业务，而增值业务中有一部分属于新业务。传统业务和新兴业务的划分依据的是业务产生的先后顺序，而基础业务与增值业务的划分依据的是业务在网络中的地位。例如，广播电视运营企业利用其传输网的富余能力提供电路出租服务，就属于增值业务，但不属于新业务，因为这种业务早已存在。同样的道理，邮政代办保险是一种增值业务但不是新业务；移动上网则既是新业务也是增值业务；邮政的函件、包裹、汇兑，电信的电报、电话是典型的传统业务。

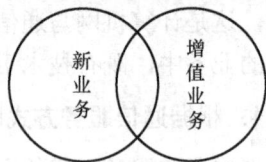

图 7-1　新业务与增值业务之间的关系

新兴业务是随着技术进步，通过现有业务的复合、移植、创新所产生的新的业务品种。增值业务中的多数属于新的业务品种，但也有一部分是利用本系统的富余能力提供其他网络早已长期提供的核心业务、传统业务。基础业务是在网络型经济中，各种不同网络提供的核心业务或主导业务。就电信业而言，基础电信业务主要包括固定网络国内长途及本地电话业务、移动网络电话和数据业务、卫星通信及卫星移动通信业务、互联网及其他公共数据传送业务、宽带网络业务、光缆光纤和电路及其他网络元素的出租出售业务、国际通信基础设施、国际电信业务、转售的基础电信业务等。增值业务是指利用原有基础网络设施所提供的非核心业务、非主导业务。增值业务是原有基础网络设施在满足基础电信业务需要之后，尚有余力的基础上产生的，是进一步发挥基础网络通信能力的重要途径。用经济学理论分析就是范围经济，指的是企业可以通过提供多种服务获得复合供给利益。范围经济表现为企业在原有网络的基础上追加新的服务也就是增值业务进行联合生产的成本比生产单一产品的成本低。这一特征又被称为成本弱增性。发展增值业务有利于提高网络的经济效益。

7.1.3　通信产品的计量方法

通信产品的计量单位主要有实物计量单位和货币计量单位两种。

1．实物计量单位

实物计量单位是产品量计量的自然单位。由于通信产品没有实物形态，通信产品的实物计量通常是按照信息载体、实物邮件、邮政运输以及电信维护设备的自然名称来进行的，如函件件数、长途电话通话时长等。实物计量单位的优点在于简单、直观，能直接反映报告期通信产品使用价值的数量；缺点是对不同类别的产品无法相加汇总，无法进行横向比较。通信部门按实物计量的指标有业务量、交换量和流量。

业务量相当于工业部门的产品量，作为通信产品量的实物指标，它表示某个时段内待传递的信息数量，同时也用来表示已传递的信息数量。例如，在通信发展规划中，业务量指标反映不同计划期社会对各类通信专业产品的需要量，反映待传递的信息数量。用在统计上，业务量则反映通信部门已生产的各类通信产品的数量。业务量既可作为通信专业产品量的实物指标，也可作为通信企业产品量的实物指标。

业务量作为通信产品量的实物指标既表示某个时段内待传递的信息数量，也表示已传递的信息数量。在通信能力充裕，用户的每次通信需要都能得到及时满足时，这两者似乎没有区别。但是，在生产能力不足时，繁忙时段的部分业务就会后延到非繁忙时段去完成，这样该时段内已传递的信息数量和待传递的信息数量就会有出入。因此，在通信部门内部还有一个交换量指标。交换量说明出口、转口、进口各个阶段已完成传递过程的信息数量，或者说，交换量是局与局之间已交换信息的数量。

2．货币计量单位

货币计量单位是一种价值形态的计量单位，它克服了实物计量的缺陷，解决了不同类别的产品之间无法进行横向比较和综合相加的问题。利用货币计量单位，不仅可以计算出一个企业、一个地区乃至一个国家通信企业的总产品量，还可以计算出全国通信专业产品的总量。货币计量单位比较抽象，但它比实物计量单位具有更大的经济意义。

不同种类、不同业务量的通信产品在价值形态上加总求和所得的总产品量，就是通信业的总产值。为了使若干年的总产值具有可比性，使总产值的升降只体现产品量增减，而不受价格变动因素的影响，产值计算必须采用不变价格。通信业务总量是通信业的总产值，它是以货币形式表现的通信专业产品量的总和，是一个企业、一个地区乃至一个国家各种分类专业业务量价值形式的汇总。通信业务总量的计算公式为：

通信业务总量=∑（各类通信业务量×相应的不变平均单价）+出租代维及其他业务收入

上式中的各类通信业务量是通过统计全国通信企业的出口业务量所得来的分类专业产品量。相应的不变平均单价是与各类通信专业业务量相应的不变平均单价。自中华人民共和国成立以来，邮电通信部门已制订过8次这样的不变平均单价用来计算通信业务总量，目前一般按2015年不变价格计算。通信部门在计算业务总量时采用的是不变平均单价，它等于某类业务的通信业务收入除以该类业务的计费出口业务量。

7.2 通信产品的结构分析

7.2.1 邮政产品结构

通信产品结构指通信部门所提供的各种通信服务业务项目的构成及其比例关系。但是，从邮政和电信企业经营的产品的构成看，除了从事信息传递的业务以外，还包括一些非通信业务。目前，中国邮政业不仅包括中国邮政，还包括很多快递公司，就中国邮政集团公司而言，其现有的业务分为3大板块：邮务类、速递物流和金融，其中，邮务类包含函件、包裹、机要、报刊、集邮、信息代理和分销。

2017年是实施"十三五"规划的重要一年，是供给侧结构性改革的深化之年。邮政行业认真学习贯彻中国特色社会主义思想和党的十九大精神，深入贯彻新发展理念，坚持稳中求进的工作总基调，以提高发展质量和效益为中心，以深化供给侧结构性改革为主线，按照"打通上下游、拓展产业链、画大同心圆、构建生态圈"的工作思路，更加注重创新驱动、优化结构，更加注重补齐短板、联动融合，更加注重服务民生、绿色安全，从而导致行业发展态势呈稳中有进、持续向好的趋势。2017年邮政行业业务总量完成9763.7亿元，同比增长32%，邮政行业业务收入（不包括邮政储蓄银行直接营业收入）完成6622.6亿元，同比增长23.1%，具体情况如图7-2所示。

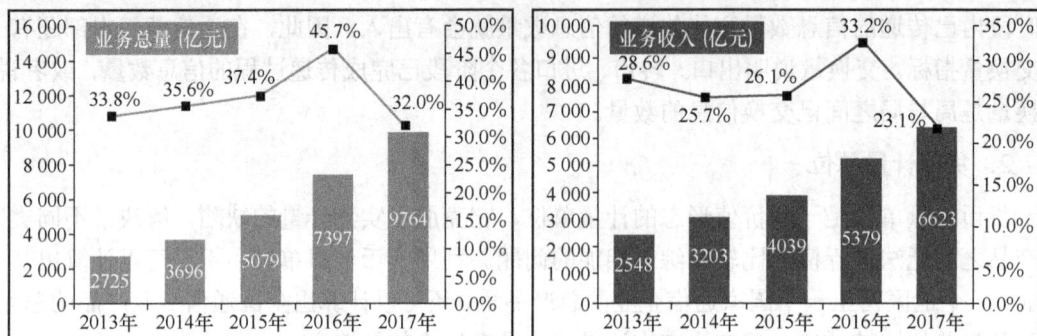

图7-2　2013—2017年中国邮政业务总量与业务收入变化情况
数据来源：国家邮政局《2017年邮政行业发展统计公报》

　　从邮政业务发展的结构看，传统业务发展稳中下滑。在邮政普遍服务业务方面，邮政函件业务、包裹业务、报刊业务、汇兑业务等传统业务出现下降趋势。其中，函件业务下降放缓，2017年函件业务量完成31.5亿件，同比下降13%；包裹业务降幅收窄，2017年包裹业务量完成2 657.2万件，同比下降4.9%；报刊业务呈现下降趋势，2017年订销报纸业务完成176.6亿份，同比下降1.2%，2017年订销杂志业务完成7.9亿份，同比下降6.1%；汇兑业务持续萎缩，全年汇兑业务完成3 743.4万笔，同比下降35.5%。

　　快递业务快速增长。2017年快递服务企业业务量完成400.6亿件，同比增长28%；快递业务收入完成4 957.1亿元，同比增长24.7%。2013—2017年速递业务发展情况如图7-3所示。

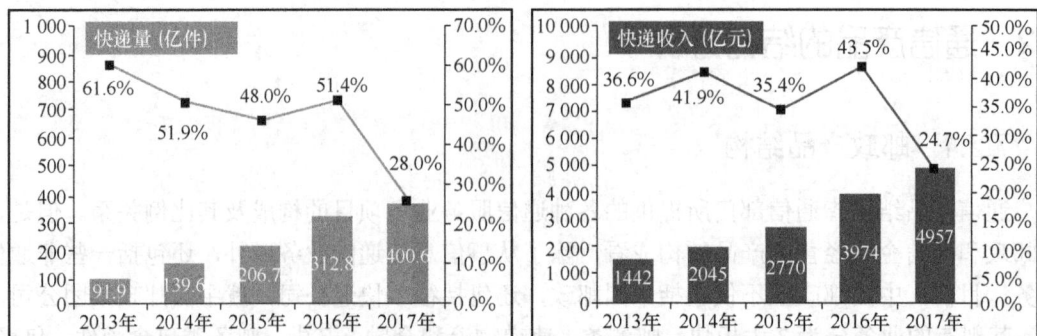

图7-3　2013—2017年快递业务发展情况
数据来源：国家邮政局《2017年邮政行业发展统计公报》

快递业务收入在行业中占比继续提高。快递业务收入占行业总收入的比重为 74.9%，比 2016 年提高 1 个百分点。同城快递业务稳定增长，2017 年同城快递业务量完成 92.7 亿件，同比增长 25%；实现业务收入 732.3 亿元，同比增长 30%。异地快递业务持续增长，2017 年异地快递业务量完成 299.6 亿件，同比增长 28.9%；实现业务收入 2 512.8 亿元，同比增长 19.7%。国际/港澳台快递业务增速加快，2017 年国际/港澳台快递业务量完成 8.3 亿件，同比增长 33.8%；实现业务收入 528.9 亿元，同比增长 23.3%。异地快递业务占比提高，同城、异地、国际/港澳台快递业务量占全部比例分别为 23.1%、74.8% 和 2.1%，业务收入占全部比例分别为 14.8%、50.7% 和 10.7%。

东、中、西部地区各项快递业务均保持了持续稳定的增长势头，其中中部和西部地区快递业务量收入占比均出现提高。2017 年，东部地区完成快递业务量 325 亿件，同比增长 28.3%；实现业务收入 4 011.9 亿元，同比增长 24.4%。中部地区完成快递业务量 46.31 亿件，同比增长 24.8%；实现业务收入 534.2 亿元，同比增长 25.6%。西部地区完成快递业务量 29.3 亿件，同比增长 30.1%；实现业务收入 411 亿元，同比增长 26.5%。东、中、西部地区快递业务量比重分别为 81.1%、11.6% 和 7.3%，快递业务收入比重分别为 80.9%、10.8% 和 8.3%。

民营快递企业市场份额进一步提高。2017 年民营快递企业业务量完成 369.5 亿件，实现业务收入 4 243.9 亿元。民营快递企业业务量市场份额为 92.2%，业务收入市场份额为 85.6%。

而我国邮政近年来在机构设备、通信网路和服务能力方面，也有极为明显的提高。截至 2017 年 12 月，全行业拥有各类营业网点 27.8 万处，其中设在农村的 10 万处。快递服务营业网点 21 万处，其中设在农村的 6 万处。全国拥有邮政信筒信箱 12.5 万个，比 2016 年年末减少 0.2 万个。全国拥有邮政报刊亭总数 2 万处，比 2016 年年末减少 0.4 万处。全行业拥有国内快递专用货机 100 架，比 2016 年年末增加 14 架。全行业拥有各类汽车 29.5 万辆，比 2016 年年末增长 4.9%，其中快递服务汽车 22.2 万辆，比 2016 年年末增长 1.4%。快递服务企业拥有计算机 47.9 万台，比 2016 年年末增长 4.5%；手持终端 97.4 万台，比 2016 年年末增长 3.5%。

在通信网路方面，2017 年全国邮政邮路总条数 2.7 万条，比 2016 年年末增加 1 653 条。邮路总长度（单程）938.5 万千米，比 2016 年年末增加 280 万千米。全国邮政农村投递路线 9 万条，比 2016 年年末减少 358 条；农村投递路线长度（单程）380.5 万千米，比 2016 年年末增加 3.8 万千米。全国邮政城市投递路线 6.7 万条，比 2016 年年末增加 0.7 万条；城市投递路线长度（单程）162.8 万千米，比 2016 年年末增加 15.4 万千米。全国快递服务网路条数 20.5 万条；快递服务网路长度（单程）3648.7 万千米。

在通信服务能力方面，2017 年全行业平均每一营业网点服务面积为 34.5 平方千米；平均每一营业网点服务人口为 0.5 万人。邮政城区每日平均投递 2 次，农村每周平均投递 5 次。2017 年全国年人均函件量为 2.3 件，每百人订有报刊量为 9 份，年人均快递使用量为 28.8 件。年人均用邮支出 476.4 元，年人均快递支出 356.6 元。我国人均用邮支出、速递使用量和速递支出使用量情况如图 7-4 所示。

邮政企业也在根据多元市场需要加快自身的改革和调整，成立了中国邮政储蓄银行和中国邮政速递物流股份有限公司，形成了邮政普遍服务、邮政金融、邮政速递物流三大类业务互促共进的发展格局。近年来，邮政企业的各项业务稳中有升，保持了稳定持续增长的态势。中国邮政集团公司 2010 年整体运营规模进入了世界 500 强。

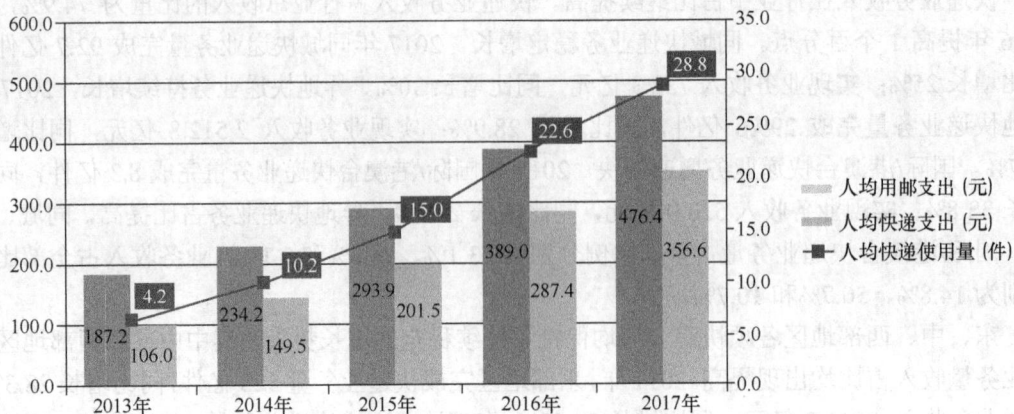

图 7-4　2013—2017 年人均用邮支出、快递支出和快递使用量情况
数据来源：国家邮政局《2017 年邮政行业发展统计公报》

7.2.2　电信产品结构

由于通信技术的进步和各种新兴的通信业务功能的开发应用，电信通信产品的功能已远远超出传统的报话通信的范围，新的业务品种不断涌现。随着计算机技术和通信技术的结合，电信通信产品也不再仅限于信息传递，而是扩展到了信息采集、处理、存储、咨询、经营数据库等多方面。历史上邮政通信先于电信通信产生，但自电信通信产生以后，其发展的速度、规模和水平都快于或大于邮政发展的速度和规模。随着电信的发展，传统邮政越来越多地受到了电信通信的挑战和挤压。电话、传真、电子邮件、电子数据交换（EDI）系统、存储发送系统、家用计算机等不同的电信业务不属于邮政经营的范围，但它们是邮政强有力的竞争对手和传统信函的替代方式。这种电信产品对邮政产品使用价值的替代，在客观上造成了邮政业务量和业务收入的分流，是造成邮政、电信两大专业产品结构发生变化的重要原因。"八五"时期，电信业务占整个邮电业务总量的比重逐年提高：1991 年为 74.2%，1992 年为 77.9%，1993 年为 82.7%，1994 年为 86.1%，1995 年为 88.5%，进入 21 世纪以来，这一比重提高到了 90%以上。这种变化趋势反映出市场经济对节约时间和信息传递在速度上的要求越来越高了。

通信业务发展的总体趋势是多样化、个性化、多媒体化。此外，高速和便利也是通信业务发展的重要方向，具体表现在电信业务的发展快于邮政业务的发展，移动通信业务的发展快于固定通信业务的发展，数据通信业务的发展快于语音通信业务的发展。2002 年，全世界移动电话用户数已经超过固定电话用户数。在电信行业内部，移动通信的迅速发展在对固定电话业务产生替代作用的同时，还带来了一个重要变化，即无线寻呼业务的萎缩。移动通信技术进步速度加快、成本迅速下降，为尚未普及电话业务的发展中国家提供了机遇。世界上第一个实现移动电话用户数超过固定电话的国家是柬埔寨。2002 年柬埔寨拥有固定电话用户 4 万户，移动电话用户 43 万户，即移动电话用户相当于固定电话用户的 10 倍。据 ITU 统计，到 2001 年为止，全球 49 个最不发达国家（其中 34 个在非洲）中，有 22 个国家移动电话用户数超过了固定电话用户数。非洲是世界各大洲中第一个实现移动电话用户数超过固定电话用户数的洲。

近几年来，随着移动通信、物联网、云计算等新兴通信技术的出现，我国电信通信业加快发展新技术新业务，不断提高电信服务水平，全行业保持健康稳定发展，在不断改革的进程中保持了快速增长的势头，电信业务总量大幅提高，电信收入增长有所加快。2017 年电信业务总量达到 27 557 亿元（按照 2015 年不变单价计算），比上年增长 76.4%，增幅同比提高 42.5 个百分点。电信业务收入 12 620 亿元，比上年增长 6.4%，增速同比提高 1 个百分点。与此同时，中国电信用户和业务结构也在发生深刻变化，如图 7-5 所示。

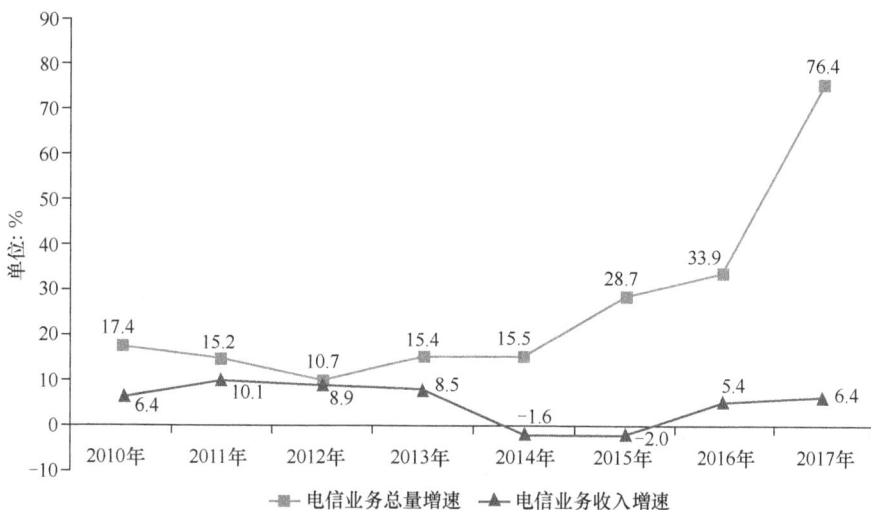

图 7-5　2010—2017 年电信业务总量与业务收入增长情况
数据来源：工业和信息化部《2017 年通信业统计公报》

从电信用户结构看，早在 2003 年 10 月，我国移动电话用户数首次超过了固定电话用户数。2017 年，电话用户规模稳步扩大，移动电话普及率首次破百，全国电话用户净增 8 269 万户，总数达到 16.1 亿户，比上年增长 5.4%。其中，移动电话用户净增 9 555 万户，总数达 14.2 亿户，移动电话用户普及率达 102.5 部/百人，比上年提高 6.9 部/百人，全国已有 16 省市的移动电话普及率超过 100 部/百人。固定电话用户总数 1.94 亿户，比上年减少 1 286 万户，每百人拥有固定电话数下降至 14 部，具体情况如图 7-6 所示。

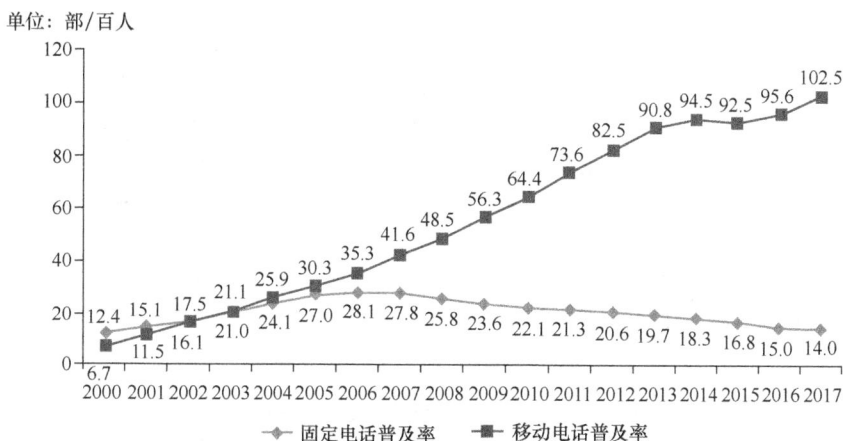

图 7-6　2000—2017 年固定电话、移动电话用户发展情况
数据来源：工业和信息化部《2017 年通信业统计公报》

网络提速效果显著，高速率宽带用户占比大幅提高。截至 2017 年 12 月底，移动宽带用户（即 3G 和 4G 用户）总数达 11.3 亿户，全年净增 1.91 亿户，占移动电话用户的 79.8%。4G 用户总数达到 9.97 亿户，全年净增 2.27 亿户，如图 7-7 所示。从移动用户的结构来看，3G/4G 用户占比接近 80%，4G 用户占比约为 70%，考虑到 3G 和 4G 用户使用行为具有一定程度的相似性，3G 用户向 4G 迁移的可能性比较大，短期内对 4G 用户规模体量的增长仍然有较大的作用。

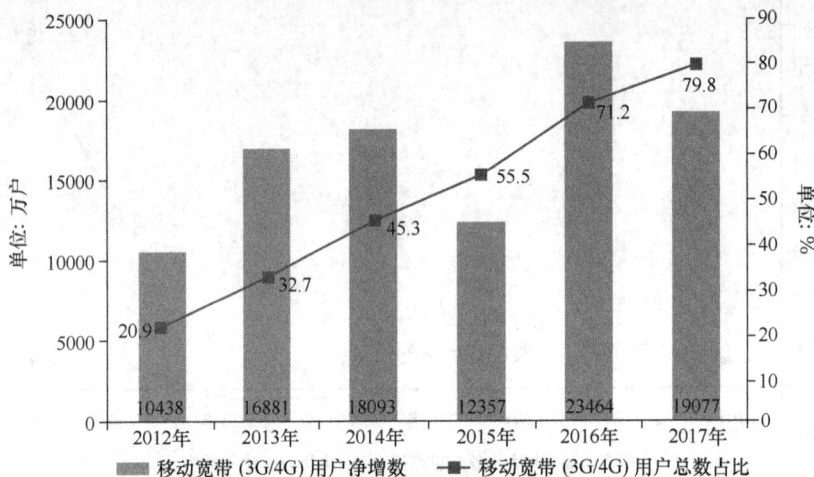

图 7-7 2012—2017 年移动宽带用户（3G/4G）发展情况
数据来源：工业和信息化部《2017 年通信业统计公报》

数据业务在我国发展迅速，其中互联网业务一直保持强劲的发展势头。截至 2017 年 12 月，我国网民规模达 7.72 亿人，全年共计新增网民 4 074 万人。互联网普及率为 55.8%，较 2016 年年底提高 2.6 个百分点。其中，手机网民规模达到 5 亿人，网民中使用手机上网的人群占比由 2012 年的 74.5%上升至 81%，分别如图 7-8 和图 7-9 所示。

图 7-8 2007—2017 年我国网民数和互联网普及率
数据来源：CNNIC 中国互联网络发展状况统计调查

自从电信通信业进入数字化发展阶段之后，电信新业务层出不穷，而且各种业务之间形成一种互相依存和融合发展的趋势。电信企业在向用户提供通信服务时也往往将各种业务组合在一起，这被称为套餐服务。因此，通信业务的结构已经越来越不清晰、越来越复杂了，只能对其进行基本的大体上的划分。

图 7-9　2007—2017 年我国手机网民数量及手机网民占整体网民的比例
数据来源：CNNIC 中国互联网络发展状况统计调查

2017 年，我国通信企业认真积极落实"宽带中国"战略，加大宽带基础设施建设力度，进一步落实网络提速要求，加快拓展光纤接入服务和优化 4G 服务，努力增强用户获得感。截至 2017 年 12 月底，三家基础电信企业的固定互联网宽带接入用户总数达 3.49 亿户，全年净增 5 133 万户。其中，50Mbit/s 及以上接入速率的固定互联网宽带接入用户总数达 2.44 亿户，占总用户数的 70%，占比较上年提高 27.4 个百分点；100Mbit/s 及以上接入速率的固定互联网宽带接入用户总数达 1.35 亿户，占总用户数的 38.9%，占比较 2016 年提高 22.4 个百分点，如图 7-10 所示。

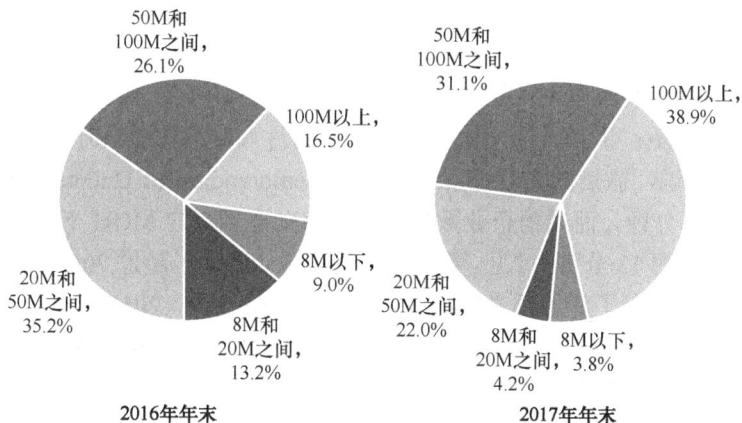

图 7-10　2016—2017 年固定互联网宽带各接入速率用户占比情况
数据来源：工业和信息化部《2017 年通信业统计公报》

2017 年我国光纤宽带占比达到 85%，继 2016 年超过日本、韩国后保持世界前列。100Mbit/s 及以上接入速率的固定互联网宽带接入用户数达 1.35 亿户，在总用户数中比重接近 40%，

100Mbit/s 以上用户总数和占比均增长了一倍以上。网速大幅提高，资费大幅下降。2017 年第四季度固定宽带全国可用下载速率达 19Mbit/s，自 2014 年第四季度起连续 12 个季度快速提高，总提高幅度达到 4.5 倍。固定宽带可用下载速率已超过法国、澳大利亚、意大利等发达国家的下载速率。2017 年固定宽带月户均支出约为 40 元，较 2014 年下降 25%。移动数据流量平均资费约为 0.02 元/MB，较 2014 年下降了 83%。

互联网应用替代作用增强，传统业务持续下降。2017 年，全国移动电话去话通话时长为 2.69 万亿分钟，比上年减少 4.3%，降幅较上年扩大 2.8 个百分点，如图 7-11 所示。全国移动短信业务量为 6 644 亿条，比上年减少 0.4%。其中，由移动用户主动发起的点对点短信量比上年减少 30.2%，占移动短信业务量比重由上年的 28.5% 降至 19.9%。彩信业务量只有 488 亿条，比上年减少 12.3%。移动短信业务收入 358 亿元，比上年减少 2.6%。

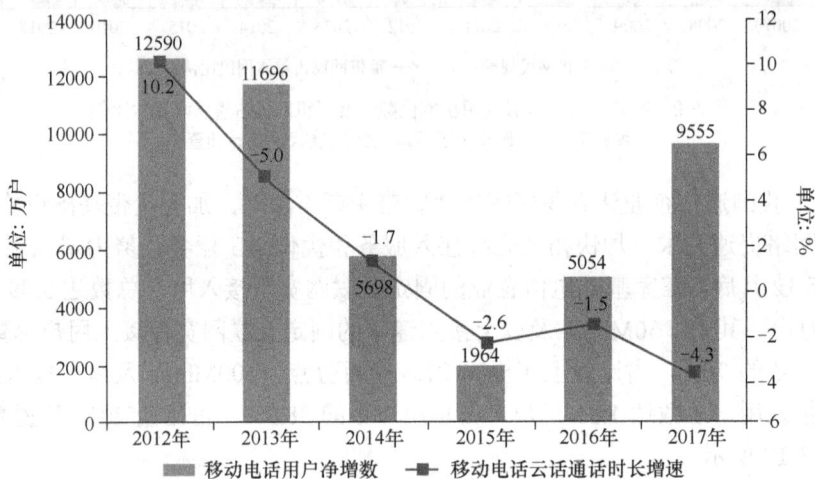

图 7-11　2012—2017 年固定电话和移动电话通话时长
数据来源：工业和信息化部《2017 年通信业统计公报》

传统业务的负增长与互联网应用替代密不可分。腾讯发布的《2017 微信数据报告》（以下简称微信报告）显示：语音方面，微信音视频通话月人均成功通话时长 139 分钟，较上年增长 114%，也就是说，微信的语音谅解备忘录（Memorandum of Understanding，MOU）较 2016 年增长了约 74 分钟。而通信企业数据显示，移动电话用户 MOU 下降约 40 分钟，固定电话用户 MOU 下降约 13 分钟，可见，微信的音视频通话替代了超过 70% 的运营商语音通话，并将其转化为流量，激发了新的语音使用量。关于短彩信业务，2017 年全年个人减少短彩信发送量 600 亿条。但是与微信报告中日发送消息达 380 亿次来比较，减少的量都没达到微信两天的发送量，即使是短彩信全年 7 000 多亿条的发送量与微信全年的消息发送量相比，也是微不足道的。微信一方面，取代了电信传统业务；另一方面，也激发出了巨量新信息通信量，并以流量的形式存在，正因为如此，出现了流量爆炸性的增长。

随着移动互联网应用的加快普及，户均流量翻倍增长。4G 移动电话用户的扩张促使用户结构不断优化，支付、视频、广播等各种移动互联网应用的普及，带动数据流量呈爆炸式增长。2017 年，移动互联网接入流量消费达 246 亿 GB，比 2016 年增长 162.7%，增速较 2016

年提高 38.7 个百分点。全年月户均移动互联网接入流量达到 1 775MB/月/户，是 2016 年的 2.3 倍，12 月当月户均接入流量高达 2 752MB/月/户。其中，手机上网流量达到 235 亿 GB，比 2016 年同期增长 179%，在移动互联网总流量中占 95.6%，成为推动移动互联网流量高速增长的主要因素。具体情况如图 7-12 所示。

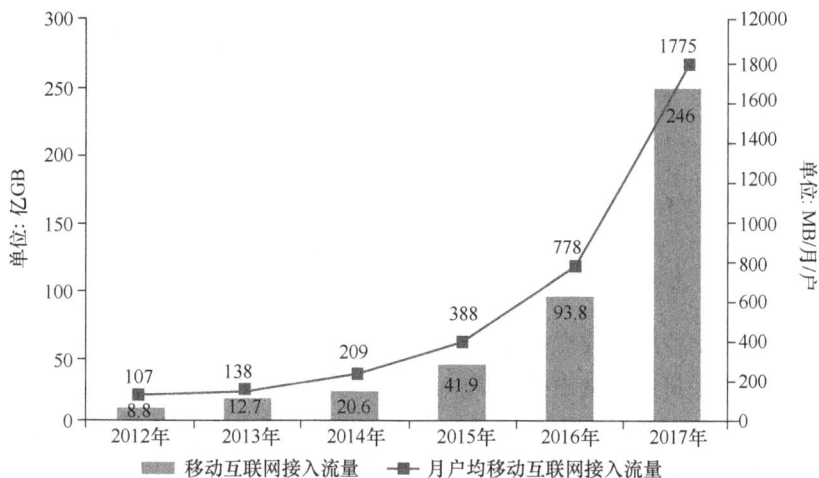

图 7-12　2012—2017 年移动互联网接入流量增长情况
数据来源：工业和信息化部《2017 年全国通信业统计公报》

　　近几年，随着高速互联网接入服务发展和移动数据流量消费快速上升，非语音业务在电话业务中所占的比重越来越大，语音业务（包括固定语音和移动语音）继续呈现大幅萎缩态势。2017 年完成语音业务收入 2 212 亿元，比 2016 年下降 33.5%，在电信业务收入中的占比降至 17.5%，比 2016 年下降 7.3 个百分点，如图 7-13 所示。2017 年，在移动通信业务中，移动数据及互联网业务收入 5 489 亿元，比 2016 年增长 26.7%，在电信业务收入中占比从 2016 年的 38.1%提高到 43.5%，对收入增长贡献率达 152.1%，如图 7-14 所示。

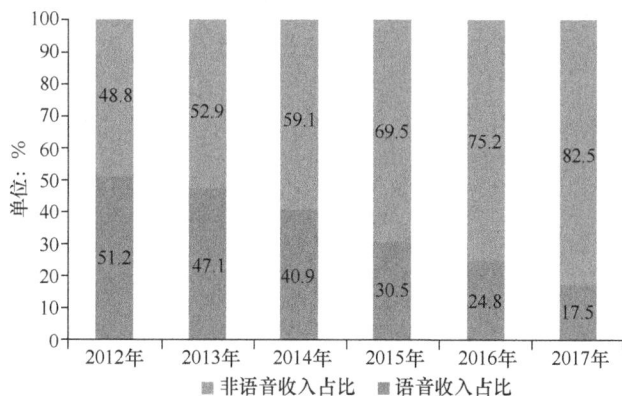

图 7-13　2012—2017 年电信收入结构（语音和非语音）情况
数据来源：工业和信息化部《2017 年全国通信业统计公报》

图 7-14 2012—2017 年移动数据及互联网业务收入情况

数据来源：工业和信息化部《2017 年全国通信业统计公报》

近年来，我国通信业的发展取得了很好的成绩，但也面临着一系列新挑战。例如，智能终端趋于饱和、智能手机出货量由盛向衰快速转化、微信已经需要开始开拓老龄市场、纯粹流量的发展等。同时，网络代际更迭加快、享受技术红利的周期在缩短、低速增长的收入与巨额网络代际投入之间的矛盾如何解决、通信行业可持续投资与发展的动力之源等问题也显示出通信行业长期发展中隐忧不断。当前，万物互连、工业互联网的大门正在打开，通信业在数字经济新风口的角色、作用和参与能力，将很大程度上决定行业发展的高度。

复习思考题

1. 什么是通信产品？它与一般工业产品有何异同？
2. 通信产品有哪几种计量方法？它们各自有何特点？
3. 简述通信业务总量的内涵及计算方法。
4. 联系实际分析优化通信产品结构的意义和途径。
5. 简述我国通信业面临的主要挑战和应对策略。

第8章 通信产品成本

在通信产业领域，对通信成本进行界定和把握是管制机构、通信企业乃至用户共同关注的核心问题。通信成本信息是管制政策制定的依据，也是通信企业改善经营效率、保护自身利益的重要手段。通信业本身的技术经济特点决定了通信成本测算的复杂性。由于所有的通信业务都是基于庞大的共用网络基础设施来提供的，大量共享和共用成本的存在对确定每一种通信业务与成本之间的对应关系带来了很大的困难。通信成本的复杂性造成了这样一种局面，即不同的利益相关者从各自利益出发，对通信成本的定义、测算方法、测算结果产生不同的理解，对相应的成本补偿方式产生争议。由于成本信息的非对称性，用户也常常对通信资费监管政策产生质疑。本章将从产品成本的一般概念入手，系统分析通信产品成本的构成、特点、通信成本研究的不同视角和成本分析涉及的常用概念，并探讨电信成本测算的思路、方法、模型及应用。

8.1 通信产品成本构成及特点

8.1.1 产品成本的一般概念

在现实经济体系中，"生产无处不在，而生产的后面与其形影不离的是成本。在这个资源稀缺的社会，企业必须为自己的投入进行支付"[①]。作为市场主体，企业最基本的经济活动就是生产经营活动，为满足用户需求提供产品或服务，同时获得相应的收益。一切产品的生产经营过程同时也是各种资源要素耗费的过程，资源要素耗费可归结为生产资料耗费和劳动力耗费两大部分。资源要素耗费的货币表现就是生产费用。产品成本就是指一个部门或一个企业在生产经营某特定产品的过程中所必须耗费的各项生产费用的总和。

产品成本是产品价值的有机组成部分。产品价值即是由生产资料耗费转移的价值、活劳动新创造的补偿自身劳动力消耗的价值以及劳动者为社会劳动所创造的新价值三者构成的，而价格又是价值的货币表现，所以产品成本是价格制定的基础。在价格不变的情况下，成本的高低将直接影响部门或企业的盈利水平的高低。

对企业而言，产品成本是补偿生产经营耗费，维持简单再生产的最低条件，也是计算评

---

① 引自保罗·萨缪尔森，威廉·诺德豪斯. 经济学. 第16版. 萧琛，等译. 北京：华夏出版社，1999.

价企业生产经营盈亏状况的重要尺度。企业在生产经营中只有正确核算和反映成本，才能合理补偿生产经营耗费，保证简单再生产的顺利进行；同时也只有加强对成本的控制和管理，降低产品成本的相对水平，才能提高自身的经营效益。

8.1.2　通信产品成本的内涵及构成

通信产品成本是指通信部门或企业在一定时期内生产经营一定数量的通信产品所必须耗费的各项生产费用的总和。从生产要素的不同经济内容和用途看，根据我国《电信企业会计核算办法》，电信企业主营业务的通信生产费用包括以下7个费用项目。

1. 工资

工资是指企业应计入生产费用的生产人员的工资。

2. 职工福利费

职工福利费是指企业按规定支付的职工福利费。

3. 折旧费

折旧费是指企业的固定资产按照规定的分类折旧率计提的折旧费。

4. 修理费

修理费是指企业为维修设备及房屋、建筑物等所发生的支出。

5. 低值易耗品摊销

低值易耗品摊销指企业在用的各种低值易耗品的购置费、摊销额和修理费。

6. 业务费

业务费指通信生产过程中发生的频率占用费、码号资源费、外购电力费、自有电源设备和通信用机动车辆耗用的燃料和油料费、各种业务单式的印刷费，以及由"共同费用"科目按比例分摊转入的各项业务费用。这里的"共同费用"是指企业各通信网之间、通信网与管理部门之间共同耗用的各项费用，包括修理费、动力费、水费、电费、取暖费、劳动保护费、物业管理费和其他共同费用等。这些费用不能直接计入某通信业务的成本，而需要按照"谁受益、谁分担"的原则，月终根据《电信企业会计核算办法》规定的分摊方法和标准，分摊并分别计入相关通信网的成本或通信网成本的业务费中。

7. 电路及网元租赁费

电路及网元租赁费是指通信生产租用电路或网元所发生的费用。

邮政企业主营业务的成本则由工资、职工福利费、折旧费、邮件运输费、修理费、低值易耗品摊销、业务费7个费用项目构成，其中，邮件运输费是指邮政企业支付的通过自办和委办形式运输邮件所发生的费用，包括铁路运费、航空运费、自办和委办汽车运费、自办或委办水运运费、其他运费以及国际邮联运费结算支出等。

通信产品成本的这7个费用项目是按制造成本法设立的。自1993年7月1日财政部制定和颁布的《邮电通信企业会计制度》实施后，邮电通信部门在成本费用的核算方法上有一个重大变化，就是取消了原来的完全成本法而改用制造成本法核算成本，以便与工业企业一样在成本核算上与国际惯例接轨。

完全成本法是将企业在生产经营过程中发生的所有费用都分摊到产品成本中去，形成的产品的完全成本。按照完全成本法核算的产品或业务成本中，既包含了企业生产经营过程的全部生产费用支出，也包括了核算当期的期间费用支出。期间费用是指企业日常发生的营业费用、管理费用和财务费用。按照我国《企业会计制度》的规定，营业费用是指企业在销售商品过程中发生的费用。对通信企业来讲，营业费用就是其在营销过程中所发生的各项费用，具体包括业务宣传费、广告费、展览费、委托代办手续费、异地充值费和租赁费，以及为发展业务而专设的营销机构职工的工资、福利费、业务费、办公费、差旅费、折旧费、修理费、低值易耗品摊销等费用。管理费用是指企业为组织和管理生产经营活动而发生的各项费用。电信企业管理费用具体包括管理人员工资、职工福利费、折旧费、修理费、办公费、差旅费、低值易耗品摊销、业务招待费、待业保险费、工会经费、职工教育经费、坏账损失、印花税、土地使用税、房产税、车船使用税、技术开发费、技术转让费、会议费、排污费、绿化费、物业管理费、咨询费、审计费、诉讼费、残疾人就业保险、存货盘亏和损毁、无形资产摊销、开办费摊销、住房公积金、团体会费、土地复垦费、计算机联网安装费、独生子女保健费以及管理用车辆的养路费、保险费、燃料油料费、停车费、过桥过路费等。财务费用是指企业为筹集生产经营所需资金而发生的各项费用，包括企业生产经营期间发生的利息净支出（减利息收入）、汇兑净损失（减汇兑收益）以及相关的金融机构手续费等。

制造成本法是国际上通用的计算产品生产成本的方法。按照制造成本法核算产品成本时，只计算与产品生产或业务提供有密切关系的费用，如直接的材料费用、直接的人工费用及制造费用等，而将与生产产品和提供业务没有直接联系的期间费用，如管理费用、财务费用等直接计入当期损益。

8.1.3　通信产品成本的特点

就经济含义而言，通信产品成本与其他行业产品成本的含义是一致的。但是，通信业独特的生产技术经济特征，决定了通信产品成本具有以下几个特点。

1. 不存在作为劳动对象主要内容的原材料耗费

产品成本是企业物化劳动耗费和活劳动耗费的综合反映。其中，物化劳动耗费转移的价值又包括两部分，即以原材料作为主要内容的劳动对象耗费转移的价值和劳动资料耗费转移的价值。对通信企业来说，产品成本中物化劳动耗费转移的价值主要集中在第二部分即通信交换、传输设备等劳动资料耗费转移的价值上。通信生产的劳动对象是用户提交的待传递的信息，它是由用户提供的。一方面，通信企业不需要垫付资金去购买这一劳动对象；另一方面，通信产品的生产过程就是信息的空间位置的转换过程。这种表现为"传递信息的服务"的产品是没有实物形态的。所以，通信生产不像工业生产那样需要消耗作为劳动对象主要内容的原材料消耗方面的费用。至于通信生产中所用的一些单式、卡、邮袋等，属生产中所必需的辅助材料，其价值可列入劳动对象的消耗，但这部分费用在整个物化劳动耗费中所占的比重很小。

2. 工资和折旧费所占比重大

从资源要素的密集程度看，邮政属劳动密集型行业。邮政通信产品成本的主体部分是工资和职工福利费。在世界各国邮政产品的成本中，工资和职工福利费一般占到产品成本的 60% 以上。

电信业属典型的资金、技术密集型行业，而且在整个电信经营资金中，固定资金是主体，电信行业活劳动消耗比重相对较小，物化劳动消耗比重大。电信物化劳动消耗主要集中在通信机线设备等固定资产的磨损上，为补偿这部分物化劳动耗费所提取的折旧费则构成电信产品成本的主体。

3. 质量成本的突出地位

所谓质量成本，是指企业为确保和提高产品质量以及因产品质量不合格所导致的成本开支。具体说来，它包括两方面的费用：一方面是指企业为了保证和提高产品质量而支出的一切费用；另一方面是指企业因产品不符合质量要求而发生的报废、降级、调换、赔偿等损失费用。质量成本中如果第一方面的费用高，则说明企业在确保和提高产品质量上付出的代价高；如果第二方面的费用，如废品损失、次品损失、返修费用、退货损失等费用高，则说明企业的产品质量低。通常，如果企业质量成本中第一方面的费用开支相对高些，则产品不合格率就会相对较低，相应地，质量成本中第二方面的费用也会相对较小；反之，则相反。

工业企业的成本项目中有废品损失及停工损失。对通信企业来说，由于通信产品没有实物形态，其消费过程不能脱离生产过程而单独进行，因此，通信产品因质量不合格造成的所谓废品、次品同样也被用户消费使用了。通信企业收费在前，用户使用在后。一般地说，质量不合格的通信产品并不对用户少收费或不收费。目前在通信产品的成本项目中，还没有像工业企业那样列上废品损失这一项，也不存在退货损失、维修返修等方面的费用开支。至于保价邮件损毁的赔偿费用是列入营业外支出的，类似于废品损失，但总的说来，目前通信产品成本项目中还没有包括质量成本的内容。然而，质量第一是通信的宗旨。为了使企业在预防、确保及提高通信质量方面所发生的费用开支能得到合理补偿，同时也使企业承担因质量故障导致的损失，通信产品的成本项目中有必要增设质量成本。

4. 固定成本比重大而变动成本比重小

固定成本是指在一定时期、一定业务量范围内不会随着通信业务量的增减变化而变化的成本，如固定职工的固定工资、折旧费等。变动成本指随着通信业务量的增减变化而变化的生产费用。工业企业变动成本主要指计件工资、原材料费用、燃料动力费用等；而通信企业变动成本主要指辅助材料费、邮件运输费等。

通信生产中不存在作为劳动对象主要内容的原材料消耗。通信企业，特别是电信通信企业向用户提供通信服务是以网络设施为基础的。尽管建设通信网络往往需要庞大的固定资本投资，但当具有一定规模容量的网络设施建成后，只要通信业务量的增加没有超出网络容量所能提供的通信能力的范围，就不会对通信企业的固定成本开支造成很大影响。换句话说，只要网络在运行着，通信企业每年提取的折旧费用、相应的网络运营维护费用就都是一定的。同时，网上业务量的增加并不需要多少追加成本，通信业务量的边际成本极低。用户多拨打一次电话，几乎不需要电信企业增加任何费用支出。因此，在通信产品总成本中，变动成本所占的比重很小，只有20%左右，而占绝对比重的是包括固定资产折旧等在内的固定成本开支。

变动成本的所谓变动和固定成本的所谓固定都是就其总额而言的。分摊到单位产品上的变动费用是固定的；分摊到单位产品上的固定成本却是变动的，它会随产量的增加而下降，随产量的减少而上升。由于在一定时期、一定产出量范围内，固定成本总额不随产量的变动而变动，固定成本比重大的部门和行业，由产量增减所引起的总成本的增减幅度较小。因此，增加通信业务量，是降低通信产品单位成本，提高通信企业经济效益的主要途径。

5．清晰核算单项业务的成本困难

通信企业的总成本很容易通过汇总加以核算，但归结到某一项具体业务的成本则不容易核算清楚。究其原因在于，通信业具有范围经济性的特点，即通信企业基于现有网络，在现有业务上追加新业务的联合成本要低于单独建网提供单一新业务的成本。为了获得范围经济效益，通信企业在同一个网络上，通常运营着多种不同的业务，这些业务的提供大多是共用通信的基础网络设施。由此就造成了在通信企业提供的各项业务之间存在着大量的共享成本和共同成本。在电信运营企业的成本构成中，通常 70%～80% 的成本都是包括共享成本和共同成本在内的间接成本（如网络资产折旧、运维成本、企业形象广告、管理费用等），而只有20%～30% 的成本属于直接成本。由于存在着大量的共享成本和共同成本需要分摊，这就给清晰核算每一种独立业务的成本带来了一定的困难。因为共享成本和共同成本的分摊可以按照不同的标准和不同的分摊方法进行，分摊标准确定的主观性和分摊方法及模型选择的差异性，都可能带来不同的成本核算结果。此外，电信企业还具有产品种类繁多、资产种类复杂且庞大、业务流程也较为复杂的特点，特别是电信网络覆盖面不断扩大，已形成全球互联互通的局面。在庞大的电信网中，各种业务的开展以及不同网络之间的连通都是相互的，必然会引发大量的互联成本。互联成本的显著增加，再加上技术发展迅速、信息不对称等因素，将使电信业务的成本分摊更为复杂。因此，基于产品细分的成本分摊尤其是对大量共享和共用成本、互联成本进行合理有效的分摊，是进行电信产品成本核算的最大难点。

6．通信企业服务区域的客观环境因素对成本影响大

通信服务是以网络设施为基础的。通信企业不论是在社会经济文化发达、人口稠密、自然地理条件优越的地区提供服务，还是在经济落后、人烟稀少、自然地理条件恶劣的地区提供服务，同样都需要建设相应规模和覆盖范围的网络设施。由于经济文化发达、自然地理条件优越、人口密度大的地区的用户规模和业务需求量大，单位业务分担的网络固定成本必然较低。而对于经济落后、地广人稀的地区来说，对应于一定的网络建设成本，较小规模的用户数量和业务需求，将使通信企业在这些地区提供通信服务难以达到规模经济，单位业务的成本必然较高。据研究测算，我国西部某地区地广人稀、自然环境恶劣，电信企业为了完成"乡通工程"要投资建设电话线路，经测算，该工程建设成本很大，其中成本最大的地区平均每部农话的建设成本在 1 万元以上，大部分农村地区电话的建设成本也在 5 000～6 000 元，而建成后这些地区的通话费估计每个月只有 30 元左右。这和在我国经济发达城市开通一部电话只需要几百元的建设成本相比，差异十分明显。不同地域的通信企业提供同样的通信服务在成本耗费上的差异，在很大程度上要受到企业所在服务区域的客观环境因素的影响，这种影响要求政府对在高成本地区履行普遍服务义务的通信企业实施必要的补偿政策。

8.2　通信成本研究的不同视角和常用概念

8.2.1　通信行业研究成本的不同角度

在现实经济生活中，成本是一个含义复杂的经济范畴。在通信行业中，有关通信成本的

概念阐释、范围界定、测算方法和基础数据来源等，都会因成本研究的专业视角和目的不同而产生差别。一般来说，进行通信成本分析和研究，主要有3种不同的专业视角。

1. 会计成本

会计成本是按照一套通行的企业会计制度和成本核算规定进行核算的成本，是会计记录在企业账册上的客观的和有形的支出。从经营者角度看，只要符合会计制度规定的所有费用，如直接材料、直接人工、折旧、管理费用、财务费用等都可以计入会计成本。会计成本的核算对象一般是企业销售的产品或劳务，核算中成本费用列支项目以及核算办法都必须按照公认的会计核算原则或各国政府制定的企业会计准则所规定的要求来进行，所以，会计成本也被称为法定成本或制度成本。会计成本是历史成本，核算的是企业实际的生产费用、单耗水平和分配标准。会计核算必须要以有关会计凭证为依据，核算后必须要进行账务处理，并要定期编制成本报表。应用会计成本方法来确定通信业务的成本，可以直接从通信企业的损益表或更为详细的管理会计报表中提取。对通信企业来说，进行会计成本核算的基本目的是客观、公正地反映企业在一定经营期间的生产经营状况和财务成果，为投资者、债权人、征税人、企业管理者、政府部门以及其他会计信息的使用者提供真实完整的财务信息，以便信息使用者做出正确的决策。过去，电信监管部门几乎完全依赖会计数据作为其成本分析的资料来源。

为了规范电信企业的会计核算，根据《中华人民共和国会计法》《企业财务会计报告条例》《企业会计制度》以及国家有关法律、法规，结合电信企业的实际情况，财政部制定了《电信企业会计核算办法》，于2003年1月1日起在已执行《企业会计制度》的各电信企业执行。2006年，财政部又颁布了新的《企业会计准则——基本准则》和《财政部关于印发<企业会计准则第1号——存货>等38项具体准则的通知》，以及财政部制定的《企业会计准则——应用指南》，并要求2007年1月1日起在所有上市公司施行，同时，鼓励其他企业执行。执行这些新的规定后，我国通信企业的财务核算方法有了相应的调整，但在成本核算科目分类上没有太大的变化。

按照新的《企业会计准则——基本准则》，结合电信企业生产经营特点和管理的需要，目前我国电信企业的成本费用核算按照通信网络的组网特点及其业务功能，可划分为固定本地电话网、长途电话网、数据通信网、移动通信网、卫星通信网、无线寻呼网、专用通信网等7个通信网，电信企业建立了以通信网为基础的会计核算体系，并分别进行核算。电信企业的费用要素按照其经济性质分为通信生产费用、共用费用和期间费用3大项。

按照计算和分配产品成本的方法不同，会计成本的核算制度有两种，即完全成本法和制造成本法。我国现行的企业会计准则采用的成本核算方法为制造成本法。尽管完全成本法并不是当前我国会计制度所要求的成本核算方法，但通信企业内部在加强成本费用管理以及核算主营业务成本用于价格决策时，常常会用到完全成本的概念。

2. 经济成本

几乎所有重要的资源配置决策都必须经过充分的成本分析。以经济资源的稀缺性和多种资源利用选择机会的存在为前提，经济学意义上的成本不仅包括了企业投入生产过程、可以用货币计量、能够在会计账目上反映出来的各种资源要素耗费的实际费用支出，即显性成本；而且还包括了并不体现于市场交易、难以精确计量、不能直接从账面上反映出来的比较隐蔽的机会成本。传统上，人们在成本分析中通常使用会计成本数据，但经济学家所使用的则是机会成本概念。机会成本指的是在经济决策过程中，由于将既定资源用于某一用途而不得不放弃用于其他用途所付出的代价或丧失的潜在利益。企业占用资源的机会成本属于隐性成本，会计成本是显性成本。经济成本是显性成本与隐性成本二者之和。显然，经济成本是一个比会计成本含义更广泛、内容更丰富的概念。在资源稀缺的当今世界，考虑了机会成本的经济成本无疑能够更全面、真实地反映企业从事某特定生产经营活动的资源占用和耗费，这对于提高经济主体资源配置决策的有效性和科学性，从而增进社会经济福利，具有更重要的意义。

在基于经济学视角研究成本确定问题时，一些经济学家还认为，经济成本中不仅应该包括机会成本，而且需要忽略沉没成本。2001 年诺贝尔经济学奖得主斯蒂格利茨在其《经济学》一书中指出，"如果一项开支已经付出并且不管做出何种选择都不能收回，一个理性的人就会忽略它，这类支出称为沉没成本"。由于沉没成本是没有机会成本的资产投入，是由于过去的决策已经发生了的，而不能由现在或将来的任何决策改变的成本，因此，从经济角度看，让沉没成本影响未来决策的行为是不正确的、不理性的，沉没成本应当从经济成本中排除。在电信产业领域，基础网络运营企业为参与市场经营而投资建设的大量的网络设施设备专用性很强、难以挪作他用或转卖，企业一旦退出市场，将面临巨大的资产价值损失。那些因技术进步引发无形损耗的网络设备投资以及因资产专用性强导致投资沉淀的无法收回的资产价值，都可以看作电信企业的沉没成本，这些费用支出不应当成为企业按边际成本定价的影响因素。

3. 工程成本

工程成本是针对某一特定工程项目计算的各种资源要素（包括人、财、物等）的预算投入。通信企业在对拟定网络投资项目进行技术经济分析时，通常要用到工程成本的概念。由于通信网络建设工程一般是针对当前和未来一段时期的通信需求来设计的，并且是基于当前最新技术条件来实现的，工程成本计算中使用的成本概念往往是前瞻性成本概念。工程成本计算和分析常常要用到运筹学、计量经济学、技术经济学以及系统工程等方法。进行工程成本分析的主要目的在于对工程项目的不同实施方案进行技术经济评价和比较，从而选择最优的工程实施方案。

8.2.2 通信成本分析中常用的成本概念

1. 企业成本和业务成本

按照成本核算对象的不同，通信成本可以分为企业成本和业务成本。企业成本是以企业作为独立核算单位而核算的通信企业的全部成本，即通信企业经营的各项通信业务的全部耗费。业务成本是通信企业针对某一项具体的通信业务所核算的成本，如本地电话、长途电话、互联网业务等的成本。业务成本又有业务总成本和业务单位成本之分。计算出某项业务的单位成本是确定某业务资费的依据。但要从企业成本中分离出业务成本比较复杂，因为这涉及共同费用在不同业务间科学合理地进行分摊的问题。

2. 平均成本和边际成本

平均成本是将总成本依据总产量进行平均分摊后所得到的单位产品的成本。边际成本是新增生产单位产品所引起的总成本的变动量。如果用 C 和 ΔC 分别代表总成本和总成本的变动量，用 Q 和 ΔQ 分别代表总产量和总产量的变动量，用 AC 代表平均成本，用 MC 代表边际成本，则：$AC=C/Q$，$MC=\Delta C/\Delta Q$。边际成本可以通过直接对成本函数求导而得到。

在一般的产业中，边际成本曲线是一条"U"字形的曲线，即随着生产规模的扩大和产量的增加，边际成本曲线向右下方倾斜下降，迅速到达"谷底"，随后再随着产量的增加向右上方提高。当边际成本超过平均成本时（见图 8-1），平均成本也会随着产量的增加而提高。而通信业具有很强的规模经济性质。在通信产品成本中，固定成本所占比重很大，变动成本所占比重很小。由于在一定生产规模范围内，增加的通信业务量只要没有超过网络生产能力，所需的追加成本很少，就决定了通信产品的边际成本很小，单位业务量的边际成本几乎为零，边际成本曲线近似一条水平线，因而在一定时期一定业务量范围内，通信产品的边际成本总是小于平均成本的，且产品的平均成本会随着业务量的增加而不断下降（见图 8-2）。

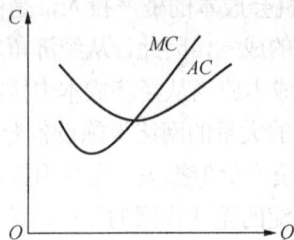

图 8-1　一般产业中边际成本、平均成本与产量的关系　　图 8-2　通信业中边际成本、平均成本与产量的关系

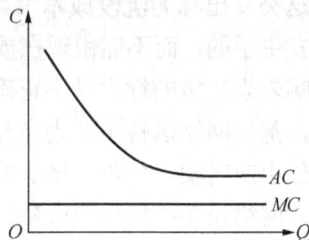

3．实际成本和虚拟成本

实际成本是在一定时期内实际发生的成本，是在通信企业财务账目上实际记录的成本，是企业进行当前成本和盈利分析，从而确定业务资费的基础。虚拟成本也称为重置成本，是依据现实的网络技术设备、电力、人力资源等的开销水平，虚拟计算同等规模的网络所需支出的成本。在确定网间互联资费、进行网间结算以及政府实行资费管制时，虚拟成本是相关各方需要参照的成本数量依据。

4．历史成本和预期成本

历史成本是为提供现实的通信服务而在过去发生的实际成本。企业会计记录是获得网络设施购置安装、企业运营成本支出等历史成本数据的理想来源。

预期成本也即前瞻性成本，是指在财会记录成本的基础上，依据现实的网络和用户规模，并考虑到技术进步、网络装备水平和规模容量等可能的情况变化，预测出的将来的成本水平。政府实施资费管制更需要前瞻性的成本数据，而不是简单地采用历史成本。

通信产品成本是通信企业确定通信资费和政府实施资费管制的重要依据。对各种成本概念进行相互比较，将给企业和政府监管机构带来非常有价值的信息，有助于增强通信产品成本计算和资费制定的科学合理性，并极大地提高政府资费管制的水平。

5．专业成本、接入成本和网元成本

在电信市场上，主导电信运营商不仅面向最终客户直接提供电信业务，如市话业务、长途电话业务、移动电话业务、短信彩信业务等，还向其他新进的电信运营商提供网间互联、接入和网络元素出租等服务。对应于直接面向最终用户的业务服务归集的成本称为专业成本；对应于向其他运营商提供网络接入或互联服务归集的成本则称为接入成本；而对应于相对独

立的网络元素归集的成本称为网元成本。

接入成本不同于专业成本，它是在通信网实现互联互通的情况下，当一个通信业务的完成需要两个或两个以上的网络共同参与完成时，提供转接或接续服务的网络为完成该项业务所支付的成本。通常，接入成本主要由初始成本、物理连接费、互联使用费三部分构成。初始成本是指为了实现网络互联而对网络软件进行修改，如重新编写交换机的程序所支出的费用，以使交换机能够辨认电信流量，并将之发送到互联的运营商网络的电话号码上去，相应地，还必须分配更多的码号并对设备进行调整等，由此所发生的费用称之为初始成本。物理连接费指的是为建立网间互联所增加的各种设施的费用，包括互联点增设的设备、电路及其附属设施的建设、安装、维护和运营的费用。互联使用费是指一个网络为了接续完成由另一个网络发起的业务（如一次呼叫）而在该网络内部发生的资源的占用、消耗及其他各种互联服务的费用。这部分费用需要由收取通信资费的企业对完成互联接续服务的企业进行补偿。

网元成本即网络元素成本，也称非绑定网络元素成本。网络是电信企业开展业务经营，参与市场竞争必须具备的物质技术条件。对于电信市场上新进入的企业而言，其要想在短期内建立一个能够与主导电信公司相抗衡的大规模的网络，几乎是不可能的，尤其在本地环路部分。为了打破本地接入垄断，尽快引入竞争，1996 年美国电信管制机构提出了非绑定网络元素的概念，要求电信市场上拥有完整网络设施的主导运营商，按照一定的原则，将其网络分割为在功能上相对独立的网络元素，如本地环路、本地汇接交换设施、局间传输设施、长途交换、长途传输等。这些相对独立的网络元素可以作为一种特殊的服务提供给新进入的运营商。新进入者可以根据自己的需要，租用自己不具备的网络元素，而不必租用或购买一整套的互联服务功能。网络元素非绑定租用政策的实施，经济有效地弥补了新兴运营商在网络运营条件上的竞争弱势，有助于电信市场在短期尽快形成开放竞争的局面。以这些相对独立的网络元素为对象归集核算的成本即为网元成本，网元成本是网络元素出租定价的基础和依据。

6. 流量敏感成本和流量不敏感成本

在电信通信成本分析中，常把电信成本区分为流量敏感成本和流量不敏感成本，这种区分对于电信业务资费决策非常重要。

流量敏感成本是指随着通信业务流量的增减变动而变动的成本。例如，电话网内交换单元的总成本是由流经交换机的话务量决定的，当话务量增加时，需要更多的交换机容量，交换单元的成本就会相应增加。流量敏感成本实质上就是电信企业的变动成本，只不过其变动单元是通信业务流量。电信企业的业务量指标除通信流量外，还有通信时长、通信次数等，因此，对应不同的业务量内容和计量单位，相应有不同的变动成本。从成本归集角度看，由于流量敏感成本随着业务流量增减发生变化，导致该成本发生的原因就是该项业务。因此，在计算通信业务成本时，流量敏感成本大多可以直接归集到成本对象中去。

流量不敏感成本是指在一定时期和一定的生产规模范围内，不随通信业务流量增减变化而变化的成本。尽管这种成本也是为了提供业务而发生的，但其成本总水平并不随着该项业务的业务流量变化而变化。流量不敏感成本只能一次性全部发生或全部避免，而避免产生某种流量不敏感成本的唯一办法就是将该种业务完全取消。例如，电信企业在两个交换局间投资建设了一条数据传输线路，在之后的一段时间内，不论其承载的传输业务量有多大，只要传输业务量没有超过该线路的最大容量范围，就不需要建设或租用新的传输线路。在这期间就这条线路的投资所提取的折旧就是流量不敏感成本。要想避免这种成本，除非一开始就不建设这条线路。流量不敏感成本实际上就是电信企业基于流量的一种固定成本，在一定时期和一定生产规模范围内，其总额保持不变，但随着业务流量的增加或减少，单位业务分担的流量不敏感成本就会相应地减少或增加。此外，流量不敏感成本的这种不敏感性也是相对的。如前文所述，交换局间传输线路投资的不敏感性只体现在一定的传输业务容量范围内。而当这两个交换局间传输需求量超过传输线路最大容量范围时，就需要建设或租用新的传输线路，否则，就会导致业务流量溢出而无法保证该传输方向上的通信质量。此时，两交换局间的传输成本总额不再体现为固定不变，而是随着业务流量的增加体现为一个阶梯式的突变。流量不敏感成本与业务流量增减没有直接对应的变动关系，在计算电信业务成本时，某业务专用的流量不敏感成本可以直接归集到成本对象，而非专用的流量不敏感成本则需要经过必要的分摊才能计入。

7. 增量成本和减量成本

就经济含义而言，增量成本（Incremental Cost）指的是为增加一定的产出量而增加的成本，也就是由产出增量而导致的总成本的变化量，它等于生产增量之后的总成本与生产增量前的总成本的差额。

在企业经营实践和管理决策中，狭义的增量成本是指因实施某项具体方案而引起的成本，如果不采纳该方案，则增量成本就不会发生。广义的增量成本是指两个备选方案相关成本之间的差额，"是成本在两种可供选择行为下的差异"[1]，所以，增量成本也称差异成本。增量成本是短期决策时重要的成本概念，即强调决策的相关成本只限于与该决策有关联的成本项目，它不包括沉没成本或历史成本。电信企业在对网上某新增业务进行定价决策时，以及监管部门在对网间互联结算价格进行管制决策时，都要用到增量成本的概念。

为了计算增量成本，需要首先拟定基准选择方案，然后将其他选择方案与基准选择方案进行比较，才能确定出产出增量和相应的成本增量。考虑时间价值因素，对两种方案进行比较时还需要对替代方案和基准方案的成本进行折现。由于产出的变化量，如边际产出等，既可以很小，即按单位产品的增加量来计算；也可以很大，如按总产量的增加量来计算，因此，增量成本可以是从边际成本到总成本增量这一范围区间对应的某一个成本数额。显然，边际成本是增量成本概念的一个特例，即因产量增加 1 个单位而引起的总成本的变化量。用增量成本总额除以产出增量总数，可以得到平均增量成本，其含义是在企业其他产品和服务的产出水平保持不变情况下，增加某产品或服务的产出所带来的用单位增量产出所表示的成本变化量。

考虑时间跨度，增量成本又有短期增量成本和长期增量成本的区分。在这里，短期和长期的不同，不单纯是指时间的长短，更重要的是就生产要素投入能否调整变动来说的。"短期"是指这样一个时期，在这段时间内，企业有无法调整的生产要素投入；"长期"是指相对于运营和投资周期而言的一个足够长的时期，在这一时期内，所有的要素投入在理论上都是可变的。短期计算时，电信企业的固定成本保持不变，增量成本主要就是变动成本。而长期增量成本是指在未来较长的一段时期内，为了满足用户和业务量增长的要求，企业扩张现有网络容量所带来的总成本的增量。这个成本增量不仅包括短期内可变的变动成本，也包括短期内不发生变化，但长期来看却是可变的固定资产投资。

---

① Ronald W.Hilton. 管理会计. 耿建新，译. 北京：机械工业出版社，2000.

电信行业长期增量成本所对应的产出增量最常见的是两种，即业务增量和网络元素增量。对应业务增量的长期增量成本称为"全业务长期增量成本（Total Services Long Run Incremental Cost，TSLRIC）"，该指标是增量成本的一个典型特例，此时产出增量等于某种业务的总业务量。换句话说，某种新业务的全业务长期增量成本是指这种业务的全部需求所带来的相关成本的增加。欧盟采用的长期平均增量成本（Long Run Average Incremental Cost，LRAIC）就是一种全业务长期增量成本。对应网络元素增量的长期增量成本称为"全要素长期增量成本（Total Elements Long Run Incremental Cost，TELRIC）"，这是美国联邦通信委员会（FCC）于1996 年提出的增量成本概念和指标，它不是按零售业务计算增量成本的，而是按网络元素来计算增量成本的。

短期增量成本和长期增量成本都是前瞻性成本。在技术发展日新月异的电信产业领域，测算长期增量成本应当基于当前可以利用且最适用的技术，最先进、价格最合理的网络设备来进行，这样做，有助于促进电信企业降低成本、提高效率。这也是政府对电信业实施激励性规制所要实现的一大目标。

与增量成本相对应的一个成本概念是可避免成本，也称为减量成本（Decremental Cost），它是指运营商减少产出所节约的前瞻性经济成本。同样，可避免成本也不包括沉没成本或历史成本。

8.2.3　市话网与移动网的增量成本结构分析

1. 电信网成本的二维性

电信业是具有显著规模经济特性的产业。在一个相对较短的时期内，电信网络规模、企业生产能力和固定成本保持不变，由于电信生产中不存在原材料的消耗，且大量成本集中在网络设备等固定资产的损耗和人员开支上；因此，在一定时期和一定生产规模范围内，电信企业的可变成本和边际成本很小，用户数量和业务量的变化基本上不引起短期成本的变化。然而，从长期来看，无论是用户数量还是业务量增加，一般都需要增加电信网的投入。当用户数量和业务量增加导致电信网络必须扩容时，就会带来大量的网络增量成本。

在传统的网络规划方法中，一般按照用户数量来规划网络容量，这是因为业务量一般随着用户数量的增加而增加，但是，这仅仅说明这两个变量具有统计学上的相关关系，并不具有必然的因果关系。例如，业务量的增加很可能是因为用户通话习惯的改变，未必是因为用户数量的增加。而在用户数量增加时，如果每个用户的通话量降低，总的业务量也不一定会增加。因此，用户数量和业务量是两个独立的变量，而电信网的成本 C 也就成为用户数量 n 和业务量 t 这两个自变量的二维函数，可表示为 $C= f(n,t)$，用户数量和业务量的增加所带来的电信网络的增量成本可表示为：

$$dc = \frac{\partial c}{\partial n}dn + \frac{\partial c}{\partial t}dt$$

其中，dc 是电信网成本的增量，dn 是用户数量的增量，dt 是业务量的增量。

当然，不同的电信网络，如固定网和移动网，其网络构成要素、网络组织形式等的不同特点，导致用户对网络资源占用关系不同，由此也决定了两大网络增量成本的变化呈现出明显的差异。

2．用户独占资源与共享资源[①]

在各种电信网络中，用户对网络资源的占用关系是不同的。例如，在市话网中，用户线由所连接的用户独家占有，就算用户自己不用，任何其他的用户也不能使用。用户数量的增加就意味着用户线数量的增加，而其成本也必将随之增加。但是，用户线的成本（包括维护成本）并不随着用户对其使用量的增加而增加。因此，用户独占资源成本 Cn 的特点与业务量无关，而仅与用户数量有关。

但是，对于用户共享的网络资源（如长途干线等），其成本却有着完全相反的特点。因为它是由全体用户共同分享使用的，所以对它占用的数量就与用户数量无关，而只与业务量有关。如果业务量增加就需要扩容，而成本会随之增加。因此，用户共享资源的成本 Ct 就与用户数量无关，而仅与业务量相关。

一个电信网络的成本，可以包括仅与用户数量有关的成本（用户独占资源）、仅与业务量有关的成本（用户共享资源）、与用户数量和业务量都无关的成本以及与用户数量和业务量都有关的成本。但是，如果某项设备成本与用户数量和业务量同时有关（指与网络成本之间必然的因果关系，而不是统计相关关系），就必然是用户同时既"独占"又"共享"的网络资源，这从逻辑关系上讲是不存在的。因此，电信网络的总成本由用户独占资源、用户共享资源和与用户数量及业务量都无关的设备设施这三部分的成本构成，其函数关系可以表示为：

$$C = f_1(n) + f_2(t) + C_0$$

其中，$f_1(n)$ 是网络中用户独占资源的成本，$f_2(t)$ 是网络中用户共享资源的成本，C_0 是网络成本中与用户数量和业务量都无关的成本（一般是网络建设或运营初期所必需的公共成本，如公司的基本办公费用、机房的道路等配套设施，移动网为达到初始覆盖所必需的成本等）。显然，电信网络增量成本随用户数量和业务量的变化而变化的量将取决于网络成本函数中用户独占资源与共享资源这两者成本的比例。

3．固定市话网的增量成本结构

固定市话网的主要设备由用户线、终端局、中继线、汇接局几部分构成，而终端局和汇接局又都有交换机、交换机房以及配套的附属设备（电源、空调等）。在终端局以下，网络设备的最大特点就是每一个用户都拥有自己的用户线和相应的交换容量（用户板等），而终端局的机房和电源、空调等配套设施也由交换机的容量（门数）决定，设备的折旧和运营维护成本也由用户数量决定。因此，市话网终端局以下的网络设备基本上属于用户独占的资源。市话网中的局间中继和汇接局设备，明显地由用户共享，属于用户共享资源，其成本与用户所产生的话务量有关。但是，市话网的终端局和用户线等用户独占资源的成本，在一般情况下占据了市话网成本的绝大部分比例，在用户比较稀少的农村偏远地区尤其如此。所以，固定市话网的增量成本主要由用户数量决定，而与业务量的关系较小。

4．移动网的增量成本结构

移动网的增量成本结构与市话网的增量成本结构有着根本的不同。移动网的主要设备由基站、中继线、交换机、交换机房以及配套的附属设备构成。用户只有在通话时才占用网络资源，在不通话时基本上不占用网络资源，对移动网基本上不构成成本，在用户关机时尤其

---

① 阚凯力．电信网的二维成本及其应用．北京邮电大学学报（社会科学版），2005（2）：29-31．

如此。因此，在实现基本的覆盖要求之后，移动网的容量主要由用户的忙时业务量确定，也就是根据服务质量的要求，由空中信道的数量确定。如果忙时业务量增加，移动网就必须扩容以避免阻塞和业务损失，而这就决定了移动网的成本。至于用户数量，如果忙时业务量的总量没有增加，用户数量的增加仅仅是把业务量"摊薄"，并不需要移动网做出相应的扩容，也就不增加移动网的成本（在此假设用户的业务量被均匀地摊薄，忙时集中系数不变，所以不增加忙时业务量。同时，此处还忽略了用户资料的存储寄存和系统对用户的跟踪）。当然，在用户数量增加后，如果大量的用户集中在同一时段通话，则网络容量及其成本也需要增加。移动网全网中基本上不存在用户独占资源，所有设备基本上都属于用户共享资源，所以，移动网的增量成本基本上只与业务量有关而与用户数量无关。

由此可以看出，固定市话网与移动网有着相反的成本结构，它们的成本由用户数量和业务量的变化所引起的变化是非常不同的。

8.3　通信成本的测算

8.3.1　通信成本测算的重要性

在电信产业领域，对电信通信成本进行界定和测算，是管制机构、运营商乃至用户共同关注的一个重要问题。对电信运营商来说，加强成本测算和分析，是企业设计资费套餐，进行定价决策的基础，也是企业控制成本、改善经营绩效、保护自身利益的重要手段。对政府电信监管部门而言，科学测算电信通信成本，准确把握电信业务成本信息，是对电信服务价格包括对网间互联接入定价和网间结算实施有效管制的依据，是制定电信普遍服务成本补偿政策的重要基础，也是利用监管制度解决不同利益主体之间利益纠纷的基础。

然而，在电信通信业打破封闭垄断，走向开放竞争的改革进程中，电信业务成本的界定和测算成为政策制定者和管制者面临的一个非常复杂的问题。电信业务成本测算的复杂性源于电信通信业本身全程全网和范围经济性、成本弱增性的技术经济特点。电信业务种类繁多，并且几乎所有的电信通信业务都是依靠庞大的共用的网络基础设施来提供的。电信网络互联互通的特性、大量共享和共用成本的分摊、加上信息的不对称和技术发展迅速等因素，给准确确定每一种电信业务与成本之间的对应关系带来了很大的困难。电信成本测算的复杂性、管制机构与被管制的电信运营企业之间成本信息的不对称性造成了这样一种局面：不同的利益相关者从各自利益出发，对电信通信成本的定义以及成本测算方法产生不同的理解，导致在电信监管过程中，运营商与监管者之间以及在位的主导运营商与市场新进入者之间，对成本测算结果和成本补偿方式常常产生很大的争议。而且，由于成本信息的不透明，用户也常常对电信监管政策以及监管部门对资费的管制产生很大的质疑。因此，探究利用各种科学的工具和方法测算电信业务成本，成为电信管制经济学研究的核心问题。

8.3.2　电信成本测算的思路

电信业的放松管制和引入竞争必然促使电信成本测算思路和方法发生变化。竞争环境不仅意味着电信服务的定价将逐渐趋向于以成本为基础，而且要求成本测算采用经济成本原则。为此，很多国家的监管部门开始越来越多地按照经济成本的概念，而不是传统的历史成本原则测算电信成本，并以此作为成本补偿和定价的基础。

在电信行业中，某种特定业务的成本往往无法直接从企业现有的会计账簿上获得，而且，从会计账簿获得的历史成本信息往往不能完全满足管制决策对前瞻性成本数据的需要，因此，实践中需要结合实际情况，采取一定的方法，建立相应的成本结构模型，并利用大量的数据进行模拟计算和分析，才能获得某单位电信业务前瞻性的经济成本数据。总结国内外电信管制的实践，研究建立成本测算方法和模型的思路主要有 3 种，即自上而下（Top-down）、自下而上（Bottom-up）和标杆法（Bench-mark）。

1. 自上而下

采用自上而下的思路制定成本测算方法，主要是利用企业财务汇总的成本数据，如年度总支出、投资成本和运营成本等，将这些总成本在运营商提供的所有业务中进行分摊，得出每种业务的年度总成本；之后，再将各种业务的总成本除以该种业务的业务量；最终，求出该种业务的单位成本，如图 8-3 所示。

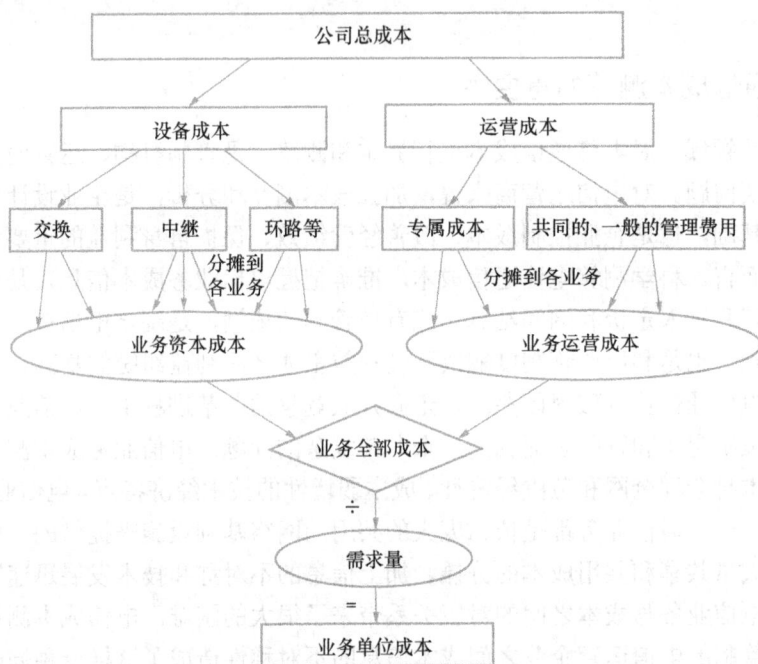

图 8-3　自上而下

按照自上而下的思路建立成本测算方法和模型，考虑了运营商发生的全部成本。成本测算的关键步骤是必须具备一个完善的成本分摊系统，将不同业务的成本从公司总成本中分离出来。同时，必须实现现有历史成本数据向前瞻性增量成本的转换，也就是说，要用前瞻性资产价值重新度量成本。

2. 自下而上

采用自下而上的思路设计成本测算方法和模型，就是将某种特定电信业务的成本从提供各种业务所需要的设备和其他投入要素的成本中划分出来，然后将提供该种业务所需的各种投入要素的成本按照其使用比例分别计入并加以汇总，再除以该种业务的需求总量，最后得到该业务的单位成本，如图 8-4 所示。

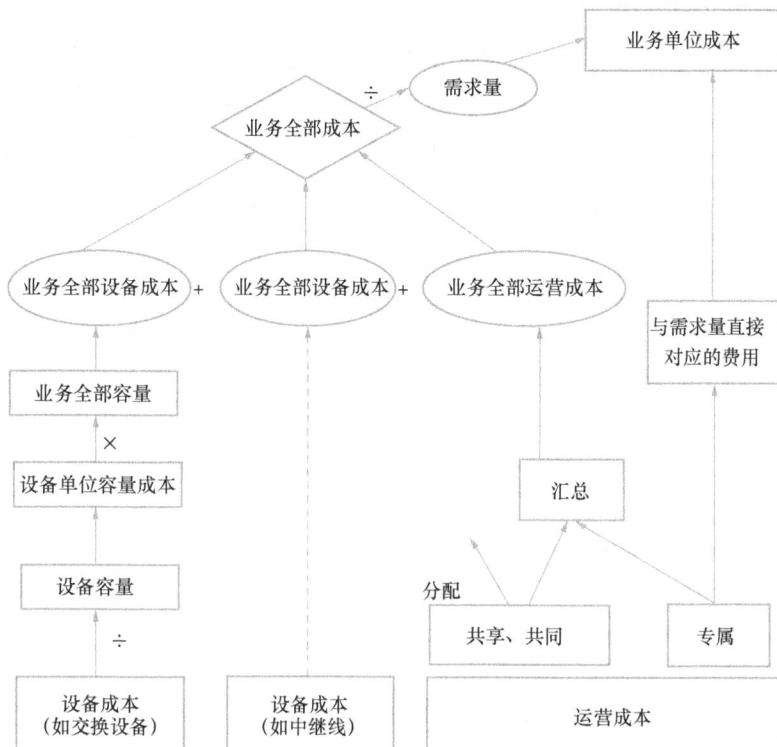

图 8-4　自下而上

在基础数据资料比较充分的情况下，相比较自上而下的成本测算思路，依据自下而上的思路建模测定电信业务单位成本更为准确，测算过程也更为透明，而且更为高效。

3. 标杆法

标杆法由美国施乐公司于 1979 年首创，是现代西方发达国家企业管理活动中支持企业不断改进和获得竞争优势的最重要的管理方法之一，西方管理学界将其与企业再造、战略联盟一起并称为 20 世纪 90 年代的 3 大管理方法。如今，标杆法在许多知名企业的产品研发、人力资源、市场营销、成本管理等诸多领域得到了广泛的应用。

基于标杆法的思路测算电信通信成本，适用于当一个国家的管制机构或电信企业没有能力进行相关成本测算时采用。具体做法是该国或该企业可以根据自己在市场上的定位，不断寻找和研究同行业中优秀企业的成本信息，探求其成本结构，并以此为参照基准，与本企业的成本水平及其结构进行比较、分析和判断，从而找到标杆、树立标杆，最终通过建立"成本标杆"来确定电信业务或网络元素的成本分布区间，并进行成本估算。

按照建立成本标杆的思路估算成本需要两个步骤：一是确定标杆企业，定义需要借鉴或比较的成本对象；二是充分考虑与参照国家的不同国情，对估算结果进行必要的调整。

欧盟在 1997 年 10 月制定发布的网间互联建议书中有关接入成本的测算，就采用了标杆法的思路，为欧盟各成员方运营商之间的网间互联制定了适宜的成本和定价区间。在缺少详细的、可信赖的网间互联成本信息的情况下，这一定价区间成为实际确定网间互联费的基础，而且欧盟会定期地对该建议书进行更新，以及时反映欧洲内部网间互联费用随技术进步下降的趋势。

8.3.3　电信成本测算方法及模型

纵观电信管制历史和当前的实践可以发现，对电信业务或网络元素成本的测算具有 3 个维度的选择。从成本测算思路看，有自上而下、自下而上或标杆法 3 种不同的选择；从成本参数和基础数据的选择看，有基于会计账簿的历史成本数据和基于当前及未来技术发展的前瞻性成本数据的区别；从成本测算模型看，有基于会计信息的成本分析模型和基于计算机运算的成本代理模型选择的差别。

1. 完全分摊成本法

完全分摊成本法（Fully Distributed Cost，FDC）是建立在历史成本数据分析和分摊基础之上的一种自上而下的成本测算方法，该方法的核心思路是基于会计成本信息，将电信生产经营过程中发生的大量共用成本，尽可能合理地分配给不同的业务，并与各种业务的专属成本加总，构成每种业务的完全分摊成本。实践中，共用成本分摊系数的确定主要有 3 种方法，具体如下。

（1）相关产量法（Relative Output Method，ROM），即按照不同业务或模块的业务量在企业总业务量中所占的份额或比例进行分摊的方法。

（2）总收入法（Gross Revenue Method，GRM），即按照不同业务或模块的收入在企业总收入中所占的份额或比例进行分摊的方法。

（3）归属成本法（Attributable Cost Method，ACM），即按照不同业务或模块可直接计入的成本（专属成本）在企业总的可直接计入成本中所占的份额或比例进行分摊的方法。

设 FDC_i 表示业务或模块 i 的完全分摊成本，则有：

$$FDC_i = AC_i + f_i F$$

式中：AC_i——业务或模块 i 可直接计入的成本；

　　　F——需要分摊的共用成本；

　　　f_i——业务或模块 i 的共用成本分摊系数。

按照完全分摊成本法测算成本，其成本构成模型主要包括建设租用成本、运营维护成本、投入资金成本和其他成本四大类。其中，建设租用成本以固定资产折旧和设备、线路等租用费用的形式计入。每类成本具体包含的费用构成项目如表 8-1 所示。

表 8-1　　　　　　　　　　**FDC 方法的业务（模块）成本构成参考模型**

建设租用成本	设备投资建设成本	包括各类设备，如节点、传输等设备折旧
	配套投资及线路租用成本	房屋等配套设备折旧、租用线路等费用
运营维护成本	工资、职工福利费	
	维护费	
	低值易耗品	
	业务费	
	管理费	
投入资金成本	财务费用	
	合理投资回报	
其他成本	R&D 费用等	

根据上述模型，可基于企业会计报表，收集相关财务数据，在对共用成本费用进行分摊的基础上，归集各类业务或模块的年度总成本费用，并结合各类业务量的调研数据，即可计算出各类业务或模块的单位成本。

完全分摊成本法曾经是世界许多国家普遍采用的传统的成本测算方法。该方法简单实用，可操作性强，其成本构成模型包括了网络中因承载业务或模块所发生的全部成本费用。因此，基于完全分摊成本定价，可以完全补偿电信企业的实际支出，有利于鼓励运营商投资。但由于这种成本测算方法和模型利用的是企业账面上记录的历史成本数据，在制定资费尤其是进行网间互联接入定价时，就可能会把企业历史上一些代表过时技术的低效率的投资转嫁给互联需求单位，使它们承担较高的互联费用进而不利于竞争，同时，对主导运营商降低生产经营成本、提高效率也起不到有效的激励作用。

2．长期增量成本法

长期增量成本法是目前电信网络接入与互联定价中比较流行的成本测算方法。长期增量成本（Long Run Incremental Cost，LRIC）不是历史成本，也不是企业的实际成本，而是具有前瞻性的成本。计算长期增量成本，要考虑网络规模变化、技术进步因素等所可能导致的将来成本的变化，在采用先进适用的技术和价格合理的现有网络设备的基础上，计算扩大一个产出"增量"所需要增加的前瞻性费用。

（1）长期增量成本法的基本假定

测算长期增量成本，需要首先对计算期限、网络结构和产出增量进行假定。

从计算期限的设定来看，长期增量成本中的"长期"是指相对于运营和投资周期而言的一个足够长的时期，在这一时期内所有的投入在理论上都是可变的。这种模糊的定义在实际应用中首先遇到的一个问题就是成本计算期的确定。对电信网络运营业来说，如果网络的发展已经比较稳定，固定成本与相应的变动成本形成了较为稳定的比例，那么，选择不同的计算期所计算的结果可能不会有很大的差异；但如果网络处于大规模的发展建设期，则计算期限取定的不同就会对增量成本的测算结果造成很大的影响。美国联邦通信委员会（FCC）对全要素长期增量成本中"长期"的定义是："一个足以使所有成本都可变动并且可以避免的期限。'长期'方法确保了价格不仅可以回收短期运营成本，而且可以回收固定投资成本，并且保证，尽管固定成本在短期内是不变的，但仍然是一种可以直接归属于某种网络元素的成本"。可见，FCC 实际上是将"长期"定义为投资回收期，而投资回收期的长短，会受到网络规模、技术进步速度以及业务资费等诸多因素的影响。通常，在网络规模较小、技术进步速度较快以及业务资费较高的情况下，投资回收期会比较短，因而，"长期"的时间设定范围就不宜过长；相反，在网络规模较大，技术进步速度较慢以及业务资费较低的情况下，投资回收期会比较长，"长期"的时间设定范围也就不宜过短。

从网络结构的设定来看，一般认为存在 3 种假定和选择，即现有交换节点假设、交换节点可变假设和现有网络设计假设。

现有交换节点假设在位运营商的现有交换中心是给定的，但可以使用最有效的技术；交换节点可变假设可以使用目前最有效和可行的网络结构、规模、技术和运营决策进行网络优化，可以对交换节点的位置进行重新安排；现有网络设计假设目前的网络设计以及网络技术不会变动，但会考虑折旧变动以及通货膨胀等因素。

实践中，在重置计算在位运营商的投资成本时，很多国家的电信管制机构都使用现有交换节点假设或者现有网络设计假设，但是拒绝使用交换节点可变假设。例如，FCC 认为，"按照现有交换节点假设，将依据本地运营商现有的交换局位置，使用最有效的技术确定前瞻性经济成本，以此确定网间接续和非绑定网络元素的价格。这种方法可以减少本地运营商的某些忧虑，即以为前瞻性成本没有考虑现有的网络设计，但同时又根据与现有网络结构相容的有效技术和新技术定价。这种前瞻性成本和现有交换节点的假设，非常接近于在位运营商开放网络元素时，实际预期将会产生的成本。"

从产出增量的假定来看，由于长期增量成本法是针对未来较长时期内企业增加特定产出量所导致的成本增加额进行测算，而产出增量既可以是用户增量、业务流量增量，也可以是网络元素增量；而且产出增量的大小是没有限制的，它也可以是某种业务 1 个单位的增量，此时，长期增量成本等于长期边际成本；也可以是某运营商提供的所有业务总量的增量。因此，计算长期增量成本，需要具体明确是哪些产出增量对应的成本增量，也就是说要对产出增量进行设定，以明确长期增量成本的测算对象。

（2）长期增量成本的测算模型

在电信管制实践中，国外开发出了不同的测算 LRIC 的模型，如英国开发的"自上而下"模型和"自下而上"模型、美国的 TELRIC 法以及日本的长期增量费用模型等。

采用"自上而下"模型测算长期增量成本的关键步骤是建立成本分摊系统、资产与折旧重新评估系统以及分析成本数量关系。其中，成本分摊系统要能够对各种网络元素和企业作业的历史成本进行完全分摊，并可提供各种业务对每种网络元素平均使用量信息的路由系数矩阵。资产与折旧重新评估系统则要能够将各种网络元素和企业作业的历史成本转换成前瞻性成本，也就是要以当前等同资产的现时重置价值为基础，重新估算企业的资产成本。当前等同资产是与待评估的资产具有同样功能的、现时购买价格最低的资产，它使用最新可用的或已经验证的技术，这种技术是市场新进入者所必须采用的。显然，由于科学技术的快速发展，当前等同资产价值常常小于现有电信公司已经拥有的资产价值，因此，长期增量成本通常低于企业的实际成本。而成本数量关系的建立要能对完全分摊的前瞻性成本进行处理，分离其中所包含的长期增量成本和共用成本。

"自上而下"模型从运营商的实际总成本出发，经过对历史成本的分摊、重新估算和对前瞻性成本的剥离，测算其增量成本可以比较全面地反映电信网络中不同成本要素之间各种复杂的联系，也更有可能真实地反映运营商预期将会发生的成本，但这一方法的建模过程非常复杂，需要耗费很长时间，成本测算过程不透明，容易产生误差。实际应用中，由于"自上而下"模型假设现有网络设计和结构（如线路长度）是给定的，这就很容易保留运营商网络存量中某些低效率的因素，这些低效率也将自动进入成本估算结果中。可见，"自上而下"的实施难点在于降低测算过程的复杂度以及有效地剔除成本测算结果中的低效率和非效率因素。

基于"自下而上"模型的思路建立 LRIC 测算模型，则是从一个优化的网络模型出发，通过调整各种参数来模拟计算各种业务的长期增量成本的。为构建优化的网络模型，首先需要确定网络设计与网络结构假设以及业务需求；然后据此决定能够满足需求的投资额或网络规模，同时还要将与特定业务相关的投资分离出来；接下来采用符合经济学原理的方法估计资本成本和折旧，并加上与某种投资直接相关的运营费和维护费以及一定比例的共享运营维护费用，确定满足特定业务需求的年度总成本；最后就是确定需求单位，用年度总成本除以该种业务的需求总量，计算该业务的单位成本。

应用"自下而上"模型测算 LRIC，对运营商会计成本数据的依赖大大降低，完成成本测算所需要的时间较之使用"自上而下"模型所需要的时间也大为缩短。但构建优化的网络模型，对网络设计和网络结构进行了人为的假设和抽象，难以详尽地反映现代电信网络中网络构成要素之间复杂的关系，并可能低估或忽略设备数量和提供互联互通服务所需的成本。此外，对成本测算过程中涉及的许多难以获得的重要参数的数据如业务需求、技术进步率、网络元素价格以及网络使用情况等，也进行了主观拟定。可见，选择全面有效的网络设计与网络结构假设，以及合理预测许多重要参数的大小，是"自下而上"模型的实施难点。

（3）对长期增量成本法的评价

长期增量成本法是符合效率原则的成本测算方法。该方法基于当前最有效的技术、设备、运营和管理，测算普遍服务、网间互联等业务的长期增量成本，能最大限度地剔除普遍服务提供商和主导运营商历史成本中的低效率因素，估算出更为经济的普遍服务成本和网间互联费用，这不仅能为政府监管部门制定具有激励性规制效应的普遍服务成本补偿政策提供依据，也有助于促进电信市场开放竞争，减少不必要的网络资源重复建设，并激励主导运营商加强技术创新和服务创新，提高效率，以更低的增量成本提供网间互联服务。此外，按照长期增量成本定价还可以避免和消除电信运营商在价格制定上的策略性交叉补贴行为，从而减少经济扭曲。目前，美国、英国、加拿大、德国、法国、新加坡等国家都在使用增量成本模型来确定网间互联互通的成本。

当然，长期增量成本法在实际应用中也存在一些局限性。首先，测算 LRIC 需要建立自上而下或自下而上模型，这些模型的建立都需要对现实做某种程度的抽象，其过程十分复杂；其次，长期增量成本法涉及基于重置价值的预期成本的估算，相关成本数据的客观性难以保证；再次，测算 LRIC 必须考虑技术进步的影响，这就要对技术进步率进行估计，这同样是较难把握的。最后，在计算全业务长期增量成本时，还需要对网络设计、运营商的效率水平等进行一系列的假设。由于 LRIC 的测算涉及较多参数的估计和预测，其计算方法相当复杂，数据缺乏的参数在很多情况下必须采取变通的处理方法，因此，受人为因素影响较大。理论上，按照长期增量成本制定出来的网间互联结算价格是最低的，这可以促进竞争，提高资源配置的效率。但如果采用的方法不当，造成长期增量成本的估算结果低得不切实际，就会导致主导运营商的投资不能得到充分补偿，从而打击主导运营商投资建网和互联互通的积极性。如果主导运营商不能通过提供接入服务盈利甚至无法收回互联成本，那么它在提供接入服务时将无法保持中立原则，会设法偏向自己的附属企业，从而对竞争对手造成伤害，这些现象意味着网络互联与接入需要更多的管制资源，而且这也为相关利益集团提供了活动空间，使它们有很强的动机去影响管制机构的网间互联与接入政策。为避免以上现象的出现，很多国家在长期增量成本法的基础上提出了一些变通或改进的方法，如全业务长期增量成本法、全要素长期增量成本法等，或者在估算的长期增量成本的基础上适当加价。

3. 成本代理模型

（1）成本代理模型的特点

在电信管制理论分析和实践中，成本代理模型是近年来日益获得重视和应用的一种新的测算电信成本的仿真工具。从概念层面理解，成本代理模型主要包括一组对产业内代表性公司技术过程的描述，其中主要内容是对公司成本函数的描述。简单地说，一个成本代理模型应该包括一组最大程度类似的公司所采用技术成本的典型函数。例如，交换机的成本可以用简单的线性关系 $a+bx$ 表示，其中，a 代表交换机的固定成本，bx 代表交换机的可变成本，它是交换机能够处理的用户终端数 x 的函数。电信网络配线部分的成本则可以用类似的一个函数 $(a+bx) \cdot d$ 表示，其中 a 和 bx 分别代表单位距离配线的固定和可变成本，d 代表配线设施的总长度。更加复杂的成本代理模型包括计算机算法。利用该算法程序，可根据用户位置、可用技术的范围和价格信息等详细数据，设计一个完全假设的网络，使用者可选择不同的网络配置要求，通过对网络技术、路由和容量配置的调整迭代求得所需业务的最小成本。

由此看来，成本代理模型实际上就是一种自下而上的对前瞻性成本进行测算的方法，只不过这种方法完全以工程优化模型为基础。通过网元设置和网络优化测算电信业务成本，更具有公开、公正和透明的特点。相对于传统的会计成本方法而言，成本代理模型完全建立在工程设计与优化技术基础之上，具有能够仿真获得成本数据的能力，从而有效避免了对历史成本数据的依赖。尽管成本代理模型的运行需要大量输入数据的支持，但由于对实际数据收集的要求低，因而更具灵活性。通过调整相关经济参数，成本代理模型可以做到对网络的完全重新设计，并且通过借助计算机强大的迭代优化计算能力，求出最优化技术和组网方式下的业务成本。实际上，基于工程设计和计算机迭代优化计算的成本代理模型为市场上所有的运营商和政府管制部门提供了一种无歧视的成本研究框架和方法。利用这种方法，管制者可以最大限度地跨越成本信息不对称的鸿沟，降低由于成本信息不对称所带来的负面管制效应。

当然，作为工程经济学模型，成本代理模型的适用性是有一定条件的，它需要管制者全面客观地考察电信网络、技术和业务发展的实际情况，对建立模型涉及的众多因素要有充分周详的考虑，此外，还需要让电信工程背景非常熟悉的工程师参与模型的本地化改造等。实践中，具有可操作性的成本代理模型往往包含了过多的需要定义的技术和经济参数，因此，非对称信息仍然不能完全被消除。

（2）成本代理模型的应用

成本代理模型是符合经济成本原则的成本测算方法。在电信规制改革步伐迈得比较快的国家，这种方法已经在测算电信普遍服务成本和互联互通成本等方面得到了很多应用。比较有名的成本代理模型包括本地交换成本优化模型（LECOM）、基准成本模型（BCM）、基准成本代理模型（BCPM）以及混合成本代理模型（HCPM）等。

本地交换成本优化模型（LECOM）是马克·肯尼特（Mark Kennet）开发的一种本地网工程设计与优化软件。该软件基于前瞻的视角来阐明技术发展的各种可能，搜索使成本最小化的本地网技术和通话区域内的交换机的数目及其位置。首先进行最内层的搜索即交换机的定位，在这层搜索中，具有特定技术特征的交换机的数目是一定的，仅仅需要搜索它们的位置；其次是在交换机数目一定的情况下，对能够满足约束条件的所有技术组合进行搜索；最后是在允许的范围内搜索交换机的数目。在这个软件中，在给定业务量下的成本就是各种网络元素的累计成本，这些成本主要包括劳动力价格和资本价格。成本函数取决于网络中的用户数量、业务量、用户的地理位置、公司的努力程度和技术特征。

在 LECOM 模型中，把本地交换网络分为 4 个主要构成部件，即配线设施、主干设施、交换机和局间中继设施，并分别对各个部件做出假设。本地交换网的总成本 C，是由配线成

本 *DC*、主干成本 *FC*、交换成本 *SC* 和局间中继成本 *TC* 四部分构成的。对 LECOM 成本函数进行推导，其总成本由下式给出：

$$minC(s)=SC(s)+TC(s)+FC(s)+DC(s)$$
$$=FC_S×S+VC_S×B+FC_T×S+VC_T×R×D_T+FC_L+VC_L×L×D_L$$

式中：*S*——网中交换机的数目；

　　　D_T——每条中继线群的平均距离（取决于 *S*）；

　　　D_L——用户环路的平均长度（取决于 *S*）；

　　　R——局间中继线群的数目（取决于 *S*）；

　　　FC_S——一台交换机的固定成本；

　　　FC_T——任何大小的中继线群终结到交换机的固定成本；

　　　FC_L——在给定城市规模下的用户环路的固定成本；

　　　VC_S——交换机每个忙时百秒呼的变动成本；

　　　VC_T——中继设施单位距离的变动成本；

　　　VC_L——用户环路单位距离的变动成本；

　　　L——用户环路数；

　　　B——忙时百秒呼（即忙时业务量）。

　　LECOM 模型的运行不依赖于公司的成本数据，该模型包括用于网络设计的特殊计算机算法和网络优化程序，能够对本地交换网络中的交换中心进行优化布局，具有估计完全前瞻性成本函数的创新能力。模型优化过程使得网络的成本数据要明显低于会计方法所得到的结果。在接入与互联、普遍服务、非绑定网络元素定价等电信管制的热点问题上，LECOM 为管制机构提供了一种更加可信的管制工具，并被用于多个电信市场进行实证研究。法国电信经济专家弗雷德·盖思米和让·雅克·拉丰应用这一模型，通过软件模拟获得不同管制政策下各种技术类型的电信运营商的行为及其成本函数，从而对普遍服务义务与交叉补贴等重大政策问题进行了研究和反思。

　　继 LECOM 之后，由产业界和管制机构分别开发的其他一些电信工程设计模型，其建模复杂度逐渐提高，在许多方面较 LECOM 能够提供更详细和更精确的成本表述。其中，1998 年美国 FCC 选择的混合成本代理模型（HCPM）就非常典型。HCPM 模型主要是为了达到管制目的而开发的成本测算工具，可对在高成本地区提供普遍服务的成本进行估计，也可为网间互联和非绑定网络元素定价提供成本测算支持，还可为管制者了解本地电信服务的前瞻性成本提供参考。

　　HCPM 包括输入数据、本地网路计算、打印后续模块所用结果报告等一系列独立的计算机程序模块。FCC 测算普遍服务成本所采用的 HCPM 模型包括三个模块：一个聚类算法模块，它根据用户位置的临近关系划分服务区；一个聚类接口模块，用于计算每一个集团的区域面积和用户线密度，把每个用户的位置分配到格状化地图的对应方格中；一个环路设计模块，它采用网络设计算法，把在每个服务区内的方格单元与中心服务区域接口相连，然后把每个服务区接口连接到中心交换局。此外，HCPM 还包括能够用于测算数据交换和局间传输成本的模块，生成环路设计和局间模块的结果报告、估计网络设备的总体投资和这些设备的年经费。

　　在美国，成本代理模型主要用于估计提供普遍服务的成本，因此，美国模型大部分的开发工作集中在本地交换网的配线和主干部分。而其他许多国家开发成本代理模型的主要目的是提供网间互联的成本估计，因而网络交换和网间互联成为模型开发涉及的主要方面，如德国的城市互联成本模型、日本用于电信网本地和城市间互联的长期增量成本模型等。

4．作业成本法

作业成本法也称 ABC 成本法，是一种通过对企业所有作业活动进行动态追踪，从而计量作业和成本对象的成本，评价作业绩效和资源利用情况的成本计算和管理方法。该方法的核心思想是以作业为中心，首先根据引发作业活动的动因和路径的不同，将企业耗费的资源成本分配到不同类别的作业上去，然后再根据不同产品或服务所耗用的作业量的比例，将作业成本分配到具体的产品或服务上去。

1952 年，美国会计大师埃里克·科勒在其编著的《会计师词典》中，首次提出了作业、作业账户、作业会计等概念。1971 年，乔治·斯托布斯在其《作业成本计算和投入产出会计》一书中，对作业、成本、作业会计、作业投入产出系统等概念范畴进行了全面系统的讨论。但当时作业成本法却未能在理论界和实业界引起足够的重视。20 世纪 80 年代后期，技术变革在引发企业经营环境和管理方法变革的同时也改变着产品的成本结构。随着计算机辅助设计（CAD）、计算机辅助制造（CAM）、物料需求计划（MRP）、管理信息系统（MIS）的广泛应用以及计算机集成制造系统(CIMS)、弹性制造系统（FMS）等的兴起，企业自动化的程度和资本的有机构成不断提高，产品生产中，直接人工成本所占比重越来越小，间接费用所占比重越来越大，继续按照传统方法分摊间接费用、核算产品成本所导致的成本扭曲失真现象也越来越普遍。美国芝加哥大学的青年学者库珀和哈佛大学教授卡普兰注意到这种情况，在对美国公司调查研究之后，发展了斯托布斯的思想，并于 1988 年提出了以作业为基础的成本计算方法。作业成本法涉及的相关术语及含义如表 8-2 所示。

表 8-2　　　　　　　　　　　作业成本法术语及含义

术　语	含　义	举　例
资源(Resource)	在执行业务工作中所利用的资源	人工成本、房屋不动产成本、资金、运营成本
资源动因(Resource Driver)	把资源分配到作业上的可计量（数量）特征	人数、花费的时间、建筑面积、机时
流程(Process)	一系列的相联系作业（活动）以获取一定的成果（产出）	处理客户订单
作业(Activity)	一系列可重复执行的任务	递送货物给客户
任务(Task)	工作的基本要素，一系列任务组成一项作业（活动）	在数据库中记录客户订单
作业动因(Activity Driver)	引发作业执行的事件或因素	发送给客户的发票数
成本对象(Cost Object)	需要计算成本的实体	客户、产品或服务

实践中，企业生产产品或提供服务是建立在一系列具有特定流程的作业活动基础之上的。客户、产品或服务是企业成本的终极核算对象，但企业人、财、物资源的消耗实际上是与不同工序不同环节的具体作业活动直接关联在一起的。作业成本核算的指导思想就是：作业消耗资源、产品消耗作业。企业在生产产品或提供服务的过程中，通常执行的作业越多、作业量越大，其所消耗的资源也就越多。而引发企业作业活动的原因既有客户、产品或分销渠道

等外部原因，也有由上下游作业工序所引发的内部支持作业方面的原因。有别于传统成本核算将成本直接分配到产品或服务的做法，作业成本核算首先基于资源动因，将资源成本分配到作业或作业中心，形成作业成本，然后再基于作业动因，将作业成本根据所耗用的作业量分配到具体的产品或服务中。显然，这种直接基于作业动因和成本动因的成本计算方法，不仅能提供精准的作业成本信息，也能提供更加准确的产品成本信息，而且成本计算的过程也更为透明。

作业成本法最初主要用于制造业。进入 20 世纪 90 年代后，该方法在银行、电信等服务性行业也得到了越来越多的应用。与制造业相比，电信企业的成本核算和管理工作更为复杂。首先，大量共享（共同）成本的存在和分摊问题，给准确核算每一种电信业务的成本带来了巨大困难；其次，电信市场开放竞争的巨大压力，迫使电信企业开始思考如何优化内部作业流程，降低运营成本，提高经营效率以及对外如何制定有针对性的价格策略的问题；再次，从产业管制的角度来看，在开放竞争的市场环境下，为促进公平竞争，保障普遍服务，管制机构也要求被管制企业提供更为详细、准确的业务成本数据以及网络元素成本信息。所有这一切都促使世界各国的电信运营企业和管制机构纷纷探索建立新的更有效的成本核算体系和成本管理方法。应用作业成本法核算电信业务成本，能使成本信息更加准确，企业的管理和决策更加有效。目前，国际上已经有多家电信公司，如美国的 AT&T 、Bell-south、Worldcom、英国的 BT、巴西的 CTBC Telecom 、葡萄牙的 Portugal Telecom 等采用作业成本管理方法。不论就电信企业自身的经营管理还是就政府机构的管制政策制定而言，将作业成本法及作业成本管理在电信行业推广应用都具有重要意义。

复习思考题

1. 简述通信产品成本的含义、构成及其特点。
2. 简述会计成本、经济成本、工程成本的主要区别。
3. 固定市话网与移动网的增量成本结构变化有何不同特点？
4. 简述采用"自上而下"和"自下而上"模型进行成本测算的具体思路。
5. 试分析采用长期增量成本法进行成本测算的积极作用与局限性。

第 **9** 章 **通信资费**

通信资费是通信企业出售通信产品的价格，其定价方法、资费水平、资费结构和收费方式，直接关系到通信企业和用户双方的切身利益。从通信企业的角度来看，合理的资费水平是保证通信企业获得相应收入，从而弥补生产经营过程中的成本费用支出并获取利润、保持发展潜力的前提条件；从用户的角度来看，制定用户认同的资费标准是促进通信服务消费，提高福利的重要前提。鉴于通信行业技术经济特点的影响，为防止企业利用其垄断地位，制定垄断价格，损害用户利益，从而规范价格竞争秩序，维护公平竞争的市场环境，促进通信业持续健康发展，国家有必要对通信资费进行管理。本章从阐述通信资费的内涵、分类和计价单位入手，进而分析通信资费确定的影响因素、探讨通信资费确定可供选择的方法，并对通信资费结构、定价方式和政府对资费的管理等所涉及的相关理论和实践问题进行系统分析。

9.1 通信资费及其分类

9.1.1 通信资费的实质

通信服务产品的价格通常被称作通信资费或通信业务资费标准。在社会分工系列中，通信部门的职责是为全社会提供传递信息的服务，用户享用通信服务则需要按照规定的资费标准支付费用，这和购买其他任何商品按标定价格支付货款相比没有什么差别。所以，通信资费标准（简称资费）的本质含义就是通信企业出售通信产品的价格，是以通信产品价值为基础的通信产品交换价值的货币表现，是通信产品价值的社会实现尺度，反映了通信企业和用户之间相互交换劳动的商品经济关系。把通信产品的价格称作资费而不直接称之为价格，主要是由通信生产的服务性质和通信产品的非实物形态所决定的。

9.1.2 通信资费的分类

通信企业提供的各种通信服务业务项目的收费标准及其相互之间的比例关系构成了通信资费体系。随着通信技术进步和通信企业业务经营范围的拓宽、业务种类的增加，通信资费体系所包含的内容和复杂程度也在不断增加。理顺通信资费体系，实施有效的资费策略，需要从不同角度了解通信资费的分类和构成。

1. 按照通信专业分类

按照专业性质不同划分，通信业务资费可分为邮政业务资费和电信业务资费两大类。邮政业务资费按照邮件运递的地域范围可以分为国内邮政业务资费、港澳台邮政业务资费和国际邮政业务资费 3 类，其中，国内邮政业务资费按照业务种类不同又可以分为函件资费、邮政包裹资费、特快专递邮件资费、电子信函资费、邮政汇兑资费、邮政代发广告资费等。电信业务资费按照业务种类的不同可以细分为固定电话业务资费、移动电话业务资费、数据业务资费、增值业务资费、互联网接入业务资费、网元出租业务资费等。

2. 按照用户类型分类

根据用户类型的不同，通信资费可分为直接面向最终用户的业务资费和服务于通信运营商的业务资费。其中，服务于最终用户的业务资费可按用户性质分类为集团用户资费、住宅用户资费和直接面向个人用户的资费。服务于通信运营商的资费包括电信网间接入资费、互联结算资费、邮政企业之间的网间结算资费等。

3. 按照市场结构分类

按照市场结构也就是通信业务市场开放竞争的程度不同，可以将通信业务资费划分为竞争性业务资费和非竞争性业务资费两大类。这里所说的竞争性业务指的是相对于垄断业务或专营业务而言同质竞争或异质竞争比较充分的业务，这类业务的资费应当由企业根据市场供求状况以及自身的经营策略自主灵活制定。非竞争性业务包括自然垄断业务，政府规定的专营业务以及一些尽管存在多家运营主体，但还未真正形成有效竞争的业务。为防止企业制定垄断高价获取超额利润，损害用户利益，对这类业务资费的制定，政府通常会实施资费管制。

4. 按定价策略分类

（1）单一资费和选择资费

单一资费指的是通信企业针对某种通信业务，只制定一种资费标准。而针对某种业务向用户同时提供多种档次的收费标准，由用户根据需要和喜好随意选择，则形成选择资费。制定可供用户选择的多种资费套餐，是通信企业细分市场，迎合用户需要，锁定不同消费群体的有效手段。

（2）独立资费和捆绑资费

针对一项业务单独制定的资费标准，称为独立资费。而将两种或两种以上的业务组合在一起提供并打包定价，就形成捆绑资费。捆绑资费对用户具有吸引力的原因在于，捆绑业务的价格通常比单独购买时各业务的价格之和低，而且，享用捆绑服务会给自己带来方便，使工作效率更高。对通信企业来说，将不同业务组合在一起打包定价，是一种有效的促销手段和竞争策略。面对激烈的市场竞争，直接降低业务资费很容易被竞争对手发现并可能引发价格战，而利用捆绑销售给予价格折扣等优惠方式更具隐蔽性。捆绑资费以产品包的形式提供了价格折扣的购买激励，也有利于降低用户支付意愿的分散程度，增强用户黏性，从而提高业务市场占有率。

5. 按照业务性质分类

通信资费按照通信企业所提供业务的性质不同，可分为基本业务资费和非基本业务资费两类。其中，基本业务资费是指广大用户普遍使用的业务的资费，其资费水平的高低应体现可负担原则。对于基本业务资费的制定，政府管制的程度较高甚至政府直接定价，以保证通信的普遍服务。非基本业务资费是指除基本业务资费之外的其他业务的资费。

9.1.3　通信资费的计价单位

通常，用户在购买商品时，根据商品单价和购买数量支付总费用，通信服务产品的消费和费用计收同样如此。用户享用电信服务的数量可以按时长、次数、流量、容量等计量，相应地，电信服务的计价单位也就表现为使用一定时间的价格或者单位次数、单位流量、单位容量的价格，如固定电话××元/秒或××元/次、数据业务××元/Mbit/s 流量或××元/8Mbit/s 带宽/月等。当电信企业作为综合信息服务提供商既提供通信服务又提供信息服务时，信息服务的收费既可以按照信息数据量的大小计价收费，也可以按照单位完整信息内容收费，如××元/每部电影、××元/每首歌曲等。

邮政通信是基于交通运输网络，通过信息实物载体的空间位移来实现信息传递的。由于邮件自身重量、体积以及传递距离远近的不同，其所需耗费的劳动也明显不同，因此，单位邮件价格的制定，需要全面考虑邮程、邮件尺寸和重量等因素，如果邮程和邮件尺寸不同，单价也会存在差异。而对于重量在一定范围、寄递频繁的普通信函业务，出于保障普遍服务和方便用户的考虑，通常对其采取均一资费制计价。

9.2　通信资费水平的确定

9.2.1　通信资费确定的影响因素

作为通信服务产品的价格，通信资费是通信产品价值的货币表现，而通信产品价值量的大小又是由生产单位通信产品的社会必要劳动耗费决定的。通信资费应当以生产单位通信产品的社会必要劳动耗费为基础，符合通信产品价值，这是价值规律的客观要求。但在现代市场经济条件下，通信产品价格的确定不仅要受等价交换原则的支配，还要受到市场供求状况和国家政策等多重因素的影响。所以，通信资费水平只能大体反映通信产品的价值，而不绝对等同于通信产品的价值。实践中，决定和影响通信资费水平的因素包括以下主要方面。

1. 成本费用

成本是价格的重要组成部分，是价格决定的下限，因而成本费用是影响和决定通信产品价格水平最为基本的因素。合理的资费水平应当保证通信企业在向社会提供完整有效的通信服务产品之后，能够获得相应的收入，用以弥补其在生产经营活动中支出的必要成本费用，并可获得至少不低于其他行业的平均利润，因为这是通信企业维持正常的再生产运营和不断扩张，保持发展潜力的前提条件。所以，在开放竞争的市场环境下，企业提供通信服务的成本应该是通信产品定价的最低水平。

为了给通信产品价格的确定提供基本的成本数量依据，应按完全成本法归集成本费用。这里的成本费用不是个别地区、个别企业的成本费用，而应是邮政与电信资费表中所列各类专业产品的全国综合平均成本。理论上，只有专业产品的全国综合平均成本才能代表社会平均生产条件（中等技术装备水平和劳动者的平均熟练程度）下，通信部门为社会提供单位完整通信服务的社会必要劳动消耗量。

2. 社会平均盈利率

价格由成本和盈利构成,而盈利率是影响单位产品价格中盈利量大小的直接因素。需要指出的是,计算价格所依据的盈利率不是个别部门、个别地区或个别企业的盈利率,而应是全社会的平均盈利率。按社会平均盈利率确定价格是社会化大生产和现代商品经济发展的必然要求,也是不同部门的生产者为争取有利的投资领域彼此间竞争的必然结果。通信业属社会公用基础设施,是否每一种业务项目都一定要得到平均盈利,应视业务的性质确定。原则上,按市场化、商业化原则经营的业务,其资费水平应保证这类业务经营能够在补偿必要成本费用的基础上获得平均盈利。而对于国家要求实行低价政策的普遍服务业务和政策优惠性服务,其通常只能实行微利、保本甚至亏损经营,对此,国家应以某种方式给予相应的补偿。

3. 市场供求关系

市场供求关系是指市场供给与市场需求之间的关系,其中,市场供给是指整个社会通信能力的供给,市场需求是指现实的有支付能力的需求。在市场经济条件下,供求与价格间存在着互相影响的关系。供求变化会引起价格波动,反过来,价格变化也会引起供求的相应变化。在考虑供求因素对资费决策的影响时,最重要的在于把握各种业务的需求价格弹性。需求价格弹性表示的是一种商品的需求量对该商品本身价格变化的反映程度。由于出售商品的总收益 $TR=$ 价格 $P×$ 销量(需求量)Q,所以,如果某商品的需求是富有弹性的,即价格变动会引起需求量更大幅度的变动,那么,当该商品的价格下降时,需求量增加的幅度会大于价格下降的幅度,这时,总收益会增加;反之,则会减少。不同需求弹性的商品,其价格策略的运用是不同的。对于价格弹性大的通信业务,其才可能通过降低资费水平来增加业务量和业务收入。对需求的收入弹性进行计算,也是考虑供求因素,进行资费决策不可忽视的重要方面。需求收入弹性表示需求对收入变动的反映程度。需求收入弹性大的商品,其潜在的市场容量也大。因此,需求收入弹性影响着需求的增长,进而影响供求关系。对各类业务的需求收入弹性进行测算,是对通信业务的长期发展进行预测,分析供求变化趋势,进行价格决策的重要依据。

4. 产品生命周期

所谓产品生命周期是指一种产品从开发、投入市场到最终被市场淘汰的全过程。这一过程包括导入期、成长期、成熟期和衰退期 4 个阶段。产品生命周期各阶段的划分依据是产品在市场上的销售状况及盈利能力的变化。根据国际通用的按商品销售量的增长率为标准来划分,假设ΔY为销售量的增长率,Δt 为时间的增加量,一般情况是:当$\Delta Y/\Delta t$之值从销售开始起小于 10% 时为导入期;随着时间推移,当$\Delta Y/\Delta t$之值大于 10%时为成长期;当$\Delta Y/\Delta t$ 之值处在 0.1%~10%时为成熟期;当$\Delta Y/\Delta t$ 之值为负数时,说明该商品开始进入衰退期。较为理想的状况应当是新产品开发期短、开发成本低;导入期与成长期短,因而能够较快达到最大销量,尽早获取最大收益;成熟期长,即盈利时间长;衰退期缓慢,利润不是突然下降的,而只是逐步下降的。由于一种产品在其生命周期的各个阶段具有不同的市场特征,因而,企业在生产经营中只有把握这些特征,依据不同阶段上需求和竞争的具体情况,采取相应的价格策略,才能在动态变化的市场环境中赢得竞争的主动权和有利的市场地位。

通信业的各种业务中有不少业务存在着明显的生命周期迹象。例如，公众电报业务从1844年5月24日第一份公众电报发出后，在经历了导入期、成长期和成熟期后，在20世纪90年代在中国进入衰退期。移动电话业务在经历了20世纪80年代中期开始的市场导入阶段后，现已步入成长期向成熟期转变的阶段。IPTV、手机电视、移动支付等网络融合业务和移动数据业务，从总体上看，目前正处于其生命周期的导入阶段。

信息通信技术的飞速发展缩短了通信业务的生命周期，新兴业务快速涌现。由于通信新业务大多是依托现有网络开发的企业效益和社会效益都比较好的业务的，这类业务诱发竞争的可能性极大，而通信业又是一个具有显著规模经济特性的产业，因此，无论是从扩展市场份额还是从提高通信网的利用效率、实现规模经营的角度分析，绝大多数新型业务从一开始投入市场起，就要树立正确的经营观，以优质服务和相对低廉的价格吸引用户、争取市场。

5. 产品相关性

产品相关性是指产品间的相关关系，主要包括替代关系和互补关系两种。所谓替代关系，是指两种不同的商品或劳务在使用价值上可以相互代替来满足人们的某种需要。对于有替代关系的两种商品，其中一种商品价格的变化，通常会引起与它有替代关系的另一种商品需求量的同方向变化，其变化强度大小可用需求的交叉价格弹性来表示。通信业务中，普遍存在着这种替代关系。例如，给据函件与平常函件、函件与电话、移动电话与固定电话、IP电话与传统的国内和国际长途电话等。最典型的是廉价的移动短信业务加速了寻呼业务的衰落，从而反映出这两种业务间强烈的替代关系。

所谓互补，是指两种不同商品能相互补充、共同满足一种愿望或需求，如邮购与广告函件、电子商务与快递服务、电信业务与终端产品等彼此间就存在着互补关系。存在互补关系的两种商品，其中一种商品价格变化，通常会引起与它有互补关系的另一种商品需求量的反方向变化。例如，BP机价格下降，曾经导致市话业务量上升；智能手机价格下降，导致移动互联网用户和业务量大幅增长；电子商务网站节假日降价促销，导致快递业务量急剧增加等。

现实中，在制定和调整各种通信业务的资费标准时，要考虑相关业务的替代和互补关系，准确测算其替代和互补弹性，从而正确进行资费决策，促进合理的价格体系的形成和各种业务的发展。

6. 市场开放度

市场开放的程度也是影响价格水平的重要因素之一。在其他因素不变的情况下，竞争因素决定产品价格在其上限和下限之间的浮动方向和幅度。若市场开放度高，竞争激烈，产品价格将不得不趋于下限即成本；反之，市场开放度低，竞争不充分，价格可趋向上限即买方的最大价格承受能力。一种产品或服务在市场上面临的竞争程度，可用市场结构来加以说明。市场结构是一个反映市场竞争和垄断关系的概念。典型的市场结构有4种类型，即完全竞争市场、完全垄断市场、垄断竞争市场和寡头垄断市场。这4种类型的市场结构的竞争或垄断的程度不同，其价格形成方式和水平也存在很大差异。

在完全竞争的市场结构条件下，充分的竞争使得任何企业只能是市场价格的接受者，而企业难以操纵、控制产品的定价。在完全垄断的市场结构条件下，由于行业内只有一家生产厂商，该厂商控制着整个行业的生产和市场销售，因此，不存在任何竞争威胁的垄断厂商可以完全控制和操纵市场价格。在垄断竞争市场上，拥有市场势力的厂商控制着相关产品或业务的价格。拥有市场势力的厂商是指拥有一定规模的市场份额，并对相关产品定价具有控制力的厂商。对于市场份额的界定，不同国家和地区有不同的标准，如欧盟定义超过 25% 的市场份额即被认为拥有市场势力。寡头垄断市场是现实经济中较为普遍的一种市场结构类型，也是最适宜于基础电信业务市场的一种市场结构组织模式。在寡头垄断的市场结构条件下，整个市场产品的生产和销售实际上掌控在少数几家寡头企业手中。由于寡头之间既有竞争又有勾结，因此，在寡头竞争市场上，产品价格和产量的决定是一个相对复杂的问题。传统的寡头理论主要以古诺模型为代表。古诺模型认为，在寡头市场上，每个寡头都把竞争对手的价格作为既定价格，而令自己的价格追随对方的价格进行变动，以求实现利润最大化。实际上，在寡头无勾结的情况下，这种价格追随竞争将是一个没有终点的过程，寡头企业之间的激烈竞争必然导致价格下降、利润减少。为避免价格竞争，进行串通、合谋定价是这类市场存在的普遍现象。现代寡头理论则用博弈论的方法进行分析。博弈论中著名的纳什均衡模型认为，寡头企业实行行业自律，形成的"卡特尔"协定不是一个纳什均衡，不可能稳定存在。因为寡头企业中的任何一方都会意识到，当对方降价时自己不降价将会遭受很大的损失；而当对方不降价时自己降价则可以获得更大的利益。最终的结果是双方都会选择降价，而且这一博弈的过程可以重复多次，直至价格接近竞争市场价格水平。可见，在寡头垄断的市场结构条件下，价格并非由市场供求关系决定，而是由少数寡头垄断者通过合谋、达成协议而制定的，但这样的价格"卡特尔"协议是不稳定的。

7. 业务性质

通信企业经营的各种业务在性质上是有差异的，有些业务属低档业务，有些业务属高档业务。由于这两类业务的主要服务对象和业务发展目标不同，企业需要采取不同的资费政策和定价策略。通常，低档业务属通信的基本业务，以实现普遍服务为目标，旨在保证社会上的低收入者能够与其他人一样，有条件享用最起码的通信服务。因而，低档业务要考虑低收入阶层的承受能力，实行低价策略。高档业务主要面向经济实力雄厚的企业与居民中的中高收入阶层以及有特殊需要的用户群体。相比较而言，这类业务应该而且也有必要制定相对较高的价格。因为高档次业务尤其是一些特殊服务，只能以部分人的需要得到满足为条件，提供这类服务需要优先安排各种资源，优先提供服务，甚至采用特殊装备，有必要贯彻按质论价原则。按业务性质定价可发挥一定的收入再分配作用，是实现社会福利在生产者和用户之间以及不同的用户之间公正分配的手段之一。

现实中，在实际进行资费决策时，除了考虑上述因素的影响外，还要考虑诸如国家政策、通货膨胀、国际资费水平及地区差异等因素。作为现代社会最重要的基础设施，通信资费的高低影响面极大。因此，在确定通信资费时，必须综合考虑各种因素，注意兼顾国家、通信企业和用户三方面的利益。

9.2.2　通信资费确定的方法选择

1. 边际成本定价

按照经济学理论，边际成本定价是实现资源有效配置和社会经济福利最大化的最优定价方法。按照规范的福利经济学的观点，社会经济福利是消费者剩余和生产者剩余的总和。所谓消费者剩余（Consumer Surplus），又称消费者净收益，是指消费者为取得一定数量的某种商品所愿意支付的最高价格与它取得该商品而实际支付的价格之差。生产者剩余（Producer Surplus）是指厂商提供一定数量的某种商品时，实际接受的总支付与它所愿意接受的最小总支付之间的差额。实际上，生产者剩余就是企业生产销售一定数量的某种商品所获得的经济利润。

如图 9-1 所示，假定 $D=f(P)$ 表示某种特定商品或服务的需求曲线（边际效用线），$P=P(Q)$ 表示其逆需求曲线，$S=g(P)$ 表示供给曲线，P 表示该商品或服务供求均衡时的价格，Q 表示产量，则消费者剩余 CS 可表示为：

$$CS = \int_0^q P(Q)\mathrm{d}Q - PQ$$

再假定企业成本费用函数为 $C=C(Q)$，在不存在生产外部性的情况下，企业成本费用函数可以用来表示该商品的社会总成本函数，则当价格为 P，产量水平为 Q 时，生产者剩余 PS 可表示为：

$$PS = PQ - C(Q)$$

令 W 表示社会总福利，则：

$$W = CS + PS = \int_0^q P(Q)\mathrm{d}Q - PQ + PQ - C(Q)$$

$$= \int_0^q P(Q)\mathrm{d}Q - C(Q)$$

为求 Max W，将等式两边对 Q 求一阶导数，并令其等于零，则有：

$$\mathrm{d}W/\mathrm{d}Q = P(Q) - C'(Q) = 0$$

也即：$P = C'(Q)$。

由于 $C'(Q)$ 就是边际成本 MC，按照 $P=MC$ 决定的价格水平能够实现社会经济福利最大化。但对于电信行业来说，规模经济的存在，导致在一定的市场需求规模范围内，电信企业平均成本 AC 随产出量的增大而递减，平均成本线向右下方倾斜，而且边际成本总是小于平均成本，如图 9-2 所示。

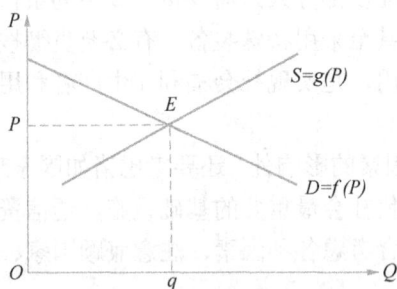

图 9-1 消费者剩余

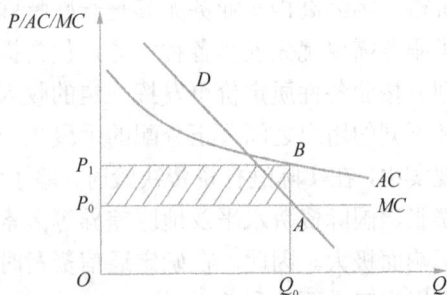

图 9-2 成本递减产业的边际成本定价

此时如果按边际成本定价，就会将价格确定在 P_0 的水平，企业就会出现亏损 P_1BAP_0，这部分亏损实际上就是电信企业没有收回的固定成本。可见，按边际成本制定价格，尽管有助于增加社会福利，提高资源配置效率，对消费者有利，但对具有成本递减特性的电信企业来说，生产单位产品的固定成本就无法收回了。按边际成本定价，无法补偿电信企业巨大的固定成本支出，也就无法保持企业的可持续发展。

2．平均成本定价

电信行业规模经济和成本弱增性的特点决定了电信企业无法按照边际成本制定资费。为了弥补亏损，实现企业财务收支平衡，最直接的办法就是按照平均成本定价。如图 9-3 所示，由于平均成本线 AC 位于边际成本线 MC 的上方，采取平均成本定价，价格必须高于边际成本，确定在 P_1 的水平上。因为任何低于 P_1 的定价都会导致企业亏损，而任何高于 P_1 的定价都会导致社会福利的降低，只有保持 $P = C(Q)/Q = AC$，才能实现企业财务的收支平衡，同时维持尽可能高的消费者剩余。

按照平均成本定价，需要测算每一种通信业务的社会必要平均成本。实践中，这种测算通常是以通信企业财务账目上记录的历史成本、实际成本为

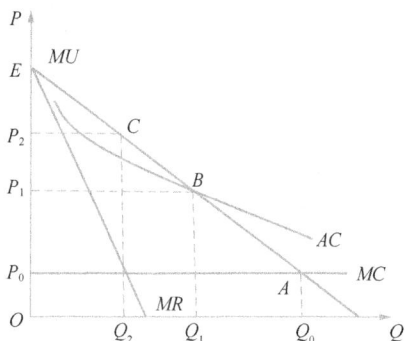

注：图中 MU 代表边际效用，MR 代表边际收益
图 9-3 电信业务平均成本定价

依据，将大量的共用成本尽可能合理地分配给不同的通信业务，形成每一种业务的完全分摊成本，即每种业务的总成本，由此计算出每一种业务的平均单位成本，作为制定资费标准的依据。可见，平均成本定价法是一种基于成本分摊的定价方法。通过成本分摊，所有的成本都将找到承担的对象，按这样完全分摊成本定价，企业自然可以实现收支平衡。该方法直观实用，可以完全弥补通信企业的实际支出，易于为企业接受，所以，在通信行业应用十分普遍。

在一个竞争充分的市场上，企业按平均成本自主定价，能充分体现价值规律的要求。但对具有自然垄断技术经济特征的通信企业来说，按平均成本定价存在着许多局限性。首先，通信企业按平均成本自主定价，意味着价格必须确定在平均成本线和边际效用线相交的水平上，如图 9-3 所示，由平均成本定价所确定的价格为 P_1、产量为 Q_1。当价格等于平均成本时，尽管此时企业刚好达到盈亏平衡，产量 Q_1 也大于按最大利润定价（$MR = MC$）时的产量 Q_2，但这时的产量 Q_1 由于处在产品的边际效用大于边际成本的阶段，这一产量水平仍低于按边际成本定价的产量 Q_0，价格 P_1 却高于按边际成本定价时的价格 P_0。从提高社会分配效率和维护消费者利益的角度考虑，平均成本定价次于边际成本定价。如图 9-3 所示，按平均成本定价时，消费者剩余为 EBP_1；按边际成本定价时，消费者剩余为 EAP_0，EBP_1 明显小于 EAP_0。其次，自然垄断行业按平均成本定价，对于由政府定价的业务，由于政府部门对企业财务和经营状况的了解程度不如企业对自身状况的了解程度，在信息不对称条件下做出的定价决策，可能会使资源配置偏离平均成本定价的要求，使企业获得超额利润，无法实现社会福利最大化。再次，平均成本定价法在基于历史成本分摊测算单位业务的平均成本时，大量共用成本分摊标准和方法的确定缺乏科学依据，随意性大，而且，在不同业务间分摊共用成本时，很容易产生内部交叉补贴的问题。最后，这种方法完全从弥补成本的角度定价，缺乏对促进效率提高激励的考虑。

3．二部资费定价

二部资费定价是一种反映成本结构的定价方法。从资费结构来看，二部资费（Two-Part Tariff）由两部分收费项目构成：一部分是与使用量无关的按一定时间段（通常为一个月）收取的"基本费"，即定额资费 R_0；另一部分是按使用量 Q 和单位业务固定费率 K 收取的"从量费" KQ，收费总额 $R = R_0 + KQ$，如图 9-4 所示。

从与成本结构的对应关系来看，二部资费当中基本费 R_0 的收取，通常是对企业固定成本的补偿，因为这部分费用（价格）是用户为取得某项服务的使用许可而必须定额缴纳的费用，与消费数量的多少无关，而只与消费与否有关，与固定成本有关，通常采用用户平均分摊、定额计算的方法；相应地，二部资费中从量费用 KQ 的收取可看成是对企业变动成本的补偿，因为这部分费用与用户的消费数量有关，与变动成本有关，单位业务的固定费率通常基于每单位服务的边际成本制定。二部资费定价将定额资费与线性从量资费合二为一，较好地反映了通信业务的成本结构。实际上，二部资费定价法是平均成本定价法的变形，即是"以收支平衡为条件实现经济福利最大化"的一种定价方法。

首先，较之边际成本定价，二部资费定价解决了企业亏损的问题。如图 9-5 所示，电信企业的边际成本 MC 保持不变，规模经济性导致企业平均成本 AC 随着业务量的增加而递减。在此条件下，如果只按照边际成本制定业务使用价格 P_0，则 $P_0=MC$，产量为 Q_0。此时，企业无法收回固定成本，亏损额为 P_2BAP_0 就等于企业的固定成本总额。为回收固定成本，实现收支平衡，电信企业可以在按边际成本定价收取从量费用的同时，将年固定成本总额除以用户总数，得到每个用户平均承担的年固定费用，再除以 12（个月），就得到每个用户每月应承担的月基本费（定额费），记为 R_0。如果某用户月使用量为 Q_i，则该用户每月的电信业务费用总支出为 $R_i=R_0+P_0Q_i$。如果用户数为 n，则电信企业该业务月收费总额为：

$$R=nR_0+\sum_{i=1}^{n}P_0Q_i$$

式中：nR_0——收回的固定费用总额；

$\sum_{i=1}^{n}P_0Q_i$——收回的变动成本总额。

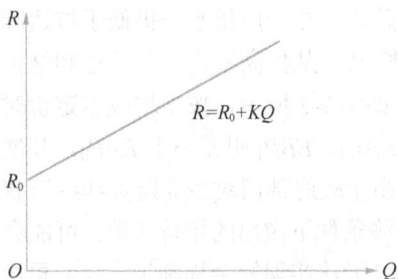

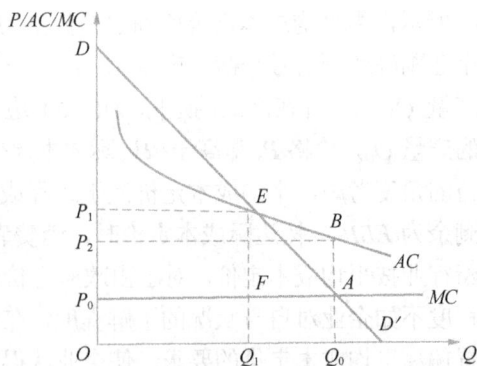

图 9-4　二部资费定价　　　　　　图 9-5　二部资费与福利增进

可见，二部资费定价既可以按照边际成本定价收取变动费用，又可以通过收取基本费补偿固定费用，从而使企业达到收支平衡。

其次，二部资费定价较之平均成本定价能使消费者获得更多的经济福利。从增进消费者福利的角度看，尽管二部资费定价次于边际成本定价，却优于平均成本定价。如图 9-5 所示，平均成本线 AC 与需求曲线 DD' 相交于 E 点，如果按照平均成本确定资费，则价格为 P_1，对应的产量为 Q_1，企业收取的费用总额为 P_1EQ_1O。其中，用于补偿固定成本的费用总额为 P_1EFP_0。此时，消费者剩余为 DEP_1。如果按照边际成本定价，则价格为 P_0，对应的产量为

Q_0，企业收取的变动费用总额为 P_0AQ_0O，企业无法收回的固定费用总额即亏损额为 P_2BAP_0，此时的消费者剩余为 DAP_0。短期内，由于企业的固定资产投入是一定的，无论是按照平均成本定价还是按照边际成本定价，企业的固定成本支出总额是相同的，因此 $P_1EFP_0 = P_2BAP_0$。

在采用二部资费定价时，企业把按照边际成本定价导致的固定费用亏损额 P_2BAP_0 作为基本费向用户收取，同时把 P_0AQ_0O 作为从量费收取。由于 $P_2BAP_0 = P_1EFP_0$，企业获得的资费总收入为 P_1EFAQ_0O，此时的消费者剩余为 $DAP_0 - P_1EFP_0 = DEP_1 + EAF$，它虽然比边际成本定价时的消费者剩余 DAP_0 小，但比平均成本定价时的消费者剩余 DEP_1 要大。可见，二部资费定价的社会分配效率、其对消费者经济福利的增进作用次于边际成本定价的增进作用，但优于平均成本定价的增进作用。

需要强调的是，上述"二部资费定价在增进消费者经济福利方面优于平均成本定价"的结论，是以企业固定费用的收取不会导致消费者退出消费作为前提条件的。由于二部定价要收取一笔与消费数量无关的固定费用，电信行业固定成本还比较大，如果全部的固定成本都需要依靠基本费收回，尽管用户规模庞大、数量众多，但仍有可能出现单位用户分担的固定费用比较高的情况。过高的基本费会使得低收入群体和仅有少量需求的用户感觉不公平，甚至可能退出消费。用户退出消费自然会带来社会福利的损失。

如图 9-6 所示，由于基本费的收取，用户需求曲线由 DD_1 移至 DD_2，变动前的社会总福利为 DAP_0 减去固定成本 $FBAP_0$，变动后的社会总福利变为 DMP_0 减去固定成本 $EKMP_0$。由于短期内固定成本前后不变，$EKMP_0 = FBAP_0$，因此，采取二部资费定价，在存在用户退出的情况下社会福利的变化为 DAP_0 减去 DMP_0，福利减少量为 DAM。

正是由于相对较高的定额资费也就是基本费的收取，存在着排挤低收入群体和具有少量需求

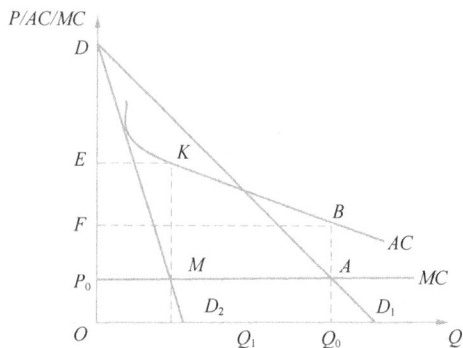

图 9-6 二部资费与福利损失

的用户的可能性，实践中采取二部资费定价与理论上的二部资费结构存在差异，企业的固定成本不一定完全通过收取基本费进行补偿。例如，在确定基本费的时候不以收回固定成本总额为目标，而只以收回部分固定成本为目标，在降低通过基本费收回固定成本的比例的同时，提高从量费的单价收取水平。此外，针对不同需求程度和价格敏感度的消费群体分别确定不同的基本费和从量费，由用户根据需要选择适合自己的资费结构和缴费方式等，这些变通的做法不但迎合了不同层次用户的需要，而且有助于防止用户退出消费。

在采用二部资费定价法确定电信资费时，不论用户使用量有多少，企业固定成本的全部或一部分总能通过基本费收回，这有助于企业经营的稳定。考虑到电信业是典型的资金、技术密集型行业，其技术进步水平高于社会平均水平，所以按"二部定价法"定价，不管是固定费用（价格）还是从量费用（价格），都应以前瞻性成本为基础。按前瞻性固定成本和边际成本定价，将有助于促使企业在生产经营中努力降低成本、提高效率，也有利于消费者利益的保护。

4. 拉姆塞定价

经济学理论认为，实现资源有效配置和社会总福利最大化的最优定价方法是按边际成本

定价。但对具有成本递减特性的电信企业来说，其单纯按照边际成本定价，将无法补偿企业巨大的固定成本支出。既要保证社会福利，又要使企业不至于亏损，次优的选择便是在保证企业收支平衡的条件下，尽可能地使经济福利最大化。英国经济学家拉姆塞（F.P.Ramsey，1927）对这一问题做出了具有代表性的研究。拉姆塞定价法的基本思想是：在边际成本价格使企业无法弥补成本从而产生亏损，企业无法接受这个价格的情况下，企业只能采用一个偏离边际成本的价格，以使盈亏至少相抵。为了找到这个价格，首先假设某自然垄断企业只生产一种产品，也只对应一个消费群体。如果该企业的逆需求函数为 $P=P(Q)$，成本函数为 $C=C(Q)$，则单一产品满足 $PQ=C(Q)$，即收支平衡约束条件下的社会福利最大化问题的拉格朗日表达式为：

$$W(Q,\lambda) = \int_0^q P(Q)\mathrm{d}Q - C(Q) + \lambda[PQ - C(Q)] \quad ①$$

① 式与 Q 相关的最大化的一阶条件为：

$$\frac{\mathrm{d}W}{\mathrm{d}Q} = P - C'(Q) + \lambda\left[P + Q\frac{\mathrm{d}P}{\mathrm{d}Q} - C'(Q)\right] = 0 \quad ②$$

② 式中，$C'(Q)$ 为边际成本 MC，λ 为拉格朗日乘数，将②式整理，则有：

$$(1+\lambda)\frac{P-MC}{P} = -\lambda\frac{Q}{P}\frac{\mathrm{d}P}{\mathrm{d}Q} \quad ③$$

令 $e = -\frac{\mathrm{d}Q}{\mathrm{d}P}\frac{P}{Q}$，$e$ 表示需求价格弹性，则：

$$\frac{P-MC}{P} = -\frac{\lambda}{(1+\lambda)}\frac{\mathrm{d}P}{\mathrm{d}Q}\frac{Q}{P} = \frac{\lambda}{(1+\lambda)}\frac{1}{e} \quad ④$$

设 $R = \frac{\lambda}{(1+\lambda)}$，则 $\frac{P-MC}{P} = R\frac{1}{e}$，也即：

$$P = \frac{MC}{1 - R/e} \quad ⑤$$

上式中，R 被称为"拉姆塞指数"，实际上就是对边际成本价格进行一定加成或打一定折扣的系数。

将上述方法扩展到多种产品的一般情形。为了找到多产品生产条件下满足平衡预算和经济福利最大化的次优价格，拉姆塞假设某自然垄断企业生产多种产品或提供多种服务，在保证企业不亏损的条件下求解社会福利最大化，得到一组次优的价格。这组价格略高于边际成本水平，其偏离边际成本的程度与该商品的需求价格弹性成反比，即需求弹性越小，价格偏离边际成本的程度越大。拉姆塞价格用公式表示即为：

$$拉姆塞价格 = \frac{MC}{1 - R/e}$$

式中：MC——边际成本；

R——拉姆塞指数；

e——需求弹性。

采用拉姆塞定价法能够在满足企业收支平衡的条件下实现社会福利最大化，但这种方法也有缺陷。实践中，一方面，企业缺少足够的信息制定拉姆塞价格，因为该定价方法所涉及的边际成本、需求弹性难以准确获取，其估算结果合理与否会直接影响定价效果；另一方面，拉姆塞价格偏离边际成本的幅度与需求价格弹性呈反比，即需求弹性越小，偏离程度越大，价格越高，这必然损害需求弹性小的那部分业务的消费者利益。而在现实中，需求弹性小的产品或服务往往正是必需品。让必需品价格更大幅度地偏离边际成本，将使低收入者的福利受到损害。

即便如此，拉姆塞定价仍不失为竞争性市场上较为适宜的一种定价方法。其一，该方法目标明确，能在满足企业收支平衡的同时达到社会福利最优；其二，这种方法允许企业有定价的灵活性，企业可根据各种业务不同的需求弹性，按照不同的标准在边际成本上加成；其三，拉姆塞价格反映了产品的需求价格弹性，有利于形成与消费者需求结构相适应的价格体系；其四，由于越是竞争激烈的产品或服务，其需求弹性就越高，按照拉姆塞原理，其边际成本的加价幅度就应该越小，因此，采用拉姆塞方法定价，可以鼓励通信企业逐步降低竞争性业务的资费，使之趋向于边际成本。对于拉姆塞定价不利于低收入者的问题，可以通过制定实施有效的普遍服务政策加以解决。

5. 高峰负荷定价

高峰负荷定价是差别定价的一种，是指对运用同一设施为不同阶段的市场（用户）提供的同种产品或服务制定不同的价格标准，具体而言就是对高峰需求期间的用户定高价，对非高峰需求时段的用户定低价。对于电力、煤气、自来水、公路铁路、电信等行业，市场对这些公用基础设施的服务需求在一年中不同的季节或一天中不同的时间段往往存在明显差异。例如，一年中耗电量在炎热的夏季往往形成高峰，而在一天当中，往往是白天形成用电高峰，深夜则形成耗电的低谷；又如长途电话多用于公务，白天办公时间的业务量很大，相比之下，夜间的业务量低很多。

高峰负荷定价能引导用户把高峰时段的部分需求转到非高峰时段，从而提高企业生产能力的利用程度，节省企业的投资，这对企业和用户都有好处。企业能降低成本，增加利润总额（通常高峰需求缺乏弹性，非高峰时段需求相对富有弹性）；非高峰时段的用户可以付低价；高峰时段的用户尽管付的是高价，但从长远看，由于企业提高了设备的使用效率，他们最终也能从中受益。

高峰负荷定价适用于具有以下特征的产品或服务：其一，不同时段的需求存在着巨大的波动，表现出明显的高峰需求和非高峰需求；其二，在不同时期提供同种产品或服务所用的是同一设施。例如，在一天内不同时段提供电话服务使用的是同一电话交换设备和线路，而且这些设施以及由此形成的企业生产能力和规模在短期内难以迅速改变；其三，产品储存成本极高或者根本就无法储存，如电话服务和铁路运力是无法储存的，因而需求的波动短期内无法依靠存货来进行调节。

高峰负荷定价法遵循的定价原则是价格等于边际成本，即按边际成本定价。然而，同样的产品或服务在高峰需求期间和非高峰需求期间的边际成本是不同的。为了说明高峰负荷定价法的原理，假设提供某种服务的成本仅由人工费用和设备费用两部分构成，并进一步假设：单位服务的人工成本为 b，b 为常数，即不因不同时期需求量的不同而不同；单位服务的设备成本（假定是单位设备能力的租金成本）为 B，B 也为常数，即不受设备租用或购买数量的影响。在高峰时段，由于生产能力已被充分利用（表现为生产设备已被全部占用），这时再增加1个单位的服务，不仅要增加人工，还要增加设备，因此，这时的边际成本应等于单位服务的人工成本 b 加上单位服务的设备成本 B，即 $b+B$。但在非高峰时段，由于设备生产能力还有富余，增加服务量，不需要添加设备，只要增加人工投入即可，故此时的边际成本就只包括单位服务的人工费用 b。根据价格等于边际成本的原则，在高峰时段，就应把价格定在 $b+B$ 的水平上；而在非高峰时段则应把价格定在 b 的水平上。如图 9-7 所示，D_1 为高峰时段的需求曲线，D_2 为非高峰时段的需求曲线，高峰需求曲线 D_1 在任何产出水平上都在非高峰需求曲线 D_2 的右方；$b+B$ 为高峰时段的边际成本线，b 为非高峰时段的边际成本线。按照不同时段的边际成本定价，高峰时段的价格为 $P_1=b+B$，产量为 Q_1；非高峰时段的价格为 $P_2=b$，产量为 Q_2。可见，采用高峰负荷定价，产品或服务的固定成本将主要由高峰时段的用户来承担，非高峰时段的用户则主要承担变动成本。

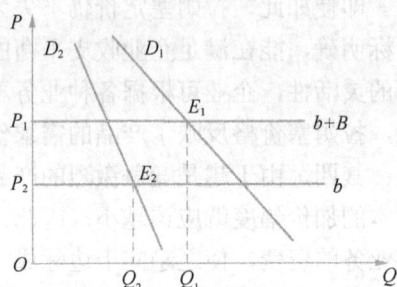

图 9-7　高峰负荷定价

在电信行业，电信业务的需求量按时间分布是不均匀的，许多业务高峰负荷需求和非高峰负荷需求的差异十分明显。由于电信通信服务产品不具有实物形态，无法独立储存，只能即时提供、即时享用，所以，电信企业需要按照高峰负荷需求配备网络生产能力，而在非高峰时段就会出现部分网络生产能力闲置的现象。为了引导消费需求，提高服务质量和网络设施利用效率，需要采用高峰负荷定价方法，对高峰时段和非高峰时段的业务需求实行差别定价。

9.3　通信资费结构

9.3.1　电信单项业务资费结构

单项业务资费结构是指某一项通信业务其资费的收费构成，也就是该项业务的资费具体包括哪些不同的组成部分以及每一部分的收费标准和收费方式。例如，固定电话业务的资费通常由月租费和使用费两部分构成，其中每一部分又有各自的收费方法和收费标准。单项电信业务的资费结构可以分为线性资费和非线性资费两种形式。

1. 线性资费

线性资费（Linear Pricing）是指用户享用通信服务所支付的价格总额与消费数量之间具有一定的线性关系。线性从量资费（Linear Meter Rate）和定额资费（Flat Rate）都属于线性资费。

（1）线性从量资费

线性从量资费指的是针对单位业务制定一个固定不变的基准资费比率 K，并根据用户使用通信业务的数量 Q 的多少收取通信费用 R，用户使用量 Q 越大，乘以单位资费比率后所交付的总费用 R 就越高，用公式表示为 $R=KQ$。

就资费结构而言，线性从量资费中仅包含一项基于单价和使用数量的收费，用户支付的通信费用总额随着其业务使用数量的增加而线性递增，如图 9-8（a）所示。实践中，许多电信业务的标准资费（或基础资费）都属于线性从量资费。例如，制定了每分钟通话费率的电话业务资费；按单位流量确定费率的数据业务资费等。

线性从量资费结构单一，计收简便，用户多用多付费，这样看似公平，但这种资费结构模式在实践中存在着一些局限性。首先，线性从量资费不论用户使用量多少，都按照相同的单位费率收取费用，而在固定成本占有绝对比重的电信行业，通常其业务使用量越大，单位业务分担的成本就越低。因此，单一的线性从量资费对于业务使用量大的用户来说不尽公平。其次，在线性从量资费结构模式下，用户支付的通信总费用与业务使用数量成正比，为了降低通信费用支出，用户尤其是低收入群体将尽可能减少对通信业务的使用，这不利于用户福利的提高。再者，从企业的角度来看，简单地采用线性从量资费也不利于企业增加利润总额。

（2）定额资费

定额资费是不考虑用户实际消费数量的多少，只按照一定时间如一年、一个季度或一个月向用户收取固定数额费用 R_0 的一种资费结构和收费模式。在这种资费结构和收费模式下，用户支付的通信费用总额 R 与业务使用数量 Q 无关，是线性固定的，即 $R=R_0$（R_0 为常数），如图 9-8（b）所示。

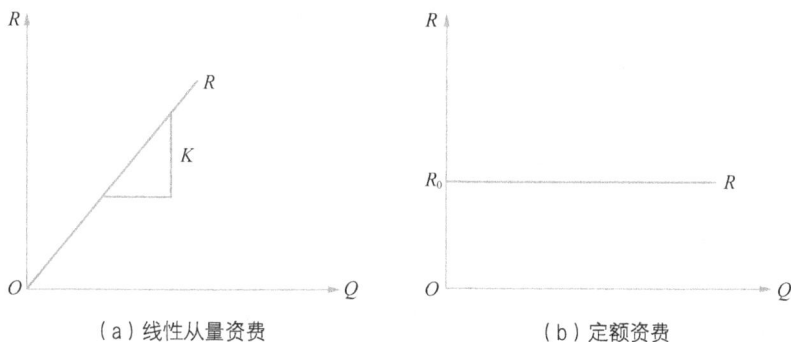

（a）线性从量资费　　　　　　　　　（b）定额资费

图 9-8　线性资费

定额资费在互联网接入业务定价中应用十分普遍，如当前宽带接入业务实行的包月制收费就是典型的定额资费，每个月用户只要缴纳一笔固定的费用就可以随时接入互联网，在缴费期内永久在线。

实践中，定额资费模式既有优点，也存在局限性。定额资费收费单一，简单明确，不易引发资费争议。由于不论使用多少业务都不会带来更多的费用支出，因此，这种收费模式对用户消费存在正向激励，但在网络资源有限的情况下，有可能因用户过度使用网络和业务造成网络资源紧张、拥塞和通信质量下降等问题。从通信企业的角度来看，为了收回成本，定额资费水平的确定必须足以补偿每个用户的平均成本。尽管对所有的用户来说，不论其消费的数量有多少，其所需支付的定额资费都是相同的，但对仅有少量业务需求和消费数量的用户来说不尽公平，这部分用户甚至可能会退出消费，从而会导致企业收益下降。

2. 非线性资费

非线性资费（Nonlinear Pricing）是指用户购买特定商品或服务所支付的价格总额与购买该商品或服务的总数量之间不存在严格的线性比例关系，即用户支付的总价格不随购买总量增加而线性递增。20 世纪 70 年代后期，非线性定价在西方国家的通信、电力、民航、邮政、天然气、铁路等公用事业领域开始得到广泛应用。二部资费、三部资费、四部资费、捆绑资费、结构各异的电信套餐资费等都是非线性定价应用的具体形式。

（1）二部资费与多部资费[①]

二部定价是最简单的一种非线性定价。科斯（Coase，1946）最早对边际成本定价进行了批评，并提出二部定价法以解决单一价格的边际成本定价所导致的企业亏损问题。该定价方案要求用户先缴纳一笔固定的进入费 e，然后再根据消费量 y 和使用费率 m 支付总价格，总价格为 $E=e+my$。二部资费实际上是定额资费和线性从量资费的组合，当进入费 $e=0$ 时，二部资费就成为通常的线性从量资费；当使用费率 $m=0$ 时，二部资费则成为定额资费。当非线性资费方案中存在多个价格分部时，则形成多部资费结构。布罗伊蒂加姆（Braeutigam，1989）给出了非线性资费结构模式下总价格的一般表达式：

$$E=\begin{cases} e+m_1y, & y < y_1 \\ e+m_1y_1+m_2(y-y_1), & y_1 \leqslant y \leqslant y_2 \\ e+m_1y_1+m_2(y_2-y_1)+m_3(y-y_2), & y_2 \leqslant y \leqslant y_3 \\ \vdots & \\ e+m_1y_1+\cdots+m_n(y-y_{n-1}), & y_{n-1} \leqslant y \end{cases}$$

式中：E——企业的总收入或用户的总支出；

e——进入费；

m_i（$i=1$，2，$\cdots$，n）——边际价格；

y——消费量；

n——价格分部。

以四部定价为例，用户首先要支付进入费 e，购买数量不超过 y_1 单位时单位价格为 m_1；继续购买 y_1 到 y_2 单位，价格为 m_2；购买 y_2 到 y_3 单位价格为 m_3。

实际上，n 部定价等价于（$n-1$）个自我选择的两部定价，n 部定价是以（$n-1$）部定价为基础的，三部定价是基于二部定价的一种衍生方案。以语音业务为例，当用户的消费数量达到 y_1 到 y_2 的区间范围时，适用费率为 m_2，这时用户实际需要缴纳的固定基本费用为 e_1（$e_1=e+m_1y_1$），这笔进入费既包括月租费，也包括一部分从量的通信费用。如果用户月内消费量没有达到基本消费限量，基本费用的不足余额不再退回；如果实际使用量超过此基本消费限量，则超出的部分要按照规定的资费标准加收从量费。

对于电信运营商而言，设计多种资费结构方案属于一种市场细分策略，其设定的每一档次的平均实际资费水平是不一样的。通常，这样一组资费方案具有一个特点，就是用户消费数量档次越高、进入费越高，平均单位业务的使用费就越低，这就是不等式 $e<e_1<e_2$，$m_1>m_2>m_3$ 的含义。面对多部资费方案，用户可以根据自己的使用量选择最适宜的资费档次，以便节省开支。

非线性多部资费定价问题可以归结为设计出一个最优的价格方案以最大化社会总福利或企业利润。Faulhaber 和 Panzar（1978）提供了一个有关多部定价的重要结论，他们假设用户按消费数量划分的类型是连续分布的，并且在 n 个自我选择的两部定价之下，如果最低的使用费超过了边际成本，那么，在第 $n+1$ 个自我选择的两部定价中，使用费则更接近于边际成

---

① 王冰. 公共事业规制中的非线性定价及福利改进——以全球通和神州行为例. 数量经济与技术经济研究，2004（6）.

本。因此，$n+1$ 个两部定价的总剩余要大于 n 个两部定价的总剩余，也就是说，$n+1$ 部的定价方案要比 n 部定价方案更具经济效率。Willig（1978）则进一步证明了任何一个不等于边际成本的单一定价都可以用一个帕累托最优的非线性定价取代。可见，相对于用户没有选择余地的线性资费而言，拥有更多选择方案的非线性多部资费可以实现帕累托改进。

（2）捆绑资费

上述二部资费与多部资费主要是针对单一产品进行非线性定价的资费形式。捆绑资费也称多产品资费，是指将两种或两种以上的不同产品捆绑在一起打包定价，并且相对于产品包内所有单产品售价之和提供一定价格折扣的一种资费形式和定价策略。

在市场营销学中，"打包定价""捆绑销售"是一种行之有效的市场营销策略。打包有"纯打包"和"混合打包"之分。"纯打包"是指用户不能分开购买的一组产品或服务；"混合打包"是指用户可以购买打包产品，也可以分开购买个别产品。现实中，"纯打包"的情形是比较少见的，一般情况下，企业会采取混合打包的销售方式。按照被捆绑打包的产品之间是否有相关性划分，捆绑销售可以区分为独立产品的捆绑销售和关联产品的捆绑销售两类。通常，被捆绑的产品之间存在一定的相关性，捆绑定价的效果会更好。

基于用户对不同产品价值的认知差异，考虑产品之间是否有关联关系等因素，厂商设计产品包，并针对产品包制定捆绑资费进行打包销售的动因主要在于以下几个方面。

其一，通过优势产品和其他产品的捆绑销售，对不同的用户实行价格歧视，从中获取更多的消费者剩余。例如，一家游戏公司独自开发了两种游戏产品 A 和 B，该公司这两款产品的销售对象可以分为两类。在分开购买的情况下，第一类顾客对 A 最多愿出 90 元，对 B 最多愿出 30 元。第二类顾客对 A 最多愿出 100 元，对 B 最多愿出 20 元，如表 9-1 所示。每类顾客对 A 愿意出多少钱购买与其是否购买 B 无关，反过来，他们对 B 的最高出价也与是否购买 A 无关的。

表 9-1　　　　　　　　　　捆绑销售与价格歧视　　　　　　　　　　单位：元

顾客及支付意愿	第一类顾客	第二类顾客
对 A 愿付的金额	90	100
对 B 愿付的金额	30	20
对产品包愿付的金额	120	120

假设该公司生产 A、B 两种游戏的成本为零。为了获得最大的销售收益，该公司可以有两种选择，既可分开销售，也可捆绑销售。公司若单独销售 A，它收取 90 元的价格最合适，因为这样两类顾客都会购买 A，公司销售 A 的最高收益为 180 元。同理，公司单独销售 B，把价格定在 20 元可以获得 40 元的最高收益。由此公司分开销售 A 与 B 可以获取的最高总收益为 220 元。如果该公司将 A、B 两种游戏产品捆绑销售，并按照两类顾客对产品包的支付意愿制定产品包的价格，产品包价格为 120 元，那么公司获得的总收益为 240 元。可见，进行捆绑销售，该公司能够获得比分开销售 A、B 两种产品更高的收益和利润。因为将 A、B 两种产品作为一个产品包销售时，公司可以就 B 产品向第一类顾客索取比第二类顾客更高的价格，即前者支付 30 元，后者支付 20 元。同时，公司又可以就 A 产品向第一类顾客提供比第二类顾客更低的价格，即前者支付 90 元，后者支付 100 元。当两类顾客购买同一产品包时，由于他们对产品包的组成产品所愿意支付的价格有差异，此时的捆绑销售定价就已经实现了价格歧视，即游戏公司就同一产品分别向不同的顾客索取了不同的价格。

其二，通过打包销售，提高产品竞争力。捆绑而成的产品包能够带动弱势产品的销售，从而提高其中每个产品的竞争力。例如，预装了 Windows 操作系统的个人计算机要比没有预装 Windows 操作系统的个人计算机更受欢迎，因为前者给用户带来了许多方便，避免了用户的低效率行为。

其三，提供价格折扣。捆绑销售对用户最具吸引力的地方还在于捆绑产品的价格通常比分开单卖的组件价格之和低。实施捆绑销售实际上就等于在向用户销售一种产品的同时，以低于单独售价的增量价格向该用户出售其他产品。通过捆绑销售来提供价格折扣是一种常见的竞争策略，而且不易被竞争对手发现，所以，捆绑销售也是促销的有力手段之一。

其四，降低用户支付意愿的分散程度。用户支付意愿越集中对产品的销售越有利。一般来说，用户的支付意愿是比较分散的，尤其在产品间相关性较低的情况下，用户没有增加购买的激励，往往只会购买支付意愿最强的那种产品。捆绑销售以产品包的形式提供价格折扣的购买激励，有利于激发用户对其他产品的支付意愿，进而进行更多的购买，从而提高企业相关产品的市场占有率。

现实中，电信运营商实行的捆绑销售主要有 3 种形式：一是不同电信业务打包销售，如电信企业将电话业务与数据业务打包、制定捆绑资费进行销售；二是电信业务和终端设备打包销售，如购手机获赠话费、预存话费送手机等；三是将电信业务和银行、民航、旅游等行业的服务打包销售，旨在吸引、留住高端客户，增强其对电信服务的认同感，提高其离网成本。

从资费结构的角度看，将多产品打包定价形成的捆绑资费也是一种非线性资费。当产品购买量达不到打包产品销售的要求时，用户只能按分开销售的单价购买不同的产品；而当购买某一种产品的数量达到一个打包所要求的产品数量时，用户就能按照捆绑资费购买产品包，从而享受购买相关商品带来的价格折扣优惠。

非线性定价的可行性在于用户的异质性。所谓用户的异质性是指用户对增量产品价值的评价具有差别，对增量消费具有价格弹性，从而对产品的需求数量存在差别。不同的用户由于存在着不同的喜好和价格敏感度，同样的商品或服务以及不同数量组合的产品包在他们眼中可能具有不同的价值，因此，其愿意支付不同的价格。即便面对同样的价格方案，用户的购买量也存在巨大差异，这就给企业提供了根据用户购买数量的差异来细分市场，设计非线性定价方案的可能。相比较线性资费，二部资费、多部资费、捆绑资费等非线性资费结构模式，更好地反映了企业供应的成本结构和用户使用数量等因素对价格水平确定的影响。在信息不对称的情况下，非线性定价理论对于规制者价格规制政策的制定以及企业实施有效的价格策略具有重要的现实意义。

9.3.2 邮政单项业务资费结构

1. 均一资费

均一资费是指对用户交寄一定重量范围内的邮件，不分邮程远近，实行统一标准计收费用的资费结构制度。均一资费制始于英国，1840 年英国政府按照罗兰·希尔的建议，对国内互寄信函，实行均一邮资制，不论邮程远近，由寄件人以贴邮票的方式交付。均一资费制和邮票的出现，被认为是邮政事业发展的里程碑，由于具有计费简单、方便用户的特性，其逐步为世界各国所采用。

中华人民共和国成立后，我国邮政对国内互寄的信函、明信片和印刷品等函件都采用均一资费制。后为方便用户交寄就地投递的函件，从 1950 年 7 月 1 日起，我国邮政将国内互寄函件分为本埠互寄和外埠互寄两种。本埠函件资费按外埠函件费用的一半收取。目前，寄往外国的水陆路函件的普通国际资费也采取均一资费制。在国外，一般不分本埠与外埠两种收费标准，以符合一国之内采取均一资费制的原则。

均一资费制主要适用于信函、明信片和印刷品等函件。因为一方面，这类邮件重量较轻、体积较小，邮程远近对其成本影响很小，运输费用在其经营成本中所占比重不大；另一方面，交寄这类函件的用户很广，交寄频次和件数较多，所以对其实行平均划一的资费标准计收费用，既可以方便用户，又可以简化计费手续。对列入邮政普遍服务范围的业务，有必要实行均一资费制，以保证社会上的低收入群体和处于偏僻地区的用户，能够在国境之内不受地域和收入水平限制，享受得到、享受得起一视同仁的邮政基本服务。

2．递进资费

递进资费是指对于用户交寄的邮件，实行按运递里程递增收取费用标准的资费结构制度。递进资费制主要适用于包裹等较重邮件。这类邮件自身重量和邮程远近的不同，会导致在分拣、运输、投递等环节劳动耗费的明显差异，所以实行递进资费制较为科学合理。世界各国，特别是幅员辽阔的国家，对邮政包裹资费多采用递进资费制。具体的核定办法大致可以分为两种：一是将全国划分为若干个计费区域或地带，分别制定不同的包裹资费标准，称为区域或地带邮资制；二是按照邮件寄递里程，以千米为单位分为若干等级，分级制定包裹资费标准，称为里程邮资制。目前，我国国内包裹资费实行按寄递里程和平均运价率核定的 "一区一费" 计收办法，即属于区域和里程复合考虑的递进资费制。

9.3.3　总体业务资费结构

1．通信总体业务资费结构发展趋势

通信总体业务资费结构是指各种不同通信业务的资费水平以及相互间的比价关系。保持通信业内部各种不同业务项目间的合理比价很重要。只有比价合理，才能为不同经营范围的运营企业间的公平竞争创造条件，并为企业内部的专业核算提供基础；才能正确考核、评价每个企业、每个专业的经营成果，贯彻好物质利益原则。否则，就会造成企业间、企业内部各专业间苦乐不均的状况。

在垄断经营体制下，传统的通信业务资费之间都或多或少地存在着交叉补贴。在邮电合营时期，以电补邮是普遍状况。在电信业内部，也往往存在着以国际业务补贴国内业务、以长途业务补贴本地业务的状况。历史上我国通信资费在内部比价方面曾经长期存在四大反差，即电信资费偏高，邮政资费偏低；长话资费偏高，市话资费偏低；农话资费偏高，市话资费偏低；国际长话资费偏高，国内长话资费偏低。这种资费比价背离各业务成本耗费的状况，在很大程度上是由交叉补贴的定价机制所造成的。20 世纪 80 年代，世界各国的通信运营体制开始发生重大变革，邮电分营，通信市场由封闭垄断逐步走向开放竞争。竞争机制的引入迫使通信业务资费回归成本，总体业务资费结构趋于合理化。与此同时，伴随着信息通信技术的飞速发展，电信交换、传输成本大幅度下降，电信资费总体水平也在不断降低。

2. 交叉补贴

交叉补贴是指企业在其提供的各种业务中，人为地将一部分业务的价格定得高于成本，而将另一部分业务的价格定得低于成本，最终用高于成本定价的业务、地区和用户市场的盈余来弥补低于成本定价的业务、地区和用户市场的亏损，从而实现盈亏互补的一种定价方式或定价策略。在电信垄断时期，各国电信业务资费之间普遍存在着交叉补贴，具体做法通常是对普通居民用户经常使用的市话业务制定较低的资费标准，而对企业用户、高收入阶层经常使用的长途、国际业务制定较高的业务资费，并且以国际、长途业务的盈余弥补市话业务的亏损。这种基于交叉补贴定价所形成的电信业务资费结构尽管扭曲了不同业务的相对价格水平，有违"公平负担"的经济原则，但由于这种资费结构降低了广大用户特别是低收入群体使用电信业务的门槛，因而有利于促进用户规模特别是低端用户规模的扩大，从而有利于电信普遍服务这一社会性目标的实现。

作为垄断体制下电信普遍服务最主要的保障和实现机制，交叉补贴机制得以实行和发挥作用必须具备两个前提条件：一是企业需要取得垄断地位，否则电信市场开放竞争，就会因其他企业"撇奶油"的竞争行为导致原有企业交叉补贴的不可维持；二是这种交叉补贴必须合法，即政府法律法规制度允许企业进行交叉补贴。但是随着技术进步和政府管制政策的放松，自 20 世纪 80 年代中期以来，世界各国电信业的经营管理体制呈现出从垄断到竞争的发展态势。电信市场的开放竞争，破坏了交叉补贴机制赖以发挥作用的前提条件，给垄断体制下传统的电信普遍服务保障机制带来了冲击和挑战。在电信竞争的环境中，交叉补贴机制的实行变得越来越困难，究其原因主要在于以下两个方面。

首先，竞争导致传统交叉补贴中原先高资费服务的价格和盈余下降。电信市场开放竞争后，由于新进入市场的电信运营商通常将其业务经营定位在盈利性市场部分，换句话说，哪些地区、哪些业务价格高、利润大，他们就首先进入这些地区和业务市场。这种"撇奶油"式的进入，导致电信竞争总是首先在价高利大的业务领域和地区展开，这将迫使这些地区和业务的资费大幅度下降。降价竞争导致原先盈利性市场部分的利润不断被摊薄，交叉补贴也就失去了继续实行的经济基础。

其次，规制者对主导运营商妨碍竞争的"策略性交叉补贴"行为会加强监管。策略性交叉补贴指的是纵向一体化或横向一体化经营的主导电信运营商，用垄断业务的高利润来补贴低利润的竞争性业务，从而在竞争性业务市场上排挤竞争对手的价格行为。电信市场开放竞争初期，在位的主导运营商和新进入市场的竞争性电信企业之间竞争实力相差悬殊。为了挤压竞争对手，纵向或横向一体化经营的主导运营商，很容易通过操纵不同业务之间共享成本的分摊比例来实施策略性交叉补贴。例如，主导运营商可以通过财务程序，人为地给自己在市场上占主导地位的垄断性业务多分配一些共用成本；给竞争激烈的竞争性业务少分配一些共用成本，从而让自己竞争性业务的成本和价格更具竞争力。通过对自己仍处于垄断地位的业务实行高于成本的定价，而对竞争性业务实行低价策略，主导运营商就可以用他在垄断性业务市场获取的超额利润，补贴他在竞争较为激烈的市场上的低价业务损失，从而实现收支平衡或盈利。而对于新进入市场的运营商来说，由于不具有对自己参与竞争的业务进行交叉补贴的能力，无法像主导运营商那样在竞争性业务市场上提供更低价的服务，这样，新企业在竞争中就会处于不利地位，甚至有可能被迫退出市场。

对于主导运营商滥用策略性交叉补贴、妨碍竞争的行为，规制者不会无动于衷。在欧洲，电信规制改革保留了主导运营商纵向一体化的组织形式，但是要求主导运营商把网络设施和业务运营分开；把垄断性业务和竞争性业务的财务分开，即实行"会计分立"制度。在美国，FCC 颁布了一系列被称为"电脑查询"的规定，目的是通过各种形式的财务保护监督机制，控制主导运营商妨碍竞争的交叉补贴行为。1997 年 2 月，在世界贸易组织框架下完成谈判的《基础电信协议》附件，要求签字国应当采取适当措施，防止主要服务商介入或继续从事妨碍竞争的行为，其中所列举的妨碍竞争的行为清单中明确包括"参与妨碍竞争的交叉补贴"。目前，在许多国家的法律和管制政策体系中，都包含禁止妨碍竞争的交叉补贴行为的规定。

3．资费再平衡

20 世纪末，世界各国电信资费的结构性调整呈现出"资费再平衡"的特征。所谓资费再平衡，指的是世界范围内电话业务资费从过去严重背离成本到回归成本的现象。在电信垄断时期，承担并履行普遍服务义务的电信垄断企业主要依靠长途业务和市话业务间的交叉补贴保证电信普遍服务，具体而言，就是对一般用户普遍使用的市话业务实行低于成本的定价，以便使低收入群体能够以承担得起的价格享受最基本的电信服务；而对长途业务则实行高于成本的定价，并以长途业务的盈余弥补市话经营的亏损。但电信业引入竞争机制后，竞争首先在价格高、利润大的长途业务领域展开，致使长途通信业务的价格很快下降，趋向于成本。长途业务用于交叉补贴的盈余不复存在，相应地，市话亏损的问题日益凸现。为了解决这一问题，各国普遍采取了"资费再平衡"的做法，即在降低长途通信业务资费的同时，调高市话业务资费，使其同样回归成本定价。根据经济合作发展组织（OECD）的统计，该组织成员方从 1990—1996 年，长途资费平均下降了 30%，而市话资费则上升了 40%。美国 AT&T 在 1984 年拆分时，其市话资费是包月制 9 美元，2000 年其市话资费上涨到 21 美元。我国在电信市场引入竞争后，政府电信主管部门也对电话业务资费进行了结构性调整，调低了长途和国际业务资费，适当提高了市话业务资费。通信市场引入竞争机制后，交叉补贴不再是也不应当成为电信资费制定和资费结构调整必须考虑的因素了。为保证开放竞争环境下通信的普遍服务，政府部门应尽快出台新的通信普遍服务补偿办法。

9.4　通信资费体制

资费体制是资费制定的方式与国家对资费进行管理的方式方法的总称。

9.4.1　通信资费定价方式

在市场经济体制下，商品、劳务的定价方式有 3 种，即政府定价、政府指导价和市场调节价（即企业定价）。

1．电信资费定价方式

2000 年，国务院公布实施的《中华人民共和国电信条例》规定：电信资费分为市场调节价、政府指导价和政府定价 3 种形式。市场调节价是由电信运营商自主制定的，通过市场竞争形成的价格。政府指导价是由政府有关部门，按照规定的定价权限和定价范围制定的基准价格以及允许浮动的幅度，电信运营商依据基准价格，在允许的浮动幅度内自主确定具体的价格。政府指导价既体现了政府价格管理的权威，又给予了电信运营商应对市场变化进行定价的灵活性。政府定价是由政府价格主管部门按照定价权限和范围制定的具体价格，电信运营商无权更改，必须严格执行。

在政企合一的传统体制下，我国电信通信业务由国有电信企业独家垄断经营，在定价方式上，实行单一的政府定价。随着体制的转变，通信企业经营的许多业务不再是独家垄断。为适应市场供求和竞争形势的变化，同时考虑到通信业的基础设施地位和全程全网运行特征，通信资费定价方式正在转向政府定价、政府指导价和市场调节价多种定价方式并存的状态。

对于通信业垄断经营和承担普遍服务的业务的资费应该由政府统一定价。此外，政策优惠性服务的资费也应由国家统一定价，以体现国家政策的要求。对于运营主体多元，按市场化原则经营的全程全网业务，应实行国家指导价和企业定价相结合的方式。国家确定这部分业务的基准价、浮动幅度、最高限价及最低保护价，通信运营商可根据业务经营的竞争状况、供求状况以及业务发展本身的阶段性特点，在政策允许的范围内自主调价。对于市场竞争充分的区域性经营的业务应放手让企业自主定价。2000年9月颁布实施的《中华人民共和国电信条例》确定了电信资费形成机制的基本政策框架，即基础电信业务资费实行政府定价、政府指导价或者市场调节价；增值电信业务资费实行市场调节价或者政府指导价；市场竞争充分的电信业务的资费实行市场调节价。

电信资费定价方式总的调整变革趋势是政府定价和政府指导定价向市场调节定价过渡，减少政府定价行为，扩大市场调节价的业务范围。近年来，我国电信资费市场化的步伐不断加快。"九五"期间，我国通信业的改革力度进一步加大，实现了政企分开、邮电分营和电信重组。随着电信体制改革逐步到位，电信市场竞争的格局初步形成，相应地，电信资费的形成机制也开始发生巨大变化，实行政府指导价和市场调节价的增值电信业务的范围不断扩大。为了解决电信垄断时期因交叉补贴定价所造成的电信资费结构不合理的问题，在这期间，政府电信主管部门加大了电信资费调整的力度、频次和范围，5年中，本地电话初装费和移动电话入网费标准分别下降81%和75%（2001年7月1日完全取消），国际及我国港、澳、台地区资费下降60%~70%，2M长途数字数据电路月租费下降84%，经营性中继线月租费下降近90%，互联网资费下降70%~80%。"九五"期末，除市话资费标准改为"3+1"（前3分钟2角，随后1分钟1角）后略有提高外，电信资费总体水平大幅度下降。与此同时，以交叉补贴为基础的定价逐步向以成本为基础的定价过渡，电信业务之间的资费比价趋于合理。

"十五"期间，我国电信资费形成机制进一步走向市场化，市场定价的业务范围从增值业务扩展到了基础业务。2002年，国家计委和信息产业部联合下发通知，对IP电话、无线寻呼等34项竞争比较充分的电信业务（大多数为增值业务）的收费实行市场调节价。2005年9月，信息产业部和国家发改委又联合下发通知，从2005年10月1日起，对固定电话本地网营业区间通话费、国内长途电话通话费、国际长途电话以及我国港、澳、台地区的电话通话费、移动电话在国内的漫游通话费，实行资费上限管理，其余由各运营商自行定价。这是继放开IP电话价格后，我国第二次下放基础电信业务资费的定价权限。在逐步下放电信业务资费定价主导权的同时，政府监管部门还在规范价格竞争秩序、促使运营商对电信服务明码标价、控制价格总水平等方面采取了一系列监督管理的措施。

信息产业"十一五"发展规划提出：继续积极稳妥地推进资费管理方式的改革，完善资费的市场化形成机制。"十一五"期间，我国政府电信主管部门先后出台了一系列新的资费调整政策，如指导各省降低固定电话营业区间通话费上限标准，推行移动电话资费"双改单"，下调国内漫游费上限标准，按照"就低不就高"的原则取消短信网内网间差别定价，实行移动电话拨打长话一费制等。在上述政策的共同作用下，我国电信资费市场化改革不断向纵深迈进，在实现资费结构优化的同时，还有效地带动了电信资费水平的快速下降。"十一五"期间，我国电信业综合资费水平年均降幅达 10.4%，5 年累计下降超过 40%。

"十二五"期间，随着三网（电信网、广播电视网、互联网）融合的全面深入推进，特别是随着 2013 年 5 月 17 日《移动通信转售业务试点方案》的颁布实施，民间资本开始进入电信业。2013 年 12 月 26 日，工信部首次向 11 家民营企业发放移动通信转售业务经营牌照，移动通信虚拟运营商诞生了，我国电信市场的竞争更加充分，这为电信资费形成全面的市场化决定机制创造了有利的市场环境。2014 年 5 月 9 日，工业和信息化部、国家发展改革委联合发布《关于电信业务资费实行市场调节价的通告》，决定放开所有电信业务资费，即对所有电信业务资费均实行市场调节价，电信企业可以自主制定具体资费结构、资费标准和计费方式。同时，为切实保护用户权益，文件对电信企业资费方案设计、宣传推广、协议签订和准确计费等方面提出了多项要求。此项政策给予了电信企业全面灵活的自主定价权，对进一步鼓励电信市场竞争，充分发挥市场"无形的手"对资费的调控作用，全面提高电信市场经济运行效率具有重大意义。

2．邮政资费定价方式

按照《中华人民共和国邮政法（2015 年修订版）》的规定，邮政企业经营下列业务：邮件寄递，邮政汇兑，邮政储蓄，邮票发行以及集邮票品制作、销售，国内报刊、图书等出版物发行，国家规定的其他业务。邮政企业应当对信件、单件重量不超过 5 千克的印刷品、单件重量不超过 10 千克的包裹的寄递以及邮政汇兑提供邮政普遍服务。此外，邮政企业按照国家规定办理机要通信，国家规定报刊的发行，以及义务兵平常信函、盲人读物和革命烈士遗物的免费寄递等特殊服务业务。国家对邮政企业提供邮政普遍服务、特殊服务给予补贴。邮政企业的邮政普遍服务业务与竞争性业务应当分业经营。

关于邮政资费的定价方式，现行的《中华人民共和国邮政法》（以下简称《邮政法》）规定：实行政府指导价或者政府定价的邮政业务范围，以中央政府定价目录为依据，具体资费标准由国务院价格主管部门会同国务院财政部门、国务院邮政管理部门制定。信函寄递、邮政汇兑、机要通信、国家规定报刊的发行以及单件重量不超过 10 千克的包裹寄递（竞争性领域除外）5 项重要邮政业务，列入中央定价目录，实行政府统一定价。邮政企业的其他业务资费实行市场调节价，资费标准由邮政企业自主确定。国务院有关部门制定邮政业务资费标准，应当听取邮政企业、用户和其他有关方面的意见。邮政企业应当根据国务院价格主管部门、国务院财政部门和国务院邮政管理部门的要求，提供准确、完备的业务成本数据和其他有关资料。

为贯彻落实党的十八届三中全会精神，发挥市场在资源配置中的决定性作用，促进邮政业的发展，根据 2015 年修订的《邮政法》及国务院常务会议部署，中华人民共和国国家发展和改革委员会（以下简称国家发展改革委）、中华人民共和国国家邮政局（以下简称国家邮政局）于 2015 年 5 月 22 日，联合下发了《关于放开部分邮政业务资费有关问题的通知》，决定放开部分国内邮政业务资费，将国内特快专递资费、明信片寄递资费、印刷品寄递资费和单件重量 10 千克以下计泡包裹（每立方分米重量小于 167 克的包裹）等竞争性包裹寄递资费，由政府定价改为实行市场调节价，邮政企业可以根据市场供求和竞争状况，自主确定这些业务的资费结构、资费标准和计费方式。邮政企业制定或调整实行市场调节价的邮政业务资费项目和资费标准时，应当提前 30 天向社会进行公示，并抄送国家发展改革委、国家邮政局。邮政企业要严格落实明码标价规定，在经营场所显著位置或以方便用户查询的方式公布资费项目和资费标准，以接受社会监督。

邮政业是一国重要的社会公用基础设施。对于邮政业承担普遍服务和政策优惠性服务的业务的资费，实行政府统一定价是必要的。但随着邮政体制改革的全面深入推进和邮政企业经营环境的深刻变化，邮政资费的定价方式必将走向多元化，实行市场调节价的业务范围会进一步扩大。

9.4.2 政府对通信资费的管理

1. 通信资费管理的必要性

在世界各国或地区，基础设施提供服务的价格均在一定程度上受到了政府的控制。政府对基础设施产业实行价格控制有 3 个目标：一是防止垄断企业通过制定垄断价格，把一部分消费者剩余转变为生产者剩余，保护消费者利益；二是通过价格管制，建立一种激励机制，刺激企业提高生产经营效率；三是防止恶性竞争，保证企业具有一定的自我积累和大规模投资的能力，保持发展潜力。通信业作为现代社会最重要的基础设施之一，不仅是社会生产、生活正常进行的物质条件，还事关国家主权。作为信息产业的重要组成部分，通信业更是推动国民经济信息化和社会经济集约增长的重要基础力量。由于参与该行业经营的企业往往规模巨大，为防止企业利用其垄断地位，制定垄断价格，损害消费者利益，或采取以驱逐对手、抑制竞争为目的的倾销定价行为，规范价格竞争秩序，维护公平竞争，促进通信业持续健康发展，国家有必要对通信资费进行管理。

2. 通信资费管理的方式

（1）直接价格决定

直接价格决定是指国家作为单一定价主体，从社会政策目标出发，对通信业务资费进行直接的规定。这种管理方式以国家直接定价的形式体现出来，具有强制性、统一性的特点。在市场经济体制下，国家直接进行价格决定的范围只限于普遍服务和政策优惠性的通信公益服务部分。

（2）价格申报制度

建立价格申报制度包括受管制企业向政府主管部门提出价格调整申请，由政府酌情审核，最后批准或拒批等一整套程序。2002 年 8 月，国家计委与信息产业部联合发布的《电信资费审批备案程序规定（试行）》规定：电信业务经营者可以对实行政府定价或政府指导价的电信业务资费提出调整申请报告，按照电信资费管理权限报信息产业部或通信管理局，并抄报国务院价格主管部门或当地省级人民政府价格主管部门；信息产业部或通信管理局应当在收到电信业务经营者报送的电信资费方案材料齐备后次日起 30 个工作日内，分别征求有关方面意见或会同省级价格主管部门进行审核，并将审批意见以书面形式通知有关电信业务经营者；实行政府定价、政府指导价的电信资费制定或调整后，属于全国性的，由信息产业部在主要公共媒体上公布；属于省（区、市）辖区内的，由各省（区、市）通信管理局在当地主要公共媒体上公布。电信业务经营者自主定价的电信业务资费，在执行前也必须按照电信资费管理权限分别报信息产业部、国务院价格主管部门或通信管理局、省级人民政府价格主管部门备案。这标志着"十五"期间我国电信资费管理开始由政府直接定价转向由政府间接监管。建立价格申报、审批和备案制度，有助于保护电信用户和电信业务经营者的合法权益，并提高政府资费管理的科学性和透明度。

（3）"资本回报率"管制

"资本回报率"管制也称"公正报酬率"管制，是通过设置合理的企业资本收益率（公正报酬率）来对企业利润进行控制，进而间接控制具体业务资费水平的一种管制方法。西方发达国家在 20 世纪 80 年代中期以前，对电信资费主要采取"资本回报率"管制方式进行管理。其基本思路是先确定总成本，总成本除包括直接费用外，还将资本报酬作为生产费用纳入其中。在业务成本中，营业费、折旧费及税金构成直接生产费用，贷款利息和企业资本的利润为资本报酬。资本报酬=资本收益率×（资产总值−累计资产折旧），然后要求：资费总收入=总成本，即资费总收入=直接费用+资本报酬，也即资费总收入=营业费+折旧费+税金+资本收益率×（资产总值−累计资产折旧），这就是资本回报率管制的基本计算公式。在业务发展规模、相应的直接费用水平和资本报酬水平确定的情况下，该业务的价格水平也就相应确定了。

要对电信资费实行有效管制，管制机构必须掌握资本回报率管制公式中所涉及的各项数据资料。这就要监督电信公司的会计核算科目和各项具体支出，要制定电信公司固定资产的折旧方法和确定合理的折旧率，还要监督资本基数和确定资本收益率。

实行"资本回报率"管制定价的关键是设置企业合理的资本收益率。经济学理论中通常将资本收益率定义为收益与投资额的比值。为了便于分析，假设企业生产中只有劳动（L）和资本（K）两种要素投入，如果劳动要素的价格为 W，单位资本要素的购置成本为 i，则企业资本收益就等于企业的毛收入 R 减去劳动要素的总成本（WL）、年折旧（D）、税收（T）等费用后的差额，即企业资本收益=$R-WL-D-T$；企业实际的投资额则为企业资本总的购置成本（iK）减去企业资产累计折旧（Dc）后的差额。如果用 r 表示企业资本收益率，则有：

$$r = \frac{R - WL - D - T}{iK - Dc}$$

r 的取值范围应不低于资本的机会成本即市场平均资本收益率，不高于不存在合理报酬约束条件下企业垄断生产所能获得的资本报酬率。如果设置的企业资本收益率太低，低于市场平均的资本报酬水平，则可能会引起资本外流；反之，r 的值定得太高，高于垄断条件下的资本报酬率，"资本回报率"管制就失去了其意义和作用。20 世纪 30 年代早期，FCC 对 AT&T 设定的资本收益率在 8%左右。

实践中，"资本回报率"管制方式对资源配置会产生两方面的引导作用：一是资本扩张效应——促使企业增加资本投入；二是资本替代效应——促使企业在生产过程中以资本投入替代劳动投入。这一观点是由阿弗奇与约翰逊于 1962 年首次提出的，因此，被称为 A-J 效应。

由于"资本回报率"管制以承认电信公司现行的实际成本为前提，是基于资本核算回报的管制方式，在一定的资本收益率下，企业较大的投资和成本不但不受损失，反而意味着能获得更大的利润，因此采用"资本回报率"的管制方式，确保了企业的成本补偿和投资回报，有利于鼓励企业不断加大投资，促使通信供给能力快速提高，但这种管制方式由于为企业投资和运营提供了过度的风险保障，不利于激励企业努力降低成本和提高内部生产经营效率。

"资本回报率"管制主要适用于垄断电信市场，其目的是防止电信企业通过垄断获取暴利。

（4）价格下限和上限管制

"价格下限"管制包括限定绝对价格下限、限制短期低价倾销行为、限制以排除中小企业为目的的企业调价行为等。"价格上限"管制也即最高限价管制，包括限定绝对价格上限、限定价格上涨幅度等。

随着通信市场竞争机制的引入，从20世纪80年代中期开始，英国、美国等国家相继采用最高限价管制方法对通信资费进行管制。20世纪80年代初，英国政府委托伯明翰大学教授斯蒂芬·李特查尔德设计了一个控制垄断企业价格的管制模型。李特查尔德认为，竞争是反对垄断，保护消费者利益的最好手段，而控制价格本身不是一种理想的办法，因为不断降低价格会抑制竞争者进入市场。价格管制的主要目标应该是把价格和利润保持在一个既不失公平，又刺激企业提高效率的水平上。基于这样的指导思想，李特查尔德创造性地提出了将管制价格和社会零售物价指数及企业生产效率相联系的价格管制模型，这就是著名的最高限价管制模型。这个模型用公式表示为：

$$PI \leqslant RPI - X$$

式中：　PI——被管制电信业务的价格指数；

　　　　RPI——社会零售物价指数；

　　　　X——生产效率调整因子。

这个模型的实质就是在现行资费的基础上，由政府管制部门针对社会零售物价指数RPI，规定一个企业的生产效率调整因子X，电信资费的上调幅度不得超过$RPI\text{-}X$的标准，从而确定了资费的上限。只要$X>0$，就意味着电信资费的上涨幅度应该低于零售物价的上涨幅度，相当于要求企业提高生产效率和降低资费；如果$X>RPI$，$RPI\text{-}X$为负值，则意味着电信企业应该绝对降低资费；如果$X<RPI$，$RPI\text{-}X$为正值，则意味着电信企业可以适当提高资费标准，但提高幅度仍应低于社会零售物价指数。如果电信企业希望取得较多的利润，就只能努力降低成本，提高生产效率，使企业的实际生产效率高于政府规定的X值。

实施最高限价管制，管制者和被管制者谈判的焦点是生产率调整因子X值的确定。X的值不能定得太低，也不能定得太高。否则，管制价格上限就会对企业失去限制和激励作用。美国联邦通信委员会发现电信服务部门是所有经济部门中生产率提高最快的部门，比社会平均增长率高2.5%～3%。因此，美国对电信行业的最高限价管制最初将生产率调整因子确定在3%。1997年，FCC重新设定的X值为6.5%。英国1989年第一次进行价格管制调整后，电信产业的X值由3%上升到4.5%。1991年国际长途通话业务被纳入管制范围后，X的值又上升到6.25%，1993年进一步上升到7.5%。

最高限价管制既适用于垄断性市场，也适用于竞争性市场。在垄断性市场上实行最高限价管制，可防止企业制定垄断高价，损害消费者利益。在竞争性市场上，由于普遍存在降价竞争，企业通常不可能再通过持久的高价格获取超额利润，因而采用资费上限管制，其主要目的不是防止电信企业收取过高的资费，而是要迫使电信企业努力提高生产效率，降低生产成本。由于技术进步会导致成本下降，并促进生产效率提高，而且电信业生产效率的提高速度高于社会平均提高速度，因而最高限价管制采用物价指数减去一个反映技术进步的系数（效率提高系数）来确定电信业务的资费上限，不仅可以促使企业在竞争不充分的条件下合理利用资源、努力降低成本、提高运营效率，而且有利于促进企业的技术进步和管理水平的提高。

与"资本回报率"管制方式相比较，最高限价管制方式的优点还在于其管制成本比较低。最高限价管制是通过在管制当局和被管制企业间签订合同的方式来实现的，在一个管制周期内，合同规定了价格调整的上限，原则上，价格变动只能在这个上限之下进行调整。所以，管制机构只需审查企业资费的整体调整幅度是否超过"*RPI-X*"的标准即可，这就避免了"资本回报率"管制方式下每当资费调整时都要详细审核企业成本的复杂程序，从而节约了管制费用的开支。

最高限价管制方式比单一的国家直接价格决定要灵活，使企业获得了一定的调价自主权。同时，价格水平的上限控制也有利于实现通信的基础设施职能。实践中，政府实施这一管制方式通常是采用测定各类业务物价上涨率的办法来进行控制的。价格变动与通货膨胀率关联，既简单易行，又避免了固定价格的弊端。

当然，采用这种方法进行价格管制，首先，必须确定一个合适的资费上限调整周期。如果这个周期太短，在电信业较长的投资建设周期背景下，将会挫伤企业加大投资建设，实行技术革新以及降低成本的积极性。反之，如果周期太长，电信企业的现实成本又有可能大大低于开始实施管制时的成本，这时的价格上限实际上对企业就起不到限制和激励的作用了。按照一般电信网络投资周期和我国通常采用实施"五年计划"的习惯，资费上限调整周期可以定为五年。其次，要科学核定各类不同业务的价格水平基数。该基数可选择按平均成本法或边际成本法进行制定。这个基数并非需要年年测算，但也并非一经测算，就可永久地与通货膨胀率挂钩来确定以后年份的价格水平。通常，每隔四五年即每一管制周期就应重新测算一次，以及时反映技术进步、劳动组织结构调整等因素对成本，进而对价格的影响。最后，要在科学确定 X 值的基础上，确定每一类业务的价格基数随通货膨胀率变动可调整的最大幅度。通常，电信资费基数随通货膨胀率变动调价的幅度应低于邮政资费基数的调价幅度。这是由于电信资金、技术密集程度高于邮政资金、技术密集程度，电信部门技术进步速度快于社会技术进步速度平均水平的缘故。而对通信公益服务业务而言，在确定其资费基数随通货膨胀率变动可调整的幅度时，还要充分考虑社会上低收入群体人均收入水平增长的因素，即要考虑其经济承受能力。

价格上限管制目前已经成为大多数国家电信资费管制的主流方式。2005 年 10 月 1 日，我国开始对国内长途、国际长途及我国台、港、澳地区长途、移动电话国内漫游、固定电话本地网营业区间通话费等四项业务实施了价格上限管制。2009 年 11 月，我国固定本地电话月租费、本地网营业区内通话费，也由原先的政府定价改为上限管理。

（5）建立价格听证制度

建立价格听证制度，通过举行价格听证会，广泛听取通信用户和社会各方面的意见和建议，有助于政府对通信资费的管理更科学、合理、透明和高效，从而在资费管理上真正做到全面兼顾国家、生产运营企业和用户三方利益。我国《中华人民共和国价格法》第二十三条规定："制定关系群众切身利益的公用事业价格，公益性服务价格，自然垄断经营的商品价格等政府指导价、政府定价，应当建立听证会制度，由政府价格主管部门主持，征求消费者、经营者和有关方面的意见，论证其必要性、可行性。"信息产业部会同国家发展和改革委员会，于 1998 年和 2000 年先后两次为调整电信资费举行了听证会。2008 年，上述主管部门再次就降低移动电话国内漫游通话费上限标准问题召开了听证会，在考虑社会各方面意见的基础上，决定移动电话国内漫游通话费主叫上限标准为每分钟 0.60 元，被叫上限标准每分钟 0.40 元。

（6）运用法律手段管理

运用法律手段管理即通过制定实施有关的法律法规，对通信资费进行的规范化的管理。

鉴于通信市场垄断与竞争并存以及通信的社会公用性质和全程全网特点，为规范价格秩序，保证合理价格的形成，政府在价格管理上有必要通过法律、法规的建立和完善，既要制止乱涨价、乱收费，控制价格总体水平；又要遏制盲目竞争、不正当竞争的行为，以维护公平竞争的市场秩序。这在通信业务经营主体和定价主体走向多元化的今天，显得尤为重要。

3．通信资费管理原则

（1）消费者利益原则

通信资费管制应维护消费者利益，防止运营商对消费者的价格欺诈，要保证消费者享有自由选择通信业务和公平交易的权利。通信企业应明码标价、准确计量，要保证消费者享有消费知情权。

（2）成本导向原则

以成本为导向，就是要求通信资费随通信成本的变化趋势进行调整。这里的成本应该是经过清晰核算、不违反竞争原则的合理的、有效率的各项业务的成本，其测算既要考虑通信企业的现实成本，也要考虑业务发展的长期增量成本。

（3）可持续发展原则

要保证通信资费能够合理地补偿通信成本，并保证通信企业能够获得合理的正常利润，保证企业的可持续发展。如果企业没有足够资金保证网络技术水平和扩大网络规模，最终受到损害的将是国家和广大用户的根本利益。

（4）效率原则

政府对通信资费的管制应有利于激励企业改善经营管理，降低成本，提高生产效率和经营效率，实行集约化经营。政府管制机构本身也应着眼于节约管制费用，提高管制效率。

（5）公平竞争原则

政府在管制通信资费（电信资费）时，应积极贯彻鼓励竞争和公平竞争的原则，防止过度竞争，制裁恶意竞争，注意为所有运营企业建立公平竞争的资费政策环境。

（6）透明原则

政府应制定并公布通信资费分类管理目录，划清政府定价、政府指导价和市场定价的适用范围以及相应的定价权限。政府定价、政府指导价应该积极听取通信用户、运营企业和有关方面的意见。通信运营商应提供准确、完备的业务成本数据和相关资料。

4．通信资费管理的改革

改革开放以来，我国通信业经历了从邮电合营、政企合一、完全垄断经营到邮电分营、政企分开、引入市场竞争的巨大变革，相应地，通信资费定价和管理体制也处于不断调整变化之中。随着市场竞争的逐步深入和管制政策的放松，政府对通信资费的管制逐步从政府定价向市场定价转变，从制定资费标准向严格审批程序转变，从行政管制向依法管制转变，从直接管制向间接管制转变，从微观管制向宏观管制转变。在开放竞争的市场环境下，通信资费管制的指导思想是构建"政府调控市场、市场决定价格、价格引导需求、资源合理配置"的资费政策环境，促进我国通信产业持续健康发展。随着市场竞争环境的日趋规范，未来绝大部分通信业务的资费标准将交由市场决定。目前，我国已放开所有电信业务资费，政府资费管制政策仅发挥监督和引导作用。

9.5　通信企业定价实践

在通信业打破垄断、引入竞争后，各国通信企业的定价权限和定价范围正逐步扩大，竞争充分的通信业务最终将实行完全的企业自主定价形式。在竞争性市场上，制定、实施科学有效的价格策略是企业提高自身竞争实力的重要举措。由于影响商品价格决策的因素众多，如生产者的成本和经营目标；用户的购买力、购买心理和消费习惯；竞争性和替代性产品的价格水平、竞争强度、替代程度；产品本身所处生命周期的不同阶段；国家法规政策方面的限制等，其都是价格制定和调整过程中必须考虑的因素，而且这些因素本身是在动态变化的，因此，商品的价格决策是一件十分困难而复杂的事情。

9.5.1　企业定价程序

面对诸多影响价格决策的因素，企业产品的首次定价可按如下程序进行。

1. 明确定价目标

企业定价目标一般与企业的战略目标、市场定位和产品特性相关，不同的企业甚至同一企业内部不同的产品或服务，都可能有不同的选择。

（1）以利润最大化为目标

谋求最大限度的利润，几乎是所有企业的共同愿望。但以攫取最大利润作为定价目标并不必然导致高价。因为产品价格过高，迟早会引起各方面的对抗行为，如替代品的出现、竞争的加剧、需求的减少、政府的干预等，这些力量的共同作用，会迫使价格回到正常合理的水平。理论上，厂商利润最大化的行为准则是边际收益等于边际成本。企业只有按照这个准则去调整产量和价格，才有可能获取最大利润。最大利润既有长期和短期之分，又有企业全部产品和单个产品之别。对于有着多个业务市场的通信运营企业而言，其应着眼于追求长期利润、整体利润的最大化，而不应局限于眼前所有单个业务的利润最大化。

（2）以提高市场占有份额为目标

这一定价目标即以实现最大销量或以保持和扩大市场份额为目标。尤其对于那些身处激烈竞争的市场环境，且经营成本中固定成本占有绝对比重的企业来讲，其以争取最大销量作为定价目标是一个明智的选择。通信企业以网络设施为基础开展生产经营活动，具有显著的规模经济特性，企业定价以扩大销量、增加市场份额为目标，有利于降低单位业务的固定成本，实现规模经营，获得规模经济效益。

（3）以应对竞争为目标

大多数企业对竞争者的价格都很敏感。当竞争者价格发生变动时，企业会马上采取相应的对策。以应对竞争者作为单一定价目标，制定的价格与商品的成本和市场需求不发生直接的关系。在商品成本或市场需求变动了但竞争者的价格未变时，就维持原价；相反，尽管成本或需求没有变动，但如果竞争者的价格变动了，也对商品价格进行调整。选择这一定价目标极易引发企业间的价格战，而价格战容易使竞争双方两败俱伤。

从目前我国电信市场的竞争态势看，几乎所有的企业都选择了扩大市场份额和应对竞争的双重定价目标。在市场由垄断向竞争转型的过程中，为争夺市场和用户，企业间展开了持续的价格战。电信业引入竞争机制后，为扶持新兴企业快速成长，国家对主导电信运营企业曾实行了严格而全面的不对称管制，尤其是在资费政策上给予了新兴企业较大的优惠，在网间互联资费的结算标准上更是体现了这一宗旨。然而，由于互联费用低廉，新兴企业能够承受一定的低价，为了吸引用户、占领市场，它们往往敢于违规降价。

从短期看，企业间的降价竞争似乎对用户有利，能刺激用户消费，但从行业整体利益和长远利益看，不计成本的恶性价格战不仅会造成国有通信资产的大量流失，而且会使企业自身也陷入增量不增收的经营困境。长此以往，企业由于缺乏后劲将无法维持扩大再生产，最终损害的还是用户的根本利益。违反资费政策的价格战带来市场的虚假繁荣，于国于民于企业都没有好处。遏制价格战需要企业自律，更需要政府电信主管部门加大监管力度，完善监管方法和手段，并注意为所有运营企业创造公平的资费管制政策环境。

2．分析需求因素

在完全竞争市场上，任何一种商品的价格都是由市场上用户的需求和企业的供给这两种市场力量相互作用而形成的。分析需求因素的主要内容是：首先测定需求水平（买方最大价格承受能力）以及不同价格水平上人们可能的购买量；其次测算需求的价格弹性，以便为实施正确的价格策略提供依据。

3．测算成本水平

通信业引入竞争机制后，竞争性业务遵循以成本为基础的定价原则成为必然趋势。因此，准确测算成本成为企业制定和调整资费的一项重要基础性工作。为了给价格决定提供科学依据，通信企业应分别核定企业的固定成本、变动成本和总成本水平，并在此基础上核定针对某一项通信业务所耗费的业务成本、该业务的单位成本和边际成本水平。成本测算不仅要考虑现实成本，还要考虑市场需求变化及技术进步因素，测算业务发展的长期增量成本。

4．分析竞争因素

产品价格的下限为成本，上限为买方最大价格承受能力。而竞争因素决定着商品价格在其上限和下限间的具体水平。这里对竞争因素的分析包括：竞争对手的产品价格水平、替代品的价格和非价格竞争因素，如产品质量、特色、销售策略、企业知名度、在行业中的地位与实力等。

5．选择定价方法

定价方法是企业为了实现定价目标，给产品制定基本价格所采用的方法。如果企业选择以利润最大化为定价目标，那么其定价的基点是站在生产者立场上，从实现生产者利益的角度考虑问题的，这时企业多半会选择以成本为中心的定价方法。如果企业选择以增加销量、扩大市场占有份额为目标，那么，企业多半会选择以需求和竞争为中心的定价方法。显然，企业选择何种定价方法，取决于企业的定价目标。

6．确定最终价格

企业通过以上程序制定的价格可称为基本价格。影响基本价格的直接因素来自3个方面，即供给方面、需求方面和竞争方面。而在营销实践中，企业最终实施的价格是对基本价格进行修订、调整的结果。修订基本价格需要考虑政府政策约束以及用户消费心理变化、产品生命周期变化、供求关系变化、竞争情况变化等不确定因素。只有在不违背国家政策、法规限制的前提下，针对不同时间、不同空间、不同用户等的具体情况修订基本价格，采取灵活多变的价格策略，才能更好地适应竞争的变化和用户的要求，有效地实现企业的经营目标。

9.5.2　企业定价方法

1．成本导向定价法

成本导向定价法是以成本为中心的定价方法。成本加成定价法、目标利润定价法和边际贡献定价法是成本导向定价的 3 种典型方法。

（1）成本加成定价法

成本加成定价法是以产品的平均单位成本加上一定加成比率的利润来确定产品价格的方法，其计算公式可表示为：

$$P=C\times(1+r)$$

式中：P——单位产品价格；

　　　C——产品的平均单位成本；

　　　r——加成比率。

成本加成定价法的优点体现在：其一，该方法简单实用，可操作性强，某产品只要有单位成本的核算数据，再加上一定比例的利润，即可快速解决价格的计算和确定问题；其二，如果同行企业都采用成本加成法定价，在成本和加成比例接近的情况下，价格也大致相同，这样就可以避免或减少同行企业之间的价格竞争，有利于价格稳定；其三，成本加成定价能为企业价格变动提供正当理由，想要提高价格的企业可把成本增加作为自己提价的理由。

成本加成定价法的缺点在于：首先，这种定价方法囿于生产者的利益，基本上没有考虑来自需求和竞争两方面的因素对价格水平决策的影响；其次，成本加成定价的基本依据是企业产品的单位成本，如果成本数据有误将直接影响价格的准确性和合理性。对电信企业而言，实践中，单位成本的测算思路通常是将企业的全部成本尽可能合理地分配给不同的电信业务，形成每一种业务的完全分摊成本，由此计算出每一种业务的单位成本。但如何进行全部成本主要是大量共享和共用成本的分摊，是电信企业采用这一方法定价的关键和难点所在。共享和共用成本的分摊主要有 3 种方法，即相关产量法、收入法和归属成本法。而实际分摊方法的选择具有随意性，采用这 3 种分摊方法测算的单位业务成本也有较大的差异。

（2）目标利润定价法

目标利润定价法是按照企业生产的产品数量，在已知固定成本和单位产品变动成本的情况下，先求出保本点的价格 P_0，再加上目标利润 E 来确定产品价格的方法。保本点价格 P_0 和单位产品价格 P 的计算公式可表示为：

$$P_0=F/Q + V$$
$$P=P_0 + E=F/Q +V+E$$

式中：F——固定成本；

　　　V——单位产品的变动成本；

　　　Q——产品产量；

　　　E——单位产品的目标利润；

　　　P_0——单位产品保本点价格；

P——单位产品价格。

（3）边际贡献定价法

边际贡献定价法是不计算固定成本，只计算变动成本，在变动成本的基础上加上预期的边际贡献来确定产品价格的方法，定价公式可表示为：

$$P = V + dE$$

式中：P——单位产品价格；

V——单位产品的变动成本；

dE——边际贡献。

边际贡献是单位产品价格减去单位产品变动成本后的余额，是企业用于补偿固定成本的费用和企业的赢利。

边际贡献定价法适用于市场供过于求、卖方竞争激烈、企业生产能力剩余的买方市场环境下企业产品的定价。尽管采用这一方法定价，价格低于总成本，企业亏损，但只要边际贡献是正的，就能在收回单位产品变动成本的同时补偿一部分固定成本，从而减少企业亏损，保住市场。

2．需求导向定价法

需求导向定价法是以需求为中心的定价方法，其定价依据侧重于考虑消费者对产品价值的感受和购买习惯、需求差异等因素，而不是直接以成本为基础的。认知价值定价法、需求差别定价法就是典型的需求导向定价法。

（1）认知价值定价法

"认知价值"也称"感知价值"，是指消费者对某种商品价值的主观评价。认知价值定价就是根据消费者对商品价值的理解和主观认识来确定价格的过程。由于商品价格的确定依据不是企业的成本，而是消费者对商品的认知价值，准确估计消费者对本企业产品的认知价值，将成为这一定价方法在实际应用中的难点和关键。如果过高估计消费者的认知价值，确定的价格水平就可能过高，这会影响产品销售和企业在市场上的竞争力。反之，如果低估了消费者的认知价值，其定价就可能低于应有的水平，致使企业收入减少。因此，企业必须通过广泛的市场调研，了解消费者的需求偏好，从产品的性能、用途、质量、品牌、服务等多个不同角度，全面了解并判定消费者对商品的认知价值，以便为定价决策提供依据。消费者对企业产品的认知价值是可以改变的。所以，采用认知价值定价法定价，企业不仅要深入了解消费者对特定商品的现有认知价值，而且要有意识地运用各种营销策略和手段，影响消费者的感受，使之形成对消费者有利的价值观念，然后再根据产品在消费者心目中的价值来定价。例如，电信企业通过建立高端业务品牌，使消费者认同品牌价值，愿意出高一些的价格来使用该品牌的服务，并据此确定该业务的价格，这就是认知价值定价应用的具体体现。

（2）需求差别定价法

需求差别定价是指企业根据市场需求的时间差别、数量差别、地区差别、消费水平及心理差异等来制定商品价格，如在市场需求小的地方定低价，在消费水平高的地区定高价，对采购数量大的消费者定低价等。在经济学分析中，需求差别定价也被称为价格歧视，它是指在同一时期，对单位平均成本相同的同一种产品或服务，根据消费者的需求差异，向其索取不同价格的企业定价行为。价格歧视是企业追求利润最大化的一种有效手段。价格歧视有助于提高企业的利润，但并不是所有的企业都可以实施价格歧视的。实践中，企业要想成功实施价格歧视必须满足以下几个条件。

第一，企业要拥有一定的市场力量，即具有垄断性支配产品价格的能力，能够独立针对不同的消费者定价，并且将价格定在边际成本之上，否则就不能向消费者索取高于竞争性市场的价格。

第二，消费者对同一产品具有不同的需求价格弹性，自愿支付不同的价格，而且企业能够根据需求的价格弹性差异，对消费者加以明确区分，细分消费者市场。在企业拥有一定的市场支配能力的前提下，只要企业能够有效地区分消费者、划分市场，就可以单独使用差别定价。图 9-9 反映了某种产品的需求情况，曲线 ACB 即需求曲线，代表了全体消费者的支付意愿。

从图 9-9 中可以看出，在价格为 P_0 时，对应的需求量为 Q_0，这时企业的总收入为 P_0CQ_0O。假设每个消费者只购买一个单位的产品，那么，第 Q_0 个消费者可以被看作边际消费者。此时，该消费者所实际支付的价格正好等于他的支付意愿。而其他所有的非边际消费者所实际支付的价格都要少于他们的支付意愿。图中 AP_0C 的面积则代表了全体消

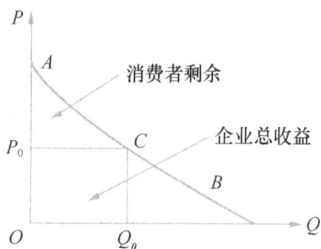

图 9-9　消费者剩余和企业收益

费者从该产品市场中所获得的利益总和，也即消费者剩余。所谓消费者剩余就是指消费者打算支付的价格与市场现行价格之间的差额。如果企业能够通过收集信息，掌握了每个消费者的支付意愿，那么，它就可以按照每个消费者愿意支付的价格直接与他们进行交易。所以，图 9-9 中的消费者剩余 AP_0C 实际上就是企业能够通过差别定价所获得的潜在利润。当然，直接交易和收集每一个消费者支付意愿信息的成本往往是惊人的。但随着网络经济的发展，这种费用所造成的限制在大大降低，通过与消费者的在线双向交流，企业可以更充分地了解用户的消费需求和支付意愿，从而为实施差别定价提供更有效的需求信息。

第三，企业必须有能力阻止或者限制支付低价的消费者将产品转卖给支付高价的消费者进行套利。如果这种转卖套利能够轻而易举地实现，那么，所有的消费者都将试图在价格最低的市场上购买，或者将低价购进的产品转卖到高价市场上。反过来说，如果被索取高价的消费群能够以合理的价格从被索取低价的消费群那里获得产品，那么，被索取高价的消费者将不会直接向该垄断企业购买产品。果真如此的话，差别定价、价格歧视将无法实施。可见，限制转卖套利是所有类型的价格歧视成功实施的必要条件。

套利行为的激励来自于价格歧视，而价格歧视成立的要件之一则是要能够防止套利。产品在消费者之间的转卖套利与产品可转让的难易程度密切相关。大多数的服务类产品如医疗、旅游、通信服务等是不可转让的，所以也谈不上套利。如果产品能够被轻易地转让，这就意味着消费者之间的交易成本是很低的，这样，企业在实施差别定价时，就会出现能够以低价购得产品的消费者为了把产品转卖给被索取高价的消费者，从中套利而进行批量购买。如果消费者之间不存在任何的交易成本，那么将只有一个消费者会直接以低价向企业进行购买，然后他再把产品转卖给其他的消费者。套利的存在使得价格歧视销售的效果与统一定价销售的效果大致相同。因此，在消费者能够完全套利的情况下，企业就只能制订一个统一的价格。显然，消费者之间的交易成本是影响价格歧视实施效果的一个重要因素。

按照差别定价程度的不同划分，价格歧视主要有 3 种类型，即一级价格歧视、二级价格

歧视和三级价格歧视。

一级价格歧视又称作完全价格歧视。当一家垄断企业能够向每个消费者索取其愿意为每单位产品支付的最高价格时，该企业就实现了完全价格歧视。此时，垄断企业将全部的消费者剩余转移到自己手中，实现了利润最大化目标。此时的利润超过了企业采取单一垄断定价所获取的垄断利润。一级价格歧视成功实施的前提条件是垄断企业知晓每个消费者的需求曲线，完全了解每个消费者购买任何数量的产品所愿意支付的最高价格，并且能够阻止消费者之间的转卖套利行为。现实中，企业很难实施完全的价格歧视，要么是因为转卖套利行为的存在，要么是因为有关消费者个人偏好信息的不完全性，从而使得企业难以实施一级价格歧视。

二级价格歧视是指垄断企业把产品分成若干组，按组制定不同的价格，以期在对消费者个人偏好信息了解不完全的情况下，利用消费者的自我选择机制实现差别定价，从而不完全地获取消费者剩余。对于"自我选择"机制可以这样理解，即在无法得知每个消费者的具体需求信息和支付意愿的情况下，企业可以根据整体消费者的需求分布状况，设计并向消费者提供不同的消费组合，如软件提供商设计并向市场提供普及版、标准版、高级版的系列消费组合，然后通过观察消费者对不同消费组合的选择，来间接地对消费者进行划分（是普通用户还是专业用户），这样企业就可以在信息不完全的情况下，照样对消费者进行分类，并通过实施价格歧视来获取消费者的部分剩余。与一级价格歧视不同，二级价格歧视中差别种类相对减少，此时垄断企业所得到的消费者剩余也相应减少。从另一角度看，当消费者在某种产品上的总支出不随着购买数量的增加而成比例地增加时，就意味着商品单价是因消费者不同的购买数量而不同的。这时，企业就是运用了非线性定价的方式来实施二级价格歧视。所以，企业向消费者提供的各种数量折扣就是二级价格歧视的具体应用。

三级价格歧视是指企业利用可能观察到的某些与消费者偏好相关的信息如年龄、职业、所在地等来区分消费者群体，并且知晓每个客户群体的总需求曲线，可以阻止不同群体间的转卖套利，由此，该企业向不同的消费者群体索取不同的价格，就是实施了三级价格歧视。与二级价格歧视不同，三级价格歧视利用了关于需求的直接信息划分消费者市场，并且将总销量分配到每个市场上，然后按照不同市场的需求价格弹性，分别制定不同的价格。而二级价格歧视是通过用户对不同消费包（消费组合）的选择来间接地分离用户市场，实施差别定价。

需要指出的是，在开放竞争的市场环境下，并非所有的差别定价或价格歧视都是不正当竞争。对于不同的消费者而言，由于其存在着不同的喜好和价格敏感度，企业据此实行差别定价是合理的、必然的。面对全方位、多层次的消费者需求和激烈的市场竞争，为了迎合不同消费群体的差异化需求，增强企业竞争实力，提高企业利润，通信企业在营销实践中可以通过对不同需求弹性用户群的划分，就同一种业务制定不同的资费标准。政府资费管制应当允许不以获取垄断利润为目的的差别定价存在，但应当限制以打击竞争对手、抑制竞争为目的的歧视性定价行为。

3. 竞争导向定价法

这是一种主要依据竞争对手的价格来定价的方法，其特点在于价格与需求、成本不发生直接关系，价格的调整变动直接取决于竞争者的价格行为。竞争导向定价法也有多种形式，根据企业定价行为的主动或被动与否，可以分为跟随定价法和主动定价法两种。

（1）跟随定价法

跟随定价法的特点是，价格与成本和需求没有直接关系，企业定价只瞄准市场上竞争对手的价格。只要竞争者价格不动，即使生产成本和市场需求发生了变化，价格也不动；反之，即使成本和需求都没变，但竞争对手的价格变了，价格也随之调整。例如，2012 年 8 月，京东商城、苏宁易购、国美电器网上商城 3 家电商企业开打价格战。京东 CEO 刘强东在北京召开媒体沟通会，宣称京东已聘请 5 000 名价格观察员，随时了解苏宁、国美的价格，一旦发现它们的价格有变，京东将随即调整价格，以保证京东每款家电价格比苏宁低 10%。京东实施的就是典型的以竞争为导向的跟随定价策略。

在完全竞争的市场结构条件下，单个企业的规模相对于市场需求太小，其在整个行业产销量中所占比重很低，根本无力改变市场既定价格，通常只能采取跟随定价法定价。但在寡头竞争市场结构条件下，跟随定价法往往是拥有较大市场势力或处于市场在位者的企业在遇到竞争威胁时所采取的定价方法和策略。

（2）主动定价法

主动定价法是指企业通过研究竞争对手的既定价格、生产条件、服务水平等，寻找自身的比较优势，积极主动地调整其产品或服务价格，以使自己在市场竞争中占据主动地位的定价方法。在垄断竞争市场上，主动定价法是企业常用的定价方法。竞争性企业会在竞争中努力打造自身的竞争特色，培育差异化竞争优势，使之无人能敌，以求在该领域拥有定价的主导权。而在寡头竞争的市场结构条件下，拥有较大市场势力、具有市场支配能力的在位企业，也往往会先入为主地主动定价，以求通过引领市场价格变化，实现企业经营目标。

综上可见，企业定价可供选择的方法很多。对通信企业来说，其确定竞争性业务的资费，需要综合考虑成本、需求、竞争等多方面的因素。但针对不同的定价目标，企业在定价方法的选择上应有所侧重。

9.5.3 电信资费定价实践

1. 固定电话资费

通常用户使用固定电话时要缴纳月租费和通话费。这两种费用的收取是为了补偿不同的电话运营成本。理论上，固定电话的运营成本由用户接入成本、用户线成本和交换成本三部分构成，相应地，固定电话的安装使用收费也由 3 个部分构成，即连接费、月租费和使用费。

连接费也称初装费，是在为用户安装电话时一次性收取的费用，主要是为了补偿从分线盒到用户家中的引入线成本，以及与公共交换电话网连接的连接成本而收取的工料费。历史上，许多国家在电话基础设施建设初期，都实行过收取较高初装费的政策，其主要目的是筹集资金，加快网络建设步伐。而从严格意义上讲，这种政策性的收费已远远超出了补偿因用户入网而引发的连接成本的范围。我国的固定电话初装费政策开始于 20 世纪 70 年代末 80 年代初。当时，我国邮电通信事业发展十分落后，供需矛盾突出，用户反映强烈，成为制约国民经济发展的瓶颈。为了尽快提高我国邮电通信发展水平，1979 年，国务院批准邮电部《关于调整邮电管理体制问题的请示报告》，同意电信企业向电话用户收取市话初装费，作为专项用于增加市话交换机容量或扩充用户线路的政府性基金。1980 年邮电部、财政部、国家物价局联合下发了《关于对市内电话新装用户收取初装费的联合通知》，后又于 1990 年下发通知，进一步明确了初装费的国家指导性收取标准为每部电话 3 000～5 000 元。初装费的收取缓解了我国市话建设资金不足的困难，对于"七五""八五""九五"期间我国电话网基础设施的建设起到了很大的促进作用。2001年，我国的市话初装费政策正式被取消。目前安装电话时收取的少量的一次性费用完全属于工料费性质。

月租费是按号按月向用户收取的一笔固定费用，理论上是对电话网络固定成本的全部或部分补偿。国际电联（ITU）认为，基本月租费是电话用户租用电信局从分线盒到交换机用户板的线路、占用局内设备（如计费表）等的运营费用以及所有这些设备的维护费用。由于线路、用户板以及计费表等设备是被连接的终端用户单独占用的，就算其自己不用，任何其他的用户也不能使用；而且用户线的运营维护成本与通话量无关，属于固定费用支出。因此，这些费用需要按月收取定额资费来进行补偿。

通话费则是用户每次打电话时，占用局方的交换机和中继线等资源的使用费。这些费用需要由所有通话来进行分摊，因此，通话费通常按照通话量收费。根据通话距离远近、跨网区间等因素，通话费又分为本地通话费、长途通话费和国际通话费等。

从收费方式看，传统的固定电话资费主要针对语音通信，采用二部资费制和包月制两种形式收费。其中，二部资费制的资费结构包括基本月租费和通话费两部分；包月制则不论用户通话量大小，只按月收取一笔固定的费用。我国固定本地电话过去一直采用以通话费为主的二部制收费模式。但从分担网络成本的角度考虑，免收通话费的包月制或以月租费为主的二部制相对更合理。固定本地电话网的成本主要取决于用户独占资源的成本，而用户独占资源的成本与业务量无关。由于边际成本很低，高通话量用户与低通话量用户的成本差别很小，所以，固定本地电话资费应该以月租费为主，免收通话费的包月制也能较好地反映固定电话网的成本结构特征。但包月制的资费标准肯定高于二部资费制中的月租费，所以，低收入群体难以接受包月制。电信业务的资费结构与收费模式与不同业务的成本结构有关，也与业务发展所面临的消费和竞争环境密切相关。目前，由于移动通信和互联网业务的替代竞争，固定电话业务增长缓慢，甚至出现了负增长趋势，其二部资费制收费方式也面临危机。为降低改变收费方式可能引起的业务收入锐减的风险，固定电话运营商纷纷推出了将固定电话与移动电话、宽带业务、数据业务等捆绑的资费套餐，间接取消了月租费。

2. 移动电话资费

（1）移动电话的资费结构

通常，移动电话的收费包括入网费、基本月租费、通话费和漫游费以及增值服务收费等。

移动电话的入网费与固定电话的初装费类似，是用户入网开通业务时一次性收取的费用，在移动通信发展早期，属于融资性质的基金类收费。目前，我国已基本取消移动电话入网费。

月租费与通话费的收取原理与固定电话的类似，是移动运营商回收投资、补偿运营成本的不同方式。移动公司收取月租费的原因是移动电话网络必须随时确定手机的网络位置从而提供呼叫服务，这需要占用一定的网络资源，同时有限的号码资源占用也是收取基本月租费的一个依据。而通话费的收取依据是每一次呼叫都会占用无线信道、交换设备以及传输线路等设备资源。与固定电话的资费结构不同，移动电话的资费结构应该以通话费为主，因为移动网络主要由用户共享资源构成，用户在不通话时基本上不占用移动网络的资源，所以，按照用户数量所收取的固定费用（月租费等）是次要的，移动资费主要应该以通话量为基础从量计收，即采取以通话费为主的资费结构模式。

漫游费是针对移动用户在非归属地通话时收取的费用，通常要大大高于本地通话资费水平。

从技术角度看，移动用户在异地（包括国内、国外）漫游时，网络除了要对用户归属位置和访问位置进行确认外，如果使用到其他运营商的网络资源，运营商之间还需要相互结算，因此，企业认为成本开支较本地通话的成本要高，收费也应高于本地通话的收费。然而，许多用户不认同这种观点，认为漫游时的成本开支与本地通话相比较并无过多支出，企业收取高额的漫游费没有道理。从世界其他国家看，移动电话的国内和国际漫游费率均呈现出下降趋势。2006 年，欧盟委员会针对欧洲范围内跨国漫游高昂的收费标准提出警告，要求各国移动运营商主动将跨国漫游费降低至国内水平，否则，将通过制定法律改变这一状况。迫于欧盟的压力，西班牙电信宣布废止对高端用户主要是商业用户的漫游收费，同时下调了对普通用户的漫游收费；沃达丰宣布将在2006 年秋到 2007 年 4 月将其在欧洲境内的移动漫游费下调 40%，由当时的平均每分钟 0.89 欧元降至平均每分钟 0.55 欧元。之后，欧洲六大手机运营商又联合宣布，将把"批发漫游费"（即对使用其电信网络的其他运营商收取的费用）降低一半，以避免欧盟制定针对性的惩罚性法案。由于各国运营商普遍采取了资费套餐的形式收费，欧盟用户在各国国内早已不必为网间漫游付费了。随着竞争的日趋激烈，我国国内和国际漫游费水平也不断降低。3G 牌照发放后，中国电信对新增天翼用户已取消漫游收费。中国联通自 2011 年 9 月 1 日起，于当年内第三次下调移动电话国际漫游业务资费标准，此次下调包括英国、法国、德国、意大利、西班牙、澳大利亚和加拿大等 30 个国家和地区在内的语音以及数据漫游资费。自 2017 年 9 月 1 日起，我国三大基础电信运营商中国电信、中国联通和中国移动，已全面取消手机国内长途漫游费。

增值服务费是移动运营商对所提供的增值服务如彩铃、彩信等业务的收费。

（2）移动电话的收费方式

按收费时间的不同划分，移动电话的收费方式可分为预付费和后付费两种。其中，预付费采用充值卡等预付方式，一次性存入一笔话费，移动公司根据用户的实际使用量，每月从用户预存话费中扣收，不收取月租费，但费率相对较高。后付费方式属于签约用户，话费结构包括一定数额的月租费和根据用户每月使用业务数量收取的使用费两部分，总费用需要按月向移动运营商缴纳。

按缴费用户的不同划分，移动电话的收费方式有主叫单向收费和主被叫双向收费两种。主叫单向收费是指在每一次通话中，只对主叫方用户收取资费。主被叫双向收费是指在每一次通话中，同时对主叫和被叫用户收费。目前世界上大多数国家都是采用主叫方单向收费的方式，过去一些采用双向收费方式的国家如以色列、阿根廷、智利、印度等，也逐步转变为单向收费方式，只有美国、加拿大、新加坡等少数国家和地区仍然采用主被叫用户双向收费的方式。

从资费背后的成本因素考虑，双向收费具有一定的合理性。移动电话的通话方式与有线电话的通话方式明显不同，两个移动用户相互通话，无论是主叫拨打电话还是被叫接听电话，双方对网络资源的占用是完全对称的，所耗用的成本也是对等的。主叫用户拨打另一部手机时需要占用一个信道；被叫用户接听电话时，被叫者的手机则需要占用另一个信道，两个信道之间的沟通由交换机完成。由于信号由主叫方手机发送到移动通信的交换机，与由交换机交换后再发送到被叫方手机，所占用系统资源相同，其成本也相同，因此，实行双向收费是与消费者占用移动网络资源相对应的收费方式。如果一个通话每分钟 0.60 元，主叫方和被叫方各负担 0.30 元是公平合理的。

但从对用户的影响来说，单向收费似乎更符合用户的消费心理和习惯。主动拨打电话应该支付相应的费用，天经地义，一般用户对此都没有异议。但实行双向收费，除了主叫方要支付相应的费用外，被动接听（尤其是对于用户并不希望接听的电话）还需要支付费用，这使得用户容易产生不公平的感觉。这样的消费心理会在一定程度上影响用户的消费行为和习惯，造成一些用户在不打电话时选择关机，以减少消费。当然，也有人认为，被动接听电话付费并非不公平。主叫方固然拥有拨打电话的主动权，但被叫方在看到来电号码显示后，也完全有选择接听或选择不接听的权利，因此，虽然主叫方在建立通话中确实处于主动位置，但这并不意味着不应该由双方共同承担费用。此外，很多用户不认同双向收费还有一个重要的理由，就是认为双向收费的资费水平肯定高于单向收费方式的资费水平，即认为单向收费便宜，其实这种认识存在误区。因为当通信企业对单位通话收取的费用一定时，单项收费和双向收费只是费用收取的来源不同而已，资费总体水平并未改变。举例来说，假设一个手机用户给另一个手机用户打电话的合理资费水平是每分钟 0.40 元（成本加合理利润），在双向收费方式下，主被叫双方各支付 0.20 元/每分钟；而在单向收费方式下，主叫方支付 0.40 元/每分钟，被叫方免费。这两种收费方案的资费总体水平并无差别。当然，对用户个人而言，如果通话总量中来话和去话的比例不同，其消费支出会因收费方式的不同产生差异。单向收费后，如果去话多于来话，用户消费支出会增加；如果去话少于来话，用户消费支出会减少；当去话等于来话时，通话消费支出不变。当通信企业降低单位通话的资费标准时，不论单向收费还是双向收费，用户通话的消费支出都会相应有所下降。

从对通信企业的影响来看，当移动运营商对单位通话收取费用的标准一定时，同样，单向收费和双向收费只是费用收取的来源不同而已，企业资费收入的总体水平实际上并没有改变。但在移动通信发展初期，由于资费水平较高，实行双向收费可将较高的资费水平平均分摊到主被叫用户身上，从而降低对单个用户的收费水平，这有利于移动通信业务的发展。随着移动通信用户规模的扩大、成本的降低，移动通信资费总体水平大幅度降低。当移动通信资费降低到一定程度时，单向收费、双向收费实际上对用户的消费心理和行为已不会产生很大的影响。特别是目前移动数据业务增长很快，大有超过语音业务之势。数据业务的消费模式不同于语音业务的消费模式。当大量用户由过去语音通信时代的被动接受信息转变成主动用户时，单双向收费方式对用户消费心理和行为的影响在弱化，这也是包括美国在内的一些国家至今没有调整双向收费模式的一个重要原因。

选择单向收费或双向收费方式影响最大的是电信运营商的互联互通以及网间结算。在双向收费模式下，由于移动运营商既向主叫用户收费，又向被叫用户收费，这就大大简化了不同的移动运营商之间以及移动运营商与固定网运营商之间复杂的网间结算问题。双向收费时，移动运营商之间不必结算；固定网对移动网也不必结算（固定电话拨打移动电话，固定电话用户只支付固定电话费，移动运营商直接向移动用户收取无线通话费）。而在单向收费模式下，移动运营商只对主叫用户收费，在本网终结异网来话时，无论该来话是来自移动网还是固定网，其他运营商作为主叫方归属企业，都需要根据流量向作为被叫方的本网缴纳终结费，这就涉及网间业务量或流量的统计、网间互联成本的测算以及网间互联费制定等种种比较复杂的问题。可见，在主被叫双方归属不同的运营商时，单向收费会使运营商之间的利益关系复杂化。

3. 互联网接入服务业务资费

根据工信部发布的《电信业务分类目录（2015 版）》中的定义，互联网接入服务业务是指"利用接入服务器和相应的软硬件资源建立业务节点，并利用公用通信基础设施将业务节点与互联网骨干网相连接，为各类用户提供接入互联网的服务"。用户接入互联网可供选择的方式主要包括以下几种：一是公用电话交换网（PSTN）拨号接入，即利用普通固定电话线拨号上网或利用窄带综合业务数字网（ISDN）拨号接入互联网；二是 xDSL 方式接入，泛指利用数字用户线路（Digital Subscriber Line，DSL）技术，在交换局和用户之间通过调制解调器实现互联网综合业务接入，这里的 x 表示不同的数据调制实现方式，如 ADSL、HDSL、VDSL等；三是以太网接入方式，是指利用综合布线技术，通过光纤到路边、光纤到大楼，针对比较集中的用户提供高速接入互联网的方式；四是专线方式接入，即通过 DDN、FR、ATM、数字电路等专线直接接入互联网；五是光纤/同轴电缆混合接入（HFC），即综合应用模拟和数字技术、同轴电缆和光缆技术以及射频技术的高分布方式接入互联网；六是无线方式接入，即指利用无线通信方式接入互联网的方式，如 WLAN、WiFi、Bluetooth、WiMax 等。其中，非对称数字用户环路（Asymmetric Digital Subscriber Line，ADSL）和以太网方式是当前互联网的主流宽带接入方式。

不同接入方式的互联网接入服务业务，其网络使用费定价模式和费率结构也不相同。目前，国内外互联网接入业务的资费结构模式主要包括两大类，即线性资费结构和非线性资费结构。其中，线性资费结构又包括包月制和从量资费两种收费模式；非线性资费结构则包括灵活多样的各种定额收费加从量收费模式。

（1）包月制资费模式

不考虑用户实际使用量大小，只按月向用户收取一笔固定数额的费用，这是包月制资费模式的共性特征。目前，我国互联网主流宽带接入服务（DSL 和以太网方式）主要采用包月制定价模式，我国香港地区的 DSL、以太网以及 Cable Modem 方式接入互联网的定价模式均是包月制，美国拨号接入和宽带接入互联网也采用包月制的定价模式。包月制资费模式具有计算简便、无须专门计费设备、不易产生资费争议等优点。

从用户角度来看，包月制收费对用户使用业务和网络会起到刺激作用。由于使用业务和网络的边际价格为零，用户会根据需要最大限度地使用业务，在网络资源充裕、能即时充分满足用户需求的情况下，可以提高用户效用，增进社会福利。但在网络资源有限或存在瓶颈资源的情况下，过度使用网络和业务可能会造成网络拥塞、通信质量下降，从而给用户带来效用损失。

从运营商角度来看，一方面，合理的包月制收费可以帮助企业迅速拓展用户基础，促进用户消费；但另一方面，在网络资源有限的情况下，为了保证网络质量，运营商被迫需要不断加大投资进行网络扩容，而包月制收费又无法保证网络投资能获得相应比例的收益，这又会影响运营商进行网络投资和扩容的积极性。

从公平角度来看，包月制收费对所有的用户都一视同仁，但实际上使用量大的用户占用大量互联网资源，收费相对偏低，使用量小的用户占用资源少收费却相对过高，因此，这种收费方式缺乏公平性和灵活性。

（2）从量收费模式

与包月制定额收费模式相比，从量收费用户多用多付费，体现了公平原则。但采用单一的从量收费模式，用户付费会随着其业务使用数量的增加而成比例增加，因此，这种收费方式是一种鼓励用户节制使用业务和网络的模式，不利于扩大对网络和业务的消费。根据业务计量方式的不同区分，从量收费模式又包括以下 3 种主要收费方式。

① 按使用时长收费。这种收费方式需要的接入服务器能够提供准确的计时功能，其优点

是资费计算相对简单，而且运营商可以根据不同的时间段，灵活设置不同的费率。例如，采取闲时优惠定价的方法，分流忙时拥塞流量，平衡网络负荷，促进用户使用业务；用户可以自主选择上网时间，并按上网时段的费率支付相应的费用。但由于运营商接入服务器计时与用户自主计时的起止时间不易一致，用户对计费总时长往往抱有异议，因此，按时长计费容易引发用户不满和资费争议。

② 按流量收费。这是一种按照用户实际使用的网络流量来进行计费的资费模式。从理论上讲，这种定价模式比较公平合理，随着用户占用网络资源的增加，其需要支付的费用也随之增加，而运营商也能根据用户实际占用的网络资源获得相应的收益。

按流量收费的缺陷在于：首先，该收费模式对计费系统要求很高，系统必须监控到第七层，才能准确地实施按流量计费，这需要互联网运营商投入大量资金对现有系统进行全面改造，实施起来比较困难；其次，我国大部分互联网用户，已经习惯包月制和按时长收费的定价模式，用户观念很难迅速改变，而且普通用户大多对 bit、Gbit 等流量单位缺乏概念，很难衡量其使用量和随之产生的费用。所以，这种定价模式容易给用户带来价格不透明的感觉，极易引发价格争议；再次，随着互联网业务的广泛应用，随之产生的网络垃圾问题越发突出，如何屏蔽垃圾流量，实现流量清单的透明化和精确化，也是按流量收费的一个难点；最后，网络广告是当前内容服务商的主要收入来源，按流量收费，用户必然会想方设法屏蔽广告，以减少广告流量带来的费用，这样一来，内容服务商的收益将受到巨大冲击。因此，按流量收费的定价模式很难在用户和内容服务商之间达到利益平衡。

我国互联网业务在发展早期主要采用按流量收费的定价模式。目前，英国电信、澳洲电信和新加坡电信都已经推出了按流量收费的产品包。

③ 按内容收费。按内容收费是指用户接入互联网并不收费，而是按照用户上网所选择观看的内容来收费，一般都有很多电视剧、电影或 MTV 节目可供用户选择，对不同的节目内容制定有不同的费率。

这种定价模式的优点在于：定价灵活透明，计算简单，不易产生资费争议。对用户来说，多选择内容多付费，公平合理。但由于运营商购买内容片源时投资较大，单一按内容收费，难以保证运营商按期收回投资，获得稳定的收益。

（3）非线性收费模式

目前，国外学者已经在互联网接入业务定价方面进行了许多研究，为避免单一定额收费和僵化从量收费模式的缺陷，针对互联网业务的消费效应、供应成本与使用时长、流量、内容以及接入速率都相关的特点，提出了多种多样的收费组合方式，其中有一些已经在实践中得到了应用。

① 限时包月制收费模式。这种模式通常先提供若干分钟的包月时长，收取一定数额的包月费用，超过该时长后按分钟计费，按时长收取费用，超时单价通常高于包月单价。该定价模式吸收了包月制和按时长从量收费模式的优点，避免了网络资源的滥用，同时保证了运营商能获得稳定收益，收费既简单易行，又清晰灵活。

② 限流量包月制收费模式。限流量包月制收费与限时长包月制收费原理相同，只是这里将按时长计量收费改为按照流量来计量收费。该收费模式同样具有限时包月制收费模式的优点。

③ 限时限内容包月制收费模式。这种收费模式是限时包月制与按内容收费两种定价模式的组合，它将互联网接入服务与内容提供进行捆绑，形成一个产品包。具体实施时，可采取

先提供若干分钟接入互联网的包月时长和若干免费内容，收取一定数额的包月费用；当用户选择非免费内容时，按不同内容的费率加收不同费用；当用户接入互联网的时长超过包月时长后，对超过时长加收额外费用。这种资费模式对用户来说，接入互联网时间长多付费，多选择内容多付费，公平合理；对运营商来说，其既补偿了购买内容的投资，也可取得稳定收益。

④ 限速包月制收费模式。这种收费模式是以某一基准速率为依据收取包月费，超过该基准速率则按照时长或流量收取从量费用的一种收费方式。与限时包月制、限流量包月制以及限时限内容包月制在速率不变时的定价情形不同，限速包月制定价模式是在速率可变的情况下进行定价的。

这种定价模式的优点在于，以一定基准速率为标准，当用户以基准速率接入互联网时，按包月制定价（速率不同定价不同）能够满足大部分用户对包月制的偏好；当用户选择以超过基准速率的更高速率接入互联网时，按时长或流量收费的方式又满足了那些愿意出高价以换取高速率接入和高网络质量的用户需求。同时，在使用时间或流量总量一定的情况下，带宽速率越高，价格就越高，充分体现了网络资源的有价性，也能保证运营商的可持续经营。

4. 电信网间互联资费

国际电信联盟（ITU）给电信网间互联所下的定义为：电信业务经营者把他们的设备、网络、业务连接起来，使用户能够呼叫其他电信业务经营者的用户，并使用其他电信业务经营者的网络和业务。我国信息产业部在 2001 年 5 月颁布的《公用电信网间互联管理规定》中对此也给出了明确的定义：“电信网间互联是指建立电信网间的有效通信连接，以使一个电信业务经营者的用户能够与另一个电信业务经营者的用户相互通信，或者能够使用另一个电信业务经营者的各种电信业务。”网间互联既包括两个电信网间直接相连实现业务互通的方式，也包括两个电信网通过第三方的网络转接实现业务互通的方式。

电信网间互联问题不单纯是一个技术问题，而是一个涉及技术、经济、竞争、网络设施利用以及管制政策等多个层面的复杂问题。其中，网间结算涉及参与互联的各电信公司的切身利益以及政府管制目标的实现，这就使得互联互通问题变得极其复杂和重要。

网间结算是与网间互联相伴而生的一个重要概念，是指电信运营商之间因为所发生的网络互联、呼叫接入等经济业务而产生的收入分配与结算关系。网间结算的依据就是网间互联资费也即网间互联结算价格。如果互联结算价格和互联费过高会直接加重新进入者的成本负担，打击新兴企业谋求与在位企业、主导企业网络互联的积极性，甚至阻碍竞争性企业进入电信市场，并有可能引发电信网络设施重复建设的现象。相反，如果互联资费过低，低于实际成本，提供互联接续服务的在位运营商就难以收回投资，其互联成本就无法获得补偿，这又会打击在位企业、主导企业参与互联的积极性，导致其对增加互联设备数量、提高互联设施质量产生严重抵触。由于互联费用低廉，作为互联需求方的竞争性企业能够承受一定的低价，为了争夺用户、抢占市场，其往往敢于违规降价，扰乱电信市场竞争秩序。当互联双方的利益矛盾激化到一定程度时，主导企业、在位企业作为互联提供方就会采取人为措施，设置互联障碍、遏制竞争对手，以弥补自己在业务经营上的价格劣势，由此，就不可避免地会引发网络间“联而不通，通而不畅”的互联危机。由此可见，科学确定网间互联资费至关重要。在开放竞争的市场环境下，由于参与互联的各电信公司都是独立的市场主体，为了最大限度地维护自身的经济利益，其各自都希望制定实施有利于自身的网间结算方案，而网间互联资费（网间结算价格）是否科学合理，会直接影响到互联双方的切实利益，并反过来严重影响互联互通的质量和效果，因此，网间互联资费的确定成为互联互通谈判的焦点内容，也是网间互联谈判中最为复杂、最难以协调的问题。

目前全球范围并不存在一种统一的互联资费制定方法。各国依据各自的市场结构、管制重点、财务制度等，有各自不同的方法选择。概括而言，网间互联资费的确定主要有以下几种方法。

（1）基于成本制定网间互联资费

WTO 基础电信协议的参考文件以及欧盟网间互联指导性文件所制定的互联原则，都要求网间互联费的收取应当以成本为导向。网间互联费的经济学含义是指被接入方（互联需求方）为补偿接入方（互联提供方）的互联成本而支付的费用。网间互联是有成本的，一方面，互联本身因修改网络软件、建立互联点增设各种网关设备、传输线路等将产生新的成本；另一方面，网络互联后网间通话也会给互联提供方带来内部资源的占用与消耗。尽管监管部门要求主导电信企业或在市场上居支配地位的企业承担更多的互联义务，但在位企业要求新进入者分担这些成本。为了调动主导运营商参与互联的积极性，网间互联费的计算应当能够公平合理地补偿接入方的互联成本。所以，以互联成本为基础制定网间互联资费，据此进行网间结算，理论上是一种公正合理的网间结算模式。但在具体操作中，由于成本选择的复杂性，又存在各种不同的做法。

① 历史成本法。历史成本是指为提供当前的电信服务而在过去发生的实际成本。采用历史成本法进行网间互联定价和结算简便易行，能确保互联提供方历史成本的补偿，有利于主导运营商，但这一方法存在诸多弊端。首先是该方法不能为在位企业、主导企业提供采用新技术和努力降低互联成本的激励；其次是管制者和电信企业信息不对称，导致管制者无法保证企业能够如实报告其真实成本，现实中，企业夸大、虚报互联成本的可能性增大；最后，从促进竞争的角度来讲，如果企业真正的互联成本很高，那么，采用这一方法确定的互联资费就会很高，显然，这不利于新进入者参与竞争。鉴于上述弊端，目前世界上很少有国家采用历史成本法来进行网间互联定价和结算。

② 有效元素定价原则。有效元素定价原则（Efficient Component Pricing Rule，ECPR）也称为 Baumol-Willig 原则，由 Willig（1979）和 Baumol（1983）首先提出，其主要内容是：原先占垄断地位的公司（主导公司）为新公司（竞争公司）提供接入，主导公司收取的接入价（AP）应该能补偿其直接成本（DC）以及由于为竞争公司提供服务而损失的机会成本（OC），这里的机会成本是指垄断运营商因提供这些竞争性业务而使自己减少的收入。ECPR 定价可用公式简单表示为：

$$AP = DC + OC$$

依据有效元素定价原则定价所考虑的成本，不仅包括由互联所直接引发的网络投资和运营成本，还应当包括主导公司提供互联服务的机会成本，这在网间互联资费制定过程中是很重要也很容易被忽略的一步。考虑机会成本因素确定网间互联资费，可真正体现网间结算的市场化原则，减少市场准入对主导公司的不利影响，有助于促进主导公司积极主动地履行互联互通义务。此外，该定价原则保证了有效率的市场进入，可以有效避免社会效率的损失。因为对新进入者而言，只有当其运营效率高于主导公司的运营效率也即提供业务的总成本低于主导公司提供业务的总成本时，其进入市场才是有利可图的。

现实中，ECPR 定价的上述优点要得以发挥作用必须满足以下条件：垄断运营商提供竞争性业务时是以边际成本为基础定价的；垄断运营商和新进入者提供的业务具有完全的可替代性；垄断者没有市场势力，其提供的竞争性业务不会产生固定的规模收益；垄断运营商提供这些竞争性业务的边际成本可以比较容易得到。当这些条件不能得到满足时，依据这一定价原则制定网间互联资费将产生诸多不利影响。首先，ECPR 定价可能迫使新进入者分摊由于原垄断运营商的低效率而带来的较高的成本；其次，新进入者在竞争性市场上的全部成本（包括市场准入成本和运营成本）很有可能高于原垄断运营商的增量成本；最后，原垄断运营商可以在一定程度上操纵零售价格，而根据 ECPR 原则，原垄断运营商的零售价格直接影响接入费，因此，当它调整零售价格时，新进入者也必然跟着调整零售价格等。目前，美国、英国等国家的管制机构对依据 ECPR 原则制定网间互联资费都持比较慎重的态度。

③ 长期增量成本法。长期增量成本是基于现实的网络和用户规模下的成本水平，并考虑未来较长时期内因用户和业务量增长、互联需求增加、网络结构变化和技术进步等因素所可能导致的固定资产投资成本和运营成本的变化，所预测出来的将来的增量成本水平。

应用长期增量成本法进行网间互联接入定价，意味着网间互联资费的制定，既不是以提供互联服务的网络的历史成本为基础的，也不是以当前实际发生的成本为基础的，而是以提供每单位网络互联未来所增加的前瞻性成本为基础的。由于前瞻性长期增量成本反映了当前以及未来较长时期内提供互联服务最经济、最先进并且可利用的技术条件，应用这一方法制定网间互联资费，符合效率原则，接近完全竞争市场定价，能体现长期均衡的互联价格，既能促进提供互联服务的企业采用新技术，降低互联成本；又能在促进竞争的同时，避免重复建设，节约社会资源，提高社会福利。基于这些优点，目前世界各国普遍倾向于采用这一方法来制定网间互联资费。

但是，测算前瞻性长期增量成本是一项非常复杂的工作。在不确定的环境下，无论是采用自上而下模型还是采用自下而上模型测算，都只是对实际经济成本的一个估计。不过依据数理统计原理，人们对某个真实参数的估计越多，就越有可能接近不可观测参数的真实值。显然，基于 100 个观测值所得到的样本均值要比基于 5 个观测值得到的样本均值更为精确。所以，使用成本模型得出的估算结果，实际上是一个包含真实成本参数的范围。如果管制机构能够同时利用自上而下和自下而上两种模型进行成本测算，就可以根据这个范围确定合理的互联成本水平，并据此制定出相对合适的网间互联资费标准。

实践中，运用自上而下和自下而上模型测算互联成本，并据此制定互联资费的方法已在许多国家得到了应用，如表 9-2 所示。

表 9-2 部分国家互联成本测算模型应用情况

国　　家	说　　明
美　国	① 州与州间长途业务互联互通价格的设定基于自下而上模型确定的"前瞻性水平" ② 本地网互联互通价格必须基于前瞻性成本，大多数州采用自下而上模型测算
英　国	20 世纪 90 年代中期，互联互通价格基于综合考虑自上而下和自下而上模型估计结果后所进行的调整。随后互联互通价格的确定基于价格上限管制

国　家	说　明
加拿大、丹麦、德国、澳大利亚、马来群岛、新加坡	采用自下而上模型
法国、爱尔兰、奥地利	同时使用自上而下和自下而上模型
墨西哥	当运营商之间不能达成协议时，电信管制机构使用自下而上模型
荷兰	对于打入通话的互联定价使用自下而上模型；而对打出通话的互联定价使用准自上而下模型（使用直接历史成本）

（2）基于零售资费制定网间互联资费

这种定价方法以最终用户价格即零售资费为基础确定互联资费，故称为零售价格法或资费法，其定价思路是将要求互联的公司视为用户，互联提供方按照一定折扣比例的现行资费或直接采用针对普通用户的现行资费，向要求互联的其他运营商收取互联费用，有折扣或没有任何折扣的现行资费就是网间互联结算的资费。这种方法简便易行，通常适用于竞争初期。缺点是缺乏合理性，不能准确反映互联所消耗的成本。如果零售业务的资费偏离成本定价，依据这种偏离成本的资费确定的网间互联资费也会背离互联成本。以背离互联成本的互联资费为依据进行网间结算，在很大程度上可能导致互联双方利益分配的扭曲。

日本在引入竞争初期曾采用资费法制定网间互联资费。新西兰、芬兰等国家也采用这种方法确定部分网络间的互联资费。我国目前固定网之间、移动网之间以及固定网与移动网之间的互联结算资费也是基于零售资费制定的。

（3）通过谈判协商确定网间互联资费

依据互联资费进行网间结算的过程，实际上就是对互联双方协作完成的通信业务收入进行分配的过程。最早，世界各国主要的电信运营商之间在分配国际间的通信业务收入时，就采用谈判方式确定各自为对方接续话务用于结算的单价，称为结算费率。结算费率是由通信链路两端的运营公司通过双边协议达成并共同遵守的。理论上，该费率反映国际间完成某项业务的价值；现实中，通过双方谈判达成协议而确定的结算费率的高低常常取决于运营商的谈判地位，既不反映成本，也与各国运营商对用户收取的国际通信资费多少没有直接关系。

涉及国际间的网间收入分配与结算，通常是由国际通信中的发信方也就是资费收取方的通信运营公司，按照一定的清算价格，向接收或转发该项通信业务的运营公司支付必要的费用。由于国际业务的完成既要占用本国公司的网络，又要占用他国公司的网络，进行国际间的业务收入分配，就必须对双方协商确定的结算费率进行分割（一般是对半分割），形成清算费率，以此作为每分钟业务的价格向对方运营公司支付费用。按清算费率计算所形成的国际互联接入费，则用来补偿不同国家的通信运营公司合作完成的国际业务在国内网络上转接接续的成本费用。显然，如果两国运营商相互向对方发送业务，在结算费率对半分割的情况下，发送业务较多的一方需要向对方支付超出部分的结算费用。

电信市场打破垄断、引入竞争后，通过商务谈判确定互联资费的方法在各国国内不同运营商之间也得到了越来越多的应用。为了减少行政力量的干预，多数国家，尤其是英国、美国等发达国家的政府电信监管部门，致力于鼓励和引导竞争实力相当、谈判地位对等的电信企业尽可能以商业而非行政的手段，对自身的权利和义务做出安排，从而使企业间的互联行为更加符合市场经济的规律和要求，进而提高互联效率和效果。但在竞争初期，由于新加入的运营商十分弱小，其在互联谈判中往往处于劣势，因此，单纯依靠商业谈判常常会造成排斥竞争的后果，需要政府更多地介入管制和干预。随着新兴运营商竞争实力的壮大和电信市场有效竞争格局的形成，在对商业谈判的具体程序和互联协议的主要事项提供事前指南的基础上，监管部门通常会要求所有的运营商采用商业谈判的方式，通过平等协商确定互联资费、解决互联争议。只有在商业谈判存在争议并且互联双方对此进一步付出了谈判努力仍难以达成协议时，政府监管机构才会介入并进行裁决，以帮助互联各方最终完成互联资费的确定和达成互联协议。

目前，我国的电信网间互联管制政策仅就主导运营商与其他电信运营企业之间的互联进行管制，而对除主导运营商之外的其他运营企业之间的网间互联实行由互联双方先进行协商解决的办法。只有当互联出现争议时，才由政府主管部门出面协商解决。

（4）主叫端保留全部收入的零结算方法

互联资费为零，互联各方在使用对方网络时无须支付互联费用，所有主叫端的营业收入全部归主叫端运营商所有，这是网间互联结算最简单的一种做法。理论上，互联双方互不结算，不利于相互间的公平竞争，甚至会造成各运营商对来话进行限制。但零结算方法的实施是建立在互联双方通信流量平衡的假定基础之上的。当互联双方处于相对平等的地位，而且互相交换的电信流量基本相当时，这种方法可以最大程度地简化网间结算。从积极的作用看，两网交换流量平衡时双方互不结算，将不必对双方交换的电信流量进行准确计量，也不必对互联成本进行准确测算，避免了不必要的纠纷，降低了运营商网络互联的交易成本和管制者的管制成本。目前，美国、加拿大和印度等国家本地网之间的互联就采用这种方法；互联网对等级别的互联网服务提供商（ISP）之间的互联结算也采用这种方法。

复习思考题

1. 决定和影响通信资费的主要因素有哪些？
2. 考虑供求因素确定通信资费为什么要把握各种业务的需求价格弹性和收入弹性？
3. 自然垄断产业按平均成本定价存在哪些局限性？
4. 二部资费定价较之平均成本定价有哪些优点？
5. 简述拉姆塞定价法的基本原理。
6. 高峰负荷定价适用于哪些产品或服务？电信企业实行这一定价方法有何优点？
7. 简述线性从量资费与定额资费各自的优缺点。
8. 分析电信企业制定实施捆绑资费的动因。
9. 电信市场开放竞争对传统的交叉补贴机制带来了哪些挑战？
10. 国家为什么要对通信资费进行管理？管理的方式有哪几种？
11. "资本报酬率"和"价格上限"管制方式有何区别？
12. 简述企业成功实施价格歧视必须满足的条件。
13. 分析固定电话、移动电话、互联网接入服务的资费结构模式。
14. 简述电信网间互联资费确定可供选择的方法。

第 **10** 章 通信收入与通信产业绩效

通信收入尤其是各通信企业的主营业务收入是通信市场绩效、企业绩效和产业绩效评价所涉及的一个重要指标。通信业务收入作为通信产品的销售收入，是通信企业的主要财源，是形成通信业收支差额的基础。由于通信业务在多数情况下需要两个或两个以上的通信企业相互协作才能完成，决定了某通信产品的销售收入必须在参与该业务生产过程的所有通信企业间进行分配，才能形成各企业参加通信生产应得的收入。本章从阐述通信收入的内涵及分类入手，进而分析通信收入增长变动的趋势及影响因素，并就通信业务收入的分配与结算、通信市场绩效和通信产业绩效及通信企业绩效评价的不同视角和相关指标进行系统分析，以期为促进通信收入增长、改善通信经营绩效提供理论参考。

10.1 通信收入及其影响因素

10.1.1 通信收入的基本概念

通信收入是指各通信企业的业务收入或营业收入，即通信企业在从事通信生产，向社会提供通信业务所取得的收入。通信业务收入是通信企业的主要财源，是形成通信业收支差额的基础。它一方面反映了通信部门满足社会对通信需要的程度，另一方面说明了通信企业的生产经营规模的大小。

通信业的生产经营的特点之一是生产过程和消费过程合一。各通信运营企业的主要经营活动是提供通信产品，尽管通信产品不具备实物形态，或者说通信部门没有脱离其生产过程而独立存在的实物形态的产品进入流通领域，但和一切商品一样，通信产品也具有二重性：一方面它具有使用价值，即满足了社会对通信的需要；另一方面它具有价值，即在交换过程中所实现的交换价值。也就是说，用户按通信产品的资费（即通信价格）标准付费，通信企业则获得业务收入；通信产品在实现了其使用价值的同时，其价值也从价格中得到了实现。

虽然通信产品的销售收入在实质上与其他国民经济部门的销售收入相同，但是它与制造业企业的不同之处在于，因为通信业务在多数情况下需要不同的通信网络同时协作完成，用户为通信业务付出的费用不能全部归某个企业所有。因此，业务收入要在各通信网之间进行再分配，也就是结算。通信业务收入再分配以后，就会形成各通信企业应得的收入，这个收入便是某通信企业在通信生产过程中的劳动成果的货币表现。

通信企业经营直接获得的通信业务收入，不代表各个通信运营企业的生产成果应得的收入，以此为依据计算的收支差额也就不是最终的盈亏，这是由通信生产过程方面的生产经济特征所决定的。通信生产过程往往需要在两个或两个以上的通信企业联合作业基础上来完成，通信产品的销售收入应该属于参与这个生产过程的所有通信企业。问题在于用户使用通信业务的资费由业务受理企业收取，形成了该通信企业的业务收入，而这个企业的收入中包含着其他企业的劳动成果；同样，它的劳动成果也可能有一部分包含在别的通信企业的业务收入之中。

10.1.2　通信收入的分类

1．专业分类

从专业分类角度来看，通信收入主要分为邮政通信收入和电信通信收入。

（1）邮政通信收入

邮政通信收入是各级邮政企业在生产提供各类邮政业务过程中所取得的收入。在邮政中，非通信业务占的比重比较大，社会对邮政提出了多层次、多样化的需求，邮政产品也呈现出多样化的趋势（参见本书第 9 章相关内容）。2016 年全年，邮政行业业务收入（不包括邮政储蓄银行直接营业收入）完成 5 379.2 亿元，同比增长 33.2%；业务总量累计完成 397.2 亿元，同比增长 45.7%。其中快递业务收入增长较快，全年完成收入 3 974.4 亿元，同比增长 43.5%。

（2）电信通信收入

电信通信收入是各电信企业在提供各类电信业务过程中所取得的收入，这些业务主要包括长途电话、本地电话、移动电话、短信业务、数据通信和互联网业务等。长途电话又分国内长途电话，国际电话，我国港、澳、台地区的电话；本地电话又分城市住宅电话和乡村住宅电话。

2．财务核算分类

按照财务核算的口径分类可将通信业务收入分为主营业务收入（销售收入）和其他业务收入。主营业务收入是指企业从事通信生产、提供通信业务活动取得的收入。它和一般工业企业的销售收入性质等同；其他业务收入，是指企业销售材料、出租固定资产、包装物、转让无形资产、代办工程，其他劳务工作、出售信封、电话号码簿等取得的收入。通信企业最直接的经营目标表现为企业的利润目标，而企业实现利润目标的最直接的途径就是实现销售。事实上，由于通信业的生产经济特征所决定的生产和消费具有合一性，通信能力一旦形成，通信运营商所要做的就是将通信能力转化成用户的消费需求，促进用户使用通信服务，这样才能提高通信业务量和通信业务收入。

3．通信业务总量和通信业务收入

在财务核算上还经常使用业务总量这一指标来反映通信总产品量，如电信业务总量、邮政业务总量等。通信业务收入和通信业务总量在数值上是有差异的。造成这种差异的原因有两个：①计算单价上的差异。通信业务收入是以通信产品当年现行的价格为基础计算的，而通信业务总量是以不变平均单价为基础计算的。我国通信业自 1970 年开始每 10 年确定一次不变平均单价。在不变平均单价确定后的年份中，业务总量的增减变化可以直接体现通信产品总量的增减变化。而采用当年价格计算的各年的业务收入之间则不能进行这种比较；②统计口径的差异。

通信业务收入是通信产品的销售收入，只对通信产品中的计费业务进行了计量，而不对非计费业务或免费业务进行计量。通信业务总量既包括计费业务，同时也包括免费业务。

10.1.3　技术发展与通信收入构成的变动

技术发展对通信收入的构成产生深远的影响。技术进步加快或缩短了一些业务的生命周期。首先是传统电报业务已经在许多国家退出通信领域；其次是无线寻呼业务走向衰退。2018年 1～3 月，虽然全国电话用户净增 2 831 万户，总数达 16.6 亿户，整体用户规模稳步增长。但是移动电话用户净增 5 336 万户，总数达 14.7 亿户；固定电话用户减少 278 万户，用户总数降至 1.9 亿户。电话用户规模持续缓慢增长主要是受移动电话用户人口红利消失和固定电话用户持续流失的影响。虽然农村固定电话用户退网速度有所减缓，但由于城市固定电话用户退网速度大大加快，使得固定电话退网整体速度加快。这是由于农村的经济结构和人员结构基本保持稳定，固网变移动的过程已经接近尾声，而城市中随着宽带移动网络成熟，以及移动支付等生活习惯的培育，加快了固定用户与移动用户之间的转化。技术进步导致通信业务结构发生变化，进而影响了业务收入的变化。随着高速互联网接入服务的发展和移动数据流量消费的快速上升，语音业务（包括固定语音和移动语音）继续呈现大幅萎缩态势。2017 年，电信业完成语音业务收入 2 212 亿元，比 2016 年下降 33.5%，在电信业务收入中的占比降至17.5%，比 2016 年下降 7.3 个百分点。图 10-1 所示为 2012—2017 年电信收入结构（语音和非语音）情况。

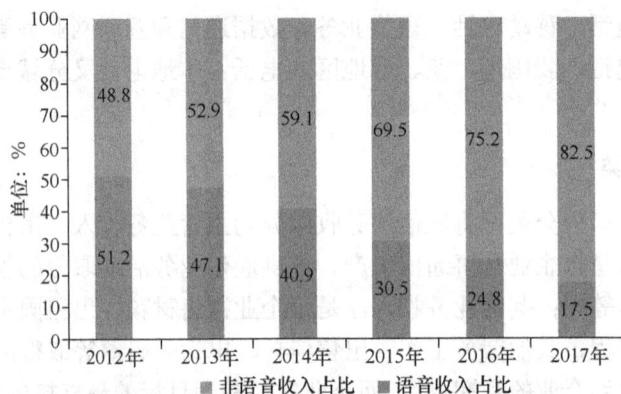

图 10-1　2012—2017 年电信收入结构（语音和非语音）情况

由于数据业务流量增长迅速，20 世纪末，曾经有专家预测，10 年之后语音业务与数据业务之比将由 8∶2 变为 2∶8。数据表明这是符合实际情况的。2017 年，行业发展对语音业务的依赖持续减弱，非语音业务收入占比首次突破 80% 大关；2018 年 1～4 月，3 家基础电信企业完成固定数据及互联网业务收入 694 亿元，同比增长 6.5%，占电信业务收入的 15.7%；完成移动数据及移动互联网业务收入 2 141 亿元，同比增长 14.2%，占电信业务收入的 46.1%，占比较去年同期提高 3.9 个百分点。

10.1.4　通信业务收入增长趋势

近年来，我国经济平稳快速发展，而电信业增加值在 GDP 中的比重变化幅度较大。通信业增加值在 GDP 中的比重，2001 年达到 2%，2003 年是 2.31%，2005 年是 2.09%，2007 年是 1.83%，2010 年则仅为 1.27%。2005 年之后，我国电信业务收入的增长速度低于 GDP 的增长速度，2007 年开始，业务收入增速开始迅速减缓，2011 年电信业务收入增长速度稍有起色，略高于 GDP 增长速度。可惜好景不长，2013 年电信业务收入增速骤降，甚至出现负增长现象，直至 2016 年，电信业务收入增长速度才开始恢复上升态势，但仍然低于 GDP 增长速度。按国民经济核算规定，一定时期一个国家（地区）电信行业的增加值与其他所有行业的增加值加总，就等于国内生产总值（GDP）。由此可见，在一定意义上，电信业收入增加值越大，占 GDP 比重越大，对我国国民经济所创造的价值也就越大。我国电信业的发展持续多年超前于国民经济整体发展，相应地，电信业的后续发展空间势必受到国民经济整体水平的限制，不可能长期保持高速增长的态势。事实上，近年来电信业增加值占 GDP 比重的逐年下滑也证明了这一点。但需要指出的是，这种变化并不代表电信业的没落，在保持了十多年超高速发展后出现回落实属正常现象，说明电信业发展已经由高速增长的时代进入到平稳增长的时代。另外，随着电信规模的扩大、用户市场的饱和、重复投资以及发展速度降低，电信业迎来了转型的阵痛期。

首先，从指标自身来看，增加值是产出减去投入得到的价值增量。上游通信设备制造商的市场竞争水平较高，具有相对稳定的价格，但通信服务作为最终产出，却因移动替代固话、漫游费用取消、全业务竞争等因素导致电信资费逐年下降，造成我国电信业"增量不增收"的窘况。

其次，从不同的标准出发，电信业的发展阶段有着不同的划分方法。例如，按照普及率经验水平来划分，分为超常规发展阶段（普及率在 50%以下）、收入稳定增长阶段（普及率在 50%～80%之间）和收入增速下滑阶段（普及率在 80%以上）。在当前信息运营阶段，虽然用户和话务量受到资费下调的刺激仍会增长，可是价格弹性效应基本已经释放完毕，连续下调电信资费往往造成"增量不增收"的局面。

另外，电信业与国民经济不同的增长机制也影响着他们之间的增长差距。电信业和 GDP 的增长分别受生命周期规律和经济周期规律的约束。电信业的发展主要受"看不见的手"这一市场机制的调节，而国民经济增长在此基础上，还受到政府"看得见的手"的调控。当传统的电信业务经历一段时间的发展进入到衰退期后，电信业不得不把增长的脚步放缓，并在市场机制的推动下加快转型，电信业务收入增速通过推出符合市场需求的新业务得以重新回升；但 GDP 在进入经济周期的衰退期时，政府会通过反经济周期的扩张性政策来对抗经济的衰退，因而避免 GDP 增速快速下滑。

最后，电信业发展的必然性预示了我国传统电信行业已经趋向于稳定，整个行业朝着信息服务业纵深迈进。经济发展的一般规律显示，增长具有阶段性，一般在经历了一段时期规模扩张所导致的高速增长以后，其增速在产能基本满足需求或者过剩的形势下，也会慢慢走向平稳或者递减状态。不过，用户低端化以及移动资费下降的共同作用，使移动用户数量大幅增加，但移动业务收入在缺乏新业务增长点的情况下难以实现同步增长；固网新增用户规模下降和非语音业务对收入增长的有限贡献给电信业整体收入的增长带来直接影响。

如图 10-2 所示，2010 年我国 GDP 增速是 10.64%，电信业务收入增速是 6.4%，电信业的发展显然落后于国民经济的发展。有很多的专家学者在分析讨论中认为，电信业务收入的增速（6.4%）与 GDP 增速（10.64%）相比低 4.24 个百分点，这种结论是不准确的。我们知道，电信业务收入是按现价来计算的；但 GDP 增长率则是按固定价格来计算的，即实际增速。

唯有用按现价计算的 GDP 增长率（即名义 GDP 增长率）和电信业务收入增速进行比较才能够得出准确的结论。按现价计算的国内生产总值增长速度大约是 13.94%（GDP 增长速度与 CPI 简单相加，即（10.64+3.3）%）。由此可知，按照现价计算的 GDP 增速要比电信业务收入增速高出一倍多。

在通信业界，人们习惯于用电信业务收入与 GDP 进行比较，而实际上，在计算增长速度时，电信业务收入是按照现价计算的，而 GDP 则是按照固定价格计算的。图 10-2 就是电信业务收入增长速度与按照固定价格计算的 GDP 增长率。

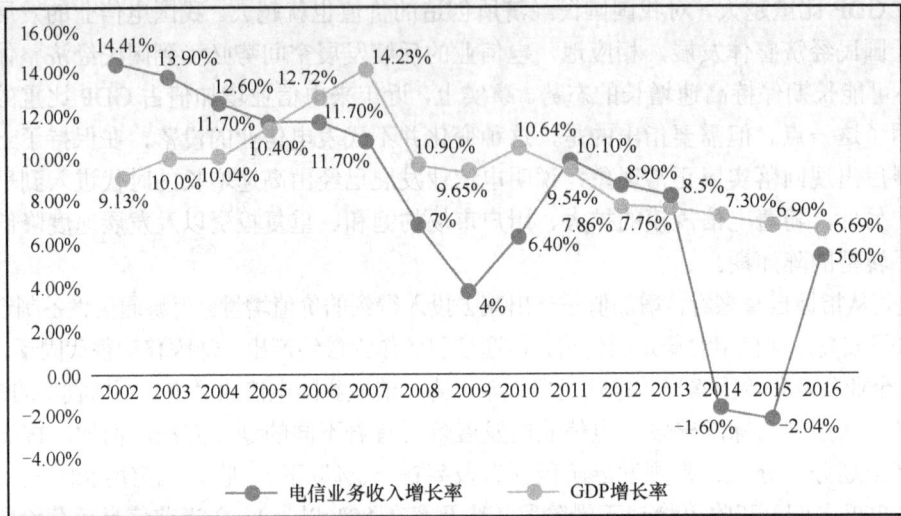

图 10-2　我国 GDP 与电信业务收入增长率

数据来源：GDP 增长率根据国家统计局统计年鉴计算；电信增长率来自工业和信息化部历年电信统计公报

真正反映实际情况的是电信业务收入与按现价计算的 GDP 增长率的比较。图 10-3 反映的是电信业务收入与按现价计算的 GDP 增长率相比较的实际情况。

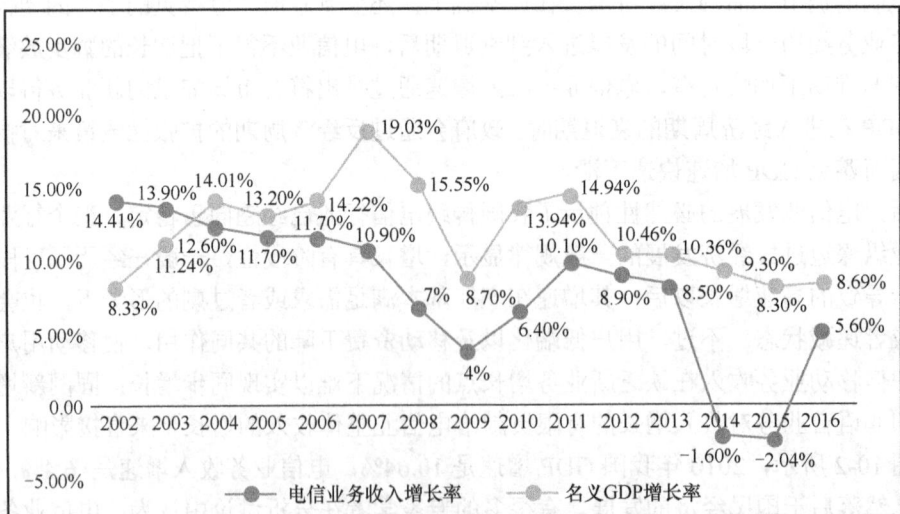

图 10-3　电信业务收入与按现价计算的 GDP 增长率

数据来源：GDP 增长率根据国家统计局统计年鉴计算；电信增长率来自工业和信息化部历年电信统计公报

10.1.5　影响通信收入增长的因素

本书已经论述了影响通信业发展的因素，但是通信业发展与通信业务收入的增长并不一定是同步的。

1．经济与社会发展对通信业务收入增长的影响

经济与社会的发展决定着市场对通信业的需求。因此，通信业务的发展与当地国民经济的发展水平具有高度的相关关系。通信业的发展要超前于国民经济发展，这是由通信的社会基础设施地位决定的。当然，随着通信能力提高和通信市场的饱和以及过度竞争，近年来通信业务增长速度已连续数年低于国民经济的增长速度，但通信作为国民经济基础设施的地位并没有改变。

2．通信能力对通信业务收入增长的影响

通信能力即通信的业务供给能力。通信能力的提高，为企业实现业务收入奠定了基础。通信能力主要体现在局用交换机容量、长途自动交换机容量、长话业务电路、长途光缆长度、电信局、邮政局所（服务网点、窗口数量）、邮路长度、邮政运输车辆以及信函包裹分拣机数量等方面。通信的需求具有极强的时效性，而通信的需求在一天中、一周中和一年中又都是不均衡的。如果通信能力不足，不能满足忙时的通信需求，不仅影响通信质量而且影响通信企业的收入。国民经济的很多行业都有高峰负荷问题，如我国铁路、公路的春运高峰，水、电、煤气等也都有消费需求的峰谷问题。我国在通信能力不足时也曾经实行按时段收费和节假日低价制度。为了保证通信质量，通信设施的能力应该按照忙时通信需求的标准进行设计。

3．通信质量对业务收入的影响

通信质量是实现业务收入的前提。通信产品的质量和数量是紧密相连的，没有质量就没有数量。可以说在同等通信能力和通信需求条件下，通信质量决定着通信业务收入的高低。20 世纪 90 年代，我国长途电话的接通率的提高，推动了电信业务收入的迅速增长。随着经济的全球化和通信自由化进程的加快，通信质量又被赋予了新的内涵，即它代表着通信企业的形象，反映了企业在国际国内通信市场上的竞争力的强弱。提供高质量的通信业务的通信企业才能赢得更多的用户，从而实现更多的通信业务收入。

4．通信业务量对业务收入的影响

通信业务量是反映电信部门为社会提供完整通信过程的实物量，体现为不同的业务品种的产量。不同的使用价值性质不同，因而是无法加总的。通信业务量要加总，就必须用价值指标。为反映电信部门为社会提供的全部劳动的价值，通信行业建立了通信业务总量指标。通信部门创造的全部使用价值的价值量反映的就是通信业务总量。业务收入与业务量关系密切，有量就有收入，没量就没有收入。业务收入是按现行资费计算出来的，通信业务总量是按国家规定的平均不变单价计算出来的，不变单价一般每 10 年变动一次，而通信业务收入是按照现价计算的。因此，通信业务收入与通信业务总量是存在差异的。

5．价格对业务收入的影响

在业务量一定的情况下，价格成为收入的决定因素。自 2003 年以来，电信业务的增长速度高于国内生产总值的增长速度，但是由于价格调整，其电信业务收入的增长速度却低于按

照当年价格计算的国内生产总值的增长速度。从表 10-1 中数据可知，各年电信业务收入与电信业务总量的比值在不断变小，原因就是自 2001 年起电信业务价格与 2000 年固定价格相比不断下降。但从 2011 年开始，电信业务量收剪刀差拉大，直至 2014 年才有回落趋势。

首先，"增量不增收"，即电信业务总量继续保持加速增长的势头，但电信业务收入却呈现缓慢增长或连续回落的态势是目前电信业面临的一大困境。电信业"增量不增收"的趋势进一步显现，主要是受"提速降费"的落实和市场竞争的结果的影响。为促进"大众创业、万众创新"，以及为"互联网+"行动提供强力支撑，从 2015 年 4 月起，电信业在全国范围内掀起了一场提速降费的热潮，目前已取得阶段性成果；其次，市场竞争主体的多元化，导致运营商利润被摊薄。互联网企业的异军突起，使基础电信企业的传统主营业务不断被冲击和分流，OTT 替代作用明显，尽管移动数据业务对收入增长带动作用持续增强，但其增幅远远抵销不了移动语音和增值业务的下降幅度；最后，电信市场开放的节奏逐渐加快，基础电信业务市场的大门正式向民资敞开。引入竞争后，民营企业发挥了很好的鲶鱼效应，促使基础电信企业服务水平提高和资费下降，使得本处于激烈竞争环境中的基础电信企业营收利润被进一步挤压。

业务量增幅的提高，说明信息通信技术对人们生活水平的改善作用越来越明显，对社会各行业的改造升级作用越来越大；收入增幅的降低，意味着电信资费的下降对平抑社会消费物价、CPI 指数的下降有着积极的贡献。总而言之，电信业务量收剪刀差加大，体现出信息通信业发挥着越来越重要的作用。

表 10-1 各年电信业务收入与电信业务总量比值

年份（年）	电信业务收入（亿元）	电信业务总量（亿元）	电信业务收入/电信业务总量
2000	3 014.1	3 145.1	95.8%
2001	3 719.1	4 098.9	90.7%
2002	4 222.3	5 201.1	81.2%
2003	4 597.6	6 478.8	71.0%
2004	5 275.1	9 148	57.7%
2005	5 840.1	11 403	51.2%
2006	6 483.8	14 592	44.4%
2007	7 280.1	18 545.4	39.3%
2008	7 461.3	20 443.3	36.50%
2009	8 424.3	25 680.6	32.80%
2010	8 988	30 955	29.04%
2011	9 880	11 772	83.93%
2012	10 762.9	12 984.6	82.89%
2013	11 689.1	13 954	83.77%
2014	11 541.1	18 149.5	63.59%
2015	11 251.4	23 141.7	48.62%
2016	11 893	35 948	33.88%
2017	12 620	27 557	45.80%

数据来源：信息产业部统计信息。

6. 其他制约因素

20 世纪 90 年代中后期，许多人认为电信业在 GDP 中的比重将持续上升。实际上，电信业在 GDP 中的比重及在个人支出中的比重都不可能无限上升。此外，还受每用户平均收入（Average Revenue Per User，ARPU）下降、技术制约（路径依赖）、生理制约（每个人的时间是有限的）、社会制约（体制、信息内容、安全）等一系列因素的影响。事实证明，除韩国外，90 年代中期以来，发达国家电信业增加值在 GDP 中的比重长期稳定或略有下降。图 10-4 所示为我国 ARPU 下降分析情况。

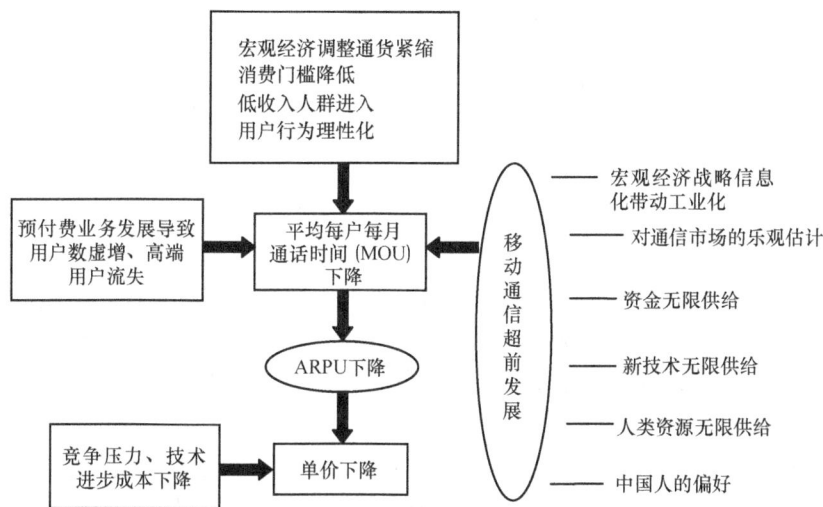

图 10-4　我国 ARPU 下降分析图

10.2　通信业务收入的分配

10.2.1　通信收入分配的必然性和自有收入

电信通信业务的资费是由为主叫方提供服务的企业收取的；邮政通信业务的资费是由出口局收取的。但通信业务服务是各个通信企业全程全网联合作业共同完成的。通信业务收入不能归一个企业所有，必须在各通信企业之间进行分配。由此就引出了自有收入的概念。在邮电分营前，通信业务收入和自有收入从不同的角度反映出劳动成果。通信业务收入是反映通信企业为用户提供完整的通信服务而收取的费用；自有收入是反映电信企业在全程全网通信过程中，为用户提供部分通信服务后，承担通信服务的企业依据自己的贡献最终获取的收入。自有收入是根据通信企业经济核算制办法的规定计算而来的，是通信业务收入在全国各通信企业之间的再分配，其来源就是通信业务收入。

企业自有收入的计算具体包括下列内容：企业在全程全网联合作业中完成的劳动成果应得的结算收入；企业独自完成，又与全程全网通信无直接关系的设备出租代维及其他业务收入；企业独立完成完整的通信任务的市内电话、本地网等通信业务收入。

1998 年政企分开、邮电分营的改革之后，系统内的结算被系统之间的结算所替代。

10.2.2 邮政通信网的专业核算

目前实行的邮政通信业的结算办法，既没有像以前邮电合一时那样去计算自有收入，也没有在地区与地区、局与局之间进行业务收入的分配结算。邮政企业现在的做法是进行专业核算，通信业务收入的核算，主要包括函件、包裹、机要通信、报刊发行、集邮、信息及代理业务、分销与配送业务、速递物流、金融业务收入的核算。专业核算是为了加强全国邮政通信企业专业损益的核算，真实反映各专业的盈亏情况，以适应邮政通信企业生产经营的需要。中国邮政集团公司对其下属的各级邮政分公司采用邮政业务收入、收支差额、劳动生产率等指标以及各项指标的增长率指标进行考核。

10.2.3 电信通信网间互联结算

1. 国内网间互联结算

（1）互联义务的承担和成本分摊问题

在各国的电信改革过程中，都要求主导电信企业或在市场上占支配地位的企业能承担更多的互联义务，要求其向新进入市场的运营商提供一视同仁的互联条件。但是，一方面，互联本身因增加、更改设备将产生新的成本；另一方面，互联后网间通话也会给在位电信运营商带来成本。所以，主导电信企业要求新进入市场者分摊这些成本。

（2）互联接入定价

正是因为互联产生了互联成本，并要求新进入市场者与在位运营者共同承担，所以产生了互联定价问题，也可将其称作互联接入费。在所有的互联经济问题当中，互联定价主要由各国的管制机构确定。互联接续费可以根据资费标准（零售价格）确定，也可以基于成本确定。资费法是以零售资费为基础，给予一定的折扣来确定互联费的方法。从国际上看，目前各国多数倾向于基于成本定价的方法。成本的定义主要分为以历史成本为主的全分配成本法和前瞻性增量成本法。由于我国至今仍未完成各项电信业务的成本测算工作，目前以资费标准为基础确定接入价格。

（3）网间结算

实现了互联也就产生了网间通话的过网使用电信业务。由于各网络间来、去话产生了话务量的不同，或者是在不同技术的网络之间通话（如固定通信网与移动通信网间的通话），产生了结算问题。在确定了互联接续费的前提下，网间结算实际上只是一个财务问题。

（4）互联协议框架的公正性、透明性及互联谈判程序

这个问题处理的合理性及其公正性、透明性，将直接影响互联本身。目前各国通行的做法是：由各国的主导运营商确定一个公平合理的互联协议框架，经电信监管机构批准后向要求互联的运营商公布，以确保这一协议框架的公正性、透明性。同时，互联谈判程序则主要由互联的电信运营商双方谈判解决，并报电信监管机构。

互联互通中往往会产生"搭便车"现象。主导运营商在互联互通所带来的网络增值中得到的好处往往少于非主导运营商在互联互通所带来的网络增值中得到的好处，这会影响主导运营商的互联积极性，因此，网间互联结算如果处理不当，就可能引发"通而不畅"的互联危机。

表 10-2　　　　　　　　　　　　世界各国网间互联接入费的确定方法

国家	资费法	基于历史成本的完全分摊法	基于前瞻性的增量成本	基于有效成本组成（ECPR）	国际资费比较法（Benchmarking）
澳大利亚			★		
哥伦比亚			★（新系统）		★（旧系统）
加拿大			★		
英国		★（旧系统）	★（新系统）		
美国		★+资费上限（旧系统）	★（新系统）		
日本	★（旧系统）	★（新系统）			
德国				★	★（旧系统）
法国			★		
芬兰	★				
新西兰				★	
韩国		★			
瑞典		★			
瑞士		★			
乌干达	★				
委内瑞拉			★		
合计	2	5	7	2	0

　　由表 10-2 可以看出，费用以成本为基础已经为大多数国家所认可。在成本法中，各国采取的成本原则不尽相同。美国在 1996 年以前的十多年中采用的是完全成本分摊的方式，即平均成本原则，日本目前基本上也采取此种方式。1996 年之后，美国提出了总要素长期增量成本的原则，欧洲各国也在考虑增量成本原则。各国采取的成本法主要有：第一，平均成本原则。平均成本是指单位产量的成本。电信业务的平均成本就是单位业务量成本，即相关成本（支出）除以当期总业务量，得到单位业务量应分担的成本。为公平、合理地计算接续成本，首先要对电信网络成本元素进行划分，然后在平均成本原则下计算接续成本，即先将电信网络中与互联的相关成本分离成传输成本和用户线成本两部分；然后再以平均成本法分别计算互联的单位成本，得到用户线成本元素和传输成本元素。第二，长期增量成本原则。长期增量成本的经济学概念是为增加一定的产出量而增加的成本，增量成本是短期决策时重要的成本概念，即强调决策的相关成本只限于与该决策有关联的成本项目，也称为某项决策带来的总成本的变化。例如，电信网上某新开业务的增量成本仅等于为增开该业务所增加的额外成本。对于已经开展竞争的电信市场，使用长期增量成本的定价方法比较好，由于这种方法提供一个分析框架，根据这一框架可以估算出竞争市场中使用最新技术和新的运营方式下的成本。第三，代理成本法。对于缺乏互联成本数据的运营者或管制机构，可以参照他国互联资费，这种方法既简单又有效。通常情况下，竞争越激烈的市场，互联资费越低。

2. 国际互联结算

（1）WTO 互联原则

国际上互联互通的国家要求各自拥有一个健全、有效的监管机制和一套完善的法律体系，并且在结合本国国情的基础上建立长期增量成本模型，以合理地计算网间的结算费用。各国共同遵循一套公平合理的互联规则，包括以下内容：确保互联，在许可市场准入的限度内，按照非歧视性原则在任何技术上可行的网络连接点确保能与主要提供者互联；互联磋商程序应公开；确保主要的提供者公开其互联协议或互联参考要价；请求与主要提供者进行互联的提供者可在任何时候、在已为公众所知的合理时间之后，向独立的国内机构寻求援助，以便合理解决有关互联的合理条件和费率的争端问题。

（2）国际互联结算方案

国际上互联结算费有四种制定方法：主叫端收费、零售价格（资费法）、收入共享和成本导向。

① 主叫端收费。主叫端收费是指所有主叫端的营业收入全部归主叫端运营商。这种方法忽略了网间结算，不利于公平竞争，甚至会造成各运营商对来话进行限制。它适用于两网成本差异不大、来去话业务量大致相等或者互联成本甚微的情况，多为互联网网间结算所采用。

② 零售价格（资费法）。零售价格是指主导运营商以零售价（资费）向要求互联的其他运营商提供网间互联的服务，零售价由监管部门确定而不是由运营商确定的。这种方法简便易行，通常适用于竞争初期。其缺点是缺乏合理性，不能准确反映互联所消耗的成本，不利于新进入的电信运营商参与市场竞争。我国目前暂时采取这种方法。

③ 收入共享。收入共享是指互联双方通过政府规定或者双方协议，按照一定的比例来分配与互联有关的收入。这种方法在资费背离成本或者资费不平衡时更加容易被理解和采用，适用于成本无法测算时的网间结算。缺点是在竞争市场条件下不合理，不利于激励运营商降低成本、提高效率；缺乏成本做基础，双方往往各执己见，难以达成一致协议。

④ 成本导向。成本导向是以互联成本为基础来确定互联结算费的。这种方法更为公平合理，适用于竞争市场条件，但是测算成本的耗费较高，确定成本模型周期较长。

3. 我国网间互联结算问题

由于历史原因，世界各国的网络结构和资费结构是不同的。例如，作为普遍服务的主要体现者的固定本地电话的价格，有的国家（如美国、中国）比较低，有的国家（如欧洲各国、日本）比较高。在移动通信出现之后，固定本地电话的价格比较低的国家，移动电话实行双向收费，收入中有一部分补贴固定电话。2001 年我国发布的《电信网间通话费结算办法》是以资费为基础的电信运营企业话费结算办法，2003 年出台的《公用电信网间互联结算及中继费用分摊办法》仍旧是以资费为基础的结算办法。表明制定以成本核算为基础的通信网间通话费结算办法的难度是很大的。结算办法适用于不同通信业务经营者之间的通话费结算，以及互联网骨干网与固定本地电话网、移动通信网之间的结算。这一办法包括本地网范围内通话费结算；国内长途电话费结算；国际电话费结算；主、被叫方与转接方的通话费结算；其他费用的结算；结算时间单位；结算周期及结算地点和网间结算的计费与核对等方面。

以资费为基础的这套通话费结算方法，其最大的弊端是补偿（劳动消耗）缺乏必要的客观依据，这有可能会影响企业之间的公平竞争。这种不公平不是因为竞争手段、技术应用、企业的努力程度等原因造成的，而是因为制度造成的，是企业无法控制或克服的。目前，国内外电信业界普遍倾向于以成本核算为基础的通信网间通话费结算办法。以资费为基础的电信运营企业话费结算办法的最大缺陷是缺乏可信的依据。这个依据至少应包括两点，其一是参与通信产品生产或劳务提供的企业所耗费的各种物化劳动和活劳动应得到合理补偿，而进行成本核算是确定各企业在共同创造通信产品过程中的实际耗费的基础；其二是在成本核算的基础上，合理确定各企业的生产者剩余，保护各通信生产者的应得利益。

为适应新形势，保证网间结算简便易行，2005 年起，中国移动集团公司、中国电信集团公司、中国联合通信有限公司和中国网络通信集团公司联合颁布关于调整网间结算周期的通知，在我国全国范围内统一将计费周期调整为自然月。2013 年，工信部下发《工业和信息化部关于调整公用电信网网间结算标准的通知》，要求全国统一遵照执行。按照通知要求，各省级公司自 2014 年 1 月 1 日起，调整综合结算系统中语音、短信、彩信业务结算数据，确保网间结算工作顺利进行。

10.3　通信企业和产业绩效

10.3.1　产业绩效评价的视角

在评价一个产业的绩效时，政府首先考虑的是社会福利的最大化，企业、供应商首先考虑的是生产者剩余最大化，而消费者首先考虑的是消费者剩余最大化。因此，对于同样的数据，站在不同的角度去考虑，会得出不同的结论。从社会福利的最大化角度出发，政府最关心的是电话普及率、互联网用户普率、通信质量、普遍服务等指标与世界上经济发展水平相当的国家进行比较的结论。从这个意义上衡量，即使考虑到人民币被低估的因素，我国的电信业的绩效也是遥遥领先的。

工信部的数据显示，截至 2017 年 7 月，我国电信业务总量完成 22 224 亿元，同比增长 71.9%；2017 年 1～7 月，电信业务总量完成 13 215 亿元，同比增长 56.3%。电信业务收入完成 1 063 亿元，同比增长 7.7%，较 6 月提高 2.8%。移动数据业务收入同比增长 29.3%。移动通信业务收入占比与 6 月持平。

10.3.2　电信资费水平的国际比较

国际电联有 190 多个成员方，一年一度的旗舰报告《衡量信息社会》里便包含了对成员方通信服务的价格比较，近几年的主要指标覆盖固定宽带和移动宽带两项。由于部分市场的语音已经并入打包套餐，语音价格分项已经被剔除。其数据采集原则是：固定宽带以成员方最大城市的入门级宽带单项价格为准，移动宽带则取 500MB 流量的价格。

2015 年的《衡量信息社会》报告所采集的数据显示，我国固定宽带资费相对价格（占人均 GNI 的比重）2012 年为 5.6%，2015 年则降至 3.12%，在国际电联成员方中的排名从 2012 年的 99 名降至 2015 年的 89 名。我国移动宽带相对价格（占人均 GNI 的比重）由 2012 年的 5.9%大幅降至 2015 年的 0.78%，排名则由 2012 年的 96 名跳降至 2015 年的 53 名。这两项排名都是采取价格由低到高的方式排列,这说明我国的固定宽带和移动宽带的资费在 2012 年以后的降价速度加快，尤其是移动宽带资费降价效果显著。

截至 2017 年 8 月,取当地最大移动运营商的官方网站上的资费进行对比,从低到高排名,结果发现:在 1GB 流量一档,提供该档业务的 14 个国家中,我国为 50 元,占第 5 位,远低于美国（204 元）、韩国（178 元）、新西兰（104 元）、英国（87 元）等,略高于南非（45 元）、俄罗斯（41 元）、印度（18 元）。在 2GB 流量一档,共有 15 个国家提供该业务,我国居第 4 位。在 4GB 一档,共有 8 个国家有采样值,我国居第 3 位。这从某种程度上反映出我国移动数据流量资费处于中等偏低水平。

工信部 2017 年年底的数据显示,我国用户手机上网的平均资费是 26 元/GB。以工信部要求的年底移动流量资费下降超过 30%为参考,2018 年人均上网平均资费将从 26 元/GB 降低到 18.2元/GB,以每月 4GB 手机上网流量计算,每人每月可以省下 31.2 元,一年则可以节省 374.4 元。

从国际比较角度分析电信资费水平的高低,有两种方法:一种是用电信服务的收费额进行直接的比较,如某国某项电信服务的收费与世界平均水平比较,某国目前的资费与发达国家处于经济发展同一水平时期的资费相比较等,这种比较是将电信资费的绝对水平进行比较;另一种是将电信服务的收费额相当于各类人均收入的比例进行比较,如某国的某项电信资费单价相当于人均国民收入的比例与世界的平均水平相比较,这种比较是将电信资费的相对水平进行比较。

我国移动电话业务价格从绝对价格角度比较,已低于美国等发达国家的价格。电信行业是资金与技术密集型的行业,技术和设备折旧的速度快。电信企业的成本与一般工业企业的成本也有很大的区别,其成本主要是设备的建设、维护和折旧,而人力成本只占相对较小的一部分。人力成本在不同的国家和地区有很大的区别,但设备的成本却是基本相同的,因此,发展中国家的电信资费绝对水平不一定比发达国家的低。而且电信行业的边际成本的递减趋势导致电信网的规模越大,用户数量越多,电信服务的成本就越低。因此,不同国家和地区电信业务的绝对资费与绝对成本基本上是具有可比性的。

我国互联网业务价格从相对价格角度比较高于美国等发达国家,但低于其他中等收入国家和不发达国家。从相对价格角度看,在经济发展水平较低的国家,知识、资金和技术密集型的商品和服务的价格相对其人均收入会显得较高,而劳动密集型产品和服务则相对便宜,电信业属于资金技术密集型行业。因此,我国互联网业务价格从国际角度看是合理的。在评价当前的电信业务价格水平时,用户单纯以发达国家为参照系,用资费标准与收入的比例进行评价,认为电信资费偏高是不恰当的,其错在要求与发达国家具有同等的生活水平。

10.3.3　通信市场绩效

通信市场绩效是指在一定的通信市场结构下,由一定的市场行为所形成的经济成果。具体体现在价格（资费）、业务量、成本费用、利润、产品质量和品种以及在技术进步等方面的实际状态。通信市场绩效是以市场结构为基础,由市场行为形成的资源配置和收益状态,实质上反映的是市场运行的效率,主要包括市场的资源配置效率、产业的规模结构效率、技术进步的效果等。与理论经济学使用规范分析方法从社会福利提高的程度和效率来考察市场绩效不同,产业组织理论既采用规范分析方法,同时更多地采用实证分析的方法对市场绩效进行研究。主要研究两个基本方面:一是对市场绩效进行描述和评价,从市场资源配置效率、产业的规模结构效率、劳动生产率、技术进步等几个方面,描述市场绩效的基本情况,评价市场绩效的高低;二是研究市场绩效与市场结构、市场行为之间的关系,从中寻找市场绩效的影响因素,对导致某种市场绩效的原因做出解释。

1. 市场结构、市场行为与市场绩效

产业的市场结构是指企业市场关系的特征和形式，其内容包括：卖方之间的关系；买方之间的关系；买卖双方之间的关系；市场内已有的买方和卖方与正在进入市场的和可能进入市场的买方和卖方之间的关系。市场结构状况是决定企业生产经营和竞争策略的客观依据，引导和约束着企业的市场行为。

研究市场绩效与市场结构、市场行为的关系可以分别从短期和长期两个角度来进行。在短期内，市场结构一般不会发生很大的变化，可以把市场结构看作是既定的。在既定的市场结构下，企业必须采取与外部环境相适应的产品策略、价格策略和营销策略，必然选择有利于企业生存和发展的行为方式，也就是说市场结构决定市场行为。市场绩效取决于产业内所有企业的生产经营活动状况。也就是说市场行为决定市场绩效。所以，从短期来看，市场结构、市场行为和市场绩效的关系可以归纳如下：决定市场绩效的直接因素是市场行为，而制约市场行为的根本因素是市场结构，如图 10-5 所示。

从长期来看，市场结构的变化又往往是市场行为变化的结果，有时市场绩效的变化也会直接使市场结构发生变化。例如，企业积极的技术创新活动会促进企业的技术进步，从而影响产业的技术水平和结构、产品差别、进入或

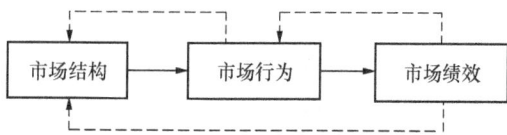

图 10-5　市场绩效与市场结构、市场行为的关系

退出条件等，最终使市场结构发生变化。另外，企业的合并、兼并行为会提高市场集中度，企业的价格策略会影响新企业的进入等。因此，在一个较长时期内，市场结构、市场行为、市场绩效之间不是单向的因果关系，而是双向的因果关系。在一般情况下，结构对行为，行为对绩效的影响是主要的，而绩效对行为和结构，行为对结构的影响是相对次要的。

2. 资源配置效率

（1）资源配置效率的含义

经济学理论认为，资源的最佳配置状态应该是社会总效用或社会总剩余最大。剩余这一概念是微观经济学理论用于分析资源配置状况的基本概念，它包括 3 个方面的内容：一是消费者剩余，指消费者因购买而获得的满足大于因支付购买费用而放弃的满足，二者之差便是消费者剩余；二是生产者剩余，即销售收入与生产费用之差，如果总收入水平低于包括成本和平均利润在内的水平，生产者则不愿生产；三是社会剩余，即生产者剩余和消费者剩余之和。不同的市场结构，其社会剩余不同。

资源配置效率是从消费者的效用满足程度和生产者的生产效率大小的角度来考察的资源的利用状态。它的内容可以分为 3 个方面：一是有限的消费品在消费者之间进行分配以使消费者获得的效用满足程度；二是有限的生产资源在生产者之间进行分配以使生产者所获得的产出大小；三是同时考虑生产者和消费者两个方面，即生产者利用有限的生产资源所得到的产出大小程度和消费者使用这些产出所获得的效用满足程度。资源配置效率是评价市场绩效的最重要标准之一，主要强调市场的效率目标，在实际应用中常常使用利润率指标。

（2）资源配置效率的评价指标

常用的评价资源配置效率指标有下列 3 种。

① 企业和产业的利润率。在完全竞争条件下，各种资源在产业间、企业间自由流动，各

产业的利润率趋于平均化，所有的企业都只能获得正常利润，不存在垄断利润。因此，可以用产业和企业的利润率水平作为测度资源配置效率的指标。

企业利润率计算通常采用税后股本收益率公式：

$$R=(\pi-T)/E$$

式中：R——税后股本收益率；

π——税前利润；

T——税收额；

E——自有资本或股本。

② 托宾的 q 值。托宾的 q 值是另一个评价市场资源配置效率的指标，这一概念是由托宾于 1969 年在其著作中首先提出的。q 值是一家企业的市场价值与该家企业的资产重置成本的比率，企业的市场价值可以通过它已发行并出售的股票和债务来衡量，资产的重置成本则以目前市场的价格水平进行评估。如果 $q>1$，即企业的市场价值大于其重置成本，就意味着该企业在市场中能获得超额利润，显然，q 值越大，该企业造成的社会福利损失越大，市场配置资源的效率越低。q 值的优点在于避免了利润率法需要准确计算企业经济利润以及勒纳指数法需要准确估算产品的边际成本等缺陷，勒纳指数法在计算企业重置成本时还考虑通货膨胀等因素。其缺点在于评估企业重置成本时很难准确计算因广告、研发以及长期经营而产生的无形资产的价值。

③ 勒纳指数。勒纳指数是指产品价格与边际成本的偏离率，即

$$L=(P-MC)/P$$

勒纳指数等于产品需求弹性的倒数，即 $L=-1/\varepsilon$（$\varepsilon<0$）。

式中：L——勒纳指数；

P——产品价格；

MC——边际成本；

ε——需求弹性。

因为企业利润最大化的条件是 $MR=MC$，则勒纳指数可写成：

$$L=(P-MC)/P=(P-MR)/P=1-MR/P$$

根据微观经济学原理，$MR/P=1+1/\varepsilon$，因此，$L=-1/\varepsilon$。

在完全竞争市场下，企业的需求弹性 ε 为无穷大，则 L 为零，市场配置资源的效率最高。在垄断性市场下，市场的资源配置效率则由产品的需求弹性决定，需求弹性越小，勒纳指数越大，资源配置效率越低，相应地，市场绩效越差。然而，由于产品边际成本很难获得精确数据，在实际计算中往往用产品的平均可变成本来代替边际成本，这可以使计算过程简便易行，但降低了计算结果的精度。

3. 产业的规模结构效率

由于规模经济的存在，资源在产业内不同规模企业间的分配状况影响着资源利用效率。产业的规模结构效率又称产业组织的技术效率，它从产业经济规模和规模效益的实现程度来考察资源的利用状态，从一个侧面反映市场的绩效。不同产业的技术经济特点不同，实现规模经济所要求的最小企业规模（最小有效规模）也是不同的。某个产业相对于其市场容量而言，如果最小有效规模小，那么市场就可以容纳较多达到有效规模的企业，从而既能利用竞

争促进资源优化配置，又能获得规模经济效益。但如果产业相对于其市场容量而言，最小有效规模较大，只有当这个产业中企业数量较少时，每个企业才能达到有效规模，在这种情况下，这些少数企业已经成为具有垄断力量的企业。在许多情况下，充分发挥竞争的作用以提高资源配置效率与充分获得规模经济效益之间存在着矛盾，即"马歇尔冲突"。因此，在实际估计垄断与竞争对效率的影响时，必须对具体产业的实际情况做具体分析，对由垄断造成的资源配置效率下降和由垄断企业的大规模生产经营而获得的规模经济效益进行比较。

产业的规模结构效率包括三个方面：①经济规模的实现程度，通常用达到或接近经济规模的企业的产量占全产业产量的比例表示；②在具有连续流程特点的产业或相关产业中，经济的合理垂直结合（纵向一体化）及实现程度，可以用实现垂直结合的企业的产量各自占流程阶段产量的比例表示，反映经济规模的纵向实现程度；③企业规模能力的利用程度。包括两种情况：一是某些企业特别是集中度低的企业，未达到经济规模，但又存在开工不足、利润率低；二是多数企业达到经济规模，但开工不足，能力过剩。

理论上讲，企业的最小经济规模（MES）是边际成本等于平均成本时实现的产量，也是企业长期平均成本最小时的产量水平。但企业的最小长期平均成本难以直接测度，实证研究中采用以下方法来确定企业是否达到了最小经济规模。

（1）成本法

成本法即比较不同规模最佳批量的平均成本的方法。不同规模的企业都各有自己的最佳批量。比较产业内不同规模的企业在达到最佳批量时的平均成本，就可以选出资源利用效率最佳的规模。其计算公式为：

$$AC=(FC+VC)/Q$$

式中：AC——最佳批量的平均成本；

FC——固定成本；

VC——可变成本；

Q——最佳批量。

对不同规模的企业生产最佳批量的平均成本进行比较，平均成本最低的规模为最佳规模。

（2）利润率分析法

该方法假设企业的利润率是企业规模的函数，利润率越高的企业，其规模也就越有效。按资产的不同规模对某一产业内的企业进行分组，分别列出各个组别的平均税后利润，若企业规模与平均税后利润之间存在某种相关关系，就很容易对该行业的经济规模做出判定。这种方法的优点是数据很容易得到，简便易行；缺点是不够准确，因为企业规模不是影响利润率的唯一因素，利润率还受到企业的垄断程度、会计核算的口径、经济周期等各种因素的影响。

（3）适者生存检验法

这种方法的原理是，在激烈的竞争中能够生存，并且其市场份额不断上升的企业或工厂的规模就是最优的，反之，市场份额不断下降的企业或工厂的规模则不是过大就是过小。已有众多经济学家利用适者生存检验方法进行了大量的实证研究，证明该方法是基本可用的。但该方法也有缺陷，因为规模经济不是企业在竞争中生存下来且市场份额不断扩大的唯一原因。

（4）工程技术法

工程技术法又称技术定额法。它是根据基本设备参数，工艺参数以及标准的技术费用定额来确定规模成本曲线的方法。其通常包括 3 个基本步骤：第一步，确定装置线或工厂的基本技术参数、技术消耗定额；第二步，根据参数和消耗定额确定工序和独立流程的规模成本曲线；第三步，组合工序规模成本曲线，获得总规模成本曲线，并以此确定最佳经济规模。

4. 技术进步

广义的技术进步是指全部生产要素中，除资本投入和劳动投入之外的所有促进经济增长的因素。产业组织理论对技术进步的狭义解释主要包括发明、创新和扩散3个阶段。技术进步是衡量市场绩效的一个重要指标，在国家和产业层次上，主要考察技术进步对经济增长的贡献和对各种资源的合理利用。衡量技术进步主要有以下3种指标。

（1）年技术进步速度（a，%）

根据索罗的"余值"法，年技术进步速度 a 可表示为：

$$a=y-\alpha k-\beta l$$

式中：y——产出增长率；

$\quad k$——资金投入增长率；

$\quad l$——劳动投入增长率。

$\quad \alpha$——资本产出弹性；

$\quad \beta$——劳动产出弹性。

（2）技术进步对净产值（总产值）增长率的贡献（E_A，%）

该指标反映技术进步对经济增长的综合影响。净产值（总产值）增长率体现了经济增长的总规模和速度，从经济的总体上体现了技术进步的作用。其计算公式为：

$$E_A=a/y$$

（3）技术进步对投资效果的贡献（E_1，%）

该指标反映技术进步对国民经济投资效果的贡献，其计算公式为：

$$S=\Delta Y/KT$$

式中：ΔY——年度总产值增长额；

$\quad KT$——年度固定资产投资总额。

5. 生产率指标

生产率可简单地定义为某一产出（如产量、利润、销售额等）指标与相应的一种或多种要素投入量指标的比率。按计算中所包括的要素范围可分为按一种要素计算的生产率（如劳动生产率）和全要素生产率两大类。

生产率指标是通过建立计量经济模型，用以研究投入产出关系来确定市场的绩效的指标，这一指标已得到经济学界的认同并广泛被应用。但生产率指标在实际应用过程中也有一些缺陷，最突出的是，用一种要素的生产率作为评价市场绩效的指标暗含着将这种要素的单位产出最大化作为企业追求的目标，而未考虑其他资源对实现这一目标的影响，事实上，多种生产要素是相互作用的，一种要素生产率的提高可能是由于其他要素的投入增加而引起的，如劳动生产率的提高可能是由资本的投入增加所引致的等。

10.3.4 通信产业绩效分析

1. 衡量通信产业绩效的指标

作为准公用事业，通信产业绩效的衡量标准有其特殊性。要看其是否能用尽可能少的资源最大限度地满足社会的需要，是否能兼顾到各方面的利益，除上述通用指标之外，需要增添一些宏观的专业指标，如电话普及率、互联网上网用户数、农村电话普及率、农村行政村通电话比例、电话月租费占平均工资比重、年人均函件数量、邮政网点服务半径、全国通信设备利用率、长途电话接通率、紧急呼叫接通率等。对于通信业来说，外部性指标是重要的，它可以衡量通信业的宏观经济效益和部门经济效益。例如，中国目前还有将近 5‰ 的行政村未通电话；2007 年，自然村的村通工程才正式启动。这个问题的解决是衡量通信产业绩效提高的标志之一。由于通信产业占用了巨额的国有资产，其产业绩效还应有国有资产保值增值的指标。

2. 发达国家电信通信业资源配置实证分析

自 20 世纪 80 年代以来电信市场开放的浪潮席卷世界。特别是美国 1996 年制定的新《电信法》给电信业的发展带来深远的影响。竞争会带来市场活力的增强、资源的优化配置和经济效益的提高，能有效地推动电信业的发展。但是，过度竞争却可能会使企业付出高昂的成本。以 1996 年新《电信法》的颁布为标志，美国电信业进入了一个全新的竞争时代。新《电信法》的宗旨是进一步开放电信市场，鼓励竞争，鼓励各行业融合发展。其核心内容有两点：一是开放本地电话市场，允许地方贝尔公司和长途电话公司互相进入对方的市场；二是打破电信、信息和有线电视业的界限，推进信息通信业的融合。新《电信法》对发展与变革起到了积极的作用。同时，管制政策的放松和当时电信市场的巨大诱惑力，使新兴电信运营商蜂拥而至，最多时达 2 000 多家。过度竞争使得美国电信业在短暂的繁荣之后很快便陷入过高估计市场需求、盲目投资建设网络的混乱状态。网络泡沫造成的对数据通信的虚假需求，导致电信运营商对信息业务有过高预期。对网络带宽需求的错误预测，引发了对宽带（包括无线、有线）建设的过度投资。到 2002 年年底，美国已铺设了近 3 900 万千米的光缆，足够绕地球 1 000 圈。而据当时美林公司的估算，这些光缆的使用率仅为 10%。在并购热潮中，一些小公司甚至新公司通过股权转换等资本运作方式，可以并购比自己大得多的传统电信公司。最典型的例子是世界通信公司，当它收购全球知名的国际长途电信公司 MCI 时，收购者的资产只有被收购者的 1/3。并购使世界通信公司一下子从美国长途电话市场的第四位跃升到第二位。据联邦通信委员会（FCC）统计，1998 年美国有 1 300 多家本地电话公司，700 多家长途电信公司。由于企业数量过多，各公司采用价格战等极端手段以求生存，导致过度竞争。价格最低时，集团用户的长途电话价格下降到每分钟 0.01 美元。

引入竞争初期电信市场活力的增强，电信资费的下降，以及服务质量的提高，使得人们对电信业引入市场竞争的期望值空前提高。有人提出，在竞争力度逐渐加大、市场竞争环境逐渐形成以后，政府无须再对垄断行业实行严格的管制，可以"放松管制"甚至"取消管制"，让市场这只"看不见的手"发挥更大的作用。在这样的情况下，电信业的规模经济性、范围经济性和自然垄断性似乎已经过时。过度放开电信市场造成的严重后果，主要体现在以下方面：首先是影响国家信息安全。市场竞争过度，电信网络过于分散，势必会增加国家对电信网络的监管难度，使电信网络与信息安全无法得到保障。其次是过度投资、重复建设。由于缺少必要的政府引导和管理，各运营商都被迫通过大建网络的形式来抢占市场，造成大量低水平的不必要的重复建设，结果导致资金和网络资源的巨大浪费。三是导致过度竞争、效益下降。在缺乏有效管制的情况下，过多的运营商涌入市场，形成过度竞争。恶性价格战导致价格不断下调，甚至低于实际成本。在市场容量一定的前提下，企业过多就势必导致用户分散，使电信企业难以实现规模效益。四是增加企业运营成本和政府管制成本。运营商的增加会使电信网被分割成由许多企业经营的网络，而根据电信业全程全网的特性，各个运营商的网络只有互相连接才能提供电信服务，而这种连接就必定会产生相应的连接成本。网络越分散，互联的企业越多，连接的成本就越大。这中间不仅有生产成本，还有交易成本。同时，政府的管制成本也会随着企业数量和互联难度的增加而上升。五是影响了技术进步。技术进步是促进竞争形成的重要原因，但过度竞争反过来又不利于技术进步，这主要是因为由于企业过多，不同的运营商从各自的市场需求出发，使用不同的技术标准，新技术的采用不同步。例如在日本，有一段时间，日本电报电话公司（NTT）使用了7号信令，但其他运营商却不采用，对全网产生了负面影响。在垄断时期，大型电信企业有实力去组织对新技术的开发和使用。在过度竞争的情况下，企业实力被削弱，在技术创新方面投入的力量必然受到影响。

2005年7月，我国当时的信息产业部发出通知，要求相关企业本着有效利用、节约资源、技术可行、合理负担的原则，实现电信管道、电信杆路、通信铁塔等电信设施的共用。已建成的电信管道、电信杆路、通信铁塔等电信设施的电信业务经营者应当将空余资源以出租、出售或资源互换等方式向有需求的其他电信业务经营者开放。2014年7月15日，中国通信设施服务股份有限公司正式成立。中国通信设施服务有限公司的成立有利于减少电信行业内铁塔以及相关基础设施的重复建设，提高行业投资效率，进一步提高电信基础设施共建共享水平，缓解企业选址难的问题，增强企业集约型发展的内生动力，从机制上进一步促进节约资源和环境保护，同时有利于降低中国移动的总体投资规模，有效盘活资产，节省资本开支，优化现金使用，聚焦核心业务运营，提高市场竞争能力，加快转型升级。

欧盟拍卖3G牌照是一个值得吸取的历史性的教训。世纪之交，欧盟各国"天价"拍卖3G牌照带来了严重后果。在全球化竞争的大背景下，一些国家对3G（第三代移动通信）的未来预期过高，投入了巨大的热情去发展第三代移动通信。面对制造商和投资机构的炒作，一些国家的政府部门没有冷静对待，正确引导。不少媒体也在其中推波助澜，最终形成炒作第三代移动通信的全球性舆论环境。一些投资机构和企业，为了各自的利益相互勾结，利用人们关注电信股的心理，刻意烘托某些企业的价值。其中，影响最大的事件，是日本NTTDocomo公司以3G为卖点上市融资，从资本市场上募集了180亿美元。受这股热潮的影响，欧盟委员会于1998年决定，要求各成员于2001年年底之前，完成第三代移动通信经营许可证的发放。通过拍卖牌照，欧洲各国政府获得了1 000多亿美元的财政收入，但这种"杀鸡取卵"式的做法，给电信企业、电信行业，乃至全球资本市场带来了灾难性的影响。其结果是运营商债台高筑。各国的运营商为了购买3G牌照，在建网和营运之前就背上了沉重的债务负担，而为了建网营运，其还要投入更多的资金。像一些国家拍卖3G牌照那样从电信企业"抽血"，固然充实了国库，但这种方式对于由电信业发展的拖累所造成的损失，远大于国家的财政收入。

第四代移动电话行动通信标准，指的是第四代移动通信技术，简称为4G。该技术包括TD-LTE和FDD-LTE两种制式[严格意义上来讲，LTE只是3.9G，尽管被宣传为4G无线标准，它其实并未被第三代合作伙伴计划（Third Generation Partnership Project，3GPP）认可为国际电信联盟所描述的下一代无线通信标准IMT-Advanced，因此，在严格意义上其还未达到4G的标准。只有升级版的LTE Advanced才满足国际电信联盟对4G的要求]。4G集3G与WLAN

于一体，并能够快速传输数据、高质量音频、视频和图像等。4G 能够以 100Mbit/s 以上的速率下载，比目前的家用宽带 ADSL（4Mbit/s）快 25 倍，并能够满足几乎所有用户对于无线服务的要求。此外，4G 可以在 DSL 和有线电视调制解调器没有覆盖的地方部署，然后再扩展到整个地区。很明显，4G 有着不可比拟的优越性。

3．我国通信业资源配置分析

随着经济体制改革的深入，我国通信业的竞争格局初步形成，发展模式逐步实现由垄断经营向竞争开放的转变。但就某项业务的市场情况来讲，仍旧存在垄断经营的现象。从总体上看，通信与信息服务业产业组织政策的指向是引入竞争、限制垄断、促进发展，由此达到提高资源配置效率的目的。但是，找到规模效益和竞争的最佳平衡点在我国需要一个较长期的摸索过程。截至 2018 年第一季度末，全国电话用户总数达到 16.6 亿户，其中移动电话用户 14.7 亿户。移动宽带用户近 12 亿户，占比达 81.5%，其中 4G 用户保持稳定增长，总数达10.6 亿户。我国的电话用户，在二十多年的时间里，增长了 100 多倍，普及率达到了世界平均水平，创造了奇迹。据 2018 年 We Are Social 和 Hootsuite 的最新全球数字报告显示，全球使用互联网的网民数量已经超越了 40 亿人，而同期的全球人口数量大约为 76 亿人。得益于近十几年移动网络与智能设备的发展，在这 40 亿网民中，有大约一半的网民正在使用智能手机上网。数据显示，2017 年，有近 25 亿新用户首次上网。其中，非洲网民数量的增长速度最快，同比增长 20% 以上。社交媒体的使用量也在迅速增长，目前全球有 30 亿人使用社交媒体进行彼此联系，其中每 10 人中会有 9 人通过移动设备来使用社交媒体软件。

中国互联网络信息中心发布的第 42 次《中国互联网络发展状况统计报告》显示，截止到2018 年 6 月 30 日，我国网民的数量达到了 8.02 亿人，2018 年上半年新增了 2 968 万人，相比 2017 年年底增长了 3.8%；手机网民的数量达到了 7.88 亿人，占比高达 98.3%。

打造新型产业链带动国民经济发展是通信业产业绩效的又一表现。中国移动联合终端制造商、渠道合作商、服务提供商推出的定制手机就是其中一例。定制手机针对不同目标受众，实现了"一键上网"，不仅推动了通信业务的发展，而且带动了终端制造商、渠道合作商、服务提供商的发展。2017 年 12 月我国手机产量达到 18 630.9 万部，微型计算机累计产量为 3 680.5 万部。

通信产业绩效还应有国有资产保值增值的指标。改革开放以来，电信通信业是我国国民经济各部门中国有资产保值增值做得最好的部门，其中尤以移动通信企业的状况最优。以联通集团为例，中国联通 1994 年以 13.4 亿元资本金起步，1998 年净资产为 23.5 亿元，到 2017 年底，中国联通总资产达到 5 736 亿元，其中股东净资产为 1 353 亿元。2017 年，中国联通通过发行 A 股至少融资 300 亿元人民币，拟引入百度、阿里巴巴、腾讯以及其他国企作为股东。

我国邮政通信业服务水平表现出一种不平衡状态。20 世纪 90 年代，总体服务水平呈上升趋势，邮政的机械化水平和每一个局所窗口的服务水平迅速提高，城市邮政部门硬件条件接近发达国家的水平。但是，有些项目则呈现下降趋势。例如，每一局所平均服务面积和每一局所平均服务人口均呈上升趋势。在世界各主要国家中，我国年人均函件数量是最少的。我国每一局所平均服务面积和平均服务人口是最多的。

2017 年，全国电话用户净增 8 269 万户，总数达到 16.1 亿户，比上年增长 5.4%。其中，移动电话用户净增 9 555 万户，总数达 14.2 亿户，移动电话用户普及率达 102.5 部/百人，比上年提高 6.9 部/百人，全国已有 16 省市的移动电话普及率超过 100 部/百人。固定电话用户总数 1.94 亿户，比上年减少 1 286 万户，每百人拥有固定电话数下降至 14 部。图 10-6 反映了这种变化趋势。

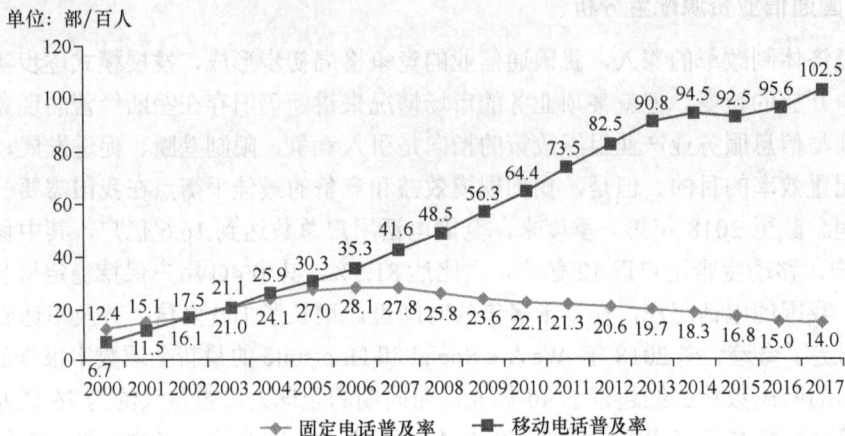

图 10-6　2000—2017 年固定电话、移动电话用户发展情况

在 20 世纪 90 年代前期，美国三大长途电信运营商的光纤利用率一直保持在 40%～70%，但是根据美林公司的估计，21 世纪初美国光纤利用率不足 10%。美国明尼苏达大学的研究人员认为，1998 年到 2001 年期间，地下埋设的光缆数量增加了 5 倍，而且密集波分复用技术使得每根光纤的传输能力可以增加 100 倍。但是在此期间，市场需求只增加了 3 倍。曾经最被看好的越洋光缆也没能发挥出潜力。曾有一项研究预测 2000 年年底横跨大西洋的带宽需求为 175Gbit/s，但实际需求连其 1/3 都不到。另外，在宽带接入业务迅速增长的情况下，互联网的带宽需求持续上涨。应该说，网络泡沫并未影响互联网本身的发展，尤其是宽带业务的旺盛需求，将消耗大量的带宽资源。按照我国骨干网带宽需求年增 50% 的保守估计，目前过剩的光纤资源将在 4 年后用完；从另一个角度看，改进网络服务质量（Quality of Service，QoS）的方法之一是轻载，这将要求以充裕的带宽为保证。因此，现有的光网络带宽资源并不像很多人估计的那样富余，只要宽带业务得到快速发展，光纤网络的潜能便会得到释放，为运营商带来利润和广阔的市场空间。

从保证通信质量的角度出发，电信网络是根据高峰期需要处理的通信量来建设的，在这期间利用率将大幅度提高。语音系统更是如此，在发达国家，根据法律，为了能够处理紧急呼叫，必须保证超过 99% 的时间能接通。因此，在 24 小时的运行过程中，网络的平均利用率通常低于 9%。可以说，正是这种冗余保证了信息高速公路上的通信能顺畅进行。

中国无线寻呼业务由兴盛到衰败的过程提供了值得吸取的历史教训。中国无线寻呼业务先以世界历史上最快的速度发展，然后以世界历史上最快的速度衰落。1999 年，中国无线寻呼用户数达到 4 717.6 万户，当年增长 934.9 万户，占世界的 40%。经营无线寻呼业务的企业并没有认识到无线寻呼业务已经在中国成熟过度，还以美国的普及率作为努力目标。其实，中国的经济是典型的二元经济，如果只考虑城市人口，当时中国无线寻呼业务的普及率几乎是世界上最高的。2000 年最高时达到 4 864.1 万户，2001 年下降到 3 606.4 万户，2002 年下降到 1 872.1 万户。2003 年年底，上市公司中国联通公司将无线寻呼业务作为不良资产被剥离出来出售给中国联通集团公司。无线寻呼业务在中国的繁荣就此画上了句号。

中国通信业建成了世界上规模最大，技术先进的电信网络。由于没有历史包袱，中国的电信通信业在先进技术利用方面走在世界的前列。但是在采用 3G 技术这一重大问题上采取了慎重的态度，实践证明这是正确的。进入 21 世纪以来，通信业务收入增长速度与通信业务总量增长速度相比大幅度下降，用户在享受同样通信服务的同时支出显著下降。

表 10-3　　　　　　　　2000—2017 年通信业务总量、业务收入实际数值

年份	通信业务总量（亿元）	通信业务收入（亿元）	业务收入环比增长速度（%）
2000	4 792.7	3 498.57	25.4
2001	4 556.26	4 149.89	18.62
2002	5 546.41	4 626.16	11.48
2003	7 019.8	5 136.8	11.03
2004	9 791.2	5 725.5	11.46
2005	12 198.9	6 373.7	11.32
2006	15 321.0	7 120.6	11.71
2007	19 360.5	8 051.6	11.31
2008	23 649.52	9 099.9	13.02
2009	27 193.46	9 519.3	4.6%
2010	31 978.48	10 265	7.8%
2011	13 333.49	11 442	11.67%
2012	15 019.3	12 743.9	11.38%
2013	16 679	14 237.1	11.72%
2014	11 541.1	18 149.5	—
2015	23 141.7	11 251.4	—
2016	35 948	11 893	—
2017	27 557	12 620	—

注：通信业务总量 2000 年及以前按 1990 年不变价格计算，2001—2010 年按 2000 年不变价格计算，2001 年按可比价格比上年增长 27.6%；2011 年起按 2010 年不变价格计算，2011 年按可比价格比上年增长 16.3%。

2017 年，我国通信业深入贯彻落实党中央、国务院的决策部署，积极推进网络强国战略，加强信息网络建设，深入落实提速降费，加快发展移动互联网、IPTV、物联网等新型业务，为国民经济和社会发展提供了有力支撑。初步核算，2017 年电信业务总量达到 27 557 亿元（按照 2015 年不变单价计算），比 2016 年增长 76.4%，增幅同比提高 42.5 个百分点。电信业务收入 12 620 亿元，比 2016 年增长 6.4%，增速同比提高 1 个百分点，如图 10-7 所示。

全年固定通信业务收入完成 3 549 亿元，比上年增长 8.4%。移动通信业务实现收入 9 071 亿元，比 2016 年增长 5.7%，在电信业务收入中占比为 71.9%，较 2016 年回落 0.5 个百分点。

图10-7　2010—2017年电信业务总量与业务收入增长情况

10.3.5　通信企业绩效

1. 通信企业绩效评价

（1）通信企业绩效评价的原则

对通信企业进行评价应该坚持以下原则：①真实性原则，是指评价过程中必须确保评价基础数据和基础资料的真实、准确，并采取一定的方法对其进行核实，以保证评价的结果的真实可靠；②一致性原则，是指评价所采取的基础数据、指标口径、评价方法、评价标准要前后一致，相互可比；③独立性原则，是指评价人员在评价过程中要保持独立性，不能受外来因素影响，要独立自主地运用自己的知识和经验，客观、公正、公平地实施评价；④稳健性原则，是指在评价过程中下结论要谨慎、指标打分要慎重，对影响企业经营的潜在风险要明确指出，对某些指标的极端情况要深入调查分析。

（2）通信企业绩效评价指标体系

① 通信企业绩效评价指标体系的内容。企业绩效评价指标是绩效评价内容的载体，也是企业经营绩效的外在表现。通信企业绩效评价指标体系，是指为实现评价目的，按照系统论观点构建的一系列反映被评价企业各个侧面的相关指标组成的系统结构，用以对企业年度绩效状况进行分析判断。绩效评价指标体系是围绕企业绩效的4个主要部分（即账务效益指标、资产营运指标、偿债能力指标和发展能力指标）由基本指标、修正指标和评议指标来体现的，如图10-8所示。

② 通信企业绩效评价指标体系的分类。企业绩效评价指标体系横向主要评价四部分内容，共32项指标，纵向分为4个层次，从而形成了立体结构。它基本上可以全面反映企业的经营绩效。

③ 通信企业绩效指标体系的使用方法（见表10-4）。基本指标含8项定量比率指标，它们反映了绩效评价内容的基本情况，是评价通信企业绩效的核心，运用基本指标可以产生初步评价结论。

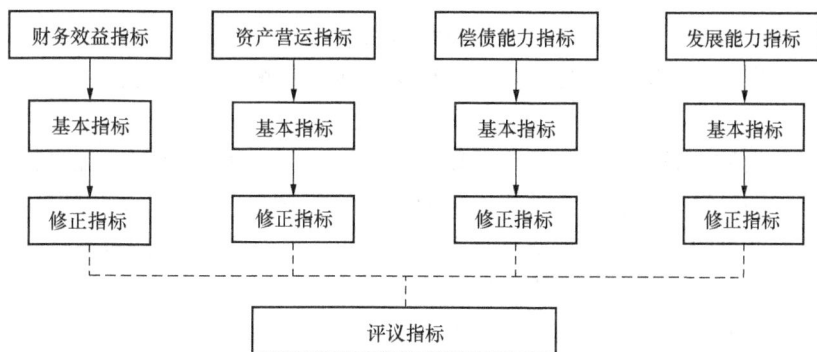

图 10-8　绩效评价指标体系

修正指标含 16 项定量比率指标，它们是依据企业有关实际情况，对基本指标评价结果所进行的逐一修正。运用基本指标和修正指标可以得出较为全面的企业绩效基本评价结论。

表 10-4　　　　　　　　　　　　通信企业绩效评价指标体系

评 价 内 容	基 本 指 标	修 正 指 标	评 议 指 标
财务效益状况	净资产收益率 总资产报酬率	资本保值增值率 销售（营业）利润率 成本费用利润率	领导班子基本素质 市场占有能力（服务满意度） 基础管理比较水平 在岗员工素质状况 技术装备更新水平（服务硬环境） 行业或区域影响力 企业经营发展战略 长期发展能力预测
资产营运状况	总资产周转率 流动资产周转率	应收账款周转率 不良资产比率 资产损失率	
偿债能力状况	资产负债率 已获利息倍数	流动比率 速动比率 现金流动负债比率 长期资产适合率 经营亏损挂账比率	
发展能力状况	销售（营业）增长率 资本积累率	总资产增长率 固定资产成新率 3 年利润平均增长率 3 年资本平均增长率	
总体状况	运用整体指标体系，将定性指标和定量指标结合起来从而形成通信企业绩效综合评价结论		

评议指标含 8 项非定量评议指标，它是对影响企业经营绩效的非定量因素进行的分析判断。运用评议指标体系产生定性评价结论。最后，用整体指标体系产生综合评价结论。

④ 企业绩效评价指标体系的特点。企业绩效评价指标体系的特点是：体系结构按系统论方法设计，绩效评价以净资产收益率为核心，评价指标由多层次指标体系与多因素分析组成，评价方法采用定量分析与定性分析相结合，评价手段各环节实现计算机程序化，从而提高了评价的科学性和准确性。

2．通信企业利润分析

利润是通信企业绩效的具体形式之一，它集中体现投入与产出的对比关系，是企业经济活动的综合性指标。利润集中反映企业生产经营活动的成果，和国民经济其他部门一样，通信企业从事通信生产经营的目的也是要以收抵支，创造利润，为国家提供积累。

（1）利润（或亏损）

利润（或亏损）是通信企业在一定时期内全部经营活动反映在财务上的最终成果，是企业生产经营活动的经济效益和资金使用效果的一种综合反映。企业利润包括销售利润、其他业务净收入、营业外收支净额、投资净收益之和与扣除管理费用和财务费用后的净额。

通信企业利润包含以下几个层次，其计算公式分别为：

通信业务利润=自有收入−通信业务成本−税金及附加

其他业务利润=其他业务收入−其他业务支出（含其他业务税金及附加）

营业利润=通信业务利润+其他业务利润−管理费用−财务费用

利润总额=营业利润±投资净收益±营业外收支净额

通信企业自有收入在抵偿全部成本费用之后的剩余部分构成其企业利润的主体部分。通信企业利润总额包括营业利润、投资净收益和营业外收支净额。与一般企业不同的是，通信业务利润是用自有收入抵偿通信业务成本和营业税金及附加后所取得的利润。投资净收益是指企业投资收益与投资损失的净额，作为企业利润总额的构成项目。营业外收支净额指与企业的生产经营活动无直接关系的各项收入和支出之差，计入利润总额。企业自有收入是按企业在通信产品的全程全网通信生产过程中，用社会必要劳动衡量企业所提供的劳动多少（即参与程度）对资费收入（即业务收入）进行再分配，企业应该得到的收入。

（2）收支差额

收支差额是《邮电通信企业会计制度》规定的部所辖通信企业的财务成果。一般情况下，通信行业的利润总额是由全国各通信企业的收支差额汇集形成的。由于涉及全网，企业业务收入抵减业务支出后的余额并不是通信企业的利润，而是它们的收入（资费收入）和业务支出（包括营业外损益和税金）计算相抵之后的差额，称为收支差额。

（3）EBIT 和 EBITDA

EBIT（Earning Before Interest and Tax）指的是未扣减利息收支、所得税之前的利润。其反映的是在剔除融资成本和所得税负担水平影响后企业的盈利能力。这个指标有助于投资者更好地分析、判断企业创造收入、控制成本的能力。

EBITDA（Earning Before Interest and Tax、Depreciation and Amortization）指的是未扣减利息收支、所得税、折旧及摊销前的利润。该盈利指标比 EBIT 多剔除了折旧及摊销，也是快速评价企业盈利能力的指标。

（4）利润指标分析的意义

利润是反映通信企业在一定时期内的生产经营活动成果，是评价企业经营绩效高低的重要尺度之一。企业在增加业务量、提高质量、降低成本、扩大销售额等方面所取得的成绩，都综合地表现在利润指标上。利润分析的意义在于：第一，评价通信企业微观经济效益。考核企业经济效果、经济效益的指标是多种多样的，例如，有业务收入、业务量、品种、质量、成本、劳动生产率等指标，它们能从各个不同的侧面反映经济活动的状况及效果的大小。是从综合性来讲，利润指标不仅能反映企业生产过程中活动和物化劳动的消耗情况，而且能反映企业生产经营活动其他方面的效果，从而正确评价企业的经济效益。第二，研究利润、利润率变化的规律性。通过对计划完成情况以及影响利润计划完成情况诸因素的分析，把握企业的利润和利润率指标变化的一般规律，为企业编制利润预算和进行经营决策提供科学依据。第三，为企业提供改善经济效益的可能途径。通过利润指标的分析，可以了解利润指标的实现程度，了解企业在加强内部管理、节约成本开支方面有无潜力可挖，了解社会对企业所创造的使用价值的接受程度，从而为企业实现其经营目标指明方向。

（5）影响通信业务利润因素的分析

通信业务利润是企业利润总额的主要组成部分。通信业务利润指标完成得如何，对企业利润计划能否完成具有决定性的影响。因此，通信业务利润的分析是企业利润分析的重点。通信业务利润是自有收入减去通信业务成本与按自有收入计算的税金之和的余额。影响自有收入的因素有产品数量和结算价格；影响通信业务成本的因素有产品数量和单位产品成本；影响税金的因素有自有收入和税率。这些因素中每个因素发生变化都会对通信利润产生影响。但从通信企业的实际情况来看，因为企业内部结算价格和税率的变动是阶段性的，可以不予考虑。于是，主要因素只有产品数量和单位产品成本。又由于通信企业有多种产品，各种产品的利润水平不同，总的通信利润还会受通信产品结构变化的影响。通信业是规模效益明显的产业，固定成本的比重大，因此，产品数量的变化对利润的影响是决定性的。在价格、品种构成、产品成本和税率不变的条件下，利润与产品销售量成正比。在收入一定的情况下，成本与利润之间是此长彼消的关系。而投资结构又是决定通信企业成本高低的主要因素。因为通信业的劳动对象是用户提供的，日常经营的成本在总成本中居于次要地位，所以固定资产投资的地位非常突出。

复习思考题

1. 如何理解通信业务总量与通信业务收入？
2. 分析影响通信业务收入的因素。
3. 通信业务收入为什么要进行分配？
4. 确定网间互联结算价格有哪些方式？确定网间互联结算价格应考虑哪些因素？
5. 联系实际分析通信业的市场绩效。
6. 分析通信业产业绩效需要考虑哪些特殊因素？
7. 通信企业绩效评价指标体系包括哪些内容？

第 **11** 章 通信市场发育与结构

由于邮政通信在通信业中比重迅速下降,在现实中已经被列入运输部门管理,而电信通业业已经作为独立系统运行,在通信业中占据绝对的比重,因此,本章的分析主要围绕电信通信业的市场发育和发展进行。电信市场长达百年的垄断,是由电信行业本身的政治、经济、技术特点所决定的。20 世纪 80 年代以来,随着电信技术的进步和经济的发展,电信的经济特征逐渐发生了一系列变化,这种变化成为电信业结束独家垄断体制的重要原因,电信垄断体制所带来的弊病则加速了垄断体制的终结。在产业组织理论中,市场结构是指某一产业市场中参与市场交易和竞争活动的市场主体之间发生市场关系的特征和形式,是一个反映市场竞争和垄断关系的概念。市场结构与市场行为决策及市场绩效之间存在着内在的联系,市场结构决定企业的市场行为,进而决定着市场运行和资源配置效率。随着技术进步和通信市场的开放竞争日益加剧,参与通信市场交易和竞争活动的市场主体的数量和种类不断增加,通信市场系统日益庞大复杂,通信市场结构也处于动态的调整变化之中。本章分析通信市场的构成主体、通信市场垄断形成和长期存在的背景、通信市场竞争变革的趋势,并应用市场结构的基本理论,探讨通信市场结构的决定和影响因素,总结其演变规律和调整变革趋势,以期为政府规制通信市场、优化通信市场结构提供依据。

11.1　通信市场及其主体

11.1.1　市场的一般概念

市场是一个古老的经济范畴,起源于古时人类对于固定时段或地点进行交易的场所的称谓,指买卖双方进行交易的场所。随着商品经济的发展,人们对市场概念的内涵和外延的认识不断充实和扩大,"市场"范畴不仅仅指交易场所,还包括了所有的交易行为和交换关系。广义而言,所有产权发生转移和交换的关系都可以称为市场。因此,市场是商品的流通领域,是买方卖方力量的集合,是商品交换行为和关系的总和。经济学理论将市场定义为一种资源配置机制,参与市场的买者和卖者相互作用并共同决定商品或劳务的价格和交易数量。这种机制有效地解决了生产什么、如何生产和为谁生产的问题[①]。从产品需求角度描述,市场是指消费者对某种或某类商品需求的总和。

---

① 保罗·萨缪尔森,威廉·诺德豪斯. 经济学. 第 16 版. 萧琛,等译. 北京:华夏出版社,1999.

市场的形成和维系必须具备下列基本条件：其一，存在可供交换的商品；其二，存在提供商品的卖方和具有购买欲望与购买能力的买方；其三，具备买卖双方都能接受的交易规范、行为准则和交易价格等。

在现代商品经济条件下，市场是企业生存的土壤，是企业与外界建立协作关系、竞争关系的纽带，是企业生产经营活动的起点和终点，也是企业生产经营成败的评判者，可见市场之于企业的重要性。在市场经济体制下，认识市场、适应市场和驾驭市场，是每一个企业有效地开展市场经营活动的核心和关键。

11.1.2 通信市场内涵及分类

通信市场是通信企业向消费者提供通信产品或服务的场所和领域，是社会对通信服务产品现实的和潜在的需求总和。随着技术进步、业务创新和通信市场的日益开放竞争，作为市场交换客体的通信服务产品的种类日益增多，参与通信市场交易和竞争活动的市场主体的数量不断增加。面对日渐庞大复杂的通信市场系统，为了充分了解通信市场的供给、需求和竞争状况，进而实施有针对性的规制政策和经营策略，需要对这一市场进行有目的的分类。实践中，依据不同的标准，可对通信市场进行以下分类。

1. 按照传递信息所用技术手段分类

依据这一标准划分，通信市场可分为通过实物原件传递信息的邮政通信市场和采用电磁、光介质传递信息的电子通信市场两大类。其中邮政通信市场按照业务种类又分为函件市场、邮政包件市场、特快专递市场等；电子通信市场按照技术处理手段的不同又可分为电信业务市场、广播电视市场、互联网业务市场等。其中，电信业务市场进一步可细分为固定电话通信市场、移动通信市场、数据通信市场等。

2. 按照地理区域分类

按地理区域范围的不同划分，通信市场可分为国内通信市场和国际通信市场。国内通信市场又可分为东部、中部和西部通信市场，城市通信市场和农村通信市场等。国际通信市场又可以分为北美市场、欧洲市场、亚洲市场等。

此外，还可以将业务与地理区域相结合，划分区域性、全国性和国际性业务市场，如本地通信市场、国内长途通信市场以及国际长途通信市场等。

通信行业提供的服务受到物理网络、频率、号码资源等的制约，地理区域特性明显，再加上企业收费方式的限制，消费者很难享受到跨区域竞争的好处。以有线宽带接入业务市场为例，如果从全国范围来看，我国宽带接入市场至少有两家以上的运营商在向消费者提供服务，但如果将宽带接入市场的地理区域限制在南北两地，则明显出现南北市场各自几乎都是一家运营商垄断经营的局面；如果将范围缩小到某一个本地网或者一个居民小区，就会发现一个由一家企业完全垄断接入服务的市场。因此，针对特定的通信服务种类，合理划分地域，对于分析判断区域市场的垄断或竞争程度，进而实施相应的管制政策至关重要。

3. 按照消费者分类

从消费者角度出发划分通信市场，可以有多种不同的具体分类方式。如果按消费者结构划分，通信市场可分为居民消费市场和集团消费市场两大类。其中，居民消费市场又可根据消费者类别的不同，细分为个人消费市场和家庭消费市场。集团消费市场则可根据集团用户消费规模大小进一步细分出大客户市场（服务对象主要是大型企事业单位）和一般客户市场（服务对象主要是中小企业等客户）。

此外，按消费需求层次划分，还可以将通信市场划分为高端市场和低端市场，以及现实需求市场和潜在需求市场等。

4. 按照业务特征分类

按照业务特征划分通信市场，具体又有不同的分类方式。

如果按照业务在网络中的地位划分，电信业务市场可分为基础电信业务市场和增值电信业务市场两大类。基础电信业务是保证满足消费者基本通信需求的业务，是电信网络提供的核心业务或主导业务。基础电信业务市场即是提供公共网络基础设施、公共数据传送和基本语音通信服务的业务市场。增值电信业务市场则是利用公共网络基础设施提供内容丰富多彩、更具个性化特征和附加价值的电信与信息服务的业务市场。依据规模经济性和对市场影响程度的差异，2015 年我国新调整颁布的《电信业务分类目录》，将增值电信业务细分为第一类增值电信业务（包括互联网数据中心业务、内容分发网络业务、国内互联网虚拟专用网业务、互联网接入服务业务）和第二类增值电信业务（包括在线数据处理与交易处理业务、国内多方通信服务业务、存储转发类业务、呼叫中心业务、信息服务业务、编码和规程转换业务）。将通信市场相应地划分为基础电信业务市场和增值电信业务市场，并对增值电信业务市场进一步细分，有助于监管部门对电信业务市场进行分类管理，实施有差别的市场准入和经营许可政策，一方面确保满足基本业务需求；另一方面，对规模效益不十分明显、对市场影响不大的增值业务（特别是第二类增值业务）实施相对宽松的准入政策，鼓励中小型企业参与竞争，从而充分发挥市场配置资源的作用，扩大信息消费，更好地满足市场全方位、多层次、个性化的服务需求。

此外，按照业务面向的消费者类型不同，可将通信市场分为零售业务市场和批发业务市场两类。零售业务市场是提供给消费者最终消费的业务市场；批发业务市场是面向其他通信企业提供中间业务的市场，包括业务转售市场、接入和互联市场等。

11.1.3　通信市场的构成主体

参与通信市场交易、竞争和管理活动的主体包括通信市场供给主体、通信市场需求主体和市场的管理者。

1. 通信市场供给主体

通信市场供给主体是指在通信市场上提供通信产品和服务的各类通信企业。在我国电信通信市场上，电信产品和服务的提供者包括基础网络运营商、增值业务提供商、接入服务商（ISP、ASP）、内容服务商（CP、SP）、通信业务转售商、虚拟电信运营商等众多类型的企业，目前总数已发展到 48 960 多家。这其中最主要的电信服务企业就是电信基础网络运营企业。经过 2008 年的第三次并购重组，目前我国电信市场已经形成中国电信、中国联通、中国移动 3 家具有全业务经营权的基础网络运营企业与众多新型的信息通信服务供给主体竞争经营的格局。

电信基础网络运营企业是在传统电信市场上垄断电信业务经营，在电信市场开放初期拥有绝对市场份额和市场支配能力、令新进入者难以与之抗衡的在位运营商或主导运营商，它们既拥有大规模的基础通信网络，又直接面向市场和用户提供电信服务，是纵向一体化的网络和业务运营企业。

增值业务提供商、虚拟电信运营商、接入服务商等新型的通信服务供应商是伴随着信息通信技术进步、消费者需求结构变化、政府电信管制放松和电信市场开放竞争而应运而生的，这类企业，如广播电视公司、电力公司甚至商业零售企业等原先可能根本不是通信企业也不属于通信行业。这些新加入的信息通信服务企业不同于传统的基础网络运营企业，它们不拥有大规模的基础通信网络，只拥有部分基础设施如网络接入、连接和信息存储设施，甚至于虚拟电信运营商根本不必拥有任何属于自己的网络设施，通过租用或连接到传统运营商的基础网络，就可以向消费者提供各种通信服务。

虚拟电信运营商最早出现在欧洲。1999 年 8 月。英国维珍集团（Virgin）与德国电信开展合作，维珍移动（Virgin Mobile）的开通标志着虚拟电信运营商的诞生。目前，全球共有 1 100 多家移动虚拟运营商，其中大部分位于欧洲、北美等发达地区。2011 年全球共有移动虚拟运营商用户 1.05 亿户，占全球移动电话用户数的 1.8%。为了支持和引导民间资本进一步进入电信业，充分发挥民营企业灵活、创新的优势，鼓励服务和业务创新，满足移动用户个性化、差异化的应用需求，2013 年 1 月 8 日工信部发布了《移动通信转售业务试点方案》，决定开展为期两年的移动通信转售业务试点。移动通信转售业务是指业务提供商以批发价格向有移动网络基础设施经营权的运营者购买移动通信服务，重新包装成自有品牌并零售给最终用户的电信服务。移动通信转售业务经营者不自建核心网络及业务节点，但必须建立自己的用户服务系统，可依照自己的需要自建计费或业务管理平台，业务通过有移动网络基础设施经营权的运营者的网络提供。这里，从事移动通信转售业务经营的企业就是移动虚拟网络运营商，一般称为虚拟运营商。2013 年 12 月 26 日，工信部向北纬通信、京东、巴士在线等首批 11 家中资民营企业发放了移动转售业务牌照，标志着移动虚拟运营商在我国正式诞生。从用户角度看，虚拟电信运营商一样是电信运营商，与其过去接触到的电信运营商别无二致，同样提供电信服务，而且虚拟电信运营商提供的服务可能还更多更好。既然没有区别，为什么还要加上"虚拟"二字？实际上，它们的区别在于后台支撑。虚拟电信运营商不拥有骨干和核心网络资源的所有权，而通过租用或连接到传统电信运营商的基础网络，它们就可以拥有包括频谱资源、用户号码、计费系统等在内的网络所有资源的使用权和控制权。虚拟的模式决定了运营商不用将大部分资本投入在网络基础设施建设上，而可以全心专注于如何更有效率地运营、更好地为用户服务。

现实中，不论是虚拟电信运营商还是增值业务提供商，它们提供通信服务都必须紧密依靠基础电信网络，它们与传统的基础网络运营企业之间存在着既竞争（业务经营上）又合作（网络租用）的关系。与传统的基础网络运营商相比，这些新型的供应商的优势在于它们直接面向广大消费者，注重研究消费者的需求，专门提供各种业务服务。它们的存在为消费者提供了更多的选择，也带来了更多个性化的服务和更好的服务质量。

伴随着通信市场供给主体类型的多元化发展，通信市场上供给主体的资本性质和资本结构也呈现多元化发展趋势。在私有制国家中，这一进程是通过对原国有电信公司进行民营化来实现的。在我国，尽管基础电信运营企业以国有资本为主体，但随着电信市场的日益开放竞争和基础电信通信企业的股份制改造以及我国逐步履行入世承诺，外资和民间资本在电信企业资本总额中所占的比重将呈现上升趋势。

2. 市场需求主体

通信市场的需求主体是指在通信市场上对各类通信产品和服务形成现实和潜在的有效需求的所有客户，包括零售业务市场面对的最终消费者和批发业务市场面对的其他通信企业。

通信产业社会公用基础设施的性质决定了通信业的服务对象具有极其广泛的社会性，在零售业务市场上，其现实和潜在的需求主体包括社会各行各业的企事业单位、机关团体、政府部门以及家庭和个人。对通信企业来说，现有客户及大量的潜在客户形成了规模庞大的市场需求空间，但就某一类通信企业、某一个通信企业或者企业的某一项业务来说，其面向的具体需求主体可能会有很大的差异。

在传统通信市场上，独此一家别无分店的垄断的市场供给主体面对整个市场的需求，提供相对单一的产品和服务，垄断企业根本不需要研究市场需求主体的差异。而在市场竞争日趋激烈，通信手段和通信方式日益多元化的今天，消费者的消费选择空间不断扩大，再加上商业广告规模的扩大、媒体的增加以及网络技术和业务的普及应用，使得消费者获取商品和服务信息的途径增多、速度加快、信息量加大、可靠性增强，这一切大大改善了消费者在消费决策时的信息弱势，提高了消费者在各商家之间进行比较和选择的能力。这对企业来说，则意味着潜在竞争对手的增加。企业不仅要面对直接的竞争对手，还要面对更加挑剔和理性的消费者，这无疑加大了企业开拓市场、吸引和留住客户的难度。面对如此的竞争和消费环境，任何一个通信企业，如果不去积极主动地了解市场、潜心研究消费者的真实需求，从而知己知彼、有的放矢地快速满足用户的需求，那它将无法在市场上立足和发展。

批发业务市场的需求主体主要是其他各类通信企业。在竞争初期，这些通信企业大多是新进入市场的竞争者。电信产业资本密集的特点使得它们无法在短期内拥有足够的网络设施；规模经济性和范围经济性又使它们难以降低成本与在位运营商竞争。为促进电信市场尽快形成均衡的竞争力量，同时避免网络设施重复建设，保护消费者利益，各国监管部门都要求在位运营商以适当的价格向竞争性企业提供必要的网络互联和接入服务。在缺乏规制的环境中，在位的主导运营商很难将这些现实的或潜在的竞争对手真正当成自己的客户，从而会凭借自身拥有的市场势力拒绝或高价向它们提供互联或接入服务。

3. 市场的管理者

市场管理是国家运用法律、政策和经济措施对市场交易和竞争活动进行的管理，旨在维护市场秩序，保护合法经营和正当竞争、稳定物价，保障消费者权益。市场的管理者就是依照国家法规政策进行市场管理活动的主体，它可以是政府部门，也可以是依法建立的独立的管制机构。通信市场的管理者是指在一个国家或一定地域范围内行使政府授予的权力，负责规范、引导和管制通信市场交易和竞争活动的机构。

在不同的产业领域，由于产业特点的不同，政府对产业市场进行管理的范围和程度可能存在差异，但政府部门或管制机构作为自由市场经济的外在干预力量已经成为现代市场经济良性运行不可或缺的重要因素。通信产业是国民经济和社会发展的基础性产业，具有自然垄断性、普遍服务性、网络外部性和全程全网的生产技术经济特征。鉴于这些特殊性，为保证通信市场的健康有序发展，世界各国一般都设有专门的管制机构或由政府部门直接对通信行业进行管理、对通信市场进行管制。例如，美国的联邦通信委员会 FCC、英国的 OFCOM、法国的电信管制局和频率管理局、巴西的国家电信监管局、印度的 TRAI 等，并且较之其他部门和行业，政府对通信市场的管制范围更大、程度更高。

但是，自 20 世纪 80 年代以来，受经济自由化思潮的影响和通信行业本身技术进步的促动，放松管制、强化竞争成为世界各国通信业改革的共同趋向。以美国、英国、日本等国家的电信改革为先导，破除垄断、引入竞争，世界电信业经历了一场前所未有的大变革。最极端的例子就是新西兰，在放松管制的改革中完全取消了电信管制机构，对电信市场的管理完全按照一般工商业进行管理，不限制市场准入者的数量，允许多家电信公司同时进行市场竞争，政府只对电信公司的信息公开和政府所持黄金股进行管理。电信市场竞争格局的形成和外来资本的不断进入，给这些国家的电信市场特别是后来的互联网业务市场带来了空前的活力。伴随着市场竞争的深入，用户可选择度大大增加，资费不断降低，服务质量也有了明显改善。这一切似乎昭示了放松管制改革的成功。然而，20 世纪末 21 世纪初，世界电信业进入了"寒冬"。电信领域过度放松管制、自由竞争的改革很快就引发了部分发达国家电信市场的过度竞争、过度投资和盲目扩张。世界电信业在 21 世纪初的萧条危机引发了人们对通信管制政策的重新思考。经验表明，对通信业这样一个不同于一般工商业的特殊行业，在引入竞争的同时，仍然需要尊重通信产业本身的行业特点和发展规律。技术进步虽然使通信业在某些业务领域的规模经济性有所减弱，但从整体看，通信业的规模经济性、范围经济性以及全程全网性等特点依然存在，这些特性决定了通信市场竞争的有限性。

作为社会公用基础设施，电信业还是一个资本技术密集的高科技产业、网络产业。现代电信网络的专业性、技术性非常强。如果没有专门的电信管制机构，只是依靠司法机关按照法律来对电信市场进行管制，尽管管制的权威性可以保证，但是必然会影响到管制的效率和效果。一方面，司法的介入只能是事后协调，程序烦琐，周期较长，不利于维护正常的市场竞争秩序；另一方面，电信网络技术非常复杂，而司法系统一般缺少相关的技术支撑力量，这不仅会影响管制的效率，而且管制的科学性、合理性也难以得到保证。所以，为了维持有效竞争，克服市场垄断或者过度竞争所带来的资源配置低效和浪费；为了有效协调电信市场引入竞争后国家、企业与消费者三者之间的利益关系；为了规范市场行为，保障公平有序的市场竞争、保护通信企业和消费者的合法权益，不论是过去、现在还是将来，客观上都需要由政府建立相应的专业组织机构对通信行业和通信市场进行管理。

通信市场的良性发展离不开科学高效的政府监管。从我国通信市场管理机构的设置来看，2008 年国务院机构改革后，信息产业部被撤销，组建了旨在加强工业化和信息化两化融合的工业和信息化部，同时成立了隶属于交通运输部、承担全国邮政监管责任的国家邮政局。目前，我国通信市场实行以中央集权为主、中央垂直领导的中央和地方两级管理。电信市场中央一级的政府管理机构为工业和信息化部；地方一级的政府管理机构为各省、区、市通信管理局，它们是中央通信管理机构在各省、区、市的派出机构或分支机构，主要负责对地方电信市场的管理。国家邮政局和各省、区、市邮政管理局分别是邮政行业的中央和地方两级政府管理机构，负责全国和地方邮政市场的管理。

纵观世界各国政府对通信市场的管理模式，归纳起来主要包括以下 4 种。

（1）政企合一模式

政企合一模式也称三位一体模式，其特点是政府部门集通信行业发展政策制定、通信行业管制和组织通信生产运营、提供通信产品和服务 3 种职能于一身，政府既是行业政策的制定者又是市场的管理者，也是通信业的经营者，三位一体。政企合一模式属政府直接管制的模式，这种由政府主管部门直接行使经营管理职能，既制定政策又监督执行政策的做法，是传统体制下世界大多数国家（北美洲的国家除外）所采取的通信市场监管模式，也是目前 WTO 所认可的一种过渡性的管制形式。在一些经济不发达的国家或地区，电信体制改革还不可能马上到位，政府直接承担电信监管职能也是不得已而采取的过渡形式，但这种模式与市场经济发展的要求有差距，也不是 WTO 要求的理想模式。随着电信业市场化程度的提高，这种模式会受到挑战。未来的发展目标应当是建立相对中立和专业化的管制机构，对电信市场进行监管。

（2）分权监管模式

分权监管模式的主要特点是管制机构地位相对独立，权力不集中，政府对通信业的管制机构既有通信行业主管部门，又有相对专业的通信管制机构，通信管理权被政府通信行业主管部门与通信管制机构分割。一种获得较普遍认同的做法是：政府通信主管部门承担研究制定通信政策法规和产业发展目标的职能，并负责颁发许可证、分配频率资源等，对政府负责；由政府授权依法建立的专业、独立的管制机构，则依据政府通信主管部门制定的法规政策，面向市场，行使管制职能，处理管制具体事宜，对政府通信主管部门负责；而组织通信生产经营活动，向用户提供通信产品和服务的职能则完全交由商业化的企业按照市场化的原则去实现，以克服政府经营所带来的生产低效率和行业发展低效率问题。

分离三位一体模式下政府的政策制定职能、行业和市场监管职能以及生产经营职能，是通信经营管理体制改革的方向，也是通信全球化发展进程中 WTO 对成员方的要求和相关国家的承诺。然而，改革实践中，各个国家的政治体制、经济发展水平和文化背景差异很大，特别是在一些发展中国家，如何清晰地划分政府主管部门与独立管制机构两者的职能，处理好两者之间的关系并不是一个容易解决的问题。因此，一些国家在过渡阶段仍然选择建立一个同时承担政策制定和行业监管职能的政府机构。例如，在非洲地区，由于经济发展水平落后，一些国家电信体制改革滞后，许多国家仍然由政府主管部门直接承担电信管制职能。现实中，分权监管模式实际上是一种"政监合一"的模式。目前，世界上大部分国家的电信监管模式都采用这种模式。欧盟虽然推崇美国 FCC 的独立监管，但实际上其大部分成员现在依然执行分权管制的模式。澳大利亚、马来西亚、日本等国家目前的电信监管模式也都属于这种类型。在我国，作为监管者的工业和信息化部既负责电信业宏观产业政策的制定，又履行电信业微观监管的职责，所以，我国目前的电信监管也是实行"政监合一"的体制模式。

与美国 FCC 独立监管的模式相比，分权监管模式下管制机构的独立性并不突出，但政府监管作用的影响力却较大。在分权管制模式中，政府可以制定实施全国性的监管政策，也可以协调各部门、各利益集团和用户间的利益，这些都是单一的专业监管机构所办不到的。分权监管模式下的电信专业监管机构则可以发挥其对市场竞争的专业监管作用，这又是非专业机构的政府作用所不能代替的。分权监管模式的缺陷在于其管制界面不清、管制成本较高及行业监管权威性不够等，这也影响了其监管的效率。

（3）FCC 的独立监管模式

美国联邦通信委员会（FCC）是根据 1934 年美国《通信法》设立的独立于美国联邦政府之外的电信监管机构，是世界通信领域第一个现代意义上的独立电信监管机构，其主要职责包括：依法独立监管电信市场（涵盖有线和无线电信网、互联网、广播电视等市场），确保网络互联互通，管理频率、码号等电信资源，保证普遍服务，保障通信安全。FCC 是美国电信监管的最高决策者，如对其决定有异议，只能通过法庭裁决或修改法律解决。FCC 有 5 名委员，任期 5 年，各交错一年任职。主席由总统提名，国会通过，除因重大过失遭受国会弹劾外，总统无权罢免。FCC 人员编制为 1 800 人，其经费根据国会批准的预算由财政拨付。

FCC 监管模式的最大特点在于其独立性及权威性。所谓"独立性"是指 FCC 既独立于美国政府行政系统之外，直接对国会负责，又独立于美国的电信企业。FCC 认为，一个有效的管制机构应该独立于被管制者，并被保护不受政治压力的影响，被赋予足够的能力制定政策、实施决策来管制市场；管制者应当有权力和权限有效地、清晰地从事调整和执行职能；管制者必须有充足的、可靠的和可预期的收入来源。FCC 这种建立在法律基础上的独立性确保了其监管的权威性，使其拥有了较强的管制能力，能够做到对全国的电信业实行公正有效的监管。

FCC 的管制模式得到了国际社会的肯定。近年来，越来越多的国家开始效仿 FCC 的监管模式，致力于建立独立的电信监管机构，对本国电信市场实施监管。ITU 认为，独立的管制机构应当在财务、组织机构以及决策上独立于运营商和相关行业的政府部门。尽管在现实中，能够真正做到完全独立于政府政治力量影响的监管机构几乎没有，即便是美国 FCC 也难以完全避免美国国会的影响，如美国国会有权决定 FCC 委员的人数，可以对 FCC 的预算施加特别法律条款，可以迫使 FCC 采取特定的管制政策，并保有对委员会证词的听审权等，但借鉴 FCC 的监管模式和经验，在完善法规的基础上，探索建立更具独立性的专业管制机构，依法对通信市场实施经济管制，将是未来世界各国通信产业管理和市场管制转型改革的方向，这样做有助于最大限度地摆脱被管制者出于谋求自身利益的考虑以及政府部门出于官僚政治目的对管制决策的不当干预，从而维护通信市场竞争，保护消费者权益。

（4）司法机构管制模式

这种管制模式不设立专门的通信专业管制机构，完全通过司法机关对通信业进行管制。例如，新西兰在电信管制改革实践中就采取了这种模式。1989 年，该国取消了对电信业的限制，对电信业不设管制机构，放松管制后，其对电信市场的监督移交给负责一般竞争政策的商务委员会，对电信运营商实施管理主要依据国家反托拉斯法或消费者保护法，一旦发生纠纷或出现不公平竞争，由法院依法判决。

完全司法管制模式一度被认为是电信市场竞争发展到一定阶段后的一种合理选择，但近年来，新西兰的这种模式在实施中稍有调整，考虑到电信技术和专业性特点，设立了一名电信代表，该代表可以就电信管制提出专业的意见和建议。

11.2　通信市场发育与变革

通信市场的发育、成长，经历了从封闭垄断向开放竞争转变的历史过程。

11.2.1　垄断的通信市场

1. 通信市场垄断形成和长期存在的背景

在电信业的创立和成长发展阶段，各国基础电信市场均采用了国家垄断或企业垄断模式。美国是电话的发源地，由于发明电话并持有专利的贝尔系统是私人公司，是在邮政系统之外运行的，美国从未对电信系统实行国有化，因此，其所有的电信运营公司历来全部是私营或民营的。而其他国家一般都是从美国引进电报和电话技术及业务，作为国家邮政系统的一部分进行经营。通信部门是社会基础设施，在社会基础设施发展的初期，国家必然起着主导的作用，这种作用是企业或个人无法替代的。因为企业或个人在市场上的运营是以盈利为目的的，只有在明确市场需求和市场回报之后才会进行投入，绝不会在市场形成大的需求之前就大规模投入。社会基础设施是经济大发展的前提，世界经济发展的历史早已证明，一定要先有基础设施的发展建设高潮，然后才会出现经济大发展的高潮。而在经济大发展的高潮出现之前，基础设施的投资是不可能得到充分的回报的。没有合理的回报，一般的企业或私人就不会投资。回顾世界经济发展的历史，除美国等个别国家的电信业之外，通信业在 20 世纪 80 年代以前基本上以国有国营模式为主。这种模式适应了电信业发展初期和成长阶段的经济特点，为各国基础电信网络的建立和使电话基本满足社会需求做出了贡献，使得各国的电信市场在那一时期得到了迅速的发展，并为此后的发展奠定了网络和用户的基础。

可以说电信市场的垄断是有其必然性的。在本章的第 5 节论述了电信业的自然垄断性、范围经济性、通信的国家主权性、通信的普遍服务性以及电信业的技术特点等原因。电信行业长达百年的垄断，是由电信行业本身的政治、经济、技术特点所决定的。自 20 世纪 80 年代以来，随着电信技术的进步和经济的发展，电信的经济特征逐渐发生了一系列变化，这种变化成为电信业结束独家垄断体制的重要原因，电信垄断体制所带来的弊病则加速了垄断体制的终结。

2. 通信市场的垄断经营

从管理体制上看，通信业的垄断大体经历了两个阶段：政企合一、邮电合营、国家垄断经营阶段；邮电分营、政企分开、国有企业垄断阶段。迄今为止，除美国等个别国家之外，世界大部分国家的公用通信业的管理体制都经历过邮电通信均由国家经营管理的阶段。美国的电信业从诞生之日起，就与国有的邮政业分立，建立在私有制基础上。将邮电作为一个政府机构采取国家垄断经营的体制，是欧洲各国和大多数发展中国家所采用的模式。欧洲国家将这种体制持续到 20 世纪 80 年代末，一些发展中国家一直持续到 20 世纪 90 年代中期。

邮电合营体制源于电信和邮政发展的历史渊源。"邮政"顾名思义属于国家机构完成的行政行为，其管理体制一般采取的是由政府在各地设邮政局，电报产生后，引入邮政系统，由国家实行专营的邮政投递网络投递电报，使邮政局变成了"邮电局"。电话产生后则重演了（美国除外）电报进入邮政的过程。由于邮政、电报、电话同属于通信，是重要的社会基础设施，而且在发展初期，邮政、电报、电话的合营机制，更能体现通信国家主权和普遍服务的公益性，因而大多数国家都对邮电采取了国家垄断的体制。随着邮政和电信规模的扩大和自动化程度的提高，邮政和电信在技术手段和经营方式上的差异越来越大，邮电合营的综合效益已不明显。邮电合营的体制已不利于邮政和电信各自面向的不同市场，应按各自的规律建设网络和发展业务。各国实行了政企分开，同时将邮政和电信改组为独立的国有运营实体，但继续授予其垄断经营权。这一阶段的改革被称为"邮电分营"。

在邮电分营的改革中，各国政府的体制改革也起到了重要作用，以至于各国的改革在时间上有很大的不同。日本在 1952 年就实施了邮电分营、政企分开，成立了国营的日本电信电话公社，邮政仍由政府直营。改革后的日本电信电话公社作为"公共事业体"，享受着国家的特殊政策，使日本的电信网得以迅速扩展，顺利地实现了 6 个电信网建设的"五年计划"，使这一阶段成为日本公共电信史上发展最快的时期。英国 1969 年实现了政企分开，成立了国营企业——"英国邮政",其目的在于减少中央集权体制对通信的政治影响,提高邮电经营的灵活性,更好地提供多样化的服务。但直到 1981 年,英国才实施邮电分营。20 世纪 60～ 70 年代是英国电话高速增长阶段,邮电独家垄断体制较好地保证了通信网的统一建设,适应了电话需求的迅速增长。德国和法国直到 1990 年和 1991 年才分别实行了政企分开、邮电分营的改革。欧共体在 1987 年颁布了以放松电信管制、自由化为中心的"绿皮书",提出了到 1998 年放开电信市场的计划。各国电信网基础的形成、电信需求和电信网规模的高速发展大都集中于垄断阶段,发达国家电信的普遍服务也均是在此阶段实现的。

3. 垄断体制对电信事业发展的作用

（1）规模经济与普遍服务的实现

规模经济的特征决定了通信业只有达到一定的规模才有效益,这个"一定规模"是实现规模经济效益的"阈值"。20 世纪 90 年代,日本学者宫鸣的研究表明,电话行业的盈亏阈值在主线普及率 10%左右。在未达到此阈值之前,电话运营商的收益低于平均成本,企业难以依靠自己的资金能力来继续扩大网络的规模,更难以实现电话的普遍服务。在电信的发展阶段,资金的短缺是其发展的主要瓶颈,而政府独家垄断体制较好地解决了资金问题。首先,独家垄断体制保证了市场规模的集中和对电信业投资的集中,有助于促进规模经济的形成。为维持电信市场的垄断,大部分国家都以法律、法规或政府命令等方式确定了政府或国有企业对电信业的垄断权,如日本 1953 年颁布的《公众电气通信法》规定,日本电信电话公社和国际电信电话会社是公众电信业务的经营者。其次,政府垄断体制保证了对电信行业补助政策的实施。电话有规模经济的特点,使电话在成本较高的发展初期成为只有少量用户才能用得起的"奢侈品"。在这一阶段,如果不增加网络投资,电话就会一直作为一种社会地位的象征而由少数人所拥有,而企业的运营也就将一直停留在高成本、高价格状态。而一旦这种僵局被打破,降低了价格,就会引来大批的新用户。此时如果电信网络的规模和能力跟不上,就会出现很多人申请电话却装不上电话的"待装"现象。对垄断企业的补贴政策,保证了电信发展时期的资金来源,有力地促进了电话网的建设和电话用户的增长,保证了电话普遍服务的顺利实现。

（2）为电信业务价格交叉补贴创造条件

不同的电信业务之间存在着性质差异。具有普遍服务性质的业务和被视为奢侈品的业务的价格政策是不同的,其中本地通信业务作为普遍服务性质的业务往往是以低于成本的价格销售的。垄断经营为实行不同的价格政策,进行交叉补贴创造了条件。电信企业内部的交叉补贴和政府的优惠政策,使电信业务的价格与成本相背离,电信业务的价格成了"非成本价格"。电信业在发展的前期阶段的经济特点导致了政府对电信行业的垄断,垄断加重了电话价格与成本的偏离,由此可以看出,电信业的"非成本价格"是政府政策的直接结果。20 世纪 80 年代电信业引入竞争后,电信价格逐渐向成本靠近,成为电信管制的重点之一。这种促使电信业价格趋向成本的过程,在电信管制上被称为价格"再平衡"的过程。从各国的实践看,20 世纪 90 年代的价格再平衡的总体方向是降低利润率较高的长途、国际通信价格,同时提高低于成本的本地通信价格。

（3）统一规划、统一建设,避免重复浪费

电信垄断体制保证了各国在电信发展阶段建立完整统一的国家电信网。电信网络建设初期的全国统一规划,是保证电信网实现通信安全和普遍服务的基础,同时,统一规划和统一建设也是电信企业根据政府目标合理配置资源，实现规模经济的基础。从电信业本身的范围经济、外部经济的特点看，网络规模的形成是提高整个网络效益的前提。但是，在全国范围广泛地铺设网络与市场经济背景下企业的盈利目标有时是相背离的。大范围的网络覆盖将提高企业的成本，减少企业的盈利空间，尤其是对非盈利地区的投入将带来企业的亏损。而如果放开经营，在盈利地区则可能会出现重复建设，投资过度的现象。美国 1996 年《电信法》发布之后的市场状况证明了这一点。垄断经营体制保证了网络覆盖的资金来源，同时也使企业避免了高成本带来的经营风险。网络规模一旦形成，其所带来的规模经济效益将能够使企业迅速进入良性循环。从这个意义上讲，20 世纪 90 年代以来的电信竞争之所以能够顺利形成，在很大程度上依赖于垄断时期所积累的网络资源和用户资源带来的行业效益。

4. 垄断企业的性质

从严格意义来说，电信垄断时期的多数电信运营者还不能称为真正意义上的"企业"，而是一个由政府所有并由政府直接运作的"公共事业体"。公共事业体的概念是以达到既定的公共目的为职责，由政府全部或部分出资的运营主体。公共事业体要具备公共所有、公共支配和经营自主 3 个要素。公共事业体的概念源于英国，是英国产业国有化的产物。传统上把煤气、自来水、电话、铁路、电力等基础产业的运营主体列为公共事业体，以有别于一般的民营企业。从公共事业体的概念来看，其公共支配与经营自主及公共性和企业性之间是存在矛盾的。为确保市场经济体制下的公共利益，通常将公共事业体所要达到的公共利益作为其经营的目的，而将企业的自主性和政府的控制并列作为达到目的的手段。当时的电信企业事实上并不是真正以经济利益为经营目标的企业，而是一个以达到公共利益为目标，由政府投资和主导的运营体。其经营环境也并非普通的商业环境，是由特殊法律和特殊政策形成的政策性环境，这种特殊环境包括授予电信企业垄断权以及对电信在资金筹措、价格、税收、运营等方面的优惠政策和补贴政策。电信企业在上述体制下经营，在保证社会目标和政府目标实现的同时，也带来了难以克服的弊病，即垄断产生的"非效率"现象。

在电信垄断时期，由于所有的电信业务都由一个通信网络来提供，每种电信业务成本中与其他业务共用的成本占有很大的比例，使电信业务中的共用成本比较高，这也是电信业务成本的一个重要特点，是电信规模经济和范围经济的体现。这一特点使每项电信业务的成本中都包括对共用成本的分摊部分。对电信业务共用成本的分摊是通信经济学中的一个难题。任何一种分摊方式，事实上都是从一个角度或一个侧面来达到一个既定目的的手段，到目前为止，没有哪一种方式被公认为是合理的或科学的。在电信的垄断时期，一些国家政府通过控制电信企业的"报酬率"来控制资费的总水平，这种方式被称为"公正报酬率管制（第 9 章已有详细分析）"，是电信垄断体制下政府对电信业管制的主要内容，其目的是使被管制企业的资费总收入不得超过其总成本。这里的总成本包括资本成本，也就是合理利润。理论上，公正报酬率管制应起到既限制垄断企业制定垄断价格所带来的社会福利损失，又可刺激垄断企业提高生产效率、减少效率损失的作用。但事实上，由于垄断电信企业所处的特殊经营环境以及公正报酬率管制本身的弊病，垄断企业的非效率日益明显。公正报酬率管制是一种鼓励企业投资的管制方式。从公正报酬率的公式还可以看出，企业为谋求更大的报酬自然会扩大投资。因此，公正报酬率管制在电信市场发展的早期阶段有效地促进了企业对网络建设的投资，为国家基础网的建设做出了贡献。但这种投资越大企业收入越大的机制，会导致出现盲目投资和浪费现象。电信企业加大的运营成本又可以通过要求政府调整资费而转嫁到对消费者的收费中。报酬率管制成为垄断企业内部经营效率低下的"动力"。另外，政府能够控制的只是资费总水平，具体电信业务资费的确定则有赖于企业提出的方案。

11.2.2　通信市场竞争的形成与发展

1．垄断经营的"非效率"

在多数情况下，垄断是一种造成社会效率损失的市场结构，而竞争是有利于社会资源配置达到最优状态的市场结构，竞争就像一只"看不见的手"，通过市场经济机制来增进社会的福利。独家垄断所造成的效率损失包括静态和动态损失两种。静态损失来源于垄断企业的垄断价格。垄断企业为了追求利润最大，其制定的价格高于竞争市场的价格，使消费者的利益遭受到损失。与此同时，由于价格提高，抑制了需求，经营者减少了产品供应，消费者减少了消费，因此造成了社会福利损失。竞争则将价格压低到接近成本，迫使企业降低成本，提高效率。在垄断市场上，由于竞争压力不足而缺乏降低成本、提高效率的动力，造成垄断企业运行效率低，服务水平低、保守和缺乏创新精神。结果是产品品种单调，价格昂贵，由此所带来的效率损失就是垄断的动态损失，这种垄断导致的效率低下，在经济学上被称为"X——非效率"。为了抑制垄断企业的非效率，政府采取了直接干预企业行为的方式，这种"干预"就是对企业的"管制"，其含义为政府以法律或行政手段对自然垄断行业的企业的市场进入、退出、价格、服务质量以及投资、财务、会计等方面的活动进行管理与控制，其目的是防止低效率的资源配置和保护消费者利益。电信行业的特点，决定了其成为政府管制的行业之一。在电信垄断期间，政府对电信业的管制主要是市场进入管制、价格管制和普遍服务管制。下面是垄断向竞争转变阵痛期的一个典型案例：2004 年 7 月 14～15 日，24 小时的时间里，黎巴嫩全境举行大规模的关机活动，要求政府和移动通信运营商降价。全国有半数以上的移动用户参与，政府官员中有 30% 的用户参与。当时黎巴嫩的移动通信资费是地中海地区最高的。500 分钟 121 美元，而叙利亚是 65 美元，埃及是 42 美元，阿联酋是 39 美元。

2．引入竞争的契机与电信市场竞争的形成

当电信的发展进入快速增长期时，市场需求高速增长，电信垄断的非效率日益明显，主要表现在企业劳动生产率低下、内部管理僵化、服务水平低和缺乏创新精神。1981 年之前，英国电信市场由英国电信（BT）完全垄断。其时，英国"电话系统作为邮政的一部分，拥有一些不好的特性：官僚压制技术创新；用户被藐视；买台新电话要等好几个月，而且用户不能自由选择服务种类等"。为克服上述弊端，1981 年，英国政府向由英国大东电报公司和巴克利银行等发起成立的莫克瑞公司（水星公司）颁发了第二张基础电信运营商牌照，允许该公司建立国内第二个固定电信网络，与原国家垄断性公司——英国电信（BT）展开竞争。1981 年，发生在日本电信电话公社近畿电信局的"不正当财务事件"，暴露了电信电话公社在管理上的弊病，引起了社会对国有垄断企业的经营成本和经营效率的批评。1981 年，日本政府对日本电信电话公社的经营和改革进行调查，于 1982 年提出了以电信电话公社民营化，打破垄断、引入竞争为目的的调查报告。革除垄断经营的"非效率"，必须在电信行业打破垄断、开放市场，引入竞争。

信息通信技术的快速发展，为电信业打破垄断、引入竞争创造了物质条件。传输技术上，

原来电缆和微波是模拟制式，在 20 世纪 70 年代初期进入数字制式，80 年代中期数字光缆已开始大规模商用。交换技术方面，从磁石交换到模拟电子交换，70 年代末期开始进入程控数字交换时代。电信技术的进步使电信业的成本结构发生了巨大的变化：大容量传输系统的不断开发使每单位话路成本大幅度降低，程控交换技术的广泛应用使电话交换的成本性能比大幅度降低。到 20 世纪 80 年代初中期，由于电话运营的本地接入、交换、长途传输 3 大部分中，交换和长途传输的成本大幅度下降，进入电信运营的门槛迅速下降，电信市场（除本地外）引入竞争成为可能。

在这样的大背景下，1984 年，美国巨大的垄断企业 AT&T 解体，分解为多个相互独立的公司，率先打破了垄断、引入竞争。美国电信市场由此形成了长途电信竞争、本地电话垄断的市场格局。英国也在同期实施了英国电信民营化的改革，向新电信公司莫克瑞公司（水星公司）颁发经营电信业务的许可证，打破了英国电信市场的垄断。1985 年，日本修改了电信法，将国有的 NTT 民营化，并在长途电信市场引入竞争，破除了日本电报电话公司（NTT）和日本国际电报电话公司（KDD）对于电信业务的垄断。自此，打破垄断、引入竞争的改革演变成世界性的电信改革浪潮，全球电信业由此进入了一个引入竞争的新阶段。在本地接入环节，由于成本并未出现大幅度下降，仍然很难形成有效竞争。电信业能够引入竞争，在很大程度上是技术进步的结果。继美、英、日等国进行改革之后，世界其他国家也陆续取消在位企业垄断经营电信业务的权利，引入新的市场竞争主体，形成市场竞争格局。进入 20 世纪 90 年代，随着 WTO 基础电信领域谈判的展开并达成协议，各国电信市场开放的步伐不断加快。1997 年 2 月，世贸组织中有 70 个成员方签署了《基础电信协议》，承诺本国电信市场对外开放。1998 年 1 月 1 日，欧盟宣布其电信市场向全球开放。

20 世纪 80、90 年代的改革浪潮的冲击，使得全球范围内以政企分开、市场竞争为特征的新体制逐步得以确立。据国际电信联盟的调查报告，1986 年对世界上 124 个国家电信体制状况的调查统计结果显示，由政府经营、实行政企合一体制的国家或地区有 62 个，由国有企业垄断经营、但实行政企分开的有 49 个，政企分开、电信企业实行股份化的有 12 个，以私营企业为主、但主要电信业务受政府管制的有 1 个（美国）。而到 1996 年，对世界上主要的 139 个国家和地区的统计结果显示，由政府经营、实行政企合一体制的下降为 25 个，政企分开并且电信企业进行了公司化改造的有 52 个，实行股份化的有 41 个，以私营企业为主、但主要电信业务受政府管制的有 21 个。也就是说，实行政企分开是大多数国家对电信市场迎接竞争的选择。美国 AT&T 公司 1984 年解体，分出 22 个地方电信网，放弃美国电信业的垄断地位。世界各国争相仿效。1995 年 AT&T 公司再次解体，一分为三，划分为 3 个独立的、分别为各自不同市场服务的公司。美国 1996 年的《电信法》，进一步推动了电信业由垄断向竞争的转变。表面上看，AT&T 公司 1984 年的解体是政府依据《反垄断法》强制实行的，其实并非如此简单，美国著名未来学家托夫勒曾专门撰文分析这段历史，指出 AT&T 解体的根本原因在于，其集团内部已认识到不解体就不能适应日新月异的市场，就会成为一个巨大的过时的"恐龙"。

在电信领域打破垄断、引入竞争，在政策设计中首先遇到的就是市场准入的控制。有的国家采取了自由放任的态度，如美国 1996 年《电信法》的立法宗旨之一就是推动全面竞争。印度 20 世纪 90 年代初放开移动通信市场时，将全国划分为 18 个营运区，每个营运区颁发 2 个经营许可证，后又将全国划分为 20 个电信区，每个区发出 1 个基本电话业务经营许可证。有的国家采取的是逐步放开的政策。电信业属于资本密集型高科技产业。虽然在信息通信技术革命的推动下，电信业的进入门槛有所降低，但并不意味着在电信领域能够开展自由放任的竞争。因为，经营电信业务特别是基础电信业务，网络建设要求的投资巨大，而投资沉淀性又很强，一旦投入即使无效益也难以挪作他用。这是包括电信业在内的基础设施产业区别于其他行业的重要特点。20 世纪末 21 世纪初开始的激烈的市场竞争，使电信市场的竞争偏离了正常的发展方向，应该说与政府在电信市场引入竞争的市场结构设计失衡有关。

3. 我国电信市场的发育及其特殊性

1994 年，中国联通公司正式成立，标志着我国国内电信独家垄断的局面开始被打破，竞争被引入通信领域。在联通公司进入的移动通信市场，入网费和资费大幅度降低。但由于管理体制上的限制，初期并没有形成电信市场的有效竞争。到 1998 年，联通公司的年业务收入只有原中国电信年业务收入的 1/112，资产仅为原中国电信资产的 1/260。随着我国电信管理体制的改革，电信市场的竞争逐渐加剧。

1998 年 3 月，国务院机构改革，在电子部和邮电部的基础上组建了信息产业部，电信业实现了政企分开。1999 年 2 月，信息产业部决定对中国电信拆分重组，将中国电信的寻呼、卫星和移动业务剥离出去。原中国电信拆分成新中国电信、中国移动和中国卫星通信公司 3 家公司，寻呼业务并入中国联通。此外，为了强化竞争，政府又给网通公司、吉通公司和铁通公司颁发了电信运营许可证，电信市场运营主体进一步走向多元化。

2001 年，以打破固定电话通信领域的垄断为重点，信息产业部再次对中国电信的资源、业务和市场进行了分拆和重组，成立了新的中国电信和中国网通。经过这一轮重组，我国电信市场形成了中国电信、中国网通、中国移动、中国联通、中国卫通和中国铁通 6 家运营公司在不同的电信市场竞争经营的格局。

2008 年，为促进工业化和信息化融合，国务院实施新的机构改革方案，撤销信息产业部，组建工业和信息化部。同年，中国电信市场再次重组，并之后于 2009 年 1 月发放 3 张 3G 牌照，形成 3 家全业务电信运营商。经过近 10 年的电信改革和重组，目前我国电信市场在所有业务领域都有 3 家或 3 家以上的公司经营，电信市场竞争日趋激烈。为履行入世承诺，2006 年我国取消地域限制，国外跨国电信公司可以进入中国市场，电信市场竞争更加激烈，增值业务市场竞争更趋白热化。

与西方发达国家的电信市场相比，我国电信市场的竞争有其特殊性。第一，西方发达国家是在电话服务普及、市场成熟之后开放市场竞争的，而我国是在电话普及率还很低的情况下引入竞争机制的。第二，西方发达国家是在产权制度健全的基础上开展市场竞争的，我国是在现代企业制度尚未建立，产权不清晰的背景下开展竞争的。第三，西方发达国家是在电信法律法规健全的前提下开展竞争的，而我国是在电信立法严重滞后的情况下开展竞争的。第四，西方发达国家是在国民经济均衡发展的条件下开展竞争的，而我国是在严重的城乡二元经济结构和区域经济发展不平衡背景下开展竞争的。第五，西方发达国家是在对内开放电信市场之后对外开放电信市场的，而我国是在对外开放大趋势的推动下开放国内电信市场的。第六，西方发达国家已经对电信、广播电视、计算机网络等实行统一的开放政策，而我国因为体制原因，"三网融合"直到 2010 年才开始试点推进。第七，西方发达国家是在电信管制机制不仅健全而且成熟的条件下开展竞争的，而我国是在市场监管体制、机制尚不成熟的背景下开展竞争的。基于以上原因，在我国不能盲目照搬西方发达国家的模式和经验，而应当在我国通信产业发展的特殊阶段、环境和制度背景下，探讨推动我国通信市场开放竞争的体制和模式。

4．通信市场竞争变革的趋势

（1）全业务竞争

电信运营商的专业化经营是指电信运营商仅从事固定通信、移动通信或者宽带数据通信等业务中某一种业务的经营。电信运营商的全业务经营则是指电信运营商全面经营上述各种通信业务。在通信业发展的一定阶段实行专业化经营有利于保持企业的核心竞争力。因此，在 20 世纪和 21 世纪交替时期，世界电信市场流行的是专业化经营。但是随着通信技术的迅速进步，各种通信方式的互相替代越来越强，全业务经营逐渐成为潮流。

面对移动通信对固定通信强有力的替代竞争和互联网发展对传统电信业务的快速分流，2004 年以来，以英国电信为代表的国外主流电信企业纷纷提出并实施转型战略。2004 年初，老牌的固网运营商英国电信拟定了《21 世纪网络计划白皮书》，即所谓的"21CN 战略"。这本白皮书不仅从网络层面上阐述了未来电信业的发展方向，而且从企业经营、服务构成、未来战略等多个角度论述了转型的必要性，为公司从传统的固定网络运营商向信息通信服务提供商的战略转型奠定了理论基础。英国电信转型的目标是放弃 ATM 和 PSTN 网，成为一个以网络为中心的信息通信服务提供商；方向是转向 ICT、宽带和移动。继英国电信之后，越来越多的电信运营商迈出了转型的步伐，转型的热潮迅速席卷全球。法国电信在 2004 年的公司财报中把这一年称为"转型年"。2005 年 6 月底，法国电信推出了一项 3 年期的重大转型计划——NEXT，旨在将法国电信塑造为欧洲新型电信服务商的典范。欧洲最大的运营商德国电信也提出"我们要成为欧洲成长最快的综合电信运营商及领先的服务公司。"随后，德国电信公布了 30 亿欧元的宽带网络投资计划。在美国，Verizon 和西南贝尔分别收购了 MCI 和 AT&T 后，制定了极其相似的战略，那就是创建全新的企业，实现从本地服务商向大型通信及娱乐服务提供商的转型，成为能提供下一代产品和服务的一站式公司。

在这股席卷全球的转型潮流中，我国的电信企业也积极投身其中。2005 年年初，中国电信率先明确提出，要实现从传统基础网络运营商向现代综合信息服务提供商的战略转型。2007 年底，全球纯粹的固网运营商仅存 7 家，其中包括中国电信和中国网通。经过 2008 年的并购重组和 2009 年年初的 3G 牌照发放，目前中国电信市场已形成包括中国移动、中国联通和中国电信在内的 3 家具有全业务经营权的市场竞争主体。伴随着全球电信运营商转型战略的实施，电信业已迎来全业务经营和竞争的时代。

在电信产业领域，电信运营商开展全业务经营有其必然性和必要性。首先，从技术的角度看，信息通信技术进步和网络、技术的不断融合，为电信运营商开展全业务经营创造了良好的物质技术条件。IP 技术、宽带网技术和数字通信技术的发展；语音技术与数据技术、有线技术与无线技术的融合，促使电信产业加速走向光纤化、宽带化、IP 化、综合化，宽带接入、IP 技术、3G、下一代网络（Next Generation Network，NGN）等催生出一大批新兴业务，为电信运营企业实现转型，开辟新的价值创造领域提供了有利的条件。其次，从电信运营商本身的角度看，电信运营企业具有开展全业务经营的内在动力和积极性。电信业具有显著的范围经济性和成本弱增性，表现在电信企业追加新的产品和服务进行联合生产的成本要比生产单一品种、提供单一业务的成本低。因此，电信企业拓宽业务经营领域，开展全业务经营，能充分利用电信网络资源,降低经营成本的相对水平,获得显著的范围经济效益。面对日新月异、不断变化的技术、业务和市场,开展全业务经营有利于运营商快速转移业务重心,分散经营风险。开展全业务经营的优势还在于能够为用户提供"一站购齐"的一揽子服务,满足市场日益专业化和综合化的信息集成服务需求,有助于提高服务质量和客户满意度,增强企业竞争实力。

诺贝尔奖获得者萨缪尔森指出,现在,电信领域中真正的竞争已经是同一市场中不同技术之间的竞争,即电信市场竞争已从原来以同质竞争为主转变为以异质竞争为主。电信运营企业除了相互开展同质的价格竞争外,还要与各种异质网络和技术争夺市场。曾经长期依附于自己的内容服务提供商、系统集成商、应用开发商,会在不同条件催化下转变为不同程度的竞争对手。面对充满不确定性的竞争环境,电信运营企业仅仅依靠传统业务或像过去那样实行专业化经营,已不能维持对产业链的控制地位,而必须向门类齐全、布局灵活、支撑有力的综合信息服务商转变,才有可能取得竞争优势,实现可持续发展。

(2)融合竞争

信息通信技术的进步推动了电信网、广播电视网和互联网三网走向融合。数字技术的发展应用使得语音、视频、数据、文件等各类信息,都可以转化为统一的"0"或"1"的二进制比特流,通过不同的网络进行交换和传输,并且信号质量好,抗干扰能力强、传输效率高,从而为网络融合提供了技术保证。光通信技术的发展应用,使得高质量、远距离、大带宽的低成本传输成为可能,这为三网融合提供了综合传输各类业务信息的理想平台。IP 技术的兴起是信息技术与通信技术真正走向融合的助推器,它的出现打破了不同技术的壁垒,使融合通信不再只是一个概念。有线、无线、语音、数据和图像的融合已是大势所趋。TCP/IP 协议的广泛认可和普遍使用,使得不同网络的各种业务都可以以 IP 为基础实现互通。现在,TCP/IP 协议不仅成为占主导地位的通信协议,而且已成为电信、广电、互联网三大网络统一采用的通信协议,这就在技术上为三网融合奠定了坚实的联网基础,为跨平台服务和业务融合提供了技术保证。

市场需求结构变化为三网融合提供了动力。三网融合涉及技术、网络架构、业务、终端、市场等多个层面,其实质是语音、数据、视频三类业务应用的融合。随着互联网和移动通信的迅速发展,信息通信用户类型、结构、偏好正在发生着巨大变化。个人用户的简单通信需求正在向支付需求、内容需求、情感需求、游戏娱乐和虚拟社区需求等不断提高;商业和集团用户也要求日益专业化和综合化的信息集成服务。用户需求层次不断提高,越来越多的用户提出了综合化、多媒体化和个性化的服务需求,这对三网融合业务的发展产生了强劲的拉动力。

政府管制政策的放松为三网融合提供了制度保障。电信、广电、互联网三网原先的业务准入限制,造成了各自业务领域的行业垄断。随着技术进步和用户需求结构的变化,西方主要发达国家近 20 年先后放松了对电信产业、广电产业和互联网产业的管制,逐步消除了三大产业相互进入的法律壁垒,使得广电企业、电信运营商和互联网公司得以同时参与融合业务市场的竞争。美国 1996 年实施新《电信法》,允许电信与广电双向进入,对电信业采取竞争开放监管的办法,但对广电业的准入相对严格;对于融合型业务,广电和电信企业均可经营。此外,加拿大、日本、澳大利亚以及欧盟各国,都在 20 世纪 90 年代后,制定实施了促进三网融合的相关法律和措施。政府法规政策允许电信、广电、互联网两两双向业务进入,意味着电信、广电、互联网在部分乃至全部业务上的交叉重叠。随着产业壁垒的消失,以前处于不同产业的企业成为直接竞争者,必将引发信息通信服务市场更为激烈竞争的局面。

由于技术的进步、需求的升级、管制的放松以及产业的融合，电信业的竞争格局正在不断被打破和重建，电信领域中的竞争日益演变为不同细分市场、不同技术、不同行业主体间的混合竞争。这一趋势对电信企业整合和管理业务的方式、市场竞争战略和策略等构成了严峻挑战。面对日益激烈的市场竞争，电信运营商只有加强业务创新、大力发展融合业务，才能提高用户的忠诚度，占有更大的市场份额。

在全业务经营和融合竞争的背景下，为赢得竞争优势，世界各大电信公司都在积极筹划自己的融合大计。2005 年 6 月，英国电信在与沃达丰合作的基础上，正式启动"蓝色电话"项目，用户使用特制的"蓝色电话"终端，可以在固定与移动网路间无缝切换，从而率先迈出了固定、移动融合的步伐。法国电信自 2006 年起，致力于在法国本土和全球其他地区实施品牌简化计划，将公司拥有的固定、移动、电视、互联网和商业服务等所有业务的品牌统一为"Orange"。截至 2013 年 3 月 31 日，Orange 法国电信集团在全球 32 个国家运营，拥有 2.3 亿用户，其中有 1.72 亿移动用户和 1 500 万宽带网络用户。德国电信买断旗下子公司 T-online 国际公司的股权，其发展定位是为用户提供全部现代化的 IT、通信服务，包括固定网络、无线业务、互联网和复杂的通信解决方案。韩国 SK 电讯是倡导"数字融合和无所不在"的发展战略的先驱。在实施新的运营战略的过程中，SK 电讯采取了从通信、金融和广播行业入手，之后逐步向其他传统行业扩展的策略。在通信方面，SK 电讯提供的 3G 移动通信服务，使用户能享受集语音、图像和视频于一体的服务；在金融方面，通过在手机中内置特殊的 MONETA 芯片，让手机具有信用卡、会员卡、电子货币等功能；在多媒体广播方面，2004 年初，SK 电讯与数十家企业一道开发了卫星数字多媒体广播（Digital Multimedia Broadcasting，DMB）服务，目的是让用户可以通过手机接收高清晰度的数字立体声广播节目；在家居生活方面，人们用手机就可以按照已设定的状态控制家门开关、家用电器等，还可以监控家居安全、照料宠物等。

自 2010 年我国试点推进三网融合以来，在网络架构和业务层面的融合已取得了初步进展。打造一张高品质的实现三网业务传送和接入的融合网络，是电信、互联网及广电运营商的共同目标。近年来，各大运营商在网络建设方面，通过各种途径和模式，都在积极朝三网融合的方向努力。在传送网层面，广电部门正在积极开展中国下一代广播电视（Next Generation Broadcasting，NGB）网络建设；电信方面也在积极研究部署软交换、NGN 等新的网络融合技术。在接入网方面，"光进铜退"趋势明显。电信运营商加大了对宽带光纤接入网的投资力度。广电运营商也利用光纤接入技术及基带传输（Ethernet Over Cable，EOC）技术（基于有限电视同轴电缆网使用以太网协议的接入技术），加快实施有线电视网的双向改造。现阶段网络架构层面的三网融合主要体现在传送网和接入网打破三网分立状态，实现交叉连接方面。三网融合的重中之重是业务融合。目前，业务层面的三网融合在我国发展最活跃，新业务形式层出不穷。IPTV、互动电视、移动电视、物联网应用是这两年广受关注的基于三网融合的新业务。截至 2017 年 12 月末，我国 IPTV 用户达 1.22 亿户，物联网 M2M 用户增长迅速，机器到机器应用的终端数量超过 1 亿，融合业务发展渐成规模。M2M（机器与机器通信）、车联网是近年来全球物联网发展较快的重点应用领域。中国目前是全球最大的 M2M 应用市场，产业规模从 2009 年的 1 700 亿元跃升至 2015 年的 7 500 多亿元，年复合增长率超过 25%。目前，中国电信、中国移动、中国联通 3 大电信运营商基于三网融合开展的 M2M 应用主要分布在电力、交通、公共服务、家庭、金融、制造、工业控制和安全监控等领域。

随着基础运营商物联网平台能力的逐步增强和面向物联网的组织运营体系的逐步完善，物联网业务将迎来大规模、跳跃式的发展。2016 年 12 月，工业和信息化部发布了《信息通信行业发展规划物联网分册（2016—2020 年）》，明确提出到 2020 年，我国具有国际竞争力的物联网产业体系将基本形成，包含感知制造、网络传输、智能信息服务在内的总体产业规模将突破 1.5 万亿元，公众网络 M2M 连接数将突破 17 亿。

（3）民营资本进入

在进行电信改革引入竞争的过程中，很多国家启动了国有电信企业的民营化进程，一般是将国有电信公司的股份出售或转让。1984 年，英国主要采取股份制改造的方式，将政府拥有 100%股权的英国电信改制为民营公司。1985 年，日本通过向市场出售 NTT 股份将其更名为上市股份公司的方式改变了 NTT 国有企业的性质。在英国、日本、西班牙等国，电信民营化采取了分步实行的方式，更多国家只是部分实行民营化，主导电信公司的控股权仍保留在政府手中。

对国有电信企业实行民营化改革的目的，主要是通过股权多元化，完善企业治理结构，加强对经理人员的激励，解决国有企业经营效率低下的问题，并为电信市场的进一步开放竞争做准备。为打破 NTT 对电信市场的独家垄断，在对 NTT 实行民营化改革之后，依据 1985 年 4 月颁布的《电气通信事业法》，日本在国际长途、国内长途、地区性通信、卫星通信、移动通信、寻呼等 7 个电信服务市场，引进了新的电信运营商与 NTT 竞争。民营化与开放市场竞争，构成了 1985 年日本电信业改革的两大要点。英国在对国有电信企业——英国电信实行民营化之后，放开了增值业务市场，在基础电信市场引进双垄断体制。1984 年，英国电信管制机构 OFTEL 根据《电信法》分别向英国电信和水星公司颁发了为期 25 年的经营许可证，通过培养一个竞争对手——水星公司，来打破原垄断企业的垄断环境，对其形成竞争压力，促使其改变经营效率。经过 7 年的市场培育，OFTEL 于 1991 年宣布结束基础电信领域的双垄断体制，放开了对电信市场的进入管制。

对国有电信企业进行民营化改革，建立现代企业制度，并放宽对民营资本进入电信市场的限制，是世界各国电信业打破垄断、开放市场、引入竞争的共同举措。各国的差异主要在于实行公司化之后政府控股的比例以及民营资本重点进入的业务领域和范围。美国的电信公司历来是私人公司，接受国家的一定程度的管理。日本和欧洲经营公用电信网的公司的民营化一般都要求国家控股 51%以上。一些国家是政府少量控股，但要保有对电信公司的股份占有情况、业务质量和资费的控制特权。

在我国，为打破电信市场的垄断局面，经营基础电信业务的国有电信企业也经历了政企分开、股份制改造、改制上市、建立和完善现代企业制度的改革历程。加入 WTO 后，为遵循入世承诺，我国对外资逐步开放了电信市场，即先开放增值电信业务、再开放数据和移动通信业务，最后开放基础电信业务和基础通信设施。在这一过程中，对民间资本进入电信业的准入政策和经营范围也一步步放宽（一开始只能经营互联网接入服务）。为鼓励、支持和引导民间资本进一步进入电信业，充分发挥民间资本灵活、创新的优势，鼓励服务和业务创新，满足移动用户个性化、差异化的应用需求，2013 年 1 月 8 日，工信部发布了《移动通信转售业务试点方案》，决定开展为期两年的移动通信转售业务试点。随着 2013 年 12 月 26 日第一批移动转售业务牌照的发放，产权清晰的中资民营企业已发展成为移动通信市场重要的经营和竞争主体，从而促进这一市场增加有效供给、提高效率、改善服务、降低资费。截至 2017

年年底，我国获得移动转售业务牌照的虚拟运营商共有 42 家，累计发展用户超过 6 000 万户，占移动用户总数的比例超过 4%，直接吸引民间投资超过 32 亿元。目前，我国增值电信服务企业中，80%以上属民营性质的中小企业。截至 2017 年 12 月底，我国增值电信业务经营许可企业共有 48 969 家，其中，工业和信息化部许可的跨地区企业 8596 家，各省（区、市）通信管理局许可的本地企业合计 40 373 家。在 8 596 家部颁增值电信业务经营者中，国有控股企业 305 家，占经营者总数的 3.5%；民营控股企业 8 234 家，占经营者总数的 95.8%；外商投资企业 57 家，占经营者总数的 0.7%。

民营资本的进入在促进电信市场开放竞争的同时，还可在一定程度上解决电信领域资金短缺的问题，并促进电信运营商建立起有效制衡的公司法人治理结构，完善市场化的激励约束机制，推动产业链关键业务重组整合，提质增效、转型升级。2017 年 8 月 16 日，中国联通发布了《中国联通关于混合所有制改革有关情况的专项公告》，拟通过混合所有制改革试点，引入其他国有资本和非国有资本，包括向核心员工首期授予不超过约 8.48 亿股的限制性股票，降低国有股权的比例。中国联通的混合所有制改革，拟引入 4 大类处于行业领先地位、且与中国联通具有协同效应的战略投资者，包括大型互联网公司、垂直行业领先公司、具备雄厚实力的产业集团和金融企业、国内领先的产业基金等，具体为中国人寿、腾讯、百度、京东、阿里巴巴、苏宁云商、光启集团、前海母基金、滴滴出行、网宿科技、中国中车、用友软件、宜通世纪、中国国有企业结构调整基金。这些新引入的战略投资者与中国联通的主业关联度高、互补性强，有助于将公司在网络、客户、数据、营销服务及产业链影响力等方面的资源和优势与战略投资者的机制优势、业务创新优势相结合，实现企业治理机制现代化和经营机制市场化。通过与新引入战略投资者在云计算、大数据、物联网、人工智能、家庭互联网、数字内容、零售体系、支付金融等领域开展深度战略合作，可聚合资源、整合优势、能力互补、互利共赢，推动重点业务和产业链融合发展，扩大中国联通在创新业务领域的中高端供给，培育壮大公司创新发展的新动能。8 月 16 日，中国联通的子公司联通运营公司已在北京分别与腾讯、百度、阿里巴巴、京东等合作方，以书面方式签署了战略合作框架协议。四大民营互联网巨头作为战略投资者入股，其中，腾讯投资 110 亿元，占联通股权的 5.21%；百度投资 70 亿元，占 3.31%；阿里巴巴投资 43.3 亿元，占 2.05%；京东投资 50 亿元，占 2.36%。改革完成后，联通集团合计持有公司约 36.67%的股份，新引入的战略投资者的持股比例约为 35.19%，由此形成混合所有制多元化的股权结构。此次改革，通过向上述单位和员工股权激励募集的 779.14 亿元资本，将主要用于中国联通 4G 及 5G 相关业务和创新业务建设，加快推进公司战略转型。

（4）对外开放

电信业世界性的打破垄断引入竞争的改革开始于 20 世纪 80 年代的美国。1984 年，美国司法部依据《反托拉斯法》拆分 AT&T，分拆出一个继承了母公司名称的新 AT&T 公司（专营长途电话业务）和七个本地电话公司（即"贝尔七兄弟"）。AT&T 解体后，美国的电信市场结构形成了长途电信竞争、本地电信垄断的格局。以 MCI 和 Sprint 为首的长途电信公司迅速扩大其市场份额，电信业的竞争日趋激烈，由此掀起了世界电信业反垄断改革的高潮。英国于 1984 年将英国电信民营化，并给水星公司颁发电信业务经营许可证，在本地、长途、国际电信领域引入了竞争。日本也于 1985 年将 NTT 民营化，在长途、国际电信和卫星通信等领域引入了竞争。在美、英、日电信改革的推动下，到 20 世纪 90 年代初，许多国家在增值电信业务领域引入了竞争，部分国家在基础电信业务领域引入了竞争。不过，大部分国家都采取了在政府管制和主导下有限开放市场的模式，市场竞争通常被限制在某些业务领域，并且对外资进入本国电信市场采取了限制态度。这一阶段的电信市场竞争主要表现为国内电信竞争。到 1998 年 2 月 5 日 WTO《基础电信协议》生效后，电信市场的开放竞争才由国内扩展到全球。

进入新世纪，全球电信市场不断开放，呈现出国内市场国际化，全球竞争本地化的变化趋势。2004 年，在涵盖本地、长途和国际业务的基础电信业务领域，对外开放的国家比例已经超过 50%，ISP 市场对外开放的国家高达 90%，移动市场开放比例为 85%。电信市场的对外开放是全球经济一体化进程的重要组成部分。在经济全球化、通信国际化的趋势和背景下，电信的竞争、重组和所有制改革已不再局限于一国本土的范围，而是有外资的参与，国内电信市场进一步融入国际市场，国内电信业的运营和规制方式也进一步与国际接轨。

11.3　通信市场的有效竞争与有限竞争

11.3.1　通信企业的竞争行为

企业是市场竞争的微观主体。企业竞争行为是指企业在市场上为实现其经营目标（如更高的市场占有份额、利润最大化等）而采取的各种竞争性策略行为和手段。企业的竞争行为受到企业所处市场结构的状态和特征的制约，并会反过来进一步导致市场结构的变化，最终影响市场运行的效率。通信行业的技术经济特点决定了通信市场难以自动形成有效竞争的局面。为实现有效竞争，管制者需要密切关注市场中企业的竞争行为，并通过实施行之有效的管制政策和手段，遏制不正当竞争和垄断行为，以规范市场竞争秩序。电信市场开放竞争后，企业常见的竞争行为主要包括以下几类。

1．定价行为

为排挤竞争对手，电信企业采取的价格竞争行为和手段主要包括策略性交叉补贴、歧视性定价、垂直价格挤压、掠夺性定价、限制性定价、结成价格卡特尔和价格战等。

（1）策略性交叉补贴

在电信市场上，策略性交叉补贴是指具有纵向或横向一体化经营优势的主导电信运营商，有意识地对自己有能力控制、仍处于垄断地位的业务实行高于成本定价，而对竞争性业务实行低于成本定价的策略，并用其在垄断性业务市场获取的超额利润来补贴其在竞争激烈的市场上的低价业务的损失，从而在竞争性业务市场上排挤竞争对手的价格行为。而对于新进入市场的运营商来说，其由于不具有对自己参与竞争的业务进行交叉补贴的能力，无法在竞争性业务市场上提供更低价的服务，这样，新进入企业在竞争中就会处于不利的地位，甚至有可能被迫退出市场。策略性交叉补贴是一种妨碍竞争的定价行为。出于维护公平竞争的目的，目前，许多国家的法律和管制政策中都包含有禁止妨碍竞争的策略性交叉补贴行为的规定。

（2）歧视性定价

歧视性定价在这里是指居于市场支配地位的运营商没有正当理由，在向具有同等交易条件的其他经营者提供相同商品或者服务时，在价格上针对不同的交易对象，实行明显有利或不利的差别待遇。例如，在互联网有线宽带专线接入服务市场上，如果居支配地位的互联网骨干网运营企业，对规模小、实力弱的中小型互联网专线接入服务商（ISP）制定相对低廉的宽带专线接入价格，而对那些可能会给自身形成较大的潜在竞争威胁的骨干网互联企业制定严重偏高的互联结算价格，以抬高其提供宽带接入服务的成本，这就是一种典型的歧视性定价行为。

违法的歧视性定价行为需要符合以下几个条件：行为人居支配地位；存在价格歧视行为；价格歧视没有正当理由；价格歧视损害竞争。2008 年 8 月 1 日正式施行的《中华人民共和国反垄断法》第 19 条给出了经营者是否具有市场支配地位的认定标准，有下列情形之一的，可以推定经营者具有市场支配地位：一是一个经营者在相关市场的市场份额达到 1/2 的；二是两个经营者在相关市场的市场份额合计达到 2/3 的；三是 3 个经营者在相关市场的市场份额合计达到 3/4 的。有前款第二项、第三项规定的情形，但其中有的经营者市场份额不足 1/10 的，不应当推定该经营者具有市场支配地位。被推定具有市场支配地位的经营者，有证据证明其不具有市场支配地位的，不应当认定其具有市场支配地位。显然，在电信市场上，具有市场支配地位，以打击竞争对手，抑制竞争为目的的主导运营商的歧视性定价行为是一种滥用市场支配地位的违法行为，必须依法予以制止。

（3）垂直价格挤压

如果主导运营商同时在两个或更多的"垂直"业务市场上参与经营，就可能发生这种妨碍竞争的垂直价格挤压行为。所谓"垂直"业务市场，是指产业链上具有纵向关联关系的上游和下游业务市场。"垂直价格挤压"是指同时进行两个或两个以上垂直业务经营的企业，利用其在上游业务市场的支配地位，控制下游企业从事生产经营的必要投入要素（上游产品或业务），并利用其对上游产品和下游产品的定价主导权，抬高上游业务价格，同时保持下游业务价格不变或降低下游业务价格，从而导致竞争对手利润降低甚至完全失去利润，最终将相同效率或更高效率的竞争者排挤出下游市场的一种滥用市场支配地位的定价行为。

假设某拥有市场支配地位的主导运营商既从事宽带批发业务的经营，又从事宽带零售业务的经营，那么，宽带批发业务就是上游业务，宽带零售业务就是下游业务。在下游业务市场，该主导运营商与其他宽带服务提供商竞争经营宽带零售业务。为挤压竞争对手，在下游宽带零售服务市场的竞争中赢得更大的竞争优势，该主导运营商可以采用垂直价格挤压的定价方法，提高向竞争对手收取的上游宽带批发业务的价格，而保持下游的宽带零售业务价格不变，这样就提高了竞争对手经营宽带零售业务的成本，压缩了其获取利润的空间。如果该主导运营商在提高上游宽带批发业务价格的同时，降低下游宽带零售业务的价格，就会对下游市场的竞争对手产生双重挤压的效果。当宽带批发价接近宽带零售业务的价格时，那些通过宽带批发而提供互联网宽带零售服务的 ISP 就完全没有了利润空间，陷入亏损的境地，从而不得不退出市场竞争。

（4）掠夺性定价

掠夺性定价也称驱逐对手定价，指的是某企业对其所提供的业务制定非常低甚至低于成本的价格，从而主动放弃利润，故意发生亏损，以达到把竞争对手挤出市场，同时阻止潜在竞争者进入的目的。

掠夺性定价策略通常由市场上实力雄厚的大企业采用。在通信行业中，具有规模经济优势的在位运营商往往更容易采用这种价格竞争策略，因为只有已经达到或接近规模经济阈值的企业才有可能比竞争对手更长时期地忍受低价造成的损失。采取掠夺性定价的企业，其低价销售一般是短期的、暂时的，一旦达到驱逐对手的目的，就会恢复原有价格水平。掠夺性定价不利于竞争性市场结构的形成，但是要证明某电信企业存在掠夺性定价行为是比较困难的，原因在于电信行业大量公共成本的存在，导致某项业务的成本很难清晰测算。

（5）限制性定价

限制性定价又被称为"阻止进入定价"，指的是寡头垄断市场上的供应商将价格定在足以获得经济利润，但又不至于引起新企业进入的水平上。在一个垄断性市场上，即便只被一个厂商垄断，仍然存在着其他竞争者随时加入进来的威胁。市场占有者在认识到这一点后，往往会心甘情愿地牺牲一些短期利润，适当地降低价格，使市场对潜在的进入者不具有那么大的吸引力。经济学家所建立的限制性定价模型通常包括 3 个假设前提：一是原有企业和潜在进入企业都谋求长期利润最大化；二是潜在进入者相信，新企业进入后原有企业不会改变其产量，因而行业总产量将等于它的产量与新进入企业的产量之和，而超过需求的产量必然会导致价格的下降；三是原有企业很容易串通起来采取限制性定价行为，并且通常由处于优势地位的寡头企业与其他企业协调，并率先实施。

由此可见，企业采取限制性定价行为完全是为了阻止新企业进入市场，其实际上也是一种以牺牲短期利润来谋求长期利润最大化的行为。通过在位企业的当前价格策略来影响潜在厂商对进入市场后利润水平的预期，以求改变潜在厂商的进入决策。与掠夺性定价不同的是，采取限制性定价的企业在短期内仍有"微利"可获，而实施掠夺性定价的企业短期内处于亏损状态。

限制性定价也是一种妨碍竞争的策略性定价行为。但实践中，在通信行业，要区分合理降价竞争行为和限制性定价行为并非易事。同样是降价行为，有些可能是在位运营商为了阻止新企业进入而采取的策略性行为；而有些却可能是现有企业正常的成本降低所致，但政府管制机构因缺乏足够的信息，很难将这两种行为区分开来。

（6）结成价格卡特尔

价格卡特尔是指在寡头垄断市场上，两个或两个以上具有竞争关系的经营者为牟取超额利润，以合同、协议或其他方式，共同商定商品或服务的价格，缔结价格同盟（卡特尔），从而限制市场竞争的一种垄断联合。

竞争型企业之间结成价格卡特尔是一种联合限制竞争的行为。价格卡特尔的危害主要体现在 4 个方面：一是严重侵害了非价格卡特尔成员的合法利益，因为，价格卡特尔会在市场上造成价格固定的结果，使非价格卡特尔成员难以通过正常的价格竞争充分行使自己的自主定价权，从而遭受不应有的经济损失；二是损害了消费者的利益。当经营者联合涨价时，消费者的权益受到损害是显而易见的。即使是经营者联合降价，消费者获得的利益也是暂时的，因为在价格卡特尔完成排挤其他竞争者之后，必然会抬高价格，牟取暴利；三是扭曲了价格信号，弱化价格对市场的调节作用。通过公平竞争形成的价格可以起到调节生产和促进消费的作用。由价格卡特尔所形成的价格不能客观反映市场需求和容量，这必然导致整个市场的混乱，造成社会资源的严重浪费；四是阻碍了生产技术的进步。通过价格卡特尔对市场价格进行垄断的企业，通常不注重对自身生产技术的提高，而是专注于如何运用不正当的方法和手段，继续保持其已经取得的垄断地位，从而阻碍了整个行业生产技术进步，影响经济的持续健康发展。

在大多数市场经济国家中，价格卡特尔是非法的，因而企业之间策略性的价格合谋常常是在暗中进行的。经济学分析认为，价格卡特尔虽然能够实现最大的垄断利润，但其本身是不稳定的。因为为了维持卡特尔定价水平、维持垄断高价，必须控制市场的供给，将合谋成员各自的产量份额和总产量限定在一定的数量范围之内。如果某个成员企业不遵守协议擅自增加产量而其他成员产量不变，增加产量造成的价格下降损失将由卡特尔全体成员承担，而增产带来的收益则由该企业独享。这样，对于各自利益的追逐将驱使卡特尔成员偷偷背离盟约，最终造成卡特尔崩溃。有学者认为，卡特尔成功必须具备两个条件：一是卡特尔成员能够对价格和市场产量水平及其分配达成协定，并自觉遵守该协定；二是企业结成价格卡特尔确实可以获得超额垄断利润，合作的潜在利益很大。但如果卡特尔组织面临的是具有高度弹性的需求曲线的市场，则其成功的可能性就很小。

（7）价格战

价格战是企业之间通过竞相降低商品的市场价格展开商业竞争的一种非合作定价行为，是卖方为了打压竞争对手，占领更多的市场份额或消化库存而采取的一种竞争或促销手段。引发价格战的原因很多，包括市场需求疲软、生产能力过剩、产品同质化严重、技术附加值低、为击败竞争对手而不计成本降价等。在某些技术密集型行业如信息通信服务行业，技术进步带来企业生产运营成本的持续下降，则为产业内企业间开展持续的降价竞争提供了可能。此外，如前所述，尽管缔结价格同盟是竞争性企业彼此之间的一种定价协调行为，但价格卡特尔不是一种稳定的结构，在价格与需求密切相关的时候，违背协议抢先降价的企业将会获得更大的市场份额，而其他企业同样也明晰这个道理。在这种非合作价格博弈中，产品价格也会以一种阶梯式下降的方式在竞争性企业间轮番降低。

在通信行业，企业间爆发价格战从短期看可以使消费者直接受益，但从长远看，企业间持续的恶性价格竞争，将导致运营商难以获得正常合理的利润，减少其在技术研发、网络建设、业务创新和服务管理等方面的必要投入，从而严重影响企业乃至整个行业的可持续发展。

2. 销售行为

（1）搭配销售和捆绑销售

搭配销售是指卖方出售一种产品或业务的同时，要求购买者必须购买其他产品或业务的销售方式，而其他产品或业务极有可能并不是买方所希望购买的。捆绑销售是指经营者在销售商品或者提供服务时，将两种以上的商品或服务组合在一起提供给买方的行为。

当市场竞争比较充分时，捆绑销售在很大程度上能给经营者和消费者同时带来益处，实现双方的共赢。对于经营者而言，捆绑销售一是有利于抢占市场，增加销售额，因为捆绑后的产品或服务其价格相对比单件要便宜一些，在产品品质和功能等没有差别的情况下，就会吸引原本打算购买相似产品的消费者转而购买捆绑产品，并可能增加购买量；二是通过与其他企业的产品或服务进行捆绑，可以迅速扩大品牌在与其捆绑的产品或服务的目标客户中的知名度和影响力，从而进入新的目标市场；三是捆绑销售可以使不同企业、不同产品共享分销渠道、广告宣传和销售队伍等，从而降低企业的营销费用，推动新产品销售。对于消费者而言，捆绑销售一方面可以为消费者带来价格上的实惠，另一方面还可以降低消费者选购的时间和精力成本。此外，将配套性、兼容性或互补性产品捆绑在一起销售，能够给消费者带来独特的利益或价值，如产品使用效果更好、使用时间更长、耗能更低、更安全等。

但在存在寡头力量、竞争很不充分的市场上，捆绑销售则存在谋求垄断、抑制竞争的消极因素。第一，捆绑销售可能限制被搭售品市场的竞争。拥有市场支配地位的经营者通过捆绑行为，将其支配地位延伸到被搭售品市场，从而限制了搭售品市场的竞争，产生排挤竞争对手的效应。若寡头企业将高度竞争市场上的产品和业务同垄断或竞争不充分市场上的产品或业务捆绑在一起销售，就具有明显的妨碍竞争的性质。因为这种行为意味着该企业将其所特有的垄断产品、业务的能力或市场势力延伸到被捆绑的其他产品之上，这会产生排斥市场竞争的效应。第二，捆绑销售可能逃避价格管制，造成价格信号混乱。具有市场支配地位的经营者往往通过搭售行为逃避政府对搭售品市场的价格规范。第三，捆绑销售容易提高市场的垄断程度。经营者本身已经具有市场支配地位，因捆绑而使其搭售品占有更大的市场份额，将会形成更高的市场集中度。第四，捆绑销售会形成竞争者的进入障碍。搭售使具有市场支配地位的经营者占有更大的市场份额，竞争企业想进入该市场将面临更大困难，不利于市场竞争结构的形成与稳定。第五，捆绑销售可能长期侵害消费者的权益。单一品牌及其不断扩大的捆绑销售固然培育了具有忠诚度的客户，但是客户的自由选择权将会越来越小，由于逃离成本的高昂或者其根本就无从选择，客户"忠诚"实际上变成"被奴役"。可见，捆绑销售和搭配销售是一种有利有弊的商业行为。鉴于这种销售策略有可能侵害消费者权益，扰乱市场竞争秩序，因此需要法律来对其进行规范。

在电信行业，捆绑销售是一种应用十分普遍的销售手段。许多主导运营商和竞争企业都提供捆绑的业务组合，同时在资费上给客户提供捆绑优惠。实施这样的业务捆绑销售策略，往往能为用户带来便利和减少支出的利益，而且还能够增强用户在网的黏度，吸引和留住客户。然而在某些情况下，捆绑销售却具有妨碍竞争的嫌疑。特别是当主导运营商的捆绑组合中包含有竞争者无法提供的某种产品、业务或便利条件时，这种捆绑销售策略就具有一定的排斥竞争的性质。

在 IT 等新兴产业领域，国际垄断企业不断延伸其垄断势力的触角，而帮助其攻城掠地的一大利器就是捆绑销售。微软的 MSN 在没有进行任何推广的情况下，通过与操作系统的捆绑，轻松获得了我国近 20%的即时通信用户，严重威胁了腾讯 QQ、网易泡泡等即时通信（Instant Messaging，IM）软件。目前，微软的捆绑垄断已经扩展到软件、互联网服务乃至网络通信的各个领域。

在信息通信服务行业，捆绑销售不是买包香烟搭只打火机的小买卖，它不仅可能强化垄断、抑制竞争，严重损害消费者的权益，而且可能危害国家的信息安全、经济安全，因此，需要认真研究对策。目前，我国已建立起规范捆绑销售的相关法律制度。垄断企业滥用其优势地位进行捆绑销售、妨碍竞争的行为为我国《反不正当竞争法》和《反垄断法》所明文禁止，但规范捆绑销售的法律制度并不完善，反垄断执法也还处于摸索阶段。

（2）客户锁定

客户锁定是市场交易活动中的常见现象，它是指经济主体为了特定目的，在特定交易领域，通过提高对方转移成本的方式，与交易伙伴所达成的排他性稳定状态。在具体的商业行为中，锁定状态表现为锁定主体（卖方）对客体（买方）的获得和保有。锁定的结果是企业留住了客户，使得被锁定者（客户）的未来选择受制于当前的现实。

与客户锁定相伴而生的一个重要概念是转移成本。所谓转移成本是指客户从现有厂商处购买商品或服务转向从其他厂商处购买商品或服务时面临的一次性成本，包括沉淀成本、交易成本、转移的优惠折扣损失以及心理成本等。转移成本的高低反映了客户被其供应商锁定的程度。

在网络经济领域，客户数量的多少是影响网络价值和经营效益至关重要的因素之一，庞大的用户群意味着潜在的收益流，而且会使网络效应发挥得更充分。电信网络运营商通常通过签订长期合同、给予排他性交易折扣、垄断关键技术（如产品开发平台）、签订要求客户使用某一特定技术或硬件平台的协议、出售相关的互补产品、对原有软件程序的升级或功能扩展等，来提高客户的转移成本，阻止客户选择或转向其他网络运营商或业务提供商，以达到锁定特定客户的目的。

运营商锁定客户的行为有些是出于技术本身的要求，但有些则纯粹是出于排挤竞争对手的考虑。电信主导运营商通过签订排他性协议锁定客户的行为在许多国家被认定为不正当竞争行为而受到政府管制的重点核查。一般来说，电信运营商越是在市场上处于主导地位，其锁定客户行为对市场竞争越有害。长期实现客户锁定的企业通常具有强势的垄断力量。垄断的存在在抑制竞争的同时，也意味着客户的选择受到约束，被迫接受主导企业提供的价格和其他交易条件，从而使消费者的福利降低。因此，政府监管机构应当对具有市场支配地位的主导运营商的客户锁定行为采取必要的干预措施。

3. 广告行为

在市场经济中，广告是企业非价格竞争的重要手段。企业的广告费用支出与其销售收入有密切的联系，广告费支出的增加将导致销售收入的增加。

广告是造成产品差别化的重要原因。广告通过报纸、电视、网络等传播媒体，把有关产品的信息提供给消费者，宣传产品的性能和特色，引起消费者注意本企业的产品，经过一段时间后，会使部分消费者产生对该产品的特殊偏好，最终影响消费者的购买决策。

对于竞争性产业来说，广告有提高集中度的作用。因为当所有竞争企业都从事广告活动时，他们的市场份额将随广告活动的成败而变化。在广告竞争中，不可能所有的企业都是成功者，也不可能所有的企业都是失败者。成功的广告会使企业拥有更多的消费者，甚至把其他企业的消费者也吸引过来，使市场份额提高。失败的广告会使企业失去消费者，甚至被迫退出市场，由此提高产业集中度。

此外，市场中原有企业大量的广告投入，还会加大市场的进入障碍。产业内原有企业经过大量的广告宣传，已经为其产品在市场上树立了信誉，其商标、品牌已为消费者所熟悉和认可，拥有了稳定的客户群，这在无形中加大了新企业及其产品进入市场的难度。新企业在进入市场初期将不得不支出更高的广告费。

4. 兼并行为

兼并通常是指一家企业以现金、债券、股票或其他有价证券，通过收购债权、直接投资、控股以及其他多种手段，购买其他企业的股票或资产，取得其他企业资产的实际控制权，使其失去法人地位或对其拥有控制权的行为。企业兼并的类型可以分为 3 种：一是横向兼并，指属于同一产业，生产同一类产品或处于同一加工工艺阶段，面对同一市场的企业之间的兼并；二是纵向兼并，指处于产业链上下游不同环节的企业之间的兼并；三是混合兼并，指分属不同产业，生产工艺上没有关联关系，产品也完全不相同的企业之间的兼并。

企业实施兼并行为的动因，一是扩大生产和销售规模，实现在原料采购、生产加工、产品销售上的规模效应，获得规模或范围经济效益；二是降低交易成本，通过兼并将原先建立在分工协作基础上的若干企业之间的市场交易，转变为合并后一个企业内部的管理协调，继而相对节约交易费用；三是分散经营风险。企业可以通过兼并其他企业来实现多元化经营，当企业的某种产品出现亏损时，可以从其他的产品经营中得到补偿；四是顺利进入市场进入壁垒较高的产业。企业若有意进入一个进入壁垒较高的产业，通过直接投资虽然也可以达到目的，但这种方式成本太高，而通过兼并企业可以经济高效地进入目标行业；五是增强市场控制力。兼并将原先不同企业不同的技术、人才等资源聚集到一个企业中，可以给兼并后的企业带来"1+1＞2"的经营协同效应，从而扩大市场份额，提高企业对市场的影响和控制能力。

兼并是市场资本集中的一种基本形式。综合来看，兼并对市场结构的影响主要体现在两个方面：一方面，兼并可以促进产业存量结构进行调整，使生产要素得以向优势企业集中，社会资源得到优化配置。在这一过程中，新兴企业、优势企业通过兼并衰退企业、劣势企业进入市场，衰退企业、劣势企业通过被兼并顺利退出市场；另一方面，兼并会扩大企业规模，导致市场集中度提高，若市场集中度超过一定限度，就会产生垄断势力，并由此带来垄断的低效率和社会福利的损失。

11.3.2　有效竞争及必要性

1. 有效竞争理论

当产业内企业太多时，虽然有利于竞争，但是企业无法达到应有的规模，以实现规模经济，这是竞争过度；但当企业规模太大时，又很容易导致垄断，这是竞争不足。1890 年，马歇尔在其名著《经济学原理》一书中提出了著名的"马歇尔困境"，指出企业在追求规模经济的过程中会出现垄断。垄断者为了追求超额利润会带来两方面的损害：首先是人为操纵价格，排挤竞争者或抵制新进入者，扼杀自由竞争，使经济丧失活力；其次是为了抬高价格而减少产量，掠夺更多的消费者剩余，使社会资源无法得到有效配置。

为了克服"马歇尔困境"，1940 年，美国经济学家克拉克提出了有效竞争（Workable Competition）的概念。有效竞争是指将规模经济与竞争活力相结合，以形成长期均衡的一种竞争模式。实际上，规模经济与竞争，二者都是提高经济效率的途径，都是以实现资源优化配置为目的的。但由于市场整体规模具有有限性，企业在追求规模经济进行扩张的过程中，往往采取妨碍竞争的策略和手段，以求快速扩大规模，提高市场占有份额，强化自身的垄断势力。有效竞争的概念实际上提出了规模经济与竞争活力相互兼容的"度"的问题，其目标在于发挥规模经济与竞争活力的综合作用，实现社会经济效率最大化。

克拉克虽然定义了"有效竞争"的概念，但并没有给出实现有效竞争的客观条件和具体的衡量标准。其后，众多学者针对这一问题展开了深入研究。1939 年，梅森在美国建立产业组织研究小组，对市场竞争过程中的组织结构、竞争行为和竞争结果进行经验性研究，最终给出了探求有效竞争实现条件的两大路径和衡量标准。一是寻求维护有效竞争的市场结构，以及形成这种市场结构的条件，被称为有效竞争的"市场结构基准"，具体包括：市场上存在相当多的卖者和买者；任何卖者和买者所占的市场份额都不足以控制市场；卖者集团和买者集团之间不存在"合谋"行为；新企业能够在市场上出现。二是从竞争可望得到的效果出发，寻求竞争的有效性，称为有效竞争的"市场效果基准"，具体包括：市场上存在着不断改进产品和生产工艺的压力；当生产成本下降到一定程度后，价格能自动向下调整；生产集中在最有效率但不一定在成本最低的规模单位下进行；不存在持续性的设备过剩、销售活动中的资源浪费现象。

1959年，梅森的学生贝恩（Bain）将梅森衡量有效竞争的二分法标准扩展为三分法标准：市场结构标准、市场行为标准和市场绩效标准，即著名的结构—行为—绩效（Structure-Conduct-Performance，S-C-P）分析范式，完善了产业组织理论。继梅森、贝恩之后，史蒂芬·索斯尼克（Stephen Sosnick）评论了20世纪50年代末之前的所有文献，并依据标准的结构—行为—绩效分析范式来概括有效竞争的标准。贝恩和索斯尼克提出的衡量市场有效竞争的具体标准如表11-1所示。

表 11-1   贝恩和索斯尼克提出的衡量市场有效竞争的标准

学者	市场结构标准	市场行为标准	市场绩效标准
贝 恩	集中度不太高；市场进入容易；没有极端的产品差异化	价格没有共谋；产品没有共谋；对竞争者没有压制政策	存在着不断改进产品和生产工艺的压力；随着成本大幅度下降，价格能向下调整；企业与产业规模适宜；销售费用在总费用中不存在过高的现象；不存在长期过剩的生产能力
索斯尼克	不存在进入和流动的资源限制；存在对上市产品质量差异的价格敏感性；交易者的数量符合规模经济的要求	厂商间不存在相互勾结；不使用排外的、掠夺性的或高压性的手段；在推销时不搞欺诈行为；不存在有害的价格歧视；竞争者对于其对手是否会追随其价格调整没有完全的信息	利润水平刚好足够酬报创新、效率和投资；产品质量和产量随消费者需求的变化而变化；厂商竭力引入技术上更先进的产品和技术流程；不存在"过度"的销售开支；每个厂商的生产过程都是有效率的；最好地满足消费者需求的卖者得到最多的报酬；价格变化不会加剧经济周期的不稳定

2. 电信业的特征要求有效竞争

有效竞争是介于过度竞争与垄断之间的竞争，其既有利于维护竞争、保持竞争活力，又有助于企业发挥规模经济效应的市场竞争格局。电信通信业的特征决定了电信市场在引入竞争的过程中，既要打破垄断又要避免过度竞争，电信市场要求将规模经济和适度竞争有机结合，实现有效竞争。理论上电信市场应该是寡头为主的有效竞争的格局。过度竞争、恶性竞争将导致交易成本上升和社会资源的巨大浪费。有效竞争和有序竞争的理想境界在电信业不是一蹴而就的，必须要经过一个在实践中撞击反射，市场主体与市场机制互相影响、互相适应的过程。在这一过程中，政府必须采取有效的管制政策和措施，引导市场结构的变化，并监督、调节企业的市场竞争行为。有效竞争问题的本质是经济效率问题。合理的市场结构是有效竞争的必要条件，因为市场结构是企业竞争的外部环境，在很大程度上决定着企业可能采取的竞争行为，进而最终会影响市场运行的效率。因此，建立合理的通信市场结构，对于改善通信产业和企业经营绩效十分重要。

11.3.3 合作与有序的竞争

在电信市场竞争中强调合作，比其他行业更加重要。因为电信网是一个统一体，参与电信经营的企业之间都是相互依存的关系。本书通篇贯彻的主导思想就是通信业全程全网联合作业的思想。这种思想是在垄断经营时代各方的共识，在市场经济时代，仍然没有过时。这种思想不是斯密所设想的"经济人"自发形成的，它是现代社会进步的体现，是政府和企业同时作为市场主体参与市场活动的混合经济的产物。网间互联关系到每一个运营商的利益，但是不同运营商对网间互联的需求和迫切性不同。市场上的主导运营商，经营的电信业务种类比较全，既经营本地通信业务又经营长途通信业务，拥有大量的最终用户。主导运营商缺乏互联的积极性和主动性，而且主导运营商拥有用户资源和网络规模上的优势，能够利用互联限制新企业的发展。如果没有网间互联，新兴企业的用户无法和原垄断企业的用户实现通话，两个企业不可能平等竞争。如果实现了网间互联但是不管制本地接入费，很容易导致不公平竞争，主导企业很可能收取过高的本地接入费，用本地收入来补贴其长途业务，因为本地通信市场相对垄断，而长途通信市场竞争激烈。可以说，互联互通是促进电信市场开放和竞争的基础性问题。

互联互通无论是对主导运营商还是对非主导运营商来说，其都是有利可图的。可以把互通看作一种共享资源的服务贸易。例如，甲运营商必须借助乙运营商的网络、数据或其他信息资源向用户提供服务，则甲运营商需要向乙运营商支付一定的网间结算费用作为服务贸易的价格。这种贸易有以下好处。第一，可以利用比较优势。对于电信市场上的任何一家企业而言，其资源都是有限且覆盖领域相对狭隘的。例如，在固定通信网络上有优势的企业，可能在一些新业务领域缺乏自己的网络和数据资源，类似的情况在其他企业也有明显的体现。运营商对其他企业的态度应该是"竞合"。只有通过竞合、互通，才会实现业务的拓展和网络的增值。第二，节约研发和再投资成本。在同时存在多家运营商却没有实现互联互通的情况下，任何一家企业要想进军新的业务领域，就必须付出高昂的成本。而互联互通为这个难题的解决提供了一个有效的途径，为电信企业低成本增收提供了可能性。第三，获取比较收益。互联互通带来的资源共享和成本节约为企业致力于核心业务的发展提供了空间，有助于企业集中精力发展自身优势，在互通业务上实现"1+1＞2"的互利效果。无论是主导电信企业，还是非主导电信企业，其实现网间互联都将使自己原有的网络增值。从发达国家的经验来看，在电信市场开放之后，新的电信运营商进入市场与在位电信企业互联，原有的在位电信企业获得的互联业务收入将占总收入的 15%～30%，而新的电信运营商从互联当中得到的收入占其总收入的比例高达 70%～80%。互联互通不仅是公平竞争的基石，也是电信运营企业的一项重要业务。网间互联互通对于主导电信企业和非主导电信企业都是有价值的。

11.3.4　有限的竞争、适度的竞争

与一般的商品与服务市场相比，电信市场的竞争是有限的。首先，作为重要的基础设施，电信业涉及国家安全和国家主权。电信业要承担国家机器为核心的上层建筑的信息传递，要承担保证社会秩序和防灾、救灾的紧急信息传递任务。在这些领域中市场机制的作用是受到限制的。其次，电信业所承担的普遍服务义务与企业的经济效益不可能在所有领域完全一致。再次，电信业占用的频率、码号、卫星轨道等资源是稀缺的，同时是战略性的，必须接受国家的严格控制和管理。最后，电信业是规模效益非常显著的产业，完全放开的竞争将难以实现规模效益。美国的本地固定电信市场的演变是一个典型的例子。1984 年 AT&T 公司解体之后，在本地通信市场由原贝尔系统解体后的 7 个地方贝尔运营公司垄断经营。1996 年新《电信法》发布之后，新进入市话市场的本地电话公司数量巨大，但是这些新进的公司加在一起所占有的市场份额只有 4%左右。为了进一步发挥规模效益，从 1996 年到 1999 年年底，美国本地电信市场的主要经营者，即 7 个贝尔本地电信公司和 GTE 已通过企业购并，变成了 4 家大本地电信公司，即南方贝尔、大西洋贝尔、西南贝尔和 Qwest。2005 年，西南贝尔几次

兼并重组，合并了 AT&T 和原来四个小贝尔公司，并重新命名为 AT&T；2007 年，AT&T 收购南方贝尔。经过一系列的并购重组，2008 年，美国固定通信市场最终被 AT&T 和 Verizon 两家大公司瓜分。

11.3.5　主导运营商与网络中立性

主导运营商是指在电信市场上起主导作用的电信运营商，各国政府或通信管理机构都规定了主导运营商应该承担的义务，并规定了确定主导运营商的标准，主要依据是企业的市场份额。目前许多国家倾向于不再将企业在整体电信市场中的市场份额作为认定主导运营商和衡量竞争的主要依据。在 2003 年生效的欧盟新的管制框架中，具有重要市场力量（Significant Market Power，SMP）的运营商成为竞争管制的中心概念。欧盟将 SMP 定义为：如果一个企业单独或与其他运营商联合具有相当于主导的地位，也即其经济实力所赋予的在相当大程度上独立于竞争者、客户和最终消费者而采取行动的能力，这个企业应该被认为具有 SMP。欧盟一个明确的理念是"SMP 运营商存在于特定的电信市场，不同的市场上存在不同的 SMP 运营商"。对于如何细分市场，欧盟提出了两个标准：一是按产品（业务）划分市场；二是按地理划分市场。运营商在特定细分市场上的市场份额是衡量其是否具有 SMP 的一个主要标准。根据欧盟 2003 年新通过的电信管制框架指令，在相关市场份额低于 25% 的企业一般不认为单独拥有 SMP 地位；根据竞争法，市场份额超过 50%，在没有相反证据的情况下将被判定为单独主导；欧盟认为，具有单独主导地位的运营商应至少拥有 40% 的市场份额。欧盟对主导运营商（SMP 市场份额 40% 以上）的规定，除了履行欧盟在国际条约中承担的义务之外，还包括接入指令规定的透明义务、非歧视性义务、财务公开义务、接入和使用特殊网络设施的义务、价格管制和成本核算的义务、普遍服务指令中规定的零售服务管制义务、提供出租线路的最低数量义务以及运营商预先选择义务。

由于长途通信成本和价格的迅速下降，美国 AT&T 公司的经营陷入困境。2006—2007 年，西南贝尔、AT&T 和南方贝尔重新合并组建为新的 AT&T 公司，再次成为强大的巨型公司。关于是否应该要求 AT&T 公司在运营过程中保持网络中立性成为美国电信规制的重要议题。

网络中立性又称为"互联网中立性"或"非歧视性的互联互通"，是指一种涉及通信网、互联网的基础性原则。网络中立性要求：第一，主导电信运营商在与不同的网络实施网间互联时不能存在歧视；第二，对于网上流动的由不同的网络内容提供商提供的内容没有选择或歧视，即基础网络提供商不得为利益相关者提供优先服务。网络中立性可以有效地缩小网络外部性导致的小规模网络的劣势，促进电信市场的公平竞争。

11.4　市场结构的基本理论

11.4.1　市场结构的概念

结构就是构成一定系统的诸要素之间的内在联系方式及其特征。市场结构指的是某一市场中参与市场交易和竞争活动的市场主体之间的内在联系及特征，包括市场供给者之间、需求者之间、供给者与需求者之间以及市场上现有的供给者、需求者与正在进入该市场的供给者、需求者之间发生市场关系（交易关系、竞争关系、合作关系）的特征和形式。市场主体间错综复杂的市场关系在现实市场中的综合反映就是市场的竞争和垄断关系。因此，也可以说，市场结构是一个反映市场竞争和垄断关系的概念。市场结构是决定市场的价格形成方式，从而决定产业组织的竞争性质的基本因素。

11.4.2　市场结构的典型类型

根据竞争和垄断程度的不同，并参照市场上供应商数目、产品差别程度、进入市场的难易程度以及供应商对产量和价格的控制程度等因素，一般将市场结构分为 4 种典型类型即完全竞争的市场结构、完全垄断的市场结构、垄断竞争的市场结构和寡头垄断的市场结构。

1．完全竞争的市场结构

完全竞争的市场结构也称纯粹竞争市场结构，是指市场不受任何干扰和外力控制，也就是不存在任何垄断因素的一种市场结构类型，其特点如下。

（1）市场集中度很低。单个企业的产销量占整个行业的比重很低，单个卖者或买者无力影响市场价格，价格完全由市场供求关系决定。

（2）产品同一性高。市场内每个企业生产的产品几乎都是无差异的，产品之间具有完全的可替代性。

（3）不存在任何进入与退出壁垒。市场中不存在资金、技术或法律的进入和退出障碍。

（4）不存在信息不对称现象。交易信息充分，所有的卖者和买者都能得到他所希望得到的任何关于交易的信息。

完全竞争的市场结构是经济学家眼中最为理想的市场结构。

2．完全垄断的市场结构

完全垄断是与完全竞争相对立的另一种极端的市场结构类型。完全垄断简称垄断或独占，是一种不存在任何竞争因素的市场结构，其特点如下。

（1）市场集中度很高。市场上只有一家产品供应商，市场集中度为 100%，因此，作为该种产品的唯一生产者，不必考虑会有其他企业削减其垄断价格的可能性。

（2）产品没有直接替代品。完全垄断企业出售的产品没有直接替代的产品，其产品的需求交叉价格弹性为零。

（3）进入市场的壁垒非常高。这种壁垒既包括产业本身技术、资金等因素造成的自然壁垒，也包括法规、制度等因素造成的人为壁垒。

3．垄断竞争的市场结构

垄断竞争的市场结构是介于完全竞争和完全垄断之间，垄断和竞争并存，但更接近于完全竞争的市场结构。这种市场结构的主要特点如下。

（1）市场集中度相对较低。市场内企业数量较多，因此每个企业的市场占有率较低。

（2）市场内不同企业生产的同类产品之间既有显著差别，又具有较高的替代性。产品之间的显著差别有助于增强企业的垄断力量，但由于不同企业生产的差别产品相互间又具有较高的替代性，替代性越强，就越容易造成竞争威胁。因此，由这种产品差别化所形成的垄断很有限。

（3）市场进入和退出壁垒很低。由于垄断竞争市场形成的垄断力量有限、不稳定，市场内已有企业的规模都不是很大，投入的原始资本也不是很高，相应地，新企业进入或原有企业退出市场的资本技术壁垒一般都很低。

4. 寡头垄断的市场结构

寡头垄断的市场结构是一种介于完全竞争和完全垄断之间，同时包含垄断因素和竞争因素，但更接近于完全垄断的市场结构类型。在寡头垄断市场上，少数大企业控制着该产业市场上大部分产品的供给，他们拥有较高的市场份额和较强的市场支配力量。寡头垄断的市场结构的主要特点如下。

（1）市场集中度比较高。少数大企业生产和销售的产品在整个产业总产量和总销售量中均占据很大的比重。

（2）产品基本同质或差别较大。当一个行业中少数几家大企业提供的产品基本同质，没有大的差别时，会发生激烈的竞争。而当少数大企业提供的同类产品彼此间有较大差别时，又会强化各垄断企业的垄断势力。

（3）企业进入或退出市场的壁垒很高。这是由于产业内少数几家大企业在资金、技术、生产和销售规模、产品知名度和美誉度、产品品牌、销售渠道等方面均占有绝对优势，新企业因此很难进入该产业领域与之竞争，同时，由于垄断企业的生产规模大、投入资本数额大，其退出市场的壁垒也很高。

上述四种类型的市场结构是对现实市场的高度抽象。理论上，从完全竞争到完全垄断，这当中可以区分出非常多的垄断和竞争程度不同的市场结构类型。而采用上述分类是因为这四种市场结构类型各自的特征明显，易于区分。完全竞争市场和完全垄断市场代表的是两种极端的市场结构类型，现实中虽少见，但它们是进行市场结构理论研究的基本参照标准。产品相似而不相同，可以替代但又不能完全替代，这是现实市场中存在的普遍现象，垄断竞争市场就是对这一类市场的概括。生产高度集中于少数大企业，竞争主要在少数大企业之间展开，这是现实市场中又一类较普遍的现象，寡头垄断市场就是对这类市场的概括和抽象。

11.4.3 决定市场结构的主要因素

决定市场结构的主要因素有：市场集中度、产品差别化、市场进入和退出障碍、市场需求的增长率、市场需求的价格弹性以及短期的固定费用和可变费用的比例等，其中前三项因素是影响市场结构或市场竞争和垄断关系的主要因素。下面仅对前3项因素进行具体阐述。

1. 市场集中度

（1）市场集中度的含义及计量

市场集中度包括卖方市场集中度和买方市场集中度。对市场结构最具影响作用的是卖方市场集中度，它是用于表示特定产业或市场中，卖者具有的相对规模结构的指标。该指标与市场中垄断力量的形成密切相关，是影响市场结构的首要因素。市场集中度高表明在特定的产业中，少数大企业拥有较强的经济支配能力或者说具备了一定程度的市场垄断能力。

市场集中度反映了特定产业的生产经营集中程度，一般用该产业中规模最大的前几家主要企业所拥有的生产要素或其产销量占整个产业的比重来表示，在通信产业中则可用行业内规模最大的前几家主要企业的业务收入、业务总量、用户总数、交换机容量等分别占整个行业的比重来衡量。产业（行业）集中度指标是最常用、最简单易行的市场集中度的衡量指标，其计算公式为：

$$CR_n = \sum_{i=1}^{n} X_i \Big/ \sum_{i=1}^{N} X_i$$

式中：CR_n——产业中规模最大的前 n 家企业的行业集中度；

　　　X_i——产业内第 i 位企业的产值、产量、销售额、销售量、职工人数或资产总额；

　　　n——产业内规模最大的前 n 家企业数；

　　　N——产业内的企业总数。

通常选择 n=4 或者 n=8，此时，行业集中度 CR_4 和 CR_8 就分别表示产业内规模最大的前 4 家或前 8 家企业的集中度。美国人贝恩是最早使用产业（行业）集中度指标对产业市场的垄断和竞争程度进行分类研究的学者。贝恩根据产业内规模最大的前 4 家和前 8 家企业的行业集中度指标，对垄断和竞争结合程度不同的产业市场结构进行了分类，如表 11-2 所示。根据贝恩的分类，寡头竞争市场被划分为五种类型，用来反映市场中规模最大的前 4 家和前 8 家企业寡头垄断程度的差异。

表 11-2　　　　　　　　　　　　贝恩的市场结构分类

寡头竞争市场	CR_4 值（%）	CR_8 值（%）
寡占 I 型	$75 \leqslant CR_4$	—
寡占 II 型	$65 \leqslant CR_4 < 75$	或 $85 \leqslant CR_8$
寡占 III 型	$50 \leqslant CR_4 < 65$	$75 \leqslant CR_8 < 85$
寡占 IV 型	$35 \leqslant CR_4 < 50$	$45 \leqslant CR_8 < 75$
寡占 V 型	$30 \leqslant CR_4 < 35$	或 $40 \leqslant CR_8 < 45$
竞争型	$CR_4 < 30$	或 $CR_8 < 40$

资料来源：（美）J.S.贝恩. 产业组织. 日本：丸善，1981：141—148。

另一个用来衡量市场集中度的重要指标是赫芬达尔指数，简称 HHI 指数，其计算方法是某特定产业市场上每个企业市场份额（百分比）的平方之和，用公式可表示为：

$$HHI = \sum_{i=1}^{N} \left(\frac{X_i}{T} \right)^2 \times 10000$$

其中：N——产业内的企业总数；

　　　X_i——第 i 个企业的规模；

　　　T——产业市场的总规模。

HHI 指数的最大值为 10 000，反映市场独家垄断的情形；最小值为 10 000/N，反映市场上所有企业规模相同、均匀分布的情形。与产业（行业）集中度指数 CR_n 相比，HHI 指数的计算需要更为详细的市场信息，因为它计算的是产业内所有企业的市场份额的平方和，而行业集中度只需要计算规模最大的前几家企业的总市场份额即可。HHI 指数比 CR_n 指数更为敏感，能更好地反映产业内企业规模分布对市场结构的影响。

西方发达国家用 HHI 指数衡量电信市场集中度。美国司法部根据 HHI 指数确定企业集中控制标准，将 HHI 指数在 1 800 以上定义为高度集中市场。1980 年，日本公正交易委员会以 HHI 指数为依据对市场结构进行分类并予以公布，其结果如表 11-3 所示。

表 11-3 日本以 HHI 值为基准的市场结构分类

市场结构	寡 占 型				竞 争 型	
	高寡占 I 型	高寡占 II 型	低寡占 I 型	低寡占 II 型	竞争 I 型	竞争 II 型
HHI 值	HHI≥3 000	1 800≤HHI<3 000	1 400≤HHI<1 800	1 000≤HHI<1 400	500≤HHI<1 000	HHI<500

资料来源：日本公正交易委员会．日本的产业集中．北京：高等教育出版社，2000。

（2）影响市场集中度的因素

由于市场集中度反映的是特定产业生产经营的集中程度，所以该产业内企业的规模和市场容量就是影响集中度高低的两个直接因素。如果某产业的市场容量既定，那么少数大企业的规模越大，市场集中度就越高，反之，则相反。市场容量的变化与市场集中度的基本关系是：市场容量扩大，容易降低集中度，市场容量缩小或不变容易提高集中度；市场容量缩小或不变对提高集中度的促进作用大于市场容量扩大对降低集中度的作用。原因是大企业常常在市场容量缩小或不变时加强兼并，而在市场容量扩大时又率先抢占市场获得更大市场份额。只有当出现很高的市场容量增速并超过大企业规模扩张的速度，从而吸引众多新企业纷纷进入时，才有可能导致集中度的降低。

2．产品差别化

（1）产品差别化的含义

产品差别化是指在同类产品的生产中，不同企业所提供的产品所具有的不同特点和差异。企业生产差别化产品的目的是引导购买者把本企业的产品同其他竞争性企业所提供的同类产品区分开来，并引起购买者对本企业产品的特殊偏好，从而在市场竞争中占据有利地位。因此，对企业来说，产品差别化是一种经营手段，是一种有效的非价格竞争手段。通过实施产品差别化策略，企业一方面，可以让消费者感知其产品的独特性，进而促进消费者对其产品产生偏好和忠诚，甚至不惜为此支付更高的代价；另一方面，则可以大大降低同一产业内其他企业的产品对本企业产品的替代性。这样做自然会引发市场竞争的不完全性，促使市场结构向垄断的方向发展。

通常，不同企业生产的同类产品差别化程度越高，其产品的可替代性就越低，垄断就越易于形成；反之，产品差别化程度越低，产品间的可替代性就越强，那么垄断就越不容易形成，竞争就越易于充分展开。

（2）形成产品差别化的因素

① 产品的物理性差异。产品的用途本质相同，但性能、构造、外观等有所不同，将直接影响产品的使用效果。

② 买方的主观差异。由于企业的广告、宣传等促销活动而引起买方对这一产品的偏好；或买方受消费潮流的影响而对某种产品产生偏好；或者是由于买方对产品不够了解而产生的主观差异。

③ 对买方的服务差异。包括向买方提供有关信息、技术维修服务、提供信用支持等所引起的买方对商品的不同偏好。

④ 地理位置差异。因企业或销售点的位置不同而给买方带来的购买时间、方便程度、运输成本等方面的差异，也会造成买方在产品选择上的差异。

⑤ 促销活动差异。例如，因赠送礼品、附配件、进行有奖销售等活动而造成买方在产品选择上的差异。

3. 市场进入和退出障碍

（1）市场进入障碍

进入障碍又称进入壁垒或进入门槛，它是指产业内已有的企业对准备进入或正在进入该产业的新企业所拥有的优势，或者说是新企业在进入该产业时所遇到的不利因素和限制。

由于市场容量和生产资源是有限的，新企业一旦进入某一产业，必然会与该产业内的原有企业展开市场争夺和资源竞争。市场进入障碍的大小反映了新企业在进入该产业过程中所遇到的困难的大小。如果某产业的市场进入障碍大，这就意味着新企业在进入该产业时遇到的困难大，这样一般的企业就难以顺利进入，相对而言，该产业的竞争程度就要低一些，垄断程度就要高一些。通常，市场进入障碍大的产业，其垄断程度相对较高，竞争程度相对较低，反之，则相反。市场进入障碍包括以下主要因素。

① 规模经济障碍。新企业在进入某一产业初期一般难以充分享受规模经济性，相对于产业内已有的企业，其生产成本必然较高，这就是规模经济的障碍。产生这个障碍的原因，一方面是筹资的困难，新企业进入产业时的生产规模远小于最佳生产规模，导致其单位生产成本远高于原有企业的平均生产成本；另一方面是受市场所限，新企业即使克服了筹资的困难，有了发挥规模经济的生产能力，也难以获得与最佳生产规模相适应的市场份额，在竞争中处于不利地位。

② 绝对费用障碍。相比于新企业，产业内的原有企业一般都占有一些稀缺的资源和生产要素，如对专利和技术诀窍的占有优势、产品销售渠道上的优势、人才优势等。新企业要进入某产业与原有企业竞争就要想方设法获取这些资源，所需的费用就是绝对费用。由绝对费用引起的新企业成本大幅度增加被称为绝对费用障碍。

③ 产品差别化障碍。产品差别化障碍是指买者对原有企业产品的偏好程度高于新企业的产品，导致新企业的产品进入市场的困难。

④ 政策和法规障碍。国家对新建企业的行政管理以及出台的相关的经济政策和法规，也不同程度地形成了新企业进入某些产业的障碍。例如，在某些产业中，开设企业需要经过复杂的审批程序，购买国外技术和进口设备需要批准发证。在通信行业，为防止过度竞争和网络重复建设，对新进入市场从事基础电信业务经营的企业，政府主管部门要实行严格的市场准入和经营许可审批制度。这些政策和法规限制，就构成了新企业进入某产业领域的障碍。

（2）市场退出障碍

所谓退出，是指某个企业停止作为卖方的行为，包括破产和转产两种情况。从理论上讲，某个企业在某一产业领域如果长期经营亏损，资不抵债，不能正常进行生产经营，就应该退出该产业，转产或破产。但实际上这样的企业由于受到种种限制，有时很难从该产业中顺利退出。企业在退出某产业市场时所遇到的限制，就是所谓的市场退出障碍，也称市场退出壁垒。市场退出障碍包括以下主要因素。

① 沉没成本障碍。企业投资形成的固定资产（设备、厂房及其他建筑物等）由于只能用

于特定产品的生产经营而难以改作他用或转卖，因而当企业退出一个产业向其他产业转移时，该企业将不得不废弃那些专用性很强的资产设备而难以收回其价值，由此所导致的资产价值的损失被称为沉没成本。沉没成本是企业退出市场的一种损失和代价，它构成了企业退出市场的壁垒。沉没成本越大，企业退出市场的壁垒就越高。

② 解雇费用障碍。在大多数情况下，企业退出某个产业时需要解雇工人，支付退职金和解雇工资，有时为了帮助工人改行，还需要支付培训费用和转移费用。这些费用也是企业退出某产业时所需要付出的代价，它也构成了企业退出市场的障碍。

③ 结合生产障碍。结合生产在医药、化工等许多产业中存在。例如，在石油精炼产业中从汽油到轻油、煤油、重油等多种产品，都用石油作为原材料，都是石油精炼过程中生成的必然产品。因此，在这些系列产品中，如果重油产品的市场需求显著下降，但其作为结合生产结果的一部分要想单独退出是相当困难的。

④ 政策和法规障碍。在某些特定的产业中，企业退出市场有时也会遇到政府政策和法规限制。例如，对于电力、通信、煤气、自来水等提供公共产品的产业，各国政府出于确保稳定供应和服务的目的，都制定相应的政策和法规限制企业随意退出。

11.4.4 市场结构与市场运行效率

市场结构与市场运行效率的关系是产业组织理论研究的核心问题。市场运行效率是指在一定市场结构下，由企业市场行为所形成的资源配置、技术进步和规模经济实现程度等方面的现实状态。市场运行效率包括静态效率和动态效率两个方面。静态效率是指资源配置效率和生产效率，其中，资源配置效率指的是在给定资源和技术的条件下，社会各种资源的配置是否达到最有效率的应用，即每一种资源是否配置于最适宜的使用方面，可由社会总剩余来衡量。只要社会支付意愿（消费者愿意支付的价格）高于产品生产的边际成本（企业愿意出售商品的价格），产出的增长就会增加社会总剩余和提高资源配置效率。生产效率是指在现有的资源和技术条件下，是否能够以最低的成本来生产产品。动态效率指的是企业能否保持技术、产品的不断创新，它可以用技术创新的速度来衡量。市场结构与市场行为决策及市场绩效之间存在着内在的联系，市场结构决定企业的市场行为，进而决定着市场运行和资源配置效率。

不同的市场结构带来不同的市场运行效率。在完全竞争的市场结构条件下，市场中企业数量众多，竞争迫使企业改进技术和管理、不断降低成本，提高生产效率；同时，市场竞争机制促使企业优胜劣汰；市场价格机制灵敏、迅速地引导企业调整资源使用方向，进行更大空间的资产重组，从而使资源在产业间、产业内得到优化配置。因此，经济学家认为，一个完全竞争的市场是一个最"有效率"的市场，即这个市场不仅可以使企业生产效率达到最优，而且在资源配置上可以实现"帕累托最优"。相反，竞争不足则可能导致企业生产效率和市场资源配置效率的降低。在极端的情况下，完全垄断的市场结构有可能导致最大程度的市场效率损失，原因在于一方面，供给者唯一，卖方为了实现利润最大化会通过减少产出量、提高产品价格，与此同时消费者福利也降低了；另一方面，由于不存在竞争的外在压力，垄断企业缺乏提高内部管理效率、降低生产成本和技术创新的动力，从而造成生产效率和动态效率的损失。

理论上，完全竞争的市场结构是最有效率的市场结构，但现实中单纯依靠市场机制实现资源配置的方式还存在着"市场失灵"的现象。对于像电力、煤气、自来水、通信这样的具有规模经济性的基础设施行业,过多的市场参与者和过度竞争则会损害规模经济带来的效益,并可能引发网络重复建设,降低资源配置的效率。为了实现规模效益,就需要减少市场参与者的数量,甚至维持一家企业垄断经营的局面,但这样做又会抑制竞争活力,降低企业生产效率和创新动力。规模经济与市场竞争活力之间相互矛盾的现象,在经济学上称之为"马歇尔冲突",它是由英国经济学家马歇尔于 1890 年在其名著《经济学原理》一书中首次提出的。"马歇尔冲突"在规模经济性显著的通信行业中体现得非常明显。显然,完全竞争和完全垄断的市场结构都不是通信市场结构的最佳选择。化解"马歇尔冲突"需要建立垄断和竞争并存的通信市场结构格局。

11.5 通信市场结构

11.5.1 通信市场结构的影响因素

决定和影响通信市场结构的因素很多,有来自供给方面的影响因素,也有来自需求方面的影响因素;有来自通信产业性质和生产经济特征方面的影响因素,也有来自技术进步和政府管制政策方面的影响因素。在影响通信市场结构的诸多因素中,有些因素的影响作用是促使通信市场结构向垄断的方向发展;有些因素的影响作用则是促使通信市场结构向竞争的方向演变。

1. 促使通信市场结构趋向垄断的因素

(1) 社会公用基础设施的性质

通信业从最古老的邮驿飞马传信,发展到今天互联网遍布全球,发生了巨大的变化。这其中,信息通信技术的革命性进步推动了通信业的迅猛发展,也推动了人类社会由农业社会向工业社会再向今天的信息社会的转变。与此同时,通信业在经济和社会发展中的地位,实现了从政治工具到社会再生产的一般条件再到现代社会基础设施的演变。通信业是社会再生产的一般条件,是经济和社会正常运转的支撑,必须履行普遍服务义务。普遍服务作为通信业社会公用基础设施性质的集中体现,是政府对通信业实施管制的重要内容,也是通信业长期实行垄断经营体制的重要原因。由于普遍服务目标与企业自身的经济利益目标常常是矛盾的,在开放竞争的环境下,普遍服务目标单纯依靠通信企业完全竞争的市场行为是无法实现的。

通信业竞争经营的体制不利于普遍服务目标的实现。首先,普遍服务要求最大限度地实现通信网的全面覆盖,这需要巨大的投入。而在经济文化落后的边远地区、农村地区,对于巨大的投入,其回报是没有保障的。因此,处于竞争体制下的通信企业主观上不愿意进行这无利可图的巨额投资;其次,为保证所有低收入群体能够享受得起一视同仁的通信服务,普遍服务要求实行全国统一的政策性资费。由于政策性低资费不以成本为依据定价,而只以社会上低收入阶层的经济承受能力为依据定价,这势必造成企业的赤字经营和政策性亏损,使企业难以维持在高成本地区的邮政和电信服务;再次,在开放竞争环境下,所有企业的市场主体地位和本位利益都会强化。由于不承担普遍服务义务的企业,往往只在那些利润丰厚的地区和业务领域开展经营,而承担普遍服务义务的企业既要与那些不承担普遍服务义务的企业展开竞争,又要履行无利可图的普遍服务义务,这势必造成企业间竞争的不公平。为保证普遍服务、保证企业间竞争的公平，政府必须出台并实施普遍服务补偿政策。这个问题随着电信市场的开放变得越来越突出。而事实上，即使政府出台了补偿政策，也可能有补偿不到位，或者即使补偿到位，仍没有强有力的约束措施来保证面临竞争压力的普遍服务提供商能够自动稳定地在那些高成本地区保质保量地履行普遍服务义务的情况出现。

相比之下，通信业实行垄断经营体制更有助于普遍服务目标的实现。在垄断体制下，垄断企业是普遍服务的当然提供者。首先，政府用于普遍服务的资金支持和亏损补偿有助于调动企业履行普遍服务义务的积极性；其次，由于没有了竞争的压力和威胁，在政府的监管下，该企业会更安心地搞好普遍服务设施的建设和运营；再次，独家垄断体制，保证了该企业市场规模和投资的集中，有助于促使其快速达到规模经济的阈值以实现大规模经营，获得规模效益，这会使它更有条件和实力实施普遍服务；最后，即使政府的资金支持和亏损补偿不到位，该垄断企业还可以借助于内部的交叉补贴来保证普遍服务。所谓交叉补贴是指通信企业在其提供的各种业务中，将一部分业务的资费定得高于成本，将另一部分业务的资费定得低于成本，最终用高于成本定价的业务的盈余来补贴低于成本定价的业务的亏损，从而实现盈亏互补目标的一种定价策略。交叉补贴只有在垄断体制下才能实现。在竞争体制下，由于竞争总是首先在价高利大的业务领域和地区展开的，这将迫使这些地区和业务的资费大幅度下降，导致普遍服务提供商原先高盈利的地区和业务不再能获取高盈利，从而使交叉补贴难以为继。在垄断体制下，交叉补贴虽然扭曲了资费结构，但由于这种资费结构降低了广大用户特别是低收入群体使用通信业务的门槛，有利于促进用户规模特别是低端用户规模的扩大，从而有利于普遍服务这一社会公益目标的实现。

综上分析，普遍服务是通信业社会公用基础设施性质的集中体现，普遍服务排斥市场竞争，普遍服务目标的实现客观上要求通信业实行垄断经营的体制。

（2）通信的国家主权性

国家主权是一个国家所固有的处理其国内国际事务而不受他国干预和限制的最高权力。通信是一个国家的政治经济神经网络，是国家及各级政府实现其管理职能不可缺少的技术装备，也是国防建设的重要物质技术保证。因此，不论是邮政通信还是电信通信，它们都涉及国家主权和国家安全问题。传统的电信国家主权体现在 3 个方面：第一，运营上不让外国介入，包括不允许雇佣外国管理人员、禁止资产归外国所有；第二，技术上不受外国支配；第三，在国际会议和国际组织中，在技术业务标准、频率资源等方面主张国家利益。电信的国家主权性来源于电信发展初期在战争和国家统治中的作用，这种作用使得电信业在发展初期成为一种带有浓重政治色彩的行业，也成为对电信业采取国营垄断体制的重要原因。

进入 20 世纪 90 年代，随着经济全球化和电信市场的对外开放，电信的国家主权概念受到了强烈冲击。特别是 WTO 基础电信协议，似乎从事实上否定了传统的电信主权。电信全球化使得跨国公司日益成为世界范围内电信运营的组织者，WTO 使各国在制定电信政策以及处理贸易纠纷方面的国家主权日益受到超国家机构的影响，世界电信业进入电信市场全面开放和电信全球竞争阶段。即便如此，我们仍然看到，在签署 WTO 基础电信协议的国家中，许多国家都在主体电信企业或整个基础电信领域中，保留了对外资投资比例和自然人进入（雇用外国雇员）的限制。即使是美国这样的世界头号发达国家，它对电信市场的对外开放也不是毫无保留的。美国对无线通信的直接外资投资限制在 20% 以下；加拿大对以网络设施为基础的电信运营者的外国投资限制在 46.7% 以下，其中直接投资不能超过 20%；日本对 NTT 和

KDD 公司，法国对法国电信公司的外资限制同样为 20% 以下。

我国 2002 年正式施行的《外商投资电信企业管理规定》明确指出：外国投资者在我国境内只能依法以中外合资经营的形式，共同投资设立经营电信业务的企业，称为外商投资电信企业，并且规定经营基础电信业务（无限寻呼除外）的外商投资电信企业的外方投资者在企业中的出资比例，最终不得超过 49%；经营增值电信业务（含基础电信业务中的寻呼业务）的外商投资电信企业，外方投资者在企业中的出资比例最终不得超过 50%。随着电信网、广播电视网、互联网的三网融合和电信全球化的发展，电信业已开始从信息传递领域进入信息内容制作领域，政府对电信行业的监管范围也扩展到了信息内容的管制。一些国家在制定信息内容管制政策的过程中，明确了防止外国通过信息手段对国家主权进行干涉的立场。

随着互联网在全球的迅猛发展和三网融合的深入推进，网络对国家安全、百姓生活的影响越来越大，加强网络安全监控被提上议事日程。特别是在"棱镜"事件曝光以后，世界各国进一步认识到加强网络安全审查和监管的重要性和必要性。为维护自身安全和社会稳定，针对信息技术产品及其供应商，开展不同形式的网络安全审查，现已成为发达国家的普遍做法。网络安全审查是指对关系国家安全和社会稳定的信息系统中使用的信息技术产品与服务进行测试评估、监测分析和持续监督的过程。2000 年，美国发布《国家信息安全保障采购政策》，率先在国家安全系统中对采购的网络信息产品进行安全审查，随后陆续针对联邦政府云计算服务、国防供应链等出台了安全审查政策，实现了对国家安全系统、国防系统、联邦政府系统的全面覆盖，并逐步建立了多种形式的网络安全审查制度，将全方位、综合性的供应链安全审查上升到国家战略高度。2007 年 3 月，美国众议院一致通过了加强国家对外国投资监督的法案，严格对外国投资商的立法限制。同年 10 月 24 日，美国新的《外商投资与国家安全法案》正式颁布实施。依据此法案，负责监管跨境投资的美国外国投资委员会提高了外国对美投资的限制。目前，美国政府允许外商投资包括信息网络设备在内的美国敏感资产的最高持股比例是 10%，并禁止外国拥有军方或者政府背景的公司投资美国敏感资产。

2008 年 5 月 5 日，俄罗斯总统普京签署了一项限制外国投资能源、电信和航空等 42 个"战略"行业的法规。根据该法规，外国私人投资者如欲在属于俄罗斯战略行业的企业持股 50% 以上，必须获得一个委员会的批准；外国政府控制的企业将被禁止控股俄罗斯战略企业，即使持股比例超过 25%，也须寻求获得批准。

2014 年 5 月 22 日，中国国家互联网信息办公室宣布，为维护国家网络安全，保障中国用户合法权益，中国开始推出网络安全审查制度，对进入中国的重要信息技术产品及供应商都将进行安全审查，重点是产品安全性和可控性，防止产品提供者借助提供产品之便，非法控制、干扰、中断用户系统，非法收集、存储、处理和利用用户有关信息。对于审查不合格的产品和服务，将不得在中国境内使用。2015 年 7 月 1 日颁布实施的《中华人民共和国国家安全法》，确立了针对网络信息技术产品和服务的国家网络安全审查制度，明确了我国网络安全审查制度的细化目标，即国家建设网络与信息安全保障体系，提高网络与信息安全保护能力，加强对网络与信息技术的创新研究和开发应用，实现网络和信息核心技术、关键基础设施和重要领域信息系统及数据的安全可控；加强网络管理，防范，制止和依法惩治网络攻击、网络入侵、网络窃密、散布违法有害信息等网络违法犯罪行为，维护国家网络空间主权、安全和发展利益。

在信息社会，没有网络和信息安全就没有国家安全。在三网融合和通信国际化的背景下，电信的国家主权性的内涵和外延正在发生变化，尽管如此，电信的国家主权问题依然存在。

（3）通信网络的外部性

网络外部性是网络经济运行过程中所显现出来的一个重要特征。通信网络的外部性是指用户消费通信产品、享用通信服务所获得的效用会随着使用同一种产品或服务的用户数量的变化而变化。网络中使用同一种产品或服务的用户数量越多，在网的每一个用户消费该产品或服务所获得的效用就越大，就越能吸引潜在用户入网消费。网络外部性会驱使通信企业不断扩大网络规模。在没有外力干预的市场竞争中，规模越大、用户越多的网络越能吸引新用户加入；相反，规模越小、用户越少的网络越难以吸引新的用户，甚至已有的用户还可能转网、流失，这就会造成强者恒强、弱者恒弱的局面，从而导致市场的高度集中和垄断。

（4）显著的规模经济性

规模经济性是指在一定的市场需求范围内，企业单位产品成本随生产规模扩大而降低的经济现象。由于电信生产经营必须以网络设施为基础，而电信网络设施的建设需要巨额的固定资本投资，电信运营成本中固定成本比重大，变动成本比重很低。在一定的市场需求范围内，只要用户的需求规模没有超出网络所能承载的规模容量，电信业务的单位成本就会随着业务量的增长而不断下降。为了补偿巨额的固定成本，只有当用户数量达到相当大的规模，网上业务量也达到相当大的规模时，电信公司在每个用户、每笔业务上所获得的收入，才有可能大于平均成本，电信公司的运营才会有效益。显然，在电信产业领域，一个企业只有拥有足够大的网络规模、用户规模、业务量规模，才能在行业中立足，获得竞争优势。

规模经济性是导致电信业形成自然垄断的直接因素。规模经济性的存在抬高了电信业的市场进入门槛，也使得新进入市场的运营商很难与一个已经实现规模经营的在位运营商进行竞争，从而很容易被排挤在市场之外。这就是由规模经济性所导致的电信业的自然垄断性。

（5）显著的范围经济性

范围经济性指的是当企业生产多种类产品时，其总成本低于多家企业分别生产这些产品的成本之和，同时，企业追加的新产品的生产成本也低于单独生产该新产品的成本。通信业的范围经济性前文已经提到，这里结合实际进行分析。电信业具有很强的范围经济性。这一点可以从电话网上实现传真业务的例子而得到说明。现在传真业务已经相当普及，在任何一条电话线上都可以接上传真机来发送传真，也就是说，传真业务可以和电话业务共用一个电话网。假设现有两家公司都要向市场提供传真业务，第一家是个电话公司，第二家是个新公司，第一家电话公司只需在已有的电话网上增加必要的设施就可以发送传真了，而第二家新公司从理论上来讲需要新建一个网络才能提供传真业务。显然，第二家新公司的传真业务成本要远远大于第一家电话公司。也就是说，电信企业在现有业务上追加新业务的生产成本要低于单独提供该新业务的成本。实际上，电信业的范围经济性不仅仅体现在基于原有网络开发和提供一项新业务，比单独建网提供这项新业务的成本低，而且体现在利用一个综合性的电信物理网络既传电话、电报和传真，又传各类数据和图像，由此所耗费的总成本，要比独立建立网络各自经营这些业务的成本之和要低。在电信业领域，企业相关联的业务项目的多样化经营比单一业务项目的经营具有更为经济的效果，这就是电信业的范围经济性。此外，邮政网络经营同样存在范围经济性。

范围经济性在通信行业存在的直接原因是，各类通信业务包括传统业务、新兴业务、基础业务、增值业务，其经营大多可以共用通信的基础网络设施，包括交换传输设备、运输设备、管道、网点房屋、电源设备等，由此形成的大量共用成本大多是属于固定成本，不会随网上业务品种、业务量规模的变化而变化。因此，随着业务品种和业务量的增加，不同品种的业务各自分摊的共用固定成本就会下降。

范围经济性也是导致电信业形成自然垄断的直接因素。既然只由一家企业生产所有的产品，其总成本小于多家企业分别生产这些产品的成本之和，那么从全社会来说，该行业由单一企业生产，总成本最低，效率最高，这就是自然垄断性。而且由于范围经济性的存在，一家先期进入市场的电信企业，在经营多种业务时，其各业务的成本，都会低于其他任何经营单一业务或一两项业务的新公司的成本。这种成本竞争优势就使得新公司难以在市场上生存，很容易在竞争中被淘汰出局。

（6）通信投资的沉淀性

通信企业为参与市场经营而投资建设的大量网络设施、设备，一般经济寿命期长，会计折旧周期长，而且这些设施、设备大多专用性很强、难以挪作他用。企业一旦想退出市场，则必将面临巨大的资产价值损失，也就是很高的沉没成本的压力。这种市场退出障碍加大了新企业进入市场的风险，也是导致通信业形成自然垄断的直接因素。

（7）通信生产的全程全网性

通信业在生产经营上最突出的特点是其全程全网联合作业的特性。由于信息的传递总是在不同空间位置的消费者之间进行的，在大多数情况下，一个完整的传递信息的服务总是需要由两家或两家以上的企业相互协作、密切配合才得以完成的，这就在客观上要求通信经济运行过程的全程全网、联合作业。邮政通信生产需要全程全网联合作业，电信通信生产同样需要全程全网联合作业。如果把电信网看作一台巨大的机器，那么入网的电话机就是这台大机器上的一个个端点，各国的电信网可是具有数亿个端点的大机器。每一个从发端到收端的电话，都需要这台巨大的机器各部分的部件在统一的时钟下同步运行才能完成。这种全程全网性在理论上决定了这台"巨大的机器"由一家企业拥有运营时效率最高，因为任何对这台机器的人为分割都会带来"交易成本"和额外的生产成本。通信业全程全网的生产技术特性也对通信业的运营体制提出了垄断的要求。

（8）政府对通信业的市场进入管制

为保证对通信基础网络资源的充分有效利用，避免重复建设和过度竞争，世界各国政府对电信业一般都实行市场准入和经营许可审批制度。这些制度的制定和实施直接构成了电信产业的市场进入壁垒，相对降低了电信市场开放竞争的程度。

2．推动通信市场结构走向竞争的因素

（1）通信技术的进步

技术进步是导致通信业打破垄断、开放市场、引入竞争的根本动因。世界电信史上第一家长途电信竞争公司——美国微波通信公司（MCI）的诞生充分证明了这点。1964 年，第一个向电信垄断宣战的企业——美国微波通信公司（MCI）宣告诞生，MCI 在 1969 年获得美国联邦通信委员会批准，拥有了经营长途专线通信业务的权利；1978 年，MCI 开始进入长途公众通信业务市场。世界电信史上垄断的坚冰被打破了。由于微波通信技术和卫星通信技术带来了比电缆更经济的通信系统，采用微波技术建立通信系统，不需要在地下铺设电缆，只要在一定距离内建设两个天线单元，就可以实现两地间的信息传输。无线通信方式的出现使电信的垄断开始面临挑战，因为这种通信方式比铜缆网络投资少、建设期短、容量大，由微波技术形成的通信网络不像铜缆网那样具有很强的规模经济性，这就使得电信垄断的基础由于微波技术的产生而开始动摇。20 世纪 80 年代，计算机通信和光通信技术的发展，在电信领域引起根本性的变革，使交换和传输成本大幅度下降，电信业的进入门槛降低，为新的运营商进入电信市场创造了条件。正是由于通信技术的进步，降低了电信业的规模经济性和进入壁垒，弱化了电信业的自然垄断性，因而导致了电信业由垄断走向竞争。技术进步还使得电信产品更加多样化，带来了越来越多可以替代传统产品的新产品、新业务，使得新进入市场的企业不必与原有企业在同质的业务市场上抢夺用户就可以生存、发展。技术进步所带来的市场进入门槛降低、盈亏平衡点下降、规模经济性减弱、新业务空间拓展和替代作用增强，成为电信市场开放竞争的推动力量。

（2）市场容量和需求规模的扩大

前面分析过市场容量变化对市场集中度进而对市场结构的影响。通常，市场容量或市场需求规模越小，垄断就越容易产生。相反，市场容量越大，市场需求规模越大，就越容易吸引新企业进入。在自然垄断行业，当市场需求足够大，大到单个运营商难以满足全部需求，也就是市场需求增长速度大于垄断企业生产规模扩张的速度时，供不应求所留下的市场空间就迟早会引发新企业进入，从而打破原先的市场垄断而形成竞争。例如，在我国，改革开放和经济发展使得国内长期被抑制的电信需求空前增长。尽管公用网电信部门全力增加供给，但要独家填满市场空间仍显得力不从心。所以，在 20 世纪 90 年代初，部分电信业务一经放开，新兴运营商在市场上马上就顺利地找到自己的用户而得以生存并"站稳脚跟"。市场容量和需求规模的扩大也是推动电信市场结构走向竞争的直接因素。

（3）政府管制政策的放松

电信业的政治经济特点决定了它成为政府管制的行业之一。在电信垄断时期，政府对电信业实行严格的市场进入和价格管制。随着电信技术的进步、市场容量的扩大、电信垄断经营"非效率"的日益明显，自 20 世纪 80 年代中期开始，世界各国政府对电信业的管制政策开始放松。电信法规的完善、市场准入范围的扩大以及不对称管制政策的实施等，都为电信业的开放竞争，提供了立法和制度上的保证。

通信业的长期垄断是由通信业本身的政治、经济、技术特点所决定的。由于垄断体制适应了通信发展初期和成长阶段的经济特点，各国的通信网都获得了迅速的发展，为今后的发展奠定了网络和用户基础。20 世纪 80 年代以来，随着电信技术进步和经济的发展，电信业的经济特征逐渐发生一系列变化，这种变化成为电信业结束独家垄断体制的重要原因，电信垄断体制所带来的弊病则加速了垄断体制的终结。在促成垄断和推动竞争的诸多因素的相互影响和共同作用下，电信市场结构最终呈现出从垄断到竞争，从封闭到开放的发展趋势。

11.5.2 通信市场结构的优化选择

电信市场结构由垄断性市场结构向竞争性市场结构演进变革是大势所趋。但鉴于通信业的特殊性，电信市场结构的这种调整变化不应当自由放任，从完全垄断的极端走向完全竞争的极端，而应当是从完全垄断，经历适度竞争，最终形成同时包含垄断和竞争两种因素，使规模经济和竞争活力得以兼顾和统一的有效竞争的格局。在市场经济发展的历史上，以寡头为主的有效竞争的格局往往是竞争的结果而不是竞争的起点，即独家垄断格局要通过充分竞争，经过"无形之手"——市场的调节，然后才能达到寡头有效竞争的局面。例如，碳酸饮料市场可口可乐和百事可乐的寡头有效竞争格局实际上是市场充分竞争的结果。但是电信行业的特征和历史现实决定了电信业的改革历程不是从完全的垄断到市场充分竞争，最后优胜劣汰形成寡头垄断局面，而是从完全垄断，经历适度竞争到寡头有效竞争的局面。

在电信市场打破垄断、开放竞争的进程中，适度竞争、有序竞争的局面是无法自动实现的，只能通过政府发放经营许可证以限制市场竞争者的方式来实现。政府通过控制许可证的发放方向和数量，可控制不同业务领域参与竞争的运营商的数量，从而确定不同业务领域市场结构的大体类型。如果让市场不受限制地发展，将导致严重后果。美国 1996 年颁布实施的新《电信法》旨在鼓励电信业的自由竞争。政府管制政策的放松和电信市场巨大的诱惑力，使新兴的电信运营商蜂拥而至。过度竞争使得美国电信业在经历短暂的繁荣之后很快陷入困境。美国试图实现电信业的完全市场竞争，结果与初衷相距甚远，反而使社会成本增加。印度、巴西等国家电信业拆分过细，使网络互联方面产生了大量问题，导致电信业发展缓慢。这些教训说明，电信市场形成优化的市场结构需要政府的参与和引导。在这方面，日本的经验是值得借鉴的。日本自 1985 年开始在本国长途和移动通信市场引入竞争，首先对国有的 NTT 实行政企分开、出售部分股权，使其成为上市公司；随后政府批准 3 家经营国内长途业务的新运营公司、两家卫星通信公司和数家经营地区性及移动通信的公司进入市场；1989 年，两家新的运营商进入日本国际长途电话市场，打破了 KDD 公司对国际电话市场的垄断。到 1990 年，全日本第一类电信运营商包括 NTT 在内总共达到 59 家。到 1995 年，日本第一类电信经营公司共有 97 家新运营商与 NTT 展开竞争，至此，除了固定本地电话市场仍然由 NTT 独家垄断之外，日本的所有其他电信服务市场上，都形成了 3 家或 3 家以上的电信运营公司开展市场竞争的格局。

在通信产业领域，之所以说同时包含垄断和竞争因素的市场结构是优化的市场结构，是因为这样的市场结构有利于克服"马歇尔冲突"，实现电信市场的有效竞争。有效竞争是一种适度的引入产品差异化的有限制的竞争。同时包含垄断和竞争因素的市场结构有寡头垄断和垄断竞争两种典型类型。这两种类型的市场结构，其垄断和竞争程度存在明显差异。寡头垄断侧重于垄断，垄断竞争侧重于竞争。政府引导电信市场结构改革，应结合不同业务市场的发展特点，选择适宜的市场结构类型，才能促进电信市场的健康发展。在基础电信业务领域，寡头垄断是最优的市场结构类型。因为基础网络运营企业承担着庞大的电信基础网络投资建设和维护任务，电信的基础业务、增值业务、全社会的信息通信服务和国民经济信息化都要依托电信的基础网络。电信基础网络运营企业规模经济性更强、自然垄断性更强、社会公益性更强，因为电信的普遍服务目标主要依靠基础电信企业实现。由此就决定了在基础电信业务市场上不能存在太多的运营商。而垄断和竞争并存，以寡头为主的市场结构，既可抑制垄断经营的非效率，又可避免基础电信业务市场的过度竞争和电信基础网络的重复投资，有利于电信公益服务目标的实现。有限竞争的寡头垄断市场结构是基础电信业务市场实现有效竞争的理性选择。在基础电信业务领域，政府应利用市场准入机制，严格控制运营商数量，以促进寡头垄断市场结构的形成。

在增值电信业务领域，垄断竞争的市场结构是最优的市场结构选择方案。所谓增值电信业务，是指利用电信的公共网络基础设施所提供的基础电信业务之外的电信与信息服务。依据工信部发布的《电信业务分类目录（2015 版）》，增值电信业务具体包括互联网数据中心业务，内容分发网络业务，国内互联网虚拟专用网业务，互联网接入服务业务，在线数据处理与交易处理业务，国内多方通信服务业务，语音信箱和电子邮件等存储转发类业务、呼叫中心业务、信息服务业务、编码和规程转换业务等。随着国民经济和社会生活信息化进程的加快以及电信运营商转型战略的实施，电信业已经从最初的提供通信通道、语音服务转变成更多地提供信息服务。增值电信服务面向社会各行各业，具有全方位、多样化、个性化和差异化的特点，因而增值业务经营需要持续的创新和对市场快速的反应能力，规模较小的企业更容易适应。相对于基础电信业务，多数增值业务资金投入小，回报周期短，不具有显著的规模经济性和社会公益性，因而增值电信业务市场的进入门槛也相对较低。

增值电信业务是我国电信业首先对外开放的业务领域。截至 2017 年 12 月底，我国增值电信业务经营许可企业总数已达 48 969 家，增值业务市场已经形成垄断和竞争并存的竞争主导型的市场结构，这是符合电信增值业务发展的特点的。

11.5.3 通信市场结构实证分析

1. 发达国家电信市场结构分析

电信业的发展经历了百余年的历程，随着社会经济的发展和电信通信技术的进步，电信市场结构也经历了曲折的发展历程。

电信行业本身具有自然垄断性、规模经济性、范围经济性、基础设施性等特点，在电信发展初期，世界各国的电信市场结构多数是垄断型的市场结构，但造成垄断的背景却不尽相同。除美国之外，世界其他国家基本上是由政府法律法规限制市场进入所形成的政府垄断型市场结构。美国电信则是在自由竞争的市场条件下，在政府默许或者扶持保护之下形成的垄断型市场结构。自 1913 年到 1983 年，AT&T 在美国电信业中的垄断地位整整延续了 70 年之久。1984 年美国司法部正式分拆 AT&T 之前，AT&T 全面控制了美国长途、市话和国际通信业务领域，建设和拥有遍及全国的电信通信网。1981 年，AT&T 的市场份额为 72%，其他电话公司的市场份额只有 28%。1984 年，AT&T 在长途市场的份额仍占绝对优势，市场占有率为 68.3%，其他新进入的运营商还无法对其构成威胁，直到 1999 年 AT&T 的市场占有率才下降到 40% 以下，原有的绝对垄断优势不复存在。在国际通信业务领域，1989 年 AT&T 的市场占有率为 83.9%，占绝对主导地位，MCI、Sprint 和其他电信公司分别只占 10.3%、4.4% 和 1.4%。1998 年 AT&T 的国际业务市场占有率下降到 62.8%。而在本地电话市场，垄断局面长期难以打破。

1984 年以前，美国电信市场垄断格局形成的原因，首先是电信技术单一，通信企业提供的服务产品难以形成差别，AT&T 作为在位运营企业，拥有网络规模优势和成本优势，新进入者难以与之竞争；其次是 AT&T 采取的一系列排斥市场竞争的措施，包括实施普遍服务战略、大规模的长话对市话资费的交叉补贴、利用长途网络优势拒绝提供长途接续等，是其保持垄断霸主地位的有力武器；再次是政府的默许和保护。在 AT&T 利用行业优势大肆吞并市场之时，美国政府出面干预的结果是肯定了 AT&T 普遍服务的经营理念，并设定了相对清晰的业务领域范围，同时也默许和保护了 AT&T 的垄断。政府在允许 AT&T 在电信业中垄断的同时，规定其不得进入娱乐业。

1984 年 AT&T 解体，拉开了世界电信市场开放的序幕，电信通信业开始进入一个由垄断经营向竞争经营转变的新阶段。世界各国纷纷建立竞争性的电信市场结构，而且随着经济全球化的发展，这种竞争迅速冲破国门，走向世界。各国在长途业务领域包括固定业务、移动业务、数据业务等在内的市场中，基本上都形成了多企业竞争的局面，而且这种竞争既有同质业务的竞争，也有异质业务的竞争。在本地业务领域，原有本地固定网络运营商的垄断势力还在一定范围内存在。电信业竞争性市场格局的迅速形成主要有以下几方面的原因：一是信息通信技术的发展使一部分业务领域的市场进入成本和供给成本大大下降，降低了电信市场的进入门槛；二是信息通信技术的发展应用使通信产品更加多样化，产品的可替代性大大加强；三是政府管制思路发生了变化，先行改革的国家纷纷以形成竞争机制为目标，探索建立科学合理的市场竞争框架，在这一过程中，有的国家甚至持自由放任的态度。例如，美国 1996 年颁布实施的新《电信法》旨在推动电信市场的全面竞争，新《电信法》颁布后，仅 1998—2000 年 3 年的时间里，美国联邦通信委员会就批准核发了 700 多张国际电话服务经营许可证。印度政府在 20 世纪 90 年代开放电话业务市场时，发放了 36 张移动业务经营许可证和 20 张基本电话业务经营许可证。英国在引入竞争初期实行双寡头市场结构，但在 1991 年调整管制政策，结束了双寡头结构，到 1994 年年底，全国和区域性的公共电信公司达到 16 家。1998 年年底，英国全面开放电信市场。基本无限制的准入和对电信市场高成长性的预期，使得放开电信市场的一个直接后果就是大量新的通信企业涌入市场。但是，在经过 20 世纪 90 年代飞速发展之后，21 世纪初，世界电信业陷入了巨大的困境之中。电信通信业的特点决定了市场难以容纳过多的企业进行过度的竞争。2001 年，美国环球电讯、世通公司等的破产，引发了全球电信市场的萧条。在欧洲，经过一系列兼并，固定通信网出现了德国电信、法国电信、西班牙电信和英国电信四巨头的局面。在美国，自 1984 年 AT&T 解体到 2006 年的 22 年，AT&T 经历了一系列的重大改组，其过程如表 11-4 所示。

表 11-4　　　　　　　　1884—2006 年 AT&T 主要重组事件

年　份	AT&T 事件
1984	AT&T 在法律强制下被迫解体，分为 7 个地方性的"小贝尔"公司和 1 个专司长途和移动业务的 AT&T，后者继承了母公司名称
1995	Lucent（包括 AT&T 的研发部门贝尔实验室）和 NCR 计算机部门从 AT&T 中脱离，2000 年时 Avaya 又从 Lucent 分拆出来
1999	AT&T 无线业务部门被分拆，AT&T Wireless 独立
2004	Cingular 以 410 亿美元收购 AT&T Wireless，超越了市场领跑者 Verizon　Wireless（Verizon 的无线部门）成为美国头号移动运营商
2005	西南贝尔（SBC）几次兼并重组，合并了 AT&T 和原来 4 个"小贝尔"公司，重新命名为 AT&T；同年 Verizon 收购 MCI，美国又开始出现通信业双巨头的局面
2006	AT&T 以 670 亿美元收购南方贝尔，并将美国最大的移动运营商 Cingular 收归门下（此前，AT&T 拥有 Cingular 60% 的股份，南方贝尔持有其余 40% 的股份）

以 AT&T 公司和西南贝尔、南方贝尔的兼并重组为标志，电信通信业的发展进入了新纪元。新的 AT&T 公司作为综合电信运营商，再次成为美国电信通信业的主导，合并完成后的新 AT&T 公司年收入超过 1 100 亿美元，成为当时世界最大的电信运营商。最终 AT&T 与 Verizon 重新构建了美国电信市场双巨头的局面。AT&T 的重组轨迹清晰地反映出美国电信业从垄断到竞争到再回归"垄断"的演变历程。2008 年，Verizon 通过收购 Alltel，反超 AT&T

成为美国第一大运营商。从垄断程度变化的角度看，自 2003 年以来，美国电信市场的 HHI 指数一直呈上升的趋势，也就是说，电信行业一直在呈现着主要运营商所占市场份额增长的趋势，这意味着市场垄断的程度在提高。电信行业有其本身的特殊性，有管制的寡头竞争应该是基础电信业务领域市场结构的优选模式。

2. 我国电信市场结构分析

1994 年中国联通成立之前，中国电信市场基本上是政府主导的行政性垄断市场。联通公司的诞生标志着我国电信市场开始打破垄断，引入竞争。1998 年邮电分营后，我国电信行业实现了政企分开，重组了中国电信和中国联通，组建了中国移动通信集团公司。2001 年年末，伴随着原中国电信南北分拆改革方案的实施，新中国电信和新网通公司成立。原中国电信被划分为南北两个部分，北方部分和中国网络通信有限公司、吉通通信有限责任公司重组为中国网络通信集团公司；南方部分保留"中国电信集团公司"名称，继续拥有中国电信的商誉和无形资产。重组后的两大集团公司仍保持既有的业务经营范围，监管部门允许两大集团公司各自在对方区域内建设本地电话网和经营本地固定电话等业务，双方相互提供平等接入等互惠服务。南北两部分按光纤数和信道容量分别拥有中国电信全国干线传输网 70% 和 30% 的产权以及所属辖区内的全部本地电话网。中国电信的二次拆分标志着我国固定网领域长期垄断的市场格局发生了改变。经过这一轮的分拆重组，在我国通信与信息服务市场中，形成了中国电信、中国网通、中国移动、中国联通、中国铁通和中国卫通公司 6 家骨干企业与大量中小企业相互竞争、共同发展的局面。这些运营主体在市场上的良性互动对加入 WTO 后我国电信市场的成熟与发展起到了举足轻重的作用。电信行业的重组在短时间内使我国电信运营市场的竞争格局发生了重大变化，通过这次改革，我国电信运营市场的竞争在广度和深度上都在进一步扩展。我国的电信运营企业在移动通信、本地接入和本地电话、长途通信和国际通信、数据通信和互联网等业务市场都不同程度地展开了竞争，如表 11-5 所示。

表 11-5　　　　　　　我国电信二次拆分后电信运营企业及参与竞争的业务领域

公司名称	拥有网络设施	参与竞争的业务领域
中国电信	全国干线传输网、本地网、数据网、IP 骨干网、宽带网	固定电话业务（本地/长途/国际长途）、数据业务、互联网业务、IP 电话、网络资源出租、宽带业务、无线市话
中国网通	全国干线传输网、本地网、数据网、IP 骨干网、宽带网	固定电话业务（本地/长途/国际长途）、数据业务、互联网业务、IP 电话、网络资源出租、宽带业务、无线市话
中国移动	全国范围移动网（GSM、GPRS）、CMNET 数据网	GSM 移动业务、GPRS 业务、移动互联业务、数据业务、互联网业务、IP 业务
中国联通	全国范围移动网（GSM、CDMA）、固定电话网、数据网、IP 骨干网、无线寻呼网	GSM 移动业务、CDMA 业务、固定电话业务（本地/长途/国际长途）、数据业务、互联网业务、IP 业务、无线寻呼业务
中国铁通	固定电话网、数据网、IP 数据网、卫星地球站、无线寻呼网	固定电话业务（本地/长途）、数据业务、互联网业务、IP 业务、网络资源出租
中国卫通	卫星通信网络资源	通信、广播及其他领域的卫星空间段业务，卫星移动通信业务，互联网业务，国际专线业务，VSAT 通信业务，基于卫星传输技术的语音（数据、多媒体）通信业务

为合理配置电信网络资源，实现电信运营商全业务经营，推动中国电信市场形成有效竞争的格局，2008 年，中国电信业开始第三轮重组，原有 6 大基础电信运营商合并为 3 大集团，

即中国联通与中国网通合并；中国铁通并入中国移动；中国电信收购中国联通 CDMA 网络及业务，同时中国卫通基础电信业务并入中国电信。这次改革重组与 3G 牌照发放相结合，重组完成后发放了 3 张 3G 牌照，形成了包括中国电信、中国联通和中国移动在内的 3 家拥有全国性网络资源，实力与规模相对接近，具有全业务经营能力和较强竞争力的市场竞争主体，电信资源配置进一步优化，竞争架构得到完善。我国电信业第三次重组后初期市场格局对比如表 11-6 所示。

表 11-6	我国电信第三次重组后初期市场格局对比		（单位：户）
用户及业务范围	新 移 动	新 联 通	新 电 信
移动用户	4 亿（GSM）	1.254 34 亿（GSM）	4 309.8 万（CDMA）
固话用户	原铁通数百万	1.087 亿	2.162 9 亿
宽带用户	原铁通数百万	2 212 万	3 836 万
业务范围	全业务	全业务	全业务

（1）移动通信市场

中国电信二次分拆重组后，我国移动通信领域的竞争主体主要包括“两大”“两小” 4 家企业，其中“两大”是指中国移动和中国联通，主导着我国 2G 和 2.5G 市场；“两小”是指重组后的中国电信、中国网通，通过发展边缘业务（无线市话和公用数字集群通信）参与移动通信市场竞争。3G 牌照发放前，我国的移动通信市场是一个典型的双寡头竞争市场，由于历史原因，双寡头之间的市场份额还存在一定的差距。以移动用户数量衡量，2007 年年末，算上 CDMA，联通的用户市场占有率是 29.59%，中国移动与中国联通的市场份额之比大约是 2.38:1。中国联通 CDMA1X 和中国移动 GPRS 网的建设和运营给移动通信市场的竞争注入了新的活力。2009 年 3G 牌照发放和 2013 年 4G（TD-LTE）牌照及移动转售业务牌照发放后，我国移动通信市场已形成多制式、多元化的寡头竞争的局面。2015 年 2 月，工信部向中国联通和中国电信发放 LTE-FDD 4G 牌照，这样，我国移动通信市场形成了中国移动拥有 TD-LTE 单牌照、中国联通和中国电信拥有 TD-LTE 和 LTE-FDD 双牌照运营的局面。FDD 牌照的发放为中国联通和中国电信提高 4G 业务和用户市场的占有份额提供了契机，也预示着我国 4G 市场的竞争将更加激烈。

从移动市场整体规模看，我国移动用户数量在 2007 年年底达 5.47 亿户，移动电话的总体普及率为 41.6 部/百人。2017 年，我国移动电话用户总数达 14.2 亿户，移动电话用户普及率达 102.5 部/百人，全国共有 16 个省市的移动电话普及率超过 100 部/百人。在移动用户总数大幅增加的同时，2G 用户加速向 3G 并进一步向 4G 迁移。2016 年，2G 移动电话用户减少 1.84 亿户，在移动电话用户中的比重下降至 28.8%；4G 用户数呈爆发式增长，全年新增 3.4 亿户，总数达到 7.7 亿户，在移动电话用户中的渗透率达到 58.3%。其中，中国移动、中国电信、中国联通的 4G 用户分别达到 5.35 亿户、1.22 亿户和 1.045 5 亿户，市场占有率分别为 69.48%、15.84% 和 13.58%。可见，在 4G 市场上，中国移动一家独大的局面没有改变。面对激烈的市场竞争，如何在网络、终端、产品、资费、渠道、营销宣传等方面，尽快扬长补短，提高 4G 用户规模和市场份额，成为获得双牌照后中国电信和中国联通经营和发展的核心问题。2017 年，我国 4G 用户总数达 9.97 亿户，全年净增 2.27 亿户。2012—2017 年我国移动宽带用户（3G/4G）发展情况如图 11-1 所示。

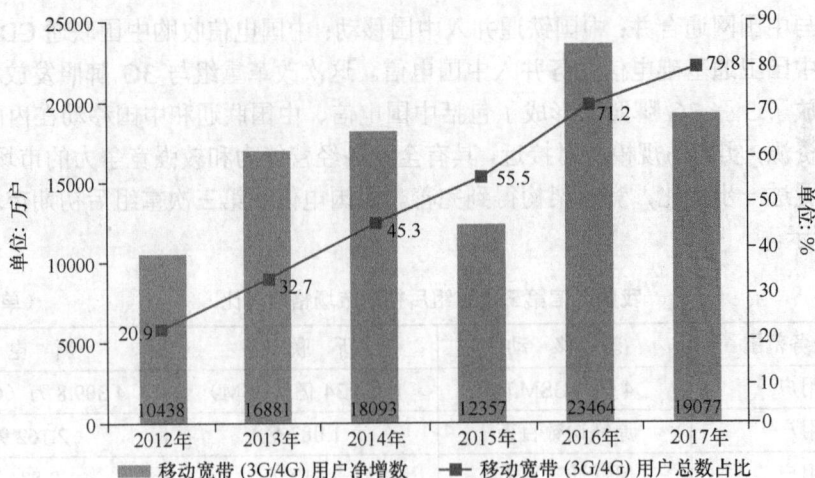

图 11-1　2012—2017 年移动宽带用户（3G/4G）发展情况

数据来源：工信部《2017 年通信运营业统计公报》

（2）固定电话市场

中国电信二次分拆重组后，在固定电话业务领域，国内主要有包括中国电信、中国网通、中国铁通和中国联通在内的 4 家全国性电信运营商参与竞争。从整个市场规模看，到 2007 年年底，固定电话用户数达 3.65 亿户，普及率达到 27.8 部/百人。从固定通信市场各运营商的用户规模看，在拆分前，基本上由原中国电信一家独占市场。中国电信南北分拆后，中国网通与中国电信的资源分割比例为 3∶7。到 2007 年年底，中国电信固定电话用户达 2.26 亿户，约占固话用户总数的 61.8%；中国网通固定电话用户达到 11 878 万户，约占固话用户总数的 32.5%；其余为中国铁通和中国联通的用户。中国电信的二次拆分，虽然使原有固定通信市场上的 1 家运营商增加到 4 家，但竞争主要是在电信和网通两家主导运营商之间展开的。联通业务发展的重点放在移动通信方面。而固定网络的地域限制使得南电信和北网通两家运营商很难展开实质上的竞争。电信业 2008 年的并购重组完成后，我国固定通信市场的供给主体包括中国电信、中国联通、并入中国移动的中国铁通 3 家基础电信企业。2013 年 12 月，原先只能利用 TD-SCDMA 网络经营无线宽带接入业务的中国移动通信集团公司获得固定通信业务经营牌照。2014 年 4 月，作为中国"三网融合"试点工作主体之一的国家级有线电视网络公司——中国广播电视网络有限公司注册成立（以下简称"中国广电"）。中国广电负责全国范围内有线电视网络有关业务，并开展三网融合业务。为全面推广三网融合，进一步扩展电信、广电业务双向进入的广度和深度，促进市场竞争，2016 年 5 月 5 日，工信部向中国广播电视网络有限公司颁发了基础电信业务经营许可证，允许其经营互联网国内数据传送业务，即固网宽带业务。这意味着中国广电成为继电信、移动、联通后，中国的第四大基础电信运营商。中国移动获得固网牌照和中国广电拓展三网融合业务、进军基础电信业务市场后，国内固网宽带运营市场的竞争格局正在发生变化。2013 年年底，中国移动获得固网运营牌照后，其固网宽带业务迅猛发展。2015 年，我国三家基础电信企业固定互联网宽带接入用户总数达 2.4 亿户，其中，中国电信约 1.13 亿户、中国联通约 7 200 万户、中国移动约 5 500 万户。3 家基础电信企业的有线宽带用户市场份额分别为电信 47.1%、联通 30.0%、移动 22.9%。截至 2016 年年底，中国移动有线宽带用户总数达 7 762.4 万户，超过中国联通的 7 524 万户，成为我国固网宽带市场第二大运营商。截至 2017 年 12 月底，3 家基础电信企业固定互联网宽带接入用户总数达 3.49 亿户，其中，中国电信约 1.59 亿户、中国移动约 1.13 亿户、中国联通约 7 653.9 万户。

受到移动通信替代竞争等因素的影响，近年来，固定电话用户及语音业务呈现持续下降趋势。2017 年，全国电话用户总数达到 16.1 亿户，比 2016 年增长 5.4%。其中，固定电话用户总数为 1.94 亿户，比 2016 年减少 1 286 万户，普及率降低至 14 部/百人。在电信业务收入中，语音业务收入所占比重从 2012 年的 51.2%、2013 年的 47.1%、2014 年的 40.9%、2015 年的 30.5%、2016 年的 24.8% 持续下降到 2017 年的 17.5%。2017 年，电信业务收入结构继续向互联网接入和移动流量业务倾斜。非语音业务收入占比由 2016 年的 75.2% 提高至 82.5%；移动数据及互联网业务收入占电信业务收入的比重从 2016 年的 38.1% 提高至 43.5%，2012—2017 年我国电信语音业务和非语音业务收入占比变化情况如图 11-2 所示。

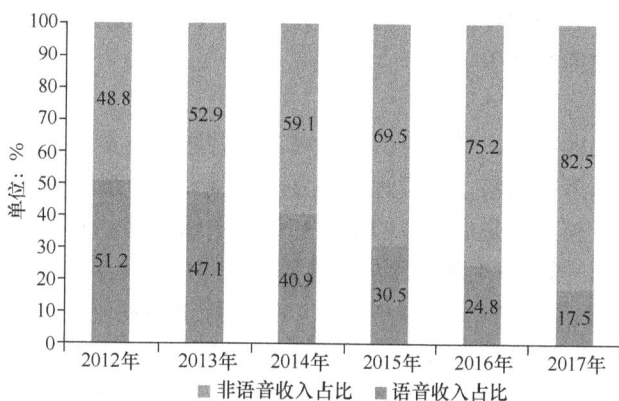

图 11-2　2012—2017 年语音业务和非语音业务收入占比变化情况
数据来源：工信部《2017 年通信运营业统计公报》

尽管如此，固定电信网作为其他电信业务的基础接入网，对该网的垄断在一定程度上会导致其他业务领域的不对称竞争，拥有本地固定网仍将使一个运营商在其他领域的竞争中占据优势。2016 年，三家基础电信企业固定互联网宽带接入用户总数达 2.97 亿户，其中，中国电信的有线宽带用户数达到 1.23 亿户，其固网宽带用户市场份额为 41.41%。

随着固定宽带用户和业务的快速增长，目前，固定通信业务收入出现拐点，宽带的增长已经弥补了语音收入的下滑。2012 年，固网资源占优势的中国电信，其固网业务收入企稳回升，达到 1 653 亿元，从 2011 年的下降 2.2% 成功扭转为提高 1.8%。该公司发挥光纤网络和信息化服务优势，加快发展固网互联网接入、增值及综合信息服务等增长型业务，宽带收入同比增长 9.8%，有效抵销了固网语音收入的下降，经营风险得到有效分散。光纤宽带业务一直是中国电信的优势业务，2016 年，中国电信服务收入达 3 096.44 亿元，同比增长 5.6%。其中固网服务收入 1 720.33 亿元，占比 55.56%；全年有线宽带用户净增 1 006 万户，达到 1.23 亿户；光纤宽带（FTTH）用户达到 1.06 亿户，净增 3 500 万户，渗透率达到 86%；全年有线宽带接入收入同比增长 3.3%，发展势头良好，并继续保持了其市场主导地位。2013 年，中国联通固网服务收入同比增长 3.9%，达到 893.8 亿元，其中非语音业务收入贡献达到 74.3%，宽带服务收入同比增长 10.6%，达到 475.8 亿元，对固网业务收入的贡献达到 53.2%，业务结构持续改善。2016 年，中国联通固网业务全年实现主营业务收入 946.6 亿元，同比增长 3.7%，其中，互联网数据中心（Internet Data Center，IDC）及云计算业务实现收入 94.5 亿元，同比增长 33.7%；ICT 业务实现收入 59.4 亿元，同比增长 37.0%；IPTV 收入达到 14.1 亿元，同比增长 68.1%；固网语音收入占比下降至 14.0%。IDC 及云计算、信息通信技术（Information and Communication Technologies，ICT）、视频、物联网等创新型业务的快速发展，推动了中国联通固网收入的稳步增长，有效地抵销了其固网语音收入的下降，经营风险被进一步分散。

宽带中国战略加快实施带动数据及互联网业务加快发展。2017 年，在固定通信业务中固定数据及互联网业务收入达到 1 971 亿元，比 2016 年增长 9.5%，在电信业务收入中占比由上年的 15.2% 提高到 15.6%，拉动电信业务收入增长 1.4 个百分点，对全行业业务收入增长贡献率达 21.9%。受益于光纤接入速率大幅提高，家庭智能网关、视频通话、IPTV 等融合服务加快发展。全年 IPTV 业务收入 121 亿元，比 2016 年增长 32.1%；物联网业务收入比上年大幅增长 86%。

2008 年的并购重组方案实施后，我国固定通信市场形成了由中国电信和中国联通双寡头主导的局面。但中国广电和拥有超过 8 亿户庞大用户群的中国移动的进入，将有助于我国固定通信市场形成相对均衡的竞争格局。

（3）数据通信市场

传统电信业的主要业务是电话业务。近年来，随着通信技术的发展和用户需求的转变，语音业务的增长速度呈下降趋势，而数据业务显现出巨大的市场空间和增长潜力。从语音业务为主向数据业务为主转变将是电信业的根本变化。全球固话业务在 2006 年经历峰值之后，用户数连续 10 年下滑。同时，互联网用户大幅攀升，2015 年达到 32 亿户，手机用户数达到 71 亿户，手机信号已覆盖了全球超过 95% 的人口。国际电信联盟（ITU）发布的《2016 年互联网调查报告》显示，截至 2016 年年底，全球 47% 的人口将用上互联网，总人数约为 39 亿人。全球网民数量持续增长主要归因于互联网宽带基础设施的普及，其中移动宽带已经覆盖了全球 84% 的国家及地区。

全球运营商固网业务发展的重点将集中在宽带数据业务。截至 2016 年年底，全球固网宽带用户数接近 8.56 亿户，创历史新高。从接入技术来看，FTTH 用户增长最快，年增幅高达 56.3%；其次是 Cable 和 Satellite，年增幅分别为 6.0% 和 3.8%；Copper、FTTx 和 Wireless 接入则分别下滑了 10.1%、14.1% 和 15%。从区域市场来看，亚洲市场主要以 FTTH 用户为主，占比达到 60%；美洲市场中 Cable 用户占比最大，达到 53.0%；欧洲则以 Copper 用户为主，比例达到 50.5%；非洲和大洋洲市场也是以 Copper 接入用户为主。2016 年全球十大固网宽带用户国分别是中国、美国、日本、德国、俄罗斯、法国、英国、巴西、韩国和印度。中国固网宽带用户数接近 3 亿户，几乎是排名第 2 的美国的 3 倍。而排名第 10 的印度的用户数仅为 1 750 万户。2016 年，中国新增的 FTTH 用户数接近 9 200 万户。在过去的 10 年中，全球固定互联网消费一直处于增长态势，到 2014 年达到峰值，平均每天使用达 52 分钟。2016 年，固定互联网消费下降 15.8%，用户更多地转向了移动消费。

由于智能手机快速普及以及移动网络带宽不断增加的推动，全球移动数据业务增长强劲。2015 年，移动用户超过固定用户成为主要的互联网接入手段，全球平均每天的移动互联网使用时间达到 86 分钟。2016 年，60% 的互联网消费来自移动，支出达到 710 亿美元。2017 年，全球移动互联网收入将达 7 000 亿美元，主要增长来自移动商务、移动应用、企业移动性应用、广告和可穿戴业务。移动应用中表现最突出的是游戏，占移动应用的比重超过了 70%，成为移动应用收入的主要贡献者。2017 年，移动广告将超过固定广告，移动广告占全球互联网广告的比重将达到 52%，2016 年这个数字是 44%，增长了 18.18%。2018 年，这个比例还会继续提高，将达到 60%，移动广告总支出将达到 1 340 亿美元，比报纸、杂志、电影院和室外广告加起来的支出还多。调研公司 Strategy Analytics 的最新报告显示，2012 年全球移动数据流量为 5EB，到 2017 年全球移动数据流量增长 300%至 21EB。这主要得益于智能手机和流媒体视频等服务的普及，推动着移动数据流量的翻番增长。

　　传统的宽带及无线业务增长的放缓、移动数据消费的大幅增加，迫使电信企业参与内容和数字分发，以便为用户提供丰富的在线视频以及其他与互联网、无线网相关的内容应用，并吸引更多的广告商投入广告。美国通信运营商 Verizon 继 2015 年以 44 亿美元收购 AOL 后，2016 年 7 月，又以 48.3 亿美元的价格收购雅虎的核心业务，这有助于 Verizon 为用户提供更快捷的服务，并实现视频和在线广告成为下一个增长引擎的目标。为了提高媒体和广告业务水平，2015 年，美国电信巨头 AT&T 以 490 亿美元的价格收购主打体育类赛事内容播放的卫星电视服务商 DirecTV，成为美国以及全球最大的付费电视服务提供商，覆盖美国地区用户数 2 600 万户、拉美用户数 1 900 万户。2016 年 10 月 22 日，AT&T 又宣布将以 854 亿美元的价格收购时代华纳公司，如果并购顺利完成，时代华纳的众多优质内容资产将更多体现在 AT&T 的无线业务中，用户在获得基础移动业务的同时，也将能够获得更多的内容层面的增值服务，未来 AT&T 从电视和媒体服务获得的收入将占据其总收入的 40%，从而实现根本上的业务转型。AT&T 首席执行官 Randell Stephenson 表示："优质内容永远都会取胜，无论在大屏幕、电视屏幕还是移动屏幕上。"可以看出，随着移动互联网领域的激烈竞争，AT&T、Verizon 等美国电信巨头正在经历着深刻的业务变革，新兴的内容业务正在加速增长。2011 年，美国 AT&T 收入同比增长 2%，而移动数据业务收入同比增长 21.0%，且占其移动服务收入的比重也从 2006 年的 13.32%提高到 2011 年的 38.78%。2007 年至 2015 年，AT&T 公司移动数据流量增长了 15 万个百分点。该公司期望到 2020 年数据流量能实现 10 倍的增长。2013 年第四季度，美国运营商的移动服务收入首次超过语音服务，移动数据服务收入同比增长 20% 至 248 亿美元，全年数据收入为 900 亿美元，成为第七个数据收入超过语音收入的国家。日本在 2011 年成为首个数据收入超过语音收入的国家。日本最大的运营商 NTT DOCOMO 的移动数据业务 2011 年已占其移动服务业务收入的 49.75%，接近一半份额。

　　在我国，数据业务的重要性日益突出，电信运营商之间的竞争核心已从传统网络业务向数据业务转换。2013 年，行业发展对语音业务的依赖持续减弱，非语音业务收入占比首次过半，达 53.2%；移动数据及互联网业务收入对行业收入增长的贡献从 2012 年的 51%猛增至 2013 年的 75.7%，在电信业务收入中所占的比重从 2012 年的 11.8%提高到 2013 年的 17%。2017 年，电信业务收入结构继续向互联网接入和移动流量业务倾斜，非语音业务收入占比提高至 82.5%；移动数据及互联网业务收入占电信业务收入的比重提高至 43.5%。2017 年，4G 移动电话用户扩张使用户结构不断优化，支付、视频广播等各种移动互联网应用普及，带动数据流量呈爆炸式增长，移动互联网接入流量消费达 246 亿 GB，同比增长 162.7%。全年月户均移动互联网接入流量达到 1 775MB，是 2016 年的 2.3 倍。其中，手机上网流量达到 235 亿 GB，同比增长 179%，在移动互联网总流量中占 95.6%，成为推动移动互联网流量高速增长的主要因素。当前，数据通信市场竞争的焦点主要集中在宽带领域和移动数据业务市场。

　　从宽带市场看，近年来我国宽带发展继续快速推进。截至 2017 年 12 月底，互联网宽带接入端口数量达到 7.79 亿个，比 2016 年净增 0.66 亿个，同比增长 9.3%。互联网宽带接入端口

"光进铜退"趋势更加明显，xDSL端口比2016年减少1639万个，总数降至2248万个，占互联网接入端口的比重由2016年的5.5%下降至2.9%。光纤接入（FTTH/0）端口比2016年净增1.2亿个，达到6.57亿个，占互联网接入端口的比重由2016年的75.5%提高至84.4%。截至2017年12月底，我国网络国际出口带宽达到7 320 180Mbit/s，同比增长10.2%。中国互联网络信息中心（CNNIC）发布的第41次《中国互联网络发展状况统计报告》显示，截至2017年12月，我国网民规模达7.72亿人，2017年全年共计新增网民4 074万人，互联网普及率达到55.8%，超过全球平均水平（51.7%）4.1个百分点，超过亚洲平均水平（46.7%）9.1个百分点。手机网民规模达到7.53亿人，网民中使用手机上网的人群占比由2016年的95.1%提高至97.5%。

近年来，我国固定宽带用户接入速率加快提高，宽带城市建设继续推动光纤接入的普及。截至2017年12月底，3家基础电信企业固定互联网宽带接入用户总数达到3.49亿户。其中，50Mbit/s及以上接入速率的固定互联网宽带接入用户总数达2.44亿户，占总用户数的70%，占比较2016年提高27.4个百分点。100Mbit/s及以上接入速率的固定互联网宽带接入用户总数达1.35亿户，占总用户数的38.9%，比2016年提高22.4个百分点。

从宽带业务市场的竞争格局看，2014年以前，我国固定互联网宽带市场呈现出双寡头垄断的局面，中国电信和中国联通分别在南北市场处于主导地位。由于固网宽带业务高度依赖固定网络，而中国电信和中国联通分别在南方21省和北方10省拥有丰富的固网资源，导致在固网宽带市场上电信和联通的区域主导地位并没有本质改变。2013年，中国电信和中国联通的宽带用户市场份额合计约为87.1%，中国铁通、长城宽带、歌华有线等弱势宽带运营商所占市场份额很小。随着广电网络运营商向综合信息服务提供商转型和拥有资金、品牌优势的中国移动进军固网宽带市场，我国固网宽带数据业务市场的双寡头垄断局面有望被打破，竞争将更加激烈。

2017年，在移动通信业务中移动数据及互联网业务收入5 489亿元，比2016年增长26.7%，在电信业务收入中占比从2016年的38.1%提高到43.5%，对收入增长贡献率达152.1%。在移动数据业务市场上，精彩纷呈的移动数据业务应用展现出巨大的商机和活力，越来越受到人们的关注。2016—2017年中国网民各类手机互联网应用的用户规模及使用率情况如表11-7所示。

表11-7 2016—2017年中国网民各类手机互联网应用的用户规模及使用率

应用	2016年		2017年		全年增长率
	用户规模（万户）	网民使用率	用户规模（万户）	网民使用率	
手机即时通信	63 797	91.8%	69 359	92.2%	8.7%
手机网络新闻	57 126	82.2%	61 959	82.3%	8.5%
手机搜索	57 511	82.7%	62 398	82.9%	8.5%
手机网络音乐	46 791	67.3%	51 173	68.0%	9.4%
手机网络视频	49 987	71.9%	54 857	72.9%	9.7%
手机网上支付	46 920	67.5%	52 703	70.0%	12.3%
手机网络购物	44 093	63.4%	50 563	67.2%	14.7%
手机网络游戏	35 166	50.6%	40 710	54.1%	15.8%
手机网上银行	33 357	48.0%	37 024	49.2%	11.0%
手机网络文学	30 377	43.7%	34 352	45.6%	13.1%
手机旅行预订	26 179	37.7%	33 961	45.1%	29.7%

续表

应用	2016 年		2017 年		全年增长率
	用户规模（万户）	网民使用率	用户规模（万户）	网民使用率	
手机邮件	19 713	28.4%	23 276	30.9%	18.1%
手机在线教育课程	9 798	14.1%	11 890	15.8%	21.3%
手机微博	24 086	34.6%	28 634	38.0%	18.9%
手机地图、手机导航	43 123	62.0%	46 504	61.8%	7.8%
手机网上订外卖	19 387	27.9%	32 229	42.8%	66.2%

数据来源：中国互联网络信息中心《第 41 次中国互联网络发展状况统计报告》。

截至 2017 年 12 月，我国网民中即时通信用户规模达 7.20 亿户，较 2016 年底增长 5395 万户，占网民总数的 93.3%。其中，手机即时通信用户数 6.94 亿户，较 2016 年底增长 5562 万户，占手机网民的 92.2%。2017 年，我国个人互联网应用保持快速发展，各类应用用户规模均呈上升趋势，其中手机网上订外卖用户、手机旅行预订用户规模增长显著，年增长率分别达到 66.2% 和 29.7%。

短信业务曾经在移动数据业务发展中扮演着重要角色，一度成为移动运营商增值业务收入的重要来源。但微信、微博等 OTT 业务（Over The Top，指互联网公司越过电信运营商发展业务）的出现，对传统短信业务产生了巨大冲击，人均月短信条数自 2008 年达到顶峰后开始逐年下降，短信业务收入增长率下滑趋势明显。2017 年，全国移动短信业务量为 6 644 亿条，同比下降 0.4%；彩信业务量只有 488 亿条，同比下降 12.3%；移动短信业务收入完成 358 亿元，同比下降 2.6%。在移动数据业务市场上，电信运营商正面临来自腾讯、百度、新浪等互联网巨头的严峻挑战。尽管 OTT 业务的发展和虚拟运营商牌照的发放会给运营商带来流量收入，但也会造成用户分流和业务上的替代竞争效应，使得这一市场的竞争更为复杂、更加激烈。4G 牌照发放后，移动数据业务市场的竞争正进一步向纵深发展。

复习思考题

1. 分析通信业发展早期实行垄断经营的原因。
2. 分析通信市场由垄断向竞争转变的原因。
3. 分析电信运营商开展全业务经营的必然性和必要性。
4. 如何理解通信企业之间的竞合关系？
5. 通信企业之间的价格战会导致什么样的后果？
6. 政府监管部门为什么要对电信企业的捆绑销售行为进行规范？
7. 简述市场结构的概念、类型以及不同结构类型的市场各自的特点。
8. 决定市场结构的主要因素有哪些？这些因素如何具体影响市场垄断和竞争的关系？
9. 分析促使电信市场结构趋向垄断的因素。
10. 分析推动电信市场结构走向竞争的因素。
11. 完全垄断和完全竞争的电信市场结构各自有何弊端？
12. 为什么说寡头垄断的市场结构是基础电信业务市场最优的市场结构？
13. 联系实际，分析我国移动通信、固定通信和数据通信市场的市场结构。

第 **12** 章

规制是指基于规则系统地进行管理和限制，使对象遵守规则或符合标准。现在，规制的含义已经演化为国家，政府对主权下的社会、市场经济环境下经济主体的经济活动以及个人行为进行干预、影响和限制的政府行为过程的综合表述。本章从阐明规制的内涵、分类及规制原因入手，进而分析通信网络外部性与市场失灵及其影响，剖析政府对通信业进行规制的必然性和必要性，并就通信业规制目标和规制内容及政府规制政策、通信规制的对称与非对称、三网融合对分业监管体制的挑战以及融合竞争环境下通信规制发展的趋势等问题进行探讨。

12.1 规制理论与通信规制的必然性

12.1.1 规制的内涵及规制原因

规制的一般是指基于规则系统地进行管理和限制，使对象遵守规则或符合标准。现在，规制的含义已经演化为国家、政府对主权下的社会、市场经济环境下经济主体的经济活动以及个人行为进行干预、影响和限制的政府行为过程的综合表述。我们这里所讲的规制（Regulation）是指规制部门按照国家法律法规和政府经济政策，对某些特定产业或企业的产品定价、产业进入与退出、投资决策、危害社会环境与安全等行为进行的监督与管理。20 世纪 90 年代以来，不少规制理论研究学者将规制分为经济性规制和社会性规制两种主要类型。经济性规制是指为了防止在自然垄断产业发生资源配置的低效率和确保使用者的公平利用，政府机关以其法定权限，通过许可和认可等手段，对企业的进入和退出、价格、服务的数量和质量以及投资、财务、会计等有关行为加以规制的过程。社会性规制是以确保居民生命健康安全、防止公害和保护环境为目的所进行的规制，主要是指政府对有关产品与服务的安全性与质量、卖方所提供信息的可信程度以及经济活动，如环境污染、消费者健康受损等所引起的各种外部性问题进行的监控。

从微观经济学角度讲，规制又被称为管制，是指政府制定相关条例和设计市场激励机制，以控制厂商的价格、销售或生产决策的行为[①]。在美国，100 多年前就出现了产业规制机构。1887 年成立的州际商业委员会（ICC）就是既为防止价格战，保证对小城镇的服务，又为控

---

① 保罗·萨缪尔森，威廉·诺德豪斯. 微观经济学. 第 16 版. 北京：华夏出版社，1999。

制垄断而设立的专门的规制机构。此后，美国政府分别于 1913 年、1920 年和 1930 年先后对银行、电力、通信、保险、货运和航空产业颁布了联邦规制条例。对于任何一个产业来说，政府的规制行为都是一种潜在的资源或者威胁。政府对企业的规制管理包括限定经营范围、规定进入与退出的门槛、价格规制、制定法定利润率、禁止滥用市场主导地位和不正当竞争等。

日本学者植草益认为，之所以对经济主体进行规制，是因为在以市场机制为基础的经济体制条件下，存在着"市场失灵"问题，所以，政府要干预经济主体的活动。他所认定的市场失灵主要包括由公共性物品、外部性、自然垄断、不完全竞争、信息不对称和风险因素等所导致的市场无法较好地配置资源的问题①。在发达的市场经济国家，规制是国家管理企业和市场的主要手段，规制内容涉及准入、价格、服务质量、安全、卫生、环保、市场行为等，其规制目的是解决由于公共物品、外部性、信息不对称和不完全竞争等所导致的市场失灵或失效。

1. 公共产品问题

公共产品的生产和消费属于典型的市场失灵领域。公共产品是与私人产品、混合产品相区别的一个重要概念。所谓公共产品，是指具有非竞争性和非排斥性的产品。非竞争性即消费者消费某产品时并不影响其他消费者从该产品中获得利益。非排斥性即在产品消费中，很难将其他消费者排斥在该产品的消费利益之外。在现实经济生活中，完全以社会效益为目标的组织是公用性组织，如国防、环保机构没有独立的经济利益，其产品或服务具有单一的公共产品性质。在一国内部，每个社会成员都可以从政府提供的国防安全服务中获得安全保障，很难将一部分人排斥在该服务的消费利益之外，增加或减少一些社会成员的消费，并不会影响他人的利益。公共产品有空间上的区分。凡是受益范围局限于某一区域的，即为地方性公共产品，如路灯等；凡是受益范围分布于全国范围的，即为全国性公共产品，如国防等；凡是受益范围跨越国界的，即为国际性公共产品，如臭氧层等。

在市场经济体制下，产品消费有两种截然不同的方式，一种是市场提供，即消费者用自己的收入，通过市场购买获得产品；另一种是公共提供，指政府通过税收方式筹措资金用于弥补产品的生产成本，免费为公众提供产品。理论上，公共产品应采用公共提供的方式供消费者消费，因为公共产品的非竞争性和非排斥性决定了市场不能有效地提供这种产品。非竞争性意味着消费者在消费公共产品时，并不影响其他消费者同时从该产品中获得利益，这表明增加一个消费者并不会因此而增加公共产品的成本，也即增加一个人消费的边际成本为零。于是，按照市场有效配置资源的要求（价格取决于边际成本与边际收益的等量关系），不应该向消费者收费。但是，这些公共产品的生产是有代价的。在这种情况下，理性的生产者将不愿意为市场提供这些产品。非排斥性则意味着消费者无论付费与否，都可以消费公共产品；消费者并不会因为付了费而获得比他人更多的利益，也不会因为没付费而比他人获得更少的利益。在这种情况下，消费者就会产生一种期望他人承担成本，而自己坐享其成的"免费搭车"的心理。在这种心理的驱动下，理性的消费者将不愿意在市场上购买公共产品，于是，市场无法提供这种产品。即使有人愿意提供这种产品（其可能的目的是为大家做好事），其数量也极其有限，根本无法满足社会经济发展的需要。鉴于市场不能有效率地提供公共产品，而没有公共产品，市场的发展也就无从谈起，因而，由政府来提供这种公共产品也就成为政府弥补市场缺陷的唯一有效的方式。公共产品生产和消费的市场失灵需要政府干预经济生活。

---

① 植草益. 微观规制经济学. 朱绍文，等译. 北京：中国发展出版社，1992。

私人产品是具有竞争性和排斥性的产品。竞争性，即消费者消费某产品时会影响其他消费者同时从该产品中获得利益。排斥性，即在产品消费中，能够通过某种方式（如收费、法律规定等）将某些消费者排斥在该产品的消费利益之外。一种产品如果同时具有竞争性和排斥性，即为私人产品。

但是现实生活中许多产品既非公共产品，又非私人产品，而是两种性质兼而有之的，这种在性质上介于私人产品与公共产品之间的产品被称为混合产品。它可以分为两类：一类是非竞争性和非排斥性不完全的产品，如教育、卫生、科技、传统邮政服务、电信服务等，这类产品在消费中往往存在着较大的外部效益；另一类是具有排斥性和一定范围内的非竞争性的产品，如桥梁、公园、图书馆、快递服务等。这类产品的共性在于都有一个饱和界限，如快递企业基于网络设施提供快递服务，在用户和业务量规模未达到饱和状态，没有超出网络所能承载的规模容量时，快递服务的消费具有非竞争性，即增加一个用户或一项业务并不会影响其他消费者对快递服务的消费。但是，当快递用户和业务量激增，超出快递企业网络承载和运营能力的一定界限时，再增加消费者就会影响其他消费者对快递服务消费的利益，因而，这类产品的非竞争性是局限在一定范围之内的。这类产品的另一个特征是排斥性，即以较低的排斥成本如按地区、时段实施差别定价限制某些消费者在特定的地区、时段消费这种产品，从技术上来说是完全可行的。

理论上，公共产品应采用公共提供的方式满足消费，私人产品应采用市场提供的方式满足消费，混合产品应考虑采用市场提供与公共提供相结合的方式满足消费。对于介于私人产品与公共产品之间的混合产品，如电信普遍服务等，一方面，应立足于市场提供，充分发挥市场机制对资源配置的基础性作用；另一方面，政府应加强行业管理，通过建立市场准入机制，规范企业竞争行为，明确主导运营商应尽的义务，以促进电信产业市场健康有序地发展，更好地兼顾国家、消费者和电信服务企业三方的利益。

2．外部性问题

经济中的外部性问题也是政府对特定市场和企业实施规制的一个重要原因。外部性有正负之分。例如，环境污染是负的外部性，这种在经济发展过程中出现的外部不经济现象，是无法通过市场机制自发克服的。在缺乏政府环保规制的自由市场经济条件下，经济主体不会将其开展经济活动对资源环境造成的负面影响以及由此引发的治理成本计入企业成本中。造成污染的企业不承担治理污染的成本，结果必然导致越来越多的企业因得益于无偿使用环境资源，从而倾向于继续实行粗放式经营。

实际上，环境本身也是一种公共产品，其公共性表现为消费的非排他性和非竞争性。一个经济主体对环境的消费不会影响其他经济主体同时从该产品的消费中获益。一家企业增加环保投入，努力节能减排，致力于改善空气质量，在技术上很难做到对不进行环保投入，甚至继续产生污染的企业对环境产品消费的排除。在这种情况下，经济主体作为环境的消费者，很容易产生"别人出钱治理污染改善环境我享受"的搭便车心理，从而导致市场不能有效地保护和提供良好环境。解决环境污染等负的外部性问题，需要政府发挥强有力的规制作用。

正的外部性也是政府规制的原因。例如，基础设施产业具有显著的正外部经济性，其发展带来的社会经济效益远远大于产业、企业本身获取的经济利益。出于确保稳定供应和服务的目的，政府对这类产业中企业的退出行为会进行适当的限制。

3．信息不对称问题

信息不对称会造成市场失灵。非对称信息可能导致市场无法实现资源的有效配置，甚至造成市场的消失。

市场经济的有效运作需要买卖双方获取的交易信息充分、均衡，即买者和卖者拥有足够的共同的信息。但在很多情况下，卖方知晓的信息买方不一定知道，或者买方知道的信息没有卖方知道的信息那么多。这个问题严重到一定程度，就会不利于市场功能的发挥，在极端的情况下，会导致整个市场不复存在。例如，在二手车市场的旧车交易中，如果卖车人了解车的质量，而买车人完全不了解车的质量，买车人就只能按照预期的旧车的平均质量支付价格。如果平均一辆旧的好车的价格是 10 万元，一辆旧的坏车的价格是 5 万元，则一辆旧车的平均质量价格就是 7.5 万元。以这样的价格交易，卖好车的人认为不划算，不愿意卖出他们的好车，最后只有卖坏车的人才来此卖车。久而久之，买车的人也知道卖家拿来卖的一定是坏车，所以也不愿意买，久而久之这个旧车市场就可能会消失。如果希望旧车市场正常运营，政府就需要对其进行规制。

4．垄断低效问题

从经济学的角度看，垄断通常导致非效率。市场垄断势力的存在，不仅会降低资源配置效率和企业生产效率，而且会降低市场运行的动态效率。在垄断市场上，垄断经营者是价格的操纵者。为实现利润最大化，价格往往严重偏离边际成本，定在远高于社会支付意愿（消费者愿意支付的价格）的水平上，由此带来资源配置效率的损失。与此同时，由于没有足够的竞争压力，垄断企业通常没有降低成本和提高效率的动力，从而使企业生产效率低、服务质量差、缺乏创新精神。克服垄断经营的非效率现象的出现，也是政府对垄断产业企业经营行为实施规制的一个重要原因。

在市场经济体制下，市场缺陷、竞争不完全，提供了政府规制的经济学基础。市场规制与政府规制不是相互排斥的，为了避免市场失效，政府需要对市场运行和微观主体进行必要的规制。同时，为了避免"规制失效"，也要求经济的运行以市场机制为基础。市场机制与政府规制并存，是现代市场经济的重要特征，两者的有机结合决定着一个经济体的运行效率和社会福利水平。

12.1.2　通信网络外部性与市场失灵

1．网络外部性的基本理论

（1）经济学中的外部性原理

一种经济行为或经济活动的交易双方除了通过价格平衡双方的利益之外，还对第三方或者社会的福利产生影响，这种影响就是外部性。外部性有正的，也有负的。

在多数情况下，工农业产品生产的外部性是负的，因为生产过程会导致生态或者环境的破坏。

在多数情况下，生产准公用品的社会基础设施的外部性是正的。因为，对于社会基础设施如运输业、给水排水系统、通信业等来说，本系统的经济效益不是第一位的，其运行的结果除了经济利益的均衡之外还会促进经济与社会的发展，为经济与社会的发展提供支撑。20 世纪 80 年代中国航空航天部的研究所完成的一个课题，其结论是在邮电通信业投资 1 元，可以使国民经济在 10 年内增长 14 元，应该优先发展。世界银行 2009 年对 66 个高收入国家 1980—2002 年的数据研究发现，对于高收入国家来说，每 10% 的宽带普及率带来 1.21% 的 GDP 增长；对于中低收入国家而言，每 10% 的宽带普及率会带来 1.38% 的 GDP 增长。布鲁金斯学会调查显示，在宽带建设上每投入 1 美元，能对全社会产生 10 倍的回报。

经济学认为政府应对外部性为负的产业（如烟酒等）加以限制或额外征税，对外部性为正的产业（如太阳能、风能产业等）应予以鼓励。

（2）网络外部性的特殊含义

网络外部性有其特殊的含义，是指网络用户在消费产品中得到的好处，这个好处并不是由产品本身提供的，而是由于别的用户消费同一产品而产生的。网络外部性常用的定义为：在网络中，随着使用同一产品或服务的用户数量的变化，每个用户从消费此产品或服务中所获得的效用的变化。直接的网络外部性是指一个消费者所拥有的产品价值，随着另一个消费者对一个与之兼容的产品的购买而增加。通信网络中的电话、传真机、宽带、E-mail 等这些产品都是体现直接网络外部性的典型例子，都会因消费某一产品的用户数量增加而直接导致网络价值的增大。电网、运输网、金融网等都具有网络外部性。

具有网络经济特征的行业多数具有社会基础设施的特征，其生产的往往是准公用产品，因此，网络外部性在多数情况下是正的。如果某产品对个体用户的价值随着该产品用户数的增加而增加，则认为该产品具有网络外部性。在此种情况下，网络的扩展和外部性之间有一种相互促进的关系：一个有限的新网络成长缓慢，因为它缺少一定规模的用户而没有吸引力，然而，一旦达到某一临界点，其对用户的价值就会增加，使它对新用户变得更有吸引力。

2. 通信业网络外部性的特征

（1）通信网络的价值随着联网用户数的增加呈几何级数递增

3Com 公司的创始人，计算机网络先驱罗伯特·梅特卡夫提出梅特卡夫定律：网络的价值等于网络节点数的平方，其中节点数指的是联网的用户数。随着网络连接的用户数的增加，网络的价值呈指数级增长。梅特卡夫定律描绘的曲线与一般的网络外部性理论描绘的曲线是不一致的。一般的网络外部性曲线是一条先上升后下降的曲线。网络外部性在初期是不断上升的，上升到一定程度，会出现一个拐点，上升速度下降甚至由上升转变为下降。例如，高速公路上跑的车多到一定程度将导致拥塞，外部性带来的价值就会下降。这在通信行业的表现有时是非常明显的，例如，一些城市的宽带在忙时出现拥塞。但从长期技术进步的角度看，这一问题是可以解决的。由于技术进步，通信网络的带宽不断扩大，从长期看就不存在类似交通运输网络拥塞的情况。一般的网络的扩大是有限的，其不可能无限扩大。而通信网络的扩大相对于需求可能是无限的。

（2）信源与信宿的作用同样重要，来话与去话同样给全网创造收入

新增加的用户即使是零次用户也同样会刺激业务量的增长，接收电话同样会为全网带来收入，信源与信宿的作用同样重要。作为社会基础设施，通信网的终端即使没有使用，只是作为备用，也在发挥作用，例如，即使从来不发生战争，军队仍旧发挥着一定的作用（威慑作用）。

（3）边际效用递增与边际效用递减两种趋势并存

按照经济学的原理，在电话普及率很高的发达国家，新增加一个电话用户对国民经济的推动作用以及社会效益远小于或低于在发展中国家新增加一部电话带来的推动作用以及社会

效益。例如，一个原来没有电话的地区或者村庄新装的一部电话价值极高，大家都会来使用这部电话。一个地区在电话发展初期，用户均为单位电话、公用电话或者高端个人电话，每增加一个用户的价值是很大的。当一个国家、一个地区的电话用户多到一定程度，新增加一个用户（主要是低端用户）的价值可能就是微乎其微的。这是符合边际效用递减规律的。因此，对于通信网来说，其边际效用递增和边际效用递减两种趋势是同时存在的。

3. 通信网络外部性的体现

在现实中，通信网络的外部性可以体现在单个网络的价值、网络间互联互通带来的价值、内容产业的外部性、网络对国民经济和社会发展的带动作用（或推动作用）等方面。

（1）网络间互联互通将提高网络的价值

根据梅特卡夫定律，连接网络的用户数量越多，网络对于用户的价值就越大。网络的价值（有用性）与网络连接的用户数量的平方成正比。实现网间互联互通，可扩大互联双方可联通的用户数量（被叫用户数量），从而迅速提高互联双方的网络价值。不需要增加投资，只要做到无障碍地互联互通，网络价值就会得到提高。网间交易费用的存在降低了网络的价值。在通信企业间争夺用户的竞争中，非主导运营商处于不利地位，而互联互通是改变非主导运营商不利地位的有效途径。互联互通给小企业（小网络）带来的网络价值相对较大，给大企业（大网络）带来的效益或价值相对较小。

（2）网络外部性导致市场集中度提高

在没有外力干预的市场竞争中，或者在政府实行对称性管制政策的情况下，网络外部性将导致规模越大、用户越多的网络，越能吸引新用户加入，相应地，该网络的价值就会随用户规模的扩大而加速提高。相反，越是规模小、用户少的网络，越难以吸引新的用户，甚至其已有用户也会流失、转网。这样，最终就会形成强者恒强、弱者愈弱的局面，导致市场高度集中。西方发达国家用 HHI 指数衡量电信市场集中度其计算方法是相关市场内每个企业市场份额（百分比）的平方之和。网络外部性导致市场集中度提高。显然，为保持通信市场的竞争活力，监管部门有必要对主导运营商之外的企业进行适当的保护。中国联通和中国铁通的出现是实现有效竞争的必要条件，它们所带来的外部经济性远大于其自身的经济效益。非主导运营商进入通信市场，其自身经济效益不高，但是其带来的竞争使通信业务的价格下降，服务水平提高。网络外部性没有给非主导运营商带来高收益，但是其宏观经济效益和社会效益很高。

（3）导致信息鸿沟的扩大

网络外部性致使进入网络者与没有进入网络者之间在信息获得方面呈现出"马太效应"。在进入网络者与没有进入网络者之间，网络成为信息鸿沟扩大的杠杆，从而使进入网络者与没有进入网络者的差距越来越大。当今世界，不同地区、同一地区的不同阶层之间的信息鸿沟不断扩大。互联网产生之初，人们曾经希望借助互联网缩小信息鸿沟。由于运营商有在发达地区和高收入人群中发展网络、普及应用的积极性，网络外部性带来的边际效益递增会导致信息鸿沟的扩大。

4. 市场失灵对通信网络经营的影响

（1）市场失灵的普遍存在

市场失灵（Market Failure）是指在充分尊重市场机制作用的前提下，市场仍然无法有效配置资源和正常发挥作用的现象。理论上，完全自由竞争的市场经济可实现资源配置的帕累托最优状态，但经济学研究已经证明，由于市场垄断势力、公共物品、信息不对称以及外部性的存在等原因，纯粹的完全竞争的市场机制在现实中是不存在的，市场失灵就成为普遍现象。外部性的特征是非市场性，外部性的影响不受市场中价格机制的调节控制，即市场机制本身无力对产生外部性的厂商给予奖励或惩罚。这既是导致市场失灵的原因，也是市场失灵的一种表现，由此可以引出国家干预的必要性。

（2）网络外部性不一定能给经营者带来收益

网络外部性有利于大网络发展和形成垄断（网络规模越大价值越大，越能吸引新用户加入）、促使通信企业追求网络规模、不利于小网络的生存与发展（需要政府保护）。但电子信息技术的进步使用户信息消费费用降低不一定能给经营者带来好处，网络外部性也不一定能给经营者带来收益。通信经济理论开始研究网络电话（VoIP）会不会引出一种趋势，通信网络从"距离死亡"到"带宽黑洞（消费者对带宽无法抑制的欲望与运营商满足其欲望的努力并没有带来营运收入的等比例增长）"，然后（是否可能）进一步蜕变为免费高速公路。网络外部性是否会带来悲惨式增长是一个值得研究的问题。

通信网络有可能产生物理规模不断扩大，而经济规模相对停滞的趋势。通信企业的经营者将网络外部性理解为网络规模决定网络价值，为了提高网络价值就不惜代价增加用户，而电子信息技术的迅速进步为成本下降创造了条件，为恶性竞争提供了降价空间。网络外部性意味着边际效用递增，但是由于技术进步太快，生产力提高太快，成本迅速下降，如果市场进入的门槛过低，竞争激烈，新进入的企业按照边际成本定价，将导致价格迅速下降，消费者的增加无法弥补价格下降带来的损失。即使按照长期增量成本定价也会导致原有的在位企业无法收回历史成本，出现亏损。网络外部性和边际效用递增不能给经营者带来收益增长。同时，当价格弹性带来的业务量增长和进一步的收益不足以抵偿价格下降带来的收入减少时，导致全网总收入在网络规模扩大的同时反而下降了。范围经济、规模效益和需求的价格弹性给经营者带来的收益可能不足以抵偿单价下降导致的收入下降。

（3）网络间互联互通会引致小企业出现"搭便车"的现象

由于网络外部性，运营商有最大化自己网络用户数的动力。网间互联互通可增加互联双方的被叫用户数，迅速提高互联双方的网络价值。但互联互通给小企业（小网络）带来的价值大（给大企业大网络带来的效益价值相对小），因此，小网具有互联互通的积极性。

在通信市场上，小企业"搭便车"的现象很普遍。基础电信运营商必须建设骨干网络、接入网，承担普遍服务义务。小型通信企业可以不承担上述义务。但是，为了推动市场竞争健康发展和服务质量的提高，用户和政府需要小企业的存在。目前通信市场上存在各类企业，有网络提供商（提供平台）与业务提供商、虚拟运营商、互联网内容供应商等。虚拟运营商是指没有或只拥有不完整的物理网络的运营商，它们从基础电信运营商那里购买业务或租借网元（发达国家的管理机构都规定了主导运营商必须将自己网络的一定比例用于出租），根据用户需求，通过业务创新以自己的品牌向用户提供通信服务，实现电信服务附加值的提高。众多的虚拟运营商、互联网内容提供商和增值服务企业，它们不拥有骨干网络资源，只有通过租用或连接到电信运营商的基础网络，才能开展全程全网的服务，吸引和发展用户，这就不可避免会引发各种形式的搭便车现象。

（4）对通信业务价格的影响

由网络外部性和网络边际效用递增可以得出结论，在供求均衡的条件下，在有序竞争、有效竞争的背景下，通信业务的价格可以高于边际成本（或长期增量成本），甚至高于历史成本和平均成本。因为网络外部性使入网者享受了巨大的额外福利，而技术进步导致通信成本迅速下降，所以，消费者对通信业务的主观评价应该高于其边际成本。在供求均衡的条件下，消费者应该能够接受高于边际成本的价格。实际上，长途电话在相当长的时期属于这种情况。但是，当通信市场进入门槛偏低的情况下，由于大量新的小企业的进入导致的恶性竞争将使相反的情况出现。

（5）网络外部性对移动通信的影响大于其对固定通信的影响

由于除终端之外移动通信的全部设施都是共享的，而固定通信有一个用户线的接入问题，决定了网络外部性对于移动通信网有更大的意义。正是因为固定通信有一个用户线的接入问题，固定通信不适宜在同一地域数网并存进行竞争。而移动通信的基站是共享的，在同一地域数网并存进行竞争不一定会造成严重的重复建设、资源浪费等问题。在同一地域数网并存进行竞争的情况下，网络外部性的影响非常突出。

12.1.3　政府对通信业规制的必然性

经济性规制理论认为，为了使自然垄断产业既能生存又能受到约束，政府必须制定相应的产业政策，直接对其进行规制。萨缪尔森认为政府规制的存在有 3 大公共利益理由：一是纠正经济发展带来的外部不经济问题；二是规制企业行为可以抑制垄断势力滥用市场力量；三是解决信息不完全带来的市场失灵问题。通信业是外部经济性、网络外部性、自然垄断性显著的产业，要求生产运营的全程全网、联合作业。这些特征使之成为政府重点规制和监控的行业之一。

首先，外部经济性显著，表明通信业对于国民经济和社会发展具有重要性。通信网络是国家信息化建设的基础网络设施，网络与信息安全是国家安全的重要内容；在国际竞争中，电信业是当今世界各国争夺科技、经济、军事主导权和制高点的战略性产业；信息通信技术向国民经济各领域以及经济落后地区的不断渗透和发展应用，将推动传统产业的转型升级，促进经济均衡发展，并创造出新的产业门类等。鉴于通信业的重要性，政府必须通过实施有效的规制政策和手段，保证基础网络的安全、生存和持续发展，同时，加快经济落后地区通信网络基础设施的建设，促进信息消费，保障普遍服务。作为公用基础设施，通信业是社会再生产的一般条件，是经济和社会正常运转的支撑，必须履行普遍服务的义务。但在开放竞争的环境下，普遍服务目标单纯依靠市场机制的力量和通信企业的自发行为是无法实现的。保障普遍服务，是政府对通信业实施规制的一项重要内容，是通信业准公用性的特征所要求的。当然，伴随着电信网络规模的不断扩大以及信息通信服务的全面深入应用，电信产业自身在建设和运营过程中也日渐暴露出一些有违循环经济和低碳理念的不和谐现象，如网络重复建设导致资源闲置浪费、基站及网络设备能耗居高不下、电磁辐射及温室气体排放污染加大、废旧手机及电池回收不力等。解决电信发展带来的这些外部不经济问题，同样需要政府规制发挥作用。

其次，作为网络产业，电信的一个非常重要的特征就是网络的外部性，它涉及当新用户加入电信网络时现有用户可享受的利益。由于单个个体可能基于自身预期利益来决定是否入网，这些外在的利益会影响用户的入网决策，但不能指望其基于社会总利益（包含现有用户的利益）来进行决策。基于此，选择入网的人数可能比最优数量少。如果合理进行价格调整，改善后的价格也许可以补偿市场失灵、提高经济效益，进而增加经济福利。通信网络外部性的特征不仅会对网络用户的消费行为产生影响，而且会对通信网络运营企业乃至整个通信业的发展产生诸多影响。在没有外力干预的市场竞争中，网络外部性将导致市场高度集中，形成一家独大的局面，并导致信息鸿沟的扩大。为保持市场竞争活力，促进公平竞争，规制者必须对主导运营商之外的企业进行保护，对主导运营商滥用市场支配力量的行为加以限制。缩小信息鸿沟，促进信息消费市场的均衡发展，也需要政府在投资、金融、价格等方面出台并实施有效的规制政策。社会基础设施都有正的网络外部性，对其评价不能仅看经营者的微观经济效益，为了保证国民经济稳定持续发展，需要优先发展社会基础设施。社会基础设施的发展要超前于国民经济发展。网络外部性表明网络的价值不一定能够以收入的形式给经营者合理回报，在经营者不能得到合理回报的地区扩大网络（如村通工程）需要政府的支持。

再次，通信业自然垄断的产业经济特征，是政府对这一产业实施规制的又一理由。自然垄断并非是由于人为地限制进入、限制竞争而形成的垄断，而是由于某些产业在技术、规模、成本结构等方面的原因，致使潜在的竞争者难以进入，或者即便是潜在的竞争者进入了该产业领域，也难以生存下去，很容易在竞争中被淘汰出局，由此所形成的垄断。通信生产经营具有规模经济性和范围经济性的特点；经营成本中固定成本占有绝对比重；投资规模的庞大和投资的沉淀性导致该产业具有很高的进入和退出壁垒，这些是导致通信业形成自然垄断的直接原因。作为自然垄断产业，电信业可以发挥规模经济和范围经济效应，以合理利用资源，但也可能因竞争不足、市场失灵等问题而导致资源配置的效率受损。为防止主导运营商滥用市场支配地位，盲目配置资源，政府必须通过直接规制以达到其有效配置资源的目的。在自然垄断状态下，通信市场上产品的价格和有效供给量往往不是自由竞争的结果，消费者的选择权利十分有限。为保证有关产品和服务的有效供给，保护消费者利益，政府也有必要在价格、服务质量等方面采取必要的规制政策和措施。

最后，通信网络间的互联互通，需要政府规制介入。在制造业或一般的服务业市场，互为对手的企业之间开展竞争活动可以互不往来；而在电信市场，不同的企业首先必须实现网络之间的互联互通，否则市场竞争就无法展开。

互联互通是指建立电信网间的有效通信连接，以使一个电信业务经营者的用户能够与另一个电信业务经营者的用户相互通信或者能够使用另一个电信业务经营者的各种电信业务。互联包括两个电信网网间直接相连实现业务互通的方式，以及两个电信网通过第三方的网络转接实现业务互通的方式。由于企业是以盈利为目的的经济实体，互联互通对于企业的微观经济效益有时是必需的，有时不是必需的。因此，互联互通不是企业必然的自发倾向。要保证互联互通，必须有政府的介入。随着电信市场竞争格局的日益形成，互联互通已成为热点问题。互联互通的顺利开展急需规制。在电信业引入竞争之后，电信行业能否如先前那样发挥网络的整体效益，确保互联互通成为关键。从这个角度来说，互联互通规制也是十分必要的。互联的核心问题在于技术的可行性、经济的合理性及贯彻公平公正、相互配合的原则。技术可行主要解决互联点的设置和可行的互联技术方案问题；经济合理主要是互联费标准的确定。公平公正应落实在两个方面：一是主导运营商要公平公正地对待本网的用户和其他电信经营者的用户以及公平公正地对待任何一个电信经营者；二是电信管理机构要公平公正地处理电信业务经营者之间的互联争议。相互配合应重点落实在互联协议的全面履行上。互联互通中最为突出的焦点是"通而不畅"的问题。技术因素不是互联互通问题的主要方面，大多数国家或地区并不直接干预企业网间互联的技术问题，而是让互联双方协商解决或报政府批准。互联互通的根本问题是经济利益的重新分配。互联互通的焦点是如何确定在位运营商与新进入市场者的互联接入费，而互联互通的阻力往往来自主导运营商对非主导运营商的互联要求不配合。

电信业有着明显区别于其他行业的一些特点。即使实现了互联互通，市场准入、网间互联过程的纠纷协调、技术体制标准的统一、对市场竞争行为的监管、电信普遍服务、服务质量的监督等一系列牵涉到市场竞争的相关问题，仍需要政府规制的介入。世界各国在推动市场竞争的进程中，都把建立电信管制机构作为其中一项重要内容。

12.2 通信业规制目标与政策

12.2.1 通信业规制目标

规制目标是政府规制政策制定的依据；规制政策的制定和实施取决于规制目标的选择。通信业的特殊性决定了其政策规制目标是动态的、多元的，不同国家、不同时期，由于其通信生产力发展水平、电信市场开放竞争程度以及电信管理体制和政府职能不同，其规制目标和重点也存在差异。综合来看，政府对通信业进行规制所要达到的主要目标包括以下方面。

1. 保障网络和信息安全

对国家来说，通信网的安全可靠性是第一位的，要保证通信主权、政令畅通、国家机密的安全，不允许不利于社会安定和人民身心健康的信息被随意传播。

2. 提高资源配置效率和企业生产效率

配置效率提高意味着在给定的资源和技术条件下，各种资源达到更有效率的运用；生产效率提高意味着企业在现有的资源和技术条件下，能以更低的成本生产产品。在通信市场上，为提高资源配置和企业生产效率，保护有限的资源，避免浪费，政府规制既要防止主导运营商制定垄断高价谋求超额利润带来效率损失，确保其产出及价格达到或接近资源配置的最优水平，又要激励企业改进技术、加强管理、降低成本。

3. 促进公平竞争，实现有效竞争

所谓公平竞争是指在公开的市场准入规则、独立的规制机构和公平分配有限资源的规制政策环境下，电信业务经营者以合法正当的方式和手段开展经营和竞争活动。公平竞争的评判原则主要包括两个方面：一是政策待遇的公平；二是竞争行为的公平。

所谓有效竞争是指使经济活动保持高效率，规模经济与竞争活力得以兼顾，并在长时间范围内既不存在生产能力过剩，也不存在超额利润的不完全竞争状态。通信市场有效竞争的评判原则可以依据以下 3 个方面：一是市场结构标准，包括：市场集中度相对较高，存在 3～4 个实力均衡的大规模网络运营企业，每个网络所占市场份额在 30%左右；符合规模经济要求，竞争企业处于经济规模和最佳规模之间；除了资金和技术等经济壁垒外，不存在或存在尽可能低的政策性壁垒；产品基本同质或差别不大，每个网络都能提供相同或类似业务。二是市场行为标准，包括：投资理性化，供给量适当多于需求量；不存在对竞争者的压制政策，确保电信网络的互联互通，政府规制政策公平、公正；不存在价格共谋和恶性价格竞争；注重服务质量；注重技术革新，促进新业务的开发和成本的降低。三是市场绩效标准，包括：网络在不断发展的同时能降低成本，提供消费者需要的服务；网络运营商具有较强的核心竞争力，在生产效率、资金、技术、管理等方面具有较强的优势；网络运营商能够不断地完善

网络，开发新技术和新业务。

从公平竞争和有效竞争的含义及评判原则可以看出，公平竞争重在行为监管，有效竞争重在结构布局和调整。在规制实践中，政府规制一方面要致力于遏制主导运营商滥用市场支配地位打压竞争对手、妨碍竞争的不正当行为，规范市场竞争秩序；另一方面要积极引导市场结构调整变化，促使市场形成有效竞争的格局。

4．维护消费者和运营商的合法权益

维护消费者利益，增进社会福利是世界各国规制机构对通信市场实施规制所要达到的共同目标。消费者要求以尽可能低的价格，获得满意的服务，也就是追求尽可能多的消费者剩余。为实现这一点，消费者希望有较多的供应商，在竞争中由卖方市场转变为买方市场。又由于消费者是分散的、无组织的，在供应商面前是弱者，因此消费者需要国家、政府的保护。

作为供应商，企业的着眼点是市场占有率的提高，发挥规模效益以获取高额利润。企业希望市场上的竞争对手越少越好，以避免竞争过度导致市场失灵。如果经济效益太低，企业就会缺乏进一步发展的积极性。政府规制应坚决反对和有效遏制价格战，保证运营商获得合理、正常的经营利润，保持其发展潜力。

5．引领产业转型和持续稳定发展

自20世纪80年代中期以来，世界各国电信业都经历了打破垄断、开放市场、引入竞争的改革。当前，全球电信业正面临技术更新换代加快、三网融合全面推进、市场开放程度不断加深、全业务竞争日趋激烈的复杂局面。随着竞争主体的类型和数量的不断增加，电信市场的利益关系也更加复杂。在这样的大环境下，产业发展、企业经营和电信监管都面临全面转型的巨大压力。通过完善规制政策，调整规制思路和重点，引导技术、网络、终端、业务和市场融合，对融合应用、跨行业合作提供监管和支持，促进电信产业发展向综合信息服务转型升级，成为当前政府规制的一大重要目标和任务。

12.2.2　通信业规制内容

尽管各国电信规制的重点不尽相同，但规制的内容基本一致，都包括市场准入规制、互联互通规制、普遍服务规制、通信资费规制及电信资源规制等。

1．市场准入规制

市场准入规制是电信业的规模特性、外部性和资源有限性所要求的，是建立电信业竞争架构的关键。市场准入规制的重点一般是根据业务实行的许可证管理。从世界各国电信发展来看，市场准入规制重点强调电信资源的合理配置和有效利用，在此前提下，总的发展趋势是由市场决定经营者数量，但为防止过度竞争和重复建设，政府应对基础电信业务经营者的数量进行适当的限制。随着我国电信业的发展，在市场准入方面，要重构目前实行的不对称管制政策，逐步取消企业的业务经营限制，鼓励全业务经营和竞争，同时，市场准入还要进一步为我国民营资本进入电信业创造条件。

2．互联互通规制

互联互通规制是电信业竞争得以顺利进行的关键，其规制涉及技术和经济两方面，但关键是经济利益特别是费用结算之争。在互联互通规制中，主导电信企业是监管的重点。随着电信业的发展和竞争，互联互通在费用方面强调基于前瞻性长期增量成本进行结算。政府实施互联互通规制前应制定指导性原则和方法，确保在位运营商的基本利益，强化电信企业尤其是主导电信企业的竞争合作观念，鼓励企业将互联互通作为一项业务来看待，同时，政府监管部门应重视建立争端解决机制，以利于加快争端的解决。

3．普遍服务规制

保障普遍服务，是政府对通信业实施规制的重要内容之一。从经济学的角度来看，通信普遍服务具有准公共产品的性质，所以，单纯依靠市场机制并不能保证有效供给，因而需要政府制定相应的政策，甚至以立法的形式确保其有效开展。普遍服务规制的主要目的是消除数字鸿沟，让每个消费者有权以承担得起的价格就近进行电信消费。普遍服务的目标是阶段性的。在不同的生产力水平下，普遍服务的内容和标准是不一样的。政府实施普遍服务规制，要与时俱进，推进普遍服务内容更新，并探索建立科学合理、动态持续的普遍服务保障机制。在垄断经营体制下，电信普遍服务主要是通过地区补贴和业务交叉补贴来实现的，在引入竞争之后，通过建立普遍服务基金来实现电信普遍服务是普遍服务规制发展的方向。普遍服务基金的建立和运作涉及 3 个方面的关键问题，即基金的来源问题、基金的管理问题、基金的运用和补偿问题。

首先，应基于公平合理的原则，科学界定基金的征收对象和征收方式；其次，应成立或授权专门的机构对基金进行管理和运作，使基金的管理和使用相分离，有助于提高基金运作管理的透明度和使用效率；再次，要科学确定基金的补偿对象和补偿方式。电信普遍服务基金的补偿对象，主要是实际承担并履行普遍服务义务的电信运营商。当然，现实中，普遍服务基金的补偿对象，不仅可以是企业，也可以是消费者。例如，对残疾人、老年人等特殊的低收入群体进行资费补贴，对农村医疗机构、学校、图书馆等公益事业单位进行电信消费的直接补贴等。对运营商进行基金补偿的依据是普遍服务净成本，即运营商因为提供普遍服务所产生的净亏损。目前，普遍服务基金主要向电信业务经营者收取，同时接受社会捐赠。一般情况下，基金交由政府授权的中介机构管理，其使用项目管理方式，实施的普遍服务项目采用招标方式，在无企业投标的情况下，由政府指定主导电信企业作为普遍服务的提供者。

4．通信资费规制

通信资费规制包括通信资费水平和企业收取通信资费的形式，规制的重点是资费水平。资费水平规制的发展趋势逐步由政府定价，转变为由政府指导定价，进而由市场定价，因此，其监管方式也是从事前监管发展为事后监管。现今世界电信改革的一个主要趋势是放松电信规制，这种趋势在电信资费规制方面的一个重要体现就是引入激励性规制，即价格上限管制，并逐步取消零售价格管制。现代规制理论表明，这种规制政策的主要优点是满足激励相容约束，从而减少规制负担以及由此带来的经济扭曲。自价格上限管制首先在英国实行以来，这种规制方式已经在很多国家得到了应用，并为这些国家最终取消电信资费的政府定价奠定了基础。在开放竞争的市场环境下，通信资费规制的指导思想是构建"政府调控市场、市场决定价格、价格引导需求、资源合理配置"的资费政策环境。未来绝大部分通信业务的资费水平将交由市场决定。目前，我国已放开所有电信业务资费，政府资费规制政策仅发挥监督和引导作用。

5．电信资源规制

电信资源规制缘于电信资源的稀缺性和有限性，其内容涉及资源的开发、规划、分配和有效使用。电信资源规制又分为码号资源规制、频率资源规制等，其发展的基本方向是突出资源共享性，强调资源的有偿分配使用。在码号方面，单一用户单一通用号码即用户所有电信号码合并为一个号码是未来发展的方向。而在频率资源分配方面，多采取拍卖、招标等方式。

6. 服务质量规制

服务质量规制重在制定强制性的服务基本标准，并在此基础上发挥市场力量。服务质量的监管发展方向主要体现在"四个转变"和"四个建立"上，即从强制性向指导性转变、从事前控制向事后监督转变、从被动规制向主动规制转变和从封闭性向开放性转变，建立指导性的企业服务水平等级标准、建立企业服务水平等级测评制度、建立企业服务状况调查制度和建立企业服务状况信息公示制度。

7. 技术标准与设备准入规制

技术标准与设备准入规制包括技术标准的制定和管理以及设备的检测认可和监督机制。技术标准和网络设备的统一兼容性是通信网完整性、统一性、先进性的重要保证，也是众多运营商互联互通和平等接入的技术依据，是不同网络以及分属不同电信运营商的用户可以无阻碍地相互通信的基础条件。技术标准的规制要求政府主导制定法律、法规和强制性标准，对基础标准、公益标准、通信网的网络与设备标准、互联标准、自主知识产权等标准进行重点投入，并发挥行业管理部门和行业协会作用，引导市场形成标准机制，强调标准的统一性。设备准入则强调设备的兼容性。这一规制要求基于设备入网的标准，加强监督机制管理，逐步实现企业自主承诺，或授权具备资质的社会化中介机构开展设备认证和进网管理工作，从而切实加强通信网络互联后的网间通信管理，保证网间通信质量。

8. 网络与信息安全规制

随着互联网在全球的迅猛发展和三网融合的深入推进，网络与信息对国家安全、百姓生活的影响越来越深远，加强网络与信息安全规制刻不容缓。网络与信息安全规制涵盖的内容包括以下几个方面。（1）加强网络与信息安全立法，制定有针对性、指导性和前瞻性的综合性规制网络信息安全的法律，一方面，要明确保护网络信息安全的基本法律原则，特别是未成年人保护原则；另一方面，要扩大网络信息安全规制的涵盖面，加大处罚力度，不仅要全面保护国家信息、商业信息不受侵犯，对个人信息也要加大保护力度。（2）建立专门的网络信息安全主管和监督机构，明确其权限和监管职责。（3）建立网络安全审查制度，对进入中国的重要信息技术产品及供应商进行安全审查，重点是产品安全性和可控性，防止产品提供者借助提供产品之便，非法控制、干扰、中断用户系统，非法收集、存储、处理和利用用户有关信息。（4）加强网络和信息技术的创新研究和开发应用，实现网络和信息核心技术、关键基础设施和重要领域信息系统及数据的安全可控。（5）加强网络管理，防范、制止和依法惩治网络攻击、网络入侵、网络窃密、散布违法有害信息等网络违法犯罪行为，维护国家网络空间主权、安全和发展利益。（6）加强网络安全监测预警和应急制度建设，提高网络安全保障能力，具体包括建立健全网络安全监测预警和信息通报制度，加强网络安全信息收集、分析和情况通报工作；建立网络安全应急工作机制，制定应急预案；规定预警信息的发布及网络安全事件应急处置措施等。

12.2.3　通信业规制政策

规制是基于规则的管理，规制的根本问题是制定明确的规则并按照一定的程序对违背规则者加以惩处。为了应对市场中由于外部性、信息不对称、自然垄断等所导致的市场失灵、资源配置低效和反竞争行为的出现，国家权力机构要通过法律或政策等手段对市场进行干预，这就推动了竞争法或竞争政策的产生。

竞争法是指市场经济国家为维护正常的竞争秩序而对市场主体的竞争行为进行规制的法律规范的总称。竞争法的概念有广义和狭义之分。广义上的竞争法包括反不正当竞争法和反垄断法两部分；而狭义上的竞争法则仅指反垄断法。不正当竞争和垄断都是市场竞争过程中出现的违反公平竞争规则的行为，都会给市场竞争秩序和市场运行效率带来危害。竞争法就是要通过界定、查处这些行为，来规制市场主体的竞争活动。创造一个自由、公平的竞争环境，规制市场主体的竞争行为，维护正常的竞争秩序，是竞争法的本质特征和基本任务。竞争政策是指国家为促进和保护竞争，维护市场竞争机制的正常运行，提高生产效率和资源配置效率，增进社会福利而制定的各种行为准则的总和。竞争政策也有广义和狭义之分，广义的竞争政策以竞争法为核心，同时包括旨在促进和保护竞争的其他非法律性质的各种策略与措施；通常意义上所说的竞争政策是狭义的竞争政策，仅指竞争法以外的、旨在促进和保护竞争的各种行为准则、策略与措施的总和。无论是竞争法还是竞争政策，它们都是国家权力机构为实现市场规制目标而制定的某种规则或规定，都是政府规制政策的组成部分。二者的不同之处在于，竞争法一般刚性较强，由专门的立法机构制定和执法机关执行，一旦制定和颁布就较难更改；相比之下，竞争政策一般刚性较弱，由行政机构制定和执行，它能根据情况的变化而进行调整。广义的竞争规制政策包括竞争法在内。

现实中，有些国家的竞争政策主要是以法律形式体现的。例如，美国的竞争政策主要以反托拉斯法来体现，在日本的竞争政策则主要是通过反垄断法体现的。联合国贸易发展会议（UNCTAD）列举了竞争法中应涵盖的一系列被限制的企业行为，主要包括 5 个方面：一是在同一市场上企业间通过协议限制竞争的行为，如卡特尔等；二是大型企业企图独立实施市场支配力量或滥用市场主导地位的行为；三是企业间达成协议企图集体实施市场力量或滥用主导地位的企业行为；四是一个或多个企业合谋，如通过掠夺性定价、将其竞争者驱逐出市场的行为；五是企业间为研究、开发、试验和分配产品而进行的合谋行为。除了刚性的竞争法外，许多国家还运用多种政策工具和手段来达到保护竞争的目的。世界贸易组织认为，竞争政策包括竞争法和其他旨在促进国家经济中竞争的相关措施，如部门规制、私有化政策等。

在对通信市场进行规制时，世界多数国家的规制政策体系中，除了包括通用的基本竞争法和竞争政策外，还结合通信产业市场的实际情况，制定有专门的通信法律和部门规章、条例等，作为规制和监管的依据。例如，日本的《电信事业法》（1984 年）、英国的《电信法》（1981 年）、美国的新《电信法》（1996 年）、澳大利亚的《电信法》（1997 年）、印度的新《电信法》（2012 年）、我国的《中华人民共和国电信条例》（2000 年）等。

美国 1996 年的新《电信法》中，涉及反垄断的规定主要在第 251 条和第 252 条，内容包括以下几个方面。（1）所有电信运营商都有义务直接或间接地同其他电信运营商的设备和装置互联。（2）本地交换运营商应当：a.不得禁止再出售其电信业务；b.允许电话交换服务和收费电话服务的竞争者无歧视地进入其电话号码、接线员服务和电话黄页；c.允许竞争者得以使用其电线杆、导线管和共同管路。（3）现有本地交换运营商应当向任何提出要求的电信运营商：a.提供同自己设施和设备的互联；b.在非捆绑定价的基础上，允许其使用各种网络要素；c.以批发价格提供用于再销售的任何电信服务等。

欧盟促进电信市场竞争的管制框架的制定始于 1987 年欧盟委员会制定的绿皮书，当时欧盟委员会力主将竞争机制逐步引入欧洲电信市场。在通过新的管制框架之前，欧盟委员会相继颁布了 26 个指令，以促进欧盟电信市场的自由化，这些指令构成了《1998 年系列管制指令》，该系列管制政策最初的目的是为了促进欧洲电信市场由垄断向竞争的转变。随着技术的快速发展以及完全自由竞争带来的新挑战和融合趋势，2003 年欧盟通过并开始实行单一的、具有连贯性的管制框架，该管制框架基本上覆盖了包括广播网络在内的所有电子通信。自 2007 年 11 月开始，欧盟又对 2003 年的管制框架进行审议，评估了其对消费者福利的促进作用，并对其进行了进一步的修改，修改后的管制框架由《框架指令》《接入指令》《普遍服务指令》《授权指令》和《数据保护指令》5 个指令组成。修改后的规则主要针对竞争不足的领域，通过加强欧盟层面的统一管制，促进欧盟内部电信市场的竞争。

1997 年 7 月 1 日开始实施的澳大利亚的《电信法》涉及了电信竞争领域所有的关键问题，如许可证发放、普遍服务、应急通信、运营商预选、号码资源管理等。印度 2012 年 5 月出台的新《电信法》针对印度电信业未来 10 年发展制定了更为稳定的管制机制，新法旨在提高管制透明度，提供民众消费得起的高效率的通信业务。

我国电信市场规制实行中央集中领导的部省两级监管体制。在 2008 年《中华人民共和国反垄断法》（以下简称《反垄断法》）出台之前，电信规制由国务院信息产业主管部门主要依据《中华人民共和国电信条例》（以下简称《电信条例》）的规定，对全国电信业实施监督管理，而各省、自治区、直辖市电信规制机构接受国务院信息产业主管部门的垂直领导，对本行政区域内的电信市场实施监督管理。《电信条例》明确了电信监管的 4 大目标，即规范电信市场秩序；维护电信用户和电信业务经营者的合法权益；保障电信网络和信息的安全；促进电信业的健康发展。为实现电信监管目标，《电信条例》从市场准入、普遍服务、互联互通、资费与价格、服务质量、资源分配利用、技术标准、网络建设等方面，对电信业务经营者的市场进入行为、交易和竞争行为等进行了全面的规范，为政府对电信市场的规制提供了基本的参照和依据。2008 年出台的《反垄断法》，以减少妨碍竞争的行为为目标，针对已经发生的垄断行为实施处罚，对促进电信业的竞争监管起到了很大作用。

法律法规的制定和完善是实施电信规制的基础。规制电信市场的法律制度主要由两部分组成：一部分是反垄断立法、反不正当竞争立法、电信立法；另一部分是电信管理机构的规制政策。通常立法具有相对较强的稳定性，而规制政策则具有较好的灵活性。由于电信市场随时处在变化之中（特别是当前电信技术日新月异的时期），电信立法不可能制定得很具体，只能是原则性的，往往将很大的自由裁量权留给电信管理机构，这就要求电信管理机构能够针对电信市场的变化随时制定相应的有效的电信管制政策。因此，一个公正、高效的监管机构往往能够根据本国的国情，制定完善规制政策，从而较好地应对电信市场的发展变化，并促进电信市场的健康、有序发展。目前，我国电信部门的立法还相对滞后，电信市场运营和政府规制还缺乏电信基本法的规范。《电信条例》属部门行政规章，不仅法律层级和效力较低，而且内容较原则笼统；在普遍服务、电信资费等重要的规制领域，还缺乏相应的法规和部门规章作为配套措施，整个法律体系还相当不完备。

随着科技的飞速发展，电信网、广播电视网、互联网正通过各种方式相互渗透和融合。目前，三网融合在我国正处于全面推进阶段。三网融合打破了三大产业分业经营的局面，使得产业边界日趋模糊。产业融合的发展趋势对此前的电信法规政策和分业监管体制提出了挑战。研究全业务经营和融合竞争环境下，信息通信服务市场的竞争模式、竞争行为和市场结构变化特点，制定适应融合竞争和监管要求的规制政策和法规，实现由分业监管体制向融合监管体制转变，是当前世界各国政府规制部门面临的紧迫任务。

12.3　通信规制的对称与非对称

12.3.1　对称规制与非对称规制的含义

按照规制政策是否对规制对象平等对待、一视同仁来划分，可以将电信规制分成对称规制与非对称规制两类。对称规制是指对于电信市场上的所有运营商，无论其规模大小、市场份额高低，也不论其是否具有市场支配地位，一律实行一视同仁的规制政策。非对称规制（Asymmetrical Regulation）是指在电信市场打破垄断、开放竞争的改革进程中，政府规制机构通过制定实施有差别的规制政策，在市场准入、许可证发放、频率资源分配、普遍服务及互联互通的责任与义务、资费的制定与调整等方面，对在位企业或主导运营商实行更加严格的规制，目的是扶持新进入者、弱势企业发展壮大，以尽快形成与原有企业、主导运营商势均力敌的对等竞争的局面，促进并维持公平竞争。英国是最早提出非对称规制理论和政策的国家。在电信市场开放初期和成长阶段，美国、日本、欧盟等发达国家和地区几乎都采用过不对称规制手段，促进或保护竞争，构建公平竞争的环境。

12.3.2　实施非对称规制的原因

1. 不平等的初始竞争条件

政府实行非对称规制政策的依据是市场上的新老电信企业相互间存在着不对称的初始竞争条件，并且电信网络的外部性会加剧双方竞争的不对称性，最终造成市场的高度集中和竞争效率的损害。电信市场上主导企业与非主导企业（新进入者）之间竞争的不对称主要体现在以下方面。

（1）网络的不对称。主导电信企业拥有四通八达、全面覆盖的网络资源，能够提供迅速、准确、安全、可靠的网间接续服务。而非主导企业的网络不完备，规模容量和覆盖面小，在这方面完全处于劣势。

（2）用户的不对称。主导电信企业拥有大量老用户。这些老用户由于主导电信企业多年的服务或由于号码的不可携带性等原因，可能不愿意随便更换服务提供商，这就在一定程度上限制了新兴企业挖掘用户。而非主导企业网络规模、容量和覆盖范围本来就小，对用户缺乏吸引力，更加剧了双方用户资源的不对称。

（3）服务支撑系统的不对称。主导电信企业经过多年的建设和积累，已经拥有完善的营业支撑系统、计费账务系统、客户关系管理系统等，而新兴企业在这些方面很薄弱，不完善。

（4）营销渠道的不对称。主导电信企业经过多年的市场营销，建立了完善的营销网络，有能够提供方便服务、体验式营销的大量服务网点和代理点等。而新兴企业在这些方面很薄弱，不完善。

（5）品牌的不对称。主导电信企业的品牌社会知名度很高，这是一笔价值不菲的无形资产。而新兴企业却鲜为人知，社会知名度低。

面对市场上有着不对称初始竞争条件的众多电信企业，政府规制部门如果不实行不对称规制，如果不强制主导运营商提供互联互通服务，不给予新兴企业更加灵活、优惠的资费政策，那么，新企业确实在很长一段时期内都将无法与在位的主导电信企业展开竞争、争夺用户。由于网络外部性的影响，在没有外力干预或政府实行对称规制政策的情况下，就会导致规模越大、用户越多的网络越能吸引用户，最后出现市场高度集中的局面。为促进电信市场开放竞争，形成有效竞争的格局，政府有必要实施不对称的规制政策。

2．防止反竞争行为的出现

竞争一般会增加消费者福利，但有些竞争行为会损害福利。在开放的市场中，各个经营者会通过各种方式和手段争取用户，抢占市场。处于支配地位的运营商可以凭借丰富的网络资源（号码、频率、线路管道等），在通信计费、网络互联等方面，对新进入者设置开拓市场的障碍；也可运用策略性交叉补贴、垂直价格挤压、掠夺性定价等手段挤压竞争对手，逼迫其退出市场。对此，政府规制部门只有通过制定实施非对称政策和措施，限制主导运营商滥用市场支配地位的非法行为和妨碍竞争的不正当行为，才能为新进入的通信经营者创造公平竞争的政策环境和更大的发展空间。

3．有利于促进通信技术进步

从长远来看，促进和保护竞争的非对称规制政策，有利于促进技术进步。在非对称规制条件下，新进入者可以利用新技术、新业务等后发优势，实现跳跃式发展。占据主导地位的传统运营商，尽管其家大业大，但受传统网络牵累，其在网络技术装备上落后于新进入者。为确保自身已有市场，在非对称规制的不利条件下，尽快适应市场对新技术、新业务的需要，主导企业将不得不增加投入，对传统网络设施进行技术更新、加快网络改造升级，这会在客观上起到促进传统企业技术进步的作用。

4．有利于提高产业和企业的国际竞争力

电信市场开放已经不再局限于一国本土范围，而要面向国际市场，实行对外开放。实施非对称规制政策，营造公平竞争环境，不仅有利于新兴运营商迅速地成长壮大，形成与传统企业抗衡的力量，而且有利于促使原先的主导企业改进技术和管理，提高服务质量和经营效率，从而增强产业和企业的国际竞争力。

12.3.3 非对称规制对象的认定

主导运营商是不对称规制政策重点规制的对象。对主导电信企业进行科学的认定，是非对称规制政策实施的前提和基础。确定主导电信企业的指标主要是企业的市场份额，因为这一指标能反映出企业是否具有市场支配能力。现实中，不同国家界定主导电信运营商的具体标准各不相同。

日本2001年颁布实施的《电信事业法》将电信企业分为“第一类电信经营者”“特殊第二类电信经营者”和“一般经营者”3类。政府不对称规制的重点对象是第一类和第二类电信经营者。日本基于电信市场中固定运营商和移动运营商的市场份额，推行非对称规制。在特定区域内，拥有固定电话线路数超过所有固定电话线路数1/2的第一类指定电信设备的企业和拥有移动通信末端设备超过该区域总数1/4的第二类指定电信设备的企业，在与其他电信企业的电信设备接续时，负有制定有关接续费用、接续条件条款的义务，并且在实施该条款之前必须报经总务大臣认可。考虑到拥有第一类和第二类指定电信设备的电信企业的市场份额及其可能的市场支配力和影响力，法律对接续条款的相关事项进行了具体规范，并提出了内容恰当、公开透明、平等非歧视等原则。

美国 1996 年颁布实施的新《电信法》打破了电信市场、无线市场、有线电视网络和互联网市场的藩篱，从此，各种电信、电视、网络厂商可以相互进入原来被人为分割的媒介市场。但是，为促进本地电信市场的开放，避免在位本地垄断性公司滥用垄断特权，新《电信法》依然确立了一定程度的非对称规制。新《电信法》将非对称规制的重点界定为"现有电信业务经营者"，其含义是：在电信法生效日之前已经开始运营，并且加入了"交换服务运营商协会"的电信企业。尽管新《电信法》并未对"主导"地位经营者的认定标准做出具体规定，但专门对 AT&T 和各本地贝尔运营商做出了列举。显然这些被列举的企业都是政府规制的重点。对于非贝尔系统的本地电话公司来说，在满足一定条件时，可以进入长途电话市场，而各地方贝尔公司则只能进入不在其垄断范围内的其他地区的长途电话市场。

英国遵循欧盟电信指令，区分了"主导市场力量"（Dominance）、"重要市场势力"（Significant Market Power，SMP）和"市场影响力"（Market Influence）3 种不同的概念，并且明确规定，只要满足了"重要市场势力"条件的企业，就应承担额外的法律义务。在其新《电信法》中，英国采纳了欧盟 2003 年新通过的电信管制框架指令，规定：一般企业在相关市场份额达到 25%，即可认为满足了"重要市场势力"的条件，但英国通信管理局（OFCOM）可以在此基础上结合自己独立的市场调查做出灵活变通的认定。可以看出，英国对不对称管制对象的认定标准是比较宽泛的，满足了"占有市场份额 50%"的标准，会被认定为主导企业，属于非对称重点规制当然的对象；但是只要达到"占有市场份额 25%"标准的企业，就会被认为是拥有"重要市场力量"；甚至于英国通信管理局还有权认定市场份额不足 25%的企业也具有"重要市场力量"，而同样被列入重点监管的范围。

我国《电信条例》第 17 条规定：主导的电信业务经营者，是指控制必要的基础电信设施并且在电信业务市场中占有较大份额，能够对其他电信业务经营者进入电信业务市场构成实质性影响的经营者。信息产业部 2001 年 5 月颁布的《公用电信网间互联管理规定》第五条规定：主导的电信业务经营者，是指控制必要的基础电信设施，并且所经营的固定本地电话业务占本地网范围内同类业务市场 50%以上的市场份额，能够对其他电信业务经营者进入电信业务市场构成实质性影响的经营者。这一界定标准只考虑运营商在固定本地电话业务市场的占有份额，而将移动运营商的市场占有情况排除在外。如今，移动通信对固定通信的替代作用日益增强。2008 年中国电信业第三轮重组和 2009 年年初 3G 牌照发放后，我国电信市场形成了三家具有全国性网络资源覆盖能力和全业务经营权的基础网络运营商。此后，随着三网融合的试点推进和移动转售业务牌照的发放，信息通信服务市场迎来了众多新的竞争主体。不同运营商在不同业务市场的竞争优势和市场地位是不一样的。为促进处于融合变革中的信息通信服务市场形成有效竞争的格局，有必要细分地域和业务市场，对不同地域和业务市场上具有支配地位的主导运营商的界定标准进行切合实际的调整，以便为政府实施有效的非对称规制提供依据。

12.3.4　互联互通的非对称规制

在规制实践中，相对于新兴企业、弱势企业，各国都倾向于对在位企业尤其是对主导电信公司实施更严格的规制。互联互通是世界各国电信监管部门实施非对称规制的重点领域。在互联互通问题上，一般认为，新兴企业之间、网络规模和竞争实力、市场地位比较对等的企业之间，比较容易通过正常的商业谈判的方式达成条件合理的互联协议。鉴于通过正常谈判达成协议条件，通常比行政介入的结果更合理，而且符合商业规则，所以很多发达国家立法上较少对这种情况做出强制性的规定。而当互联双方竞争实力不对等时，在位的主导电信企业为了维护自身巨大的垄断利益，很容易而且往往会利用自己的市场优势，通过各种方法如拒绝互联谈判、拖延谈判时间、在互联协议中提出苛刻条件等，来阻碍与新企业的互联，抑制新企业发展。因此，各国都倾向于对那些有可能滥用其优势地位的主导企业采取更严格的规制，在立法和规制政策中对其规定相比较小企业、弱势企业更多、更严格的强制性义务，合理限制这些企业阻碍竞争的行为，从而扶持新企业、弱势企业成长，支持它们尽快形成可以独立与大企业、主导企业抗衡的市场力量，最终实现电信市场公平有效的竞争。欧美发达国家政府有关互联互通非对称规制的法规政策和措施主要包括以下方面。

1. 规定主导运营商诚实信用地履行谈判的强制性义务

针对主导运营商可能滥用其优势地位阻挠谈判进程的情况，各国均在相关立法中规定了主导运营商"诚实信用地进行谈判"的强制性义务。在实践中，各国监管机构都倾向于将下列行为认定为违反诚实信用地履行谈判义务的行为。

（1）拒绝进行互联互通谈判或执行相关争议解决程序。

（2）无合理理由拖延谈判的进程或争议解决程序。

（3）利用自身优势地位提出苛刻的或有歧视性的协议条件等。

2. 规定互联协议中主导运营商提出的互联条件必须合理

除了规定主导企业必须积极履行互联协议谈判的义务之外，互联协议中主导企业开出的条件还应该是合理的。否则，新兴运营商仍然无法与主导企业进行真正公平的竞争。为保证互联条件的公正合理性，各国都通过立法，对互联协议中主导企业开出的互联条件做出了某些共性的规定，包括主导企业应保证在任何技术可行的条件下向对方企业提供互联互通；主导企业应承诺提供非绑定的互联产品以供新兴企业自主选择；互联互通的结算价格应合理等。

在实践中，互联协议谈判双方往往在互联合理费用价格的结算上产生很大的分歧，各国电信立法中均对"合理费用"条件做出了要求。其中英国目前已经建立了一个含有4个层面的架构来监管英国电信的互联互通批发价格。这一架构根据相关的互联互通市场的竞争强度将互联互通业务分为以下4类：竞争性标准业务；新的标准业务；预期的竞争性标准业务以及非竞争性的标准业务。同时在英国通信局（OFCOM）依据该指令做出的立法解释中，还对于拥有"重要市场势力"的企业对其基础网络设施巨额投资中的相关风险成本进行了一定的考虑。这样使英国企业间互联价格可以更"类似于竞争市场的水平"，从而达到使竞争具有效率和效果的目的。

3. 要求主导运营商对所有的互联需求方提供非歧视性的互联服务

目前各国立法都将非歧视原则作为互联协议的一项重要要求，其中以欧盟指令中的表述较为准确和全面。欧盟"接入指令"第10条规定：运营商对提供同样服务的企业，在同等条件下提供同等的互联协议条件，并且向其他企业提供与它提供给自己的用户、自己的下属机构或合伙企业同样内容和同样质量的互联服务和信息。

4．要求主导企业定期公布互联协议的相关信息，以利于相关企业查询

比较普遍的做法是要求主导电信企业公布某种"参考互联协议要约"，这也是 WTO 框架协议对其成员方电信业的要求。"参考互联协议要约"就是互联协议样本。要求主导企业公布"参考互联协议要约"等信息的目的和作用如下。

首先，有利于真正实现非歧视原则。因为主导企业公布其互联协议样本，其他要求互联互通的企业就可以申请查询并对比，以此确定自己是否获得了与其他企业，包括主导企业的利益相关企业同等的协议条件，以便维护自身的利益，避免受制于人；而主导企业自身在"参考互联协议要约"（以下简称"参考要约"）公布的情况下，也就很难再实施歧视性待遇了。

其次，有利于提高互联协议的达成和实施效率。因为公开"参考要约"可以节约交易双方的调查成本，缩短讨价还价的谈判时间，从而提高互联协议达成的效率，更有利于互联互通的尽早实现。

最后，有利于监管机构行使有效而适当的规制。在长期的电信规制实践中，各国监管机构都发现，互联互通的"事后监管"无法及时遏制主导电信企业的违规行为，会造成巨大的直接和间接损失。所以，监管机构必须对互联互通实施"事前控制""过程控制"式的监管，才能有效避免电信网络间联而不通、通而不畅的现象。然而监管机构毕竟不是市场的直接参与者，他们对于互联成本、互联适用技术等方面的信息，自然没有相关企业了解得多。因此，如果"事前控制"不适当或者过度，又容易产生市场机制作用不足的问题。通过要求企业公布其"参考要约"，监管机构就可以仅仅对这项要约的合理性进行审查而不干预企业纯粹的商业行为，同时，监管机构也可以利用"参考要约"督促主导企业实现非歧视的原则，这样就可以最大限度地提高互联互通的管制效率和效果。

5．设立临时互联互通措施

美国联邦通信委员会对互联协议达成前，主导电信企业提供某些临时互联措施进行了强制性的安排，以防止主导企业一方故意拖延互联协议的达成，从而保障有关电信运营商和用户的权益。临时互联互通措施要求，主导企业在与其他相关企业的互联协议尚未达成或未获批准之前，仍有义务提供临时的互联互通安排。而且主导企业方面在收到临时互联互通请求后，不应不合理地拖延或要求不合理的费率。

临时互联互通措施是美国电信法中一项比较有特点的规定。在电信规制实践中，临时互联互通措施往往能解决一些最现实的问题，不仅能够防止主导企业非正当的拖延谈判进而拒绝提供互联互通服务的现象，也可以减轻因暂时无法达成互联协议而对新兴企业及其用户造成的不利后果，有助于电信市场的新进入者迅速开始运营并发展。因此，引入临时互联互通措施的做法具有重要意义，值得各国电信规制部门借鉴。

12.3.5　非对称规制的相对性和时间性

在电信市场由垄断走向竞争的过程中，政府对具有不对称初始竞争条件的主导运营商和新兴企业实施非对称规制的主要目的是扶持新兴企业成长，促进电信市场开放和企业间的公平竞争。但政府的非对称规制是相对的，在程度和范围上应适度，因为主导企业与新兴企业竞争的不对称是相对的，而且会随着时间推移发生变化。相对于主导企业而言，新兴企业在某些方面也享有先天性的优势，如新企业没有传统网络的牵累，可以直接采用最新的电信技术；可以借鉴老企业的市场经营方式，减少投资风险；面对现成的市场状况，可以直接选择最具利润潜力的市场，实行"撇脂"策略；没有离退休和老龄职工的负担，可以组建年轻化、知识化、朝气蓬勃的员工队伍等。既然主导企业与新兴企业间初始竞争条件的不对称是相对的，那么，对主导运营商的不对称规制也应当是相对的，而且应当具有时间性。没有永久的不对称规制。随着市场竞争情况的变化，现在针对某些企业的非对称规制，将来可能会变成针对另外一些企业的规制政策。当参与互联、竞争的电信企业基本势均力敌时，所谓的非对称规制也就丧失了其存在的必要性了。所以，在短期内，为了扶持新兴企业成长而实行非对称规制有必要，但随着新兴公司实力的壮大，就应该及时取消不对称规制，否则，政府长期的非对称规制，就会成为电信市场开放和企业间公平竞争的人为阻力。

美国 1934 年《通信法》规定，所有电信经营者都有义务依照 FCC 的要求，向 FCC 提出有关调整资费标准的申请。为创造公平的市场竞争环境，FCC 采取了对具有支配地位的 AT&T 和 ROBC（本地贝尔公司）进行资费管制，对不具备支配地位的经营者不管制的"非对称管制"政策。随着竞争的不断深入，长途电话的市场占有格局迅速发生变化，FCC 也随即采取了逐步放松管制的政策，于 1989 年取消了对 AT&T 报酬率控制的管制，将其改为价格上限方式管理。随着市场竞争的变化，FCC 不断减少 AT&T 受管制业务的种类，并采取了更加简单的管制方式。到了 1996 年，FCC 放开了对 AT&T 的所有资费管制，使 AT&T 和其他电信公司一样可根据市场的需求自由定价。表明美国对电信市场的规制由非对称向对称转变。

2005 年之前，中国电信市场的规制是非对称的。作为主导运营商的中国电信、中国网通和中国移动的价格受到国家控制，中国联通和中国铁通的价格可以在主导运营商价格的基础上下浮动 10%。自 2005 年，上述规制政策开始发生变化，向对称规制转变。电信规制由不对称向对称转变是一个历史方向，但是中国作为发展中国家，要实现这一转变还需要较长的历史阶段。

12.4 通信规制实践

12.4.1 国外通信业规制实践

从 20 世纪 80 年代开始，世界不少国家的电信体制都经历了一场深刻的变革。在这场变革中，电信业由以自然垄断为特征的公共部门逐步转向了竞争性的民营部门。各国相继实现了电信业的政企分开，国有电信运营企业的股份化、民营化改造，解除管制，引入新的竞争者和电信业的对外开放。

1. 美国通信业规制实践

美国是世界上电信业务最发达的国家，也是目前开放程度最高的国家之一。但是，美国电信市场的开放并不是一蹴而就的，而是经历了一个长时期的渐进的过程。从电信服务产生至今，美国电信市场的演进变革与规制实践基本经历了以下几个阶段。

（1）专利垄断

1848 年，电报产生并获得商业上的巨大成功，促使人类开始寻找长距离传输声音的装置。

1876 年，贝尔申请电话功能模型的专利。1877 年和 1878 年，贝尔相继申请两项重要的电话核心专利。1877 年，贝尔及其合伙人成立了贝尔电话公司。当时贝尔的地区性运营公司主要提供本地电话服务，西部联盟的美国电话公司利用电报线路提供长途电话服务，并拒绝为贝尔公司提供电报线路。两家公司的网络互不联通，展开电话竞争。从 1878 年开始，通过向美国电话公司和其他竞争者发起专利侵权诉讼并最终赢得电话的唯一专利，美国贝尔公司成功地垄断了电话市场，直到 1893 年和 1894 年贝尔两项最基本的电话专利分别到期。

（2）早期自由竞争

贝尔电话专利到期之后，美国电话行业进入自由竞争时期。不到 3 年的时间，涌现出 6 000 多家独立的电话公司。它们和贝尔公司一样，提供电话租赁与服务业务，先在贝尔公司不提供服务的区域开展业务，然后逐渐向贝尔公司的地区发展。它们采用低资费的政策扩大市场占有份额。到 1902 年，在大约一半有电话服务的城市里，至少有两家电话公司进行本地电话竞争。美国电报电话公司（AT&T）（1899 年该公司接替美国贝尔公司成为母公司）大约有 3 200 个交换局和 80 万部电话，市场占有率不到 60%，而独立的电话公司有 6 600 个交换局和 60 万部电话。竞争使 AT&T 电话价格降低了将近一半。

（3）管制垄断

1934 年《通信法》确定了美国电信产业的管制体制，即维持垄断经营的电信市场结构，管制机构对垄断者进行必要的管制，以保证电话的普遍服务。在管制垄断时期，管制可以分为两类，即市场管制与行为管制。市场管制主要包括市场进入的管制与价格的管制两个方面。其他管制内容如互联、服务质量等则属于行为管制。追溯起来，美国的电信管制始于 1885 年。到 1914 年，有 34 个州和哥伦比亚特区对电话实行了某种形式的管制，这些管制包括制定价格、核准审批公共电信服务、互联要求和经营许可的发放。1934 年通信法生效及联邦通信委员会成立以前，这样的管制一直处于零星的、不系统的状态。对于本地电话业务，各州及地方政府根据本地实际情况与需要进行管制；对于州间电话的价格，1910 年的 Mann-Elkins 法赋予了美国州间商业委员会管制权，但该委员会没有实质性的价格管制行为。因此，美国电信业的规范化管制是从 1934 年开始的。1934 年的《通信法》确定了美国电信产业政府管制的法律框架，并将联邦无线电管理委员会管理无线电频率的职能与州间商业委员会管理州间和国际电话资费的职能合并，成立了专门的联邦通信管制机构——联邦通信委员会（FCC）。作为独立的管制机构，联邦通信委员会被赋予对通信产业进行管制的广泛权力，具体包括：价格管制权、设施与服务审批权、互联管制权等。联邦通信委员会对所有这些权力的行使，使州间长途通信的管制落到了实处。

（4）有限竞争

20 世纪 70 年代以后，美国在长话和用户终端设备领域引入部分或全面的竞争。AT&T 采取一切可用的手段给新的竞争者设置进入市场的障碍，主要体现在网络互联和电信资费上。AT&T 将竞争市场上的业务价格定得很低，以压倒竞争对手；而将垄断市场上的业务价格定得很高，以补贴竞争业务。AT&T 这种反竞争的做法受到普遍反对。从 80 年代起，美国电信业管制垄断的体制逐渐被打破，其过程大致可以分成两步：1984 年 AT&T 解体和 1996 年《电信法》生效。AT&T 解体促使长途电信市场引入了竞争；1996 年《电信法》的颁布实施推动本地市场引入了竞争。与此同时，联邦通信委员会通过一系列文件将增值电信业务置于管制范围之外，维护数据通信市场的竞争性格局。

（5）全面市场竞争

长途市场引入竞争的成功，使人们逐渐抛弃了自然垄断的观点，包括本地市场在内的全部电信市场都被看作竞争性市场。以 1984 年 AT&T 的解体为代表的美国模式加快了长途业务引入竞争的步伐，并以此为先导引起了世界各国以打破垄断引入竞争为核心的电信体制改革，从此世界电信业进入了电信市场对内开放和有限竞争的国内竞争阶段。然而，随着通信技术特别是光通信技术、移动通信业务、互联网的高速发展，以及用户市场对综合业务服务的巨大需求，这种人为分割电信市场结构的做法，不但没有解决本地网垄断的问题，而且还带来其他一系列严重后果。因此，美国自 20 世纪 90 年代开始调整电信政策。1996 年，美国出台新《电信法》，其主要目标有两个：一是打破长途与本地的界限，支持长途公司、本地电话公司互相进入对方市场；二是促进三网融合，即打破电信网、计算机网和有线电视网的界限，允许 3 类公司相互进入对方市场。

从美国《电信法》颁布后 5 年的情况看，美国电信市场融合的速度远远快于本地电信市场的开放速度。其现实结果是，1984 年以来美国电信市场形成的按业务与地区分割的界限已经被打破，单纯的长途公司或地方性公司不仅在激烈的电信市场竞争中难以生存，也不为资本市场所看好，实质上已不复存在，取而代之的是诞生的一批经营电信全业务的、跨地区和国际化的电信公司。1996 年后，不仅电信市场分业管制的结构被彻底打破，其管制的目的也发生了根本性的改变，促进全面竞争并通过竞争逐渐放松管制成为管制政策的基本目标。

（6）回归适度垄断

开放政策推动了大量小型电信公司的诞生，使市场出现了短暂的繁荣。然而，技术的快速升级和电信业过度的竞争，导致许多电信公司破产倒闭。由于市场过于分散使得交易成本剧增，阻碍了电信技术的发展以及规模经济的形成，许多电信公司因收益过低而纷纷倒闭或者被收购。最终，美国电信业为了减少竞争对手的数量，开始通过并购重新形成寡头垄断。并购后的美国市场格局发生了很大的变化，无线移动市场整合成五大运营商。而 Cingular 无线、Verizon、Sprint-Nextel 更是强化了移动通信领域的垄断格局，形成三足鼎立的态势。但同时并没有使市场竞争变得平和，反而向更加白热化趋势发展。

2. 欧盟通信业规制实践

20 世纪 80 年代以前，电信业在欧洲还不是一个很重要或很活跃的部门。80 年代以后，随着经济发展对电信需求的不断增加，欧盟各国纷纷加大电信基础设施投资，但仍保持国有垄断的特性。

1993 年欧盟理事会决定，自 1998 年起，完全开放欧盟电信市场；在欧盟内部实行竞争原则；要求各国重新制定相关法规，改变原垄断经营法规为适应竞争要求的法规；实行政企分开、邮电分管、信息通信政策的制定机构和电信管理机构分离；实行电信运营企业公司化；加强垄断性质的公司与新的竞争公司之间的战略合作等。

在欧盟国家电信市场开放的进程中，最具代表性的是法国和德国的市场开放经验。

法国电信（France Telecom，FT）原是国有公司，1991 年正式实行政企分开，1993 年法国政府决定对 FT 进行股份制改造。1997 年，该公司 23.2% 的资本在巴黎和纽约上市，国家仍保留了 76.8% 的份额。法国 1996 年颁布的新《电信法》规定，国家对法国电信公司的资本控制权不得低于 51%。1997 年法国成立了独立的电信管制机构。为应对法国电信市场开放，法国电信公司和德国电信公司各出资 50%，成立 Atlas 公司，在此基础上，又吸引美国 Sprint

公司加盟，组建了 Global One。1998 年是法国电信市场垄断和竞争的分界线，在此之前，基础电信业务由政府保护，法国电信实行垄断；其后，电信业务市场全面开放。到 1998 年，法国已有 16 家电信运营商，其中获得一位长途冠字的运营商有 7 家，可以经营长途、本地、固定、移动、语音和数据业务；向管制部门申请冠字未得批准的运营商有 5 家，其经营业务范围较窄；其他无须申请冠字的运营商有 4 家，其规模较小。

1989 年以前，德国整个邮电系统由国家垄断经营。1989 年德国实行第一次邮电体制改革，联邦德国邮电企业一分为三，组建了德国电信、德国邮政和德国邮政银行 3 个国有全资公司，实现政企分开，财产分割，各公司财务独立，按各自商业目标独立经营。1995 年德国进行第二次邮电体制改革，3 家邮电企业都改组为独立的股份公司。1996 年 7 月德国出台的新《电信法》批准按照欧盟制定的开放时间表，德国在 1998 年结束电信垄断开放市场，同时制定了新竞争环境下电信市场的规制，包括：电信市场准入原则上没有任何限制；对外国公司获取许可证和购买国内公司股份不进行任何限制；制定专门的经营法规以保证公平竞争；成立独立的电信管制机构等。德国在 1998 年开放了固定电话长途业务后，长途电话的价格第一年下降了 41%，第二年下降了 13%。原有的垄断企业德国电信虽然采取了降低价格、提高服务水平、裁减多余人员、引入专业管理人员等措施，但是仍然失去了很大一部分的市场份额。

欧盟为建立其统一的市场，正在逐步建立并实施欧盟范围内统一的电信管制框架。欧盟多数国家电信业改革与日本的做法接近，其特点是，保持原有的国家主体电信企业，继续在全国经营各类电信业务，但实行政企分开；进行公司化和股份制改造，并同时发放一批新的经营许可证。国家通过立法对主体电信企业进行监管，以扶植竞争对手，逐步形成有效竞争。短短几年内，造就了一批经营全业务的、国际化的、具有较强竞争实力的主体电信企业，如英国电信、法国电信等，其在全球市场上的竞争实力与美国电信巨头不相上下。

3. 日本通信业规制实践

20 世纪 50 年代，日本国内通信服务由政府全额出资的公共法人日本电信电话公社（NTT）所垄断，国际通信服务由国际电信电话股份公司（KDD）所垄断。作为日本电信业的核心企业——日本电信电话公社，处处受到政府的管制和干预。日本电信电话公社的决策机构是经营委员会，经营委员会的委员由政府任命并须经众参两院同意；从事日常经营的总裁和官员也由政府任命；预算须经内阁会议决定、国会表决；决算须经会计检查院检查并接受国会审查；价格原则上由国会表决决定。

20 世纪 60 年代以后，信息技术有了发展，为新企业进入自然垄断领域提供了所需的技术基础，通过规制垄断市场结构的做法日益显现出弊端。在这种情况下，日本开始放松对电信业的规制。1971 年日本修改了《公共电信法》，对从事增值通信业务的企业第一次部分开放公共线路。1981 年，日本成立行政调查会，该调查会针对国铁、专卖公社和电信电话公社经营效率低的状况，在 1982 年提出对三公社实行民营化，并建议在电信领域引入竞争，实行分割经营，使之经营管理规模合理化。以此为背景，日本废除了《公共电信法》，并于 1984 年制定了《电信事业法》，开始允许其他企业进入电信领域，使以往电信业垄断的市场结构发生了很大变化。同时，为了改变电信电话公社组织运营效率低的状况，日本制定了《日本电信电话股份公司法》。依据该法，1985 年，日本电信电话公社开始实行民营化，改组为日本电信电话股份公司即 NTT。但是，分割经营计划却由于集团利益等原因被搁置了下来，从而使民营化以后的 NTT 在长途和市内通信网络方面仍保持一定程度的垄断经营。另外，根据《电信事业法》，日本将电信企业分为第一种电信企业（拥有通信线路并提供电信服务）、特别第二种电信企业（没有通信线路而是借助第一种电信企业提供附加价值通信网等通信处理服务）和一般第二种电信企业（中小企业的附加价值通信网）几种形式。每一种形式的企业在开业和提供服务前都要办理必要的手续。依据这种分类，NTT 和 NCC（新成立的电信企业）都是第一种电信企业，尤其是 NTT 更有法律义务来确保全国电话服务的稳定供应。可见，20 世纪 80 年代电信改革使日本电信体制发生了重大变化。

日本主体电信企业 NTT 的体制改革最早开始于 1982 年，日本政府"第二次临时调查委员会"在 NTT 民营化的报告中，第一次提出以分割 NTT 为核心的改革方案，主张将其分成运营主干网络的"中央公社"和若干个"本地公社"。然而，"分割案"受到包括邮政省、NTT在内的政府部门、企业等各方的强烈反对，被迫冻结。1990 年，邮政省电信审议会再次提出长话、市话分割方案，即将 NTT 分成一个长途公司和一个本地公司，但由于大藏省、经济界、企业界的强烈反对，再次被迫冻结。

1996 年 12 月，邮政省决定将 NTT 的分割变成企业内部重组。NTT 的重组不但没有分割，其实力反而有所增强，成为业务收入世界第一，经营本地、长途、移动、数据全业务的现代电信公司。

在经历了破除垄断、引入竞争的阶段之后，日本政府逐步把市场格局从管理竞争引向自由竞争，放宽市场准入、废除外资限制和供求限制、放宽对资费价格和设备使用的限制。政府针对市场结构，进一步完善法规，在法规的约束下促进自由竞争。

进入 20 世纪 90 年代，日本进一步改革电信体制。1992 年，日本决定部分放开对外资的限制，外资可拥有 NTT 和 KDD 20%的股份，政府在 NTT 中的股份下降到 1/3。1997 年，日本内阁修改了 4 项电信法律，取消了 NTT 和 KDD 以外的第一类电信企业中外资持有股份的限制，取消对手机发放许可证的规定，实行新的互联政策，计划将长期居于世界电信运营商之首的 NTT 公司分割重组为一家长途公司和东、西两家本地公司，统一由控股公司领导。1998年 KDD 公司开通了市话业务，正式进入国内电信市场。新电信公司 DDI 于 1998 年接入 NTT市话网经营本地业务，同时准备进入国际业务市场，实现国际、长途和本地业务的无缝连接。

1999 年日本 NTT 的固定电话进一步分解为 3 个公司，即东日本电信公司、西日本电信公司和 NTT 传输，前两者负责 NTT 传统的固定电话业务。但是，NTT 的分拆完全没有取得预期的效果，因为两者之间基本无法形成竞争，只是由一家垄断变成两家寡头独占。

12.4.2　我国通信业规制实践

1．改革前我国通信业的体制状况

（1）邮电部的成立

中华人民共和国成立后，政务院下设邮电部，中国邮电事业走向新的历史阶段。针对我国历史上 70 多年来邮政和电信分营的现实，当时采取了"统一领导，分别经营，垂直系统"的体制，即邮政和电信由邮电部统一领导，部内设邮政总局和电信总局，分别经营邮政和电信业务。根据邮电部直接组织通信和经营管理的原则，确定了邮电部的 5 项基本任务是：对全国国营邮电事业之企划、经营与督导；对国家法律许可范围之内之私营电信、业余无线电信与学术研究性的电信实行管制；组织、经营与管理对国外的邮政、电信通信；统一管理航务电信网；举办邮电业务的各种事业及附属事业。

（2）第一次"邮电合一"

邮政和电信经过短暂的分管阶段以后，政务院决定对邮政和电信企业实行中央集中统一的领导体制。1950 年，实现邮政、电信企业行政管理领导的合一，即在邮电部集中领导下，部内实行专业分工，区管理局以下实行"邮电合一"。邮政总局和电信总局不再成为一级领导机关，电信总局被分为长途电信总局、无线电总局、市内电话总局。至此，形成了邮政总局、长途电信总局、无线电总局、市内电话总局 4 个业务职能局，改变邮政、电信分别经营的体制。凡属邮电重大决策以及人事、财务、综合计划、国际邮电事务等都集中于邮电部。部属各专业总局只按专业分工对各级邮电机构进行业务指导。同时，按照国家行政区划，设立大行政区和省、自治区、直辖市邮电管理局。

实行"邮电合一"体制以后，全国各邮电企业除大城市及部分省会城市，由于业务种类较多、业务量较大，仍然分设邮政局和电信局外，其余各级邮政局、电信局均陆续合并为邮电局，其管理机构合署办公，营业局所按实际情况合营或分营邮政和电信业务。至此，在全国形成了四级管理的邮电体制，即邮电部——各大行政区邮电管理局（华北各省邮电管理局和北京、上海、天津的通信企业直属邮电部领导）——省、自治区邮电管理局及各大区邮电管理局直属的邮政局和电信局——各一、二、三、四等邮电局。

（3）邮电管理体制的进一步调整——形成三级管理体制

为了加强各级地方政府对邮电工作的领导，从 1953 年开始，改变邮电部门垂直体制为实行邮电部和地方政府双重领导，业务管理以邮电部门为主的管理体制。1954 年，大区邮电管理局随着大行政区建制的改变，改为大区办事处。当时，县邮电局的地位和责任还不够明确，绝大部分还没有成为一级核算单位，这就影响了计划经济的实施。针对存在的问题，邮电部在 1955 年再次对邮电企业的管理体制进行了调整。经过调整，县邮电局作为一级企业，负责县域内的邮电工作，是指令性计划的执行单位。直辖市或比较大的省辖市邮电企业，可以根据邮电业务量和通信设备状况等标准，分设两个或以上的独立企业，以专门经营邮政、报刊发行、市内电话、电报、长途电话等业务。至此，形成了以邮电部——省（自治区、直辖市）邮电管理局——县邮电局为主体的三级管理体制。

（4）邮电企业下放

1958 年，邮电部将邮电企业下放给地方政府管理。除北京通信企业和国家一级干线仍由邮电部领导外，所有省、直辖市、自治区的邮电企业全部下放给地方政府，实行以地方政府为主的领导体制。邮电部负责国家一级通信干线的建设和指挥调度，省、直辖市、自治区的通信网络建设，则列入地方计划。

（5）调整邮电管理体制

邮电企业下放期间的实践证明，把通信管理权层层下放，造成了建设无计划、通信无秩序、调度失灵的严重混乱局面。为了加强全国邮电工作的统一领导，恢复全程全网的正常秩序，首先需要调整邮电管理体制。国家从 1962 年开始实行新的管理体制。管理体制的调整，加强了邮电部对邮电通信的集中领导，统一了一级干线建设计划和全程全网的指挥调度，恢复了正常的通信秩序；同时还加强了业务管理、经济管理、干部管理和政治思想工作，使邮电事业的继续发展有了人才和物质保证。

（6）第二次"邮电分营"及邮电部的撤销

1967，中共中央、国务院、中央军委决定对邮电部实行军管，由邮电部军管会领导全国邮电工作。1969 年，中华人民共和国邮政总局和中华人民共和国电信总局成立，从上到下实行邮电分设。邮政总局归国务院领导，由铁道、交通、邮政合并后的交通部管理；电信总局由军委总参谋部通信兵部管理。全国邮政工作实行由邮政总局统一领导的体制，邮政通信的指挥调度保持了集中统一。电信划归军队领导以后，省、直辖市、自治区电信局和地、市、县的电信局分别划归省军区和军分区、市县人民武装部领导，参照军队的建制和管理办法，把原来统一的通信组织管理、规章制度、指挥调度等全部打乱了，造成了通信上的很大困难，留下严重后果。

（7）第二次"邮电合一"

邮电部被撤销后，电信工作由军事部门领导，给开展业务工作和对外交往都带来许多不便，邮电为经济建设的服务工作有所削弱。邮政、电信分开，增加了机构人员，也不方便群众。因此，中央重新考虑邮政部分从交通部划出来，电信与邮政合并，恢复邮电部。从各省、自治区、直辖市邮电管理局到各地、市、县邮电局，都得到了恢复。同时，邮电科学研究院、邮电部设计院等单位也相继恢复。1973 年邮电再次合一后，全国恢复了以邮电部为主的邮电管理体制，邮电各项计划实行中央和省、自治区、直辖市两级管理。

（8）邮电管理体制的调整

1979 年，为了发挥中央与地方两个积极性，根据"调整、改革、整顿、提高"的方针，国务院发布文件规定："邮电通信是党和国家的神经系统，是国民经济的先行部门，它具有全程全网、联合作业的特点。为了有利于国家通信网的统一规划和建设，有利于通信的统一指挥调度，有必要对邮电管理体制进行调整，实行邮电部和省、市、自治区双重领导，以邮电部为主。"这种管理体制既符合邮电通信全程全网联合作业、社会化大生产的要求，有利于国家邮电主管部门对全国邮电网统一规划布局，统一技术业务管理，统一指挥调度和经济上的统一核算，又符合邮电机构遍布城乡、点多面广、服务地方的要求，有利于地方党政部门对当地邮电事业的领导和支持，有利于调动各方面的积极性，这就把必要的集中统一和因地制宜结合起来，促进了邮电事业的发展。

2. 改革以来我国通信业的体制状况

1980 年之前，我国电信业的基本体制是政府部门直接垄断经营公用电信业。但由于国家对电话资费实施严格规制，电信业基本不盈利甚至亏损，电信基础设施及服务短缺成为制约经济增长的瓶颈之一。此后，政府开始实施电信管理体制改革并放松价格规制，采取对邮电业实行中央和地方双重领导、允许邮电部门征收电话初装费等措施，促进了电信业的迅速发展，但电信业政企合一体制下的行政垄断弊端日益突出，公众对电信服务质低价高的状况很不满意。

1994 年，中国联通公司成立，邮电部独家垄断国内电信市场的局面开始被打破，中国电信与中国联通双寡头的竞争使基本电信服务市场效率得到改进。在联通公司进入的移动通信市场，入网费和资费大幅度降低。但由于管理体制上的限制，初期并没有形成电信市场的有效竞争。

1998 年 3 月，政府机构改革，在电子部和邮电部的基础上组建信息产业部，随后电信业实现了政企分开。1999 年 2 月，信息产业部决定对中国电信拆分重组，将中国电信的寻呼、卫星和移动业务剥离出去。原中国电信拆分成新中国电信、中国移动和中国卫星通信公司 3

家公司，寻呼业务并入中国联通。此外，为了强化竞争，政府又给网通公司、吉通公司和铁通公司颁发了电信运营许可证，电信市场运营主体进一步走向多元化，初步形成分层经营的格局，但电信业有效竞争的局面仍未形成。

2001 年 12 月，信息产业部再次对中国电信进行分拆和重组，成立了新的中国电信和中国网通。经过这一轮重组，我国电信市场形成了中国电信、中国网通、中国移动、中国联通、中国卫通和中国铁通 6 家运营公司在不同的电信市场竞争经营的格局。

2008 年，为促进工业化和信息化融合，国务院实施新的机构改革方案，撤销信息产业部，组建工业和信息化部。同年，中国电信市场再次重组，之后于 2009 年 1 月发放 3 张 3G 牌照，形成 3 家全业务电信运营商。经过近 10 年的电信改革和重组，目前我国电信市场在所有业务领域都有 3 家或 3 家以上的公司经营。2001 年 11 月 10 日我国正式加入 WTO，标志着我国电信市场将融入国际市场，逐步对外开放。为履行入世承诺，2006 年我国取消地域限制，国外跨国电信公司可以进入我国市场，电信市场竞争更加激烈，增值业务市场竞争更趋白热化。

在全业务经营和融合竞争的背景下，2010 年我国开始试点推进三网融合，打破了电信、广电、互联网 3 大行业因原先的市场准入限制所造成的行业垄断，信息通信服务市场的竞争更加充分。为鼓励、支持民间资本进入电信业，充分发挥其灵活创新的优势，满足用户个性化、差异化的应用需求，2013 年 1 月 8 日，工信部发布《移动通信转售业务试点方案》，开始实施为期两年的移动通信转售业务试点。2013 年 12 月 26 日，第一批移动转售业务牌照发放，产权清晰的中资民营企业发展成为移动通信市场重要的经营和竞争主体。

回顾我国 20 多年来的规制改革实践，可以发现，我国电信业的体制创新，选择的是"自上而下"的模式。经过 3 次大的分拆、重组之后，面对日趋多元化的竞争环境和迫在眉睫的市场监管，我国电信运营体制的改革正在由以往的政府行政化主导向企业市场化主导转变，即改革正在由"政府牵着企业改革"的自上而下的被动状态向"企业主动寻求体制创新"的自下而上的格局转变。

12.4.3　融合背景下通信规制的发展

1. 三网融合对分业监管体制的挑战

（1）分业规制政策现状

鉴于过去广电网与电信网的技术与标准不同，业务界限与监管目标存在较大差异，所以长期以来广电与电信的网络和业务是互不相干，管理体制与机构也全然不同。电信业的竞争性较强，政府监管主要针对网络，侧重于网络的经济管制；而世界多数国家的广电业竞争性较弱，政府监管强调对网络和内容的统一监管，重视社会政治目标。技术、业务及规制目标的差异导致了广电与电信业长期分业监管体制的存在。

在我国，电信和广电历来也是两个不同的行业，对应着不同的规制部门和监管法律。工业和信息化部是电信行业的管理机构，负责电信运营商的牌照发放和电信企业互联互通等经营性事务的管理，同时还负责频率资源的管理分发以及电信服务质量的管理，但却不拥有独立的市场准入、价格监管权。广电部门则同时受广电总局、文化部等部门的管理，这也是由广电部门作为党和政府的喉舌以及"条块结合、以块为主、分级管理"的实际情况所决定的。互联网行业的管理部门则更加复杂，工信部负责管理 ISP、ICP 业务，同时，广电总局、国务院新闻办、文化部、公安部、国家保密局等都对网络内容进行管理。电信部门的规制政策有《中华人民共和国电信条例》《互联网信息服务管理办法》和《互联网新闻信息服务管理规定》等；广电部门的规制政策包括《广播电视管理条例》《电影管理条例》《广播电视设施保护条例》和《互联网等信息网络传播视听节目管理办法》等。具体的规制职能、依据和行业比较如表 12-1 所示。

表 12-1　　　　　　　　　　广电和电信的规制职能、依据和行业比较

	国家广电总局	工业和信息化部
职能	内容规制、广播电视产业规划	电信行业的规制、信息产业的规划
规制依据	• 《有线电视管理规定》 • 《广播电视管理条例》 • 《广播电视设施保护条例》 • 《电影管理条例》 • 《互联网等信息网络传播视听节目管理办法》	• 《中华人民共和国电信条例》 • 《互联网信息服务管理办法》 • 《互联网新闻信息服务管理规定》 • 统一的《电信法》尚未出台
行业	广播、电影、电视	通信、互联网

在三网融合之前，上述分业经营、分业监管的体制，与当时特定的技术、市场和经济发展阶段相适应，为保障电信、广电、互联网三大产业的健康发展发挥了重要作用，具有历史合理性。

（2）三网融合对分业规制体制的影响

三网融合是信息通信技术进步的必然趋势。三网融合涉及技术、网络、业务、终端、市场等多个层面，其实质是语音、数据、视频三类业务应用的融合。政府法规政策允许电信、广电、互联网三大行业两两双向业务进入，意味着电信、广电、互联网在部分乃至全部业务上的交叉重叠。而分业监管的体制使得整个三网融合产业由于行业划分的不同，分别处在不同的部门监管之下，多头管理、政出多门。技术的发展如今打破了传统的产业分立的局面，使得产业边界日趋模糊。融合的产业发展趋势导致监管对象的业务范围在趋同，造成原有的各个监管部门的监管领域也必然产生越来越多、越来越复杂的交叉重叠。这就在客观上要求对原先分业监管、多头监管的体制进行变革，以适应产业融合发展的要求。多头管理的一个弊端就是政出多门，各部门各自为政，缺少统一的指挥，在制定政策法规时都不自觉地站在本部门的利益立场上，部门之间的协调性差，造成资源的浪费和规制效率的低下。

2. 世界其他国家三网融合规制政策借鉴

（1）美国的三网融合规制政策

① 颁布新电信法，支持电信与广电不对称进入。美国是最早尝试三网融合的国家。1996年2月，美国颁布实施新《电信法》，自此，从法律上彻底解除了对三网融合的禁令。为了打破电信、互联网和有线电视之间的界限，促进三网融合发展，新《电信法》支持电信与广电的不对称进入，即通过实施非对称管制政策，为有线电视公司进入电信市场创造更为宽松的条件。新《电信法》第 621 条 b 款规定："如果有线电视系统运营商及其附属机构从事电信服务，将不必为其提供电信服务获取特许权。特许权管理机构不得禁止或限制有线电视系统运营商及其附属机构提供电信服务，也不得对其服务施加任何条件"。同时，"在有线电视公司要提供电话业务而介入电信领域时，电话公司要允许其与电话公司的网络相互接通"。新《电

信法》也为电信公司进入有线电视市场打开了大门。但新《电信法》对电信运营商经营视频业务的规定则较为严格。该法第 310 条 d 款和第 651 条规定："如果电信运营商要经营视频业务，必须要重新申请相应营业执照"。新《电信法》推动三网融合的非对称管制政策，给美国有线电视网络提供了良好的发展契机。美国的有线电视网络运营商们也紧紧抓住了政策机会，在融合业务很多领域的扩展上，比电信运营商更具优势。

② 设立统一的融合监管机构，进行分类监管。1996 年美国电信法以法律形式授权联邦通信委员会（FCC）对广播电视和电信业进行统一监管、综合监管。所以，FCC 是世界上率先实现融合监管的机构。当然，为了更好地履行监管职能，FCC 内设了有线竞争局和媒体局，分别负责监管电信业和广电业。这样做的好处是各部门分明确、监管职责清晰，便于监管的高效实施。同时，在 FCC 统一政策框架下，内部协调解决融合监管中的各种问题。

（2）英国的三网融合规制政策

① 颁布新的《通信法草案》，准许广电和电信双向进入。英国是全球实施三网融合较早的国家。从 1997 年起，英国政府逐步取消了对公众电信运营商经营广播电视业务的限制。自 2001 年 1 月 1 日开始，电信运营商可以在全国范围内经营广播电视业务。2003 年 7 月通过的新的《通信法草案》明确规定：传统广电和电信实行双向进入，对电信业采取竞争开放监管的办法，经营电信业务实行一般授权制，即申请电信业务经营即可，不需要许可证。但对广电业的准入相对严格，申请经营广播电视业务需要申领许可证。对于融合新业务，广电和电信企业均可经营。

② 建立统一的监管机构，进行融合监管。2000 年 12 月，英国政府在《通信新未来》白皮书中提出：将现有的 5 家单位包括规制机构、独立电视委员会、广播管制局、广播标准委员会和无线通信管制局合并，成立新的监管机构——通信管理局（OFCOM），对电信、有线电视等进行统一监管，以适应产业融合带来的新挑战。2003 年 7 月，英国通过了新的《通信法草案》。根据该草案，英国设立了新的独立统一的监管机构，全面负责对英国电信、电视和无线电的监管，从而正式确立了 OFCOM 的法律地位。如同美国 FCC 一样，英国 OFCOM 内部也实行横向分层监管，具体分为电信业监管、广播电视业监管、无线电通信业监管和媒体内容监管等，还成立了专门的内容理事会，负责广播电视内容的审查。

可以看出，在三网融合监管方面，英国的做法最为彻底和典型，这就是强调统一、融合的监管理念，遵循的规制原则就是融合原则。OFCOM 的成立，大大降低了规制机构间的协商成本，提高了规制效率，主要表现在加快问题处理的速度，缩短解决纠纷的时间等方面，从而极大地促进了英国网络融合产业的发展。

（3）日本的三网融合规制政策

日本是亚洲较早开始发展三网融合业务的国家。近年来，在相关法规政策的大力推动下，日本的三网融合发展迅速，手机电视、VOIP、IPTV 等融合业务的商用已普遍出现。

① 制定系列法规政策，推动三网融合发展。早在 2001 年 12 月，日本 IT 战略本部在《IT 相关规制改革的方向》的报告中，就提出要推进通信与广播电视的融合。2002 年 IT 战略本部第 9 次会议再次对通信与广播电视的融合进行专题研讨，提出电信和广播电视事业可以互相自由渗透和兼容，实现基础设施的灵活运用与共享，并充分发挥数字化和宽带网络的作用。这就是日后日本三网融合政策框架的雏形。

在有关三网融合的针对性立法方面，2001 年，日本国会通过了《利用电信服务进行广播电视服务法》，旨在促进通信和广播电视业在信号传输方面的融合，使通过通信网络进行的广播电视事业法制化。该法案的施行，为通信和广播电视业之间的相互进入以及资源共享，提供了重要的法律保障。

技术开发与融合对三网融合十分重要。2001 年，日本正式实施的《通信与广播电视融合相关技术开发促进法》，明确了通信与广播电视融合相关技术的范围，确定了对该类研发活动实施补助的政策。

在国家战略方面，日本政府于 2006 年 1 月发布了《U-Japan 推进计划 2006》，通信与广播电视的融合与合作被确立为 2006 年的工作重点之一。2006 年版《信息通信白皮书》中，也首次用一节的篇幅，阐述了通信与广播电视融合的相关问题。

法律体系的条块分割，一直是阻碍日本三网融合进程的重要因素。为此，2006 年 8 月，日本总务省正式启动了对新法律体系的系统性研究，并于 2007 年 6 月公布了通信、广播电视法案研究会关于《信息通信法案》的中间报告。该法案将电信与广播电视领域的各种服务内容统一起来，从信息传递过程的视角来审视立法与规制行为。在此基础上，2008 年 2 月，日本总务省向信息通信审议会发出了题为《建立完善的通信与广播电视综合法律体系》的咨询案。综上所述可以看出，日本有关三网融合的法规政策处于不断调整完善之中，其决策过程开放、灵活，与国家战略和实际需要高度契合，在实践中取得了较好的效果。

② 建立统一的管理机构融合监管。为保证三网融合的顺利推进，日本在 2001 年建立了统一的融合的监管机构即日本总务省，负责对广播电视和电信行业进行管理。总务省下设信息通信政策局，负责统一制定有关广播电视及通信事业发展的政策。另外还设立了综合通信基础局，用来对信息通信事业、通信及广播电视相关业务进行规范监督。

为保证三网融合和信息通信决策的科学性、合理性，日本总务省还设有独立行政法人信息通信研究机构以及信息通信审议会。研究会、审议会、咨询以及意见征集的决策体制，在日本发挥着十分重要的作用，这也是"官产学"结合的体现。以"通信与广播电视综合法律体系"的决策过程为例。首先，在前期研究阶段通过组建研究会，对相关问题进行研究，提出法律体系的概念框架。而后以咨询案的方式提交给审议会，由审议会对概念框架进行细化，提出具体建议、形成报告草案并在广泛征集意见后形成最终版本，再根据报告提出法律修正案，提交国会讨论。研究会与审议会的组成人员以高校学者以及民间研究机构的研究人员为主。在研讨过程中，还广泛邀请 NTT、日本放送协会（NHK）等利益相关方的代表参与讨论。形成草案之后，还会向这些机构征询意见，最后提出最终版本。事实证明，研究会与审议会所提出的大部分建议，都被应用在了最后提出的法律修正案中。开放灵活是这一决策体制的优势。但这种体制如果操作不当，也有可能导致决策周期过长等问题出现。

3. 融合竞争环境下我国通信规制发展方向

（1）融合规制法律基础的构建

国外三网融合的成功经验表明，规制立法先行，再根据三网融合的发展现状依据法律进行机构调整、管制治理，有助于保持政府融合规制的独立性和有效性。而我国当前的情形是《电信法》和《广播法》缺位，而仅有《电信条例》和《广播电视条例》。这两部条例是电信和广电行业主管部门起草的部门法规，具有明显的行业、部门保护色彩，甚至相互间存在一些矛盾和冲突。随着三网融合的推进，我国有必要构建一部能对电信、广电、互联网三大行业进行融合监管的综合性法律，以保证融合产业的发展，使各运营主体在融合的法律框架下进行资源重整、市场竞争，并切实整合监管机构，解决融合业务市场的监管问题。

（2）融合规制机构的建立

在很多发达国家，监管部门是既独立于企业又独立于政府的机构。我国电信监管部门在一定程度上已经实现了独立，但广电产业仍是"政企合一"。建立独立、统一、融合的监管机构，要求打破行业壁垒，消除体制障碍，并积极调整工信部和国家广电总局等政府部门的相关职能，在广电部门实行政企分开的基础上，将工信部和广电总局合并重组。三网融合背景下，推动原先分业监管机构的重组，对电信、广电和互联网产业的规制进行整合，实现相互制衡的监管，有助于减少规制部门的机会主义行为和提高企业俘获管制部门的成本，并进一步实现监管部门的独立性。

（3）融合规制政策的出台

为了实现三网融合后各市场主体良性竞争、有序发展，有必要完善规制政策，实现科学规制。完善融合业务许可证制度，可规范市场主体的经营资格和竞争行为，有助于形成全方位竞争的市场结构。广电总局和工信部分别拥有广播电视和电信资源，并对这些资源实现垄断，表现为颁布许可证、牌照、入网证等。而这些资源正是三网融合所需要的关键资源。部门之间的限制会阻碍三网融合的推进，因此，有必要尽快调整变更业务牌照和许可证发放制度，消除部门及行业间的准入壁垒。一方面，要公布业务牌照和许可证发放的条件及流程，便于监管部门、企业和社会公众监督；另一方面，应简化申领证照的程序，对广电运营商经营电信业务的许可证发放应适当放宽条件。从规范、公正和产业融合发展的要求出发，业务经营牌照和许可证应当由独立的融合监管机构来发放。从这个意义上讲，也有必要加快从分业监管向融合监管的转变。

三网融合背景下的政府规制改革在我国还将经历一个渐进的过程。三网融合规制政策应以技术融合、市场融合为契机，破除垄断，促进市场竞争。上升到法律层面对三网融合进行规制重构，应处理好规制细节，如机构调整、职能划分、监管授权、监管程序等。只有建立起符合三网融合发展要求的规制架构体系和机制，各运营商才可以更为积极地开展融合业务，网络资源也才能得到更为充分有效的利用。

复习思考题

1. 分析网络外部性及其对通信业发展的影响。
2. 分析政府对通信业规制的必然性。
3. 简述通信业规制的目标与主要内容。
4. 何谓不对称规制？分析政府监管部门实施不对称规制政策的依据以及应当注意的问题。
5. 简述政府对电信网间互联互通实施非对称规制的必要性及主要内容。
6. 三网融合的背景下，政府对融合产业应如何实施科学有效的规制？

名　　称	定　　义
通信	信息的传递
信息	广义的信息指的是，一切客观事物之间影响的总和。狭义的信息指的是，客观事物相互之间发生的影响中已经被人们认识到的或感觉到的那一部分，特别是指被人们认为是有价值的那一部分
邮政通信	利用交通运输工具，通过实物的空间位移实现信息传递的通信方式。
电信通信	通过将信息转换成光电信号经过传输再转换成信息的方式传递信息的通信方式。
数据通信	以传输数据为业务的一种通信方式，是计算机和通信相结合的产物；是依照一定的通信协议和传输技术在计算机与计算机，计算机与终端以及终端与终端之间的通信，可实现计算机和计算机、计算机和通信终端以及通信终端与通信终端之间的数据信息传递。计算机直接参与通信是数据通信的重要特征
宽带	指能够满足人们感观所能感受到的各种媒体在网络上传输所需要的带宽，一般是以拨号上网速率的上限 56Kbit/s 为界，将 56Kbit/s 及其以下的接入称为"窄带"，以上的接入方式则归类于"宽带"
移动互联网	就是将移动通信和互联网二者结合起来，成为一体
物联网	是指"物物相连的互联网"，即利用二维码、射频识别（Radio Frequency Identification，RFID）和各类传感设备，按照约定的协议，将任何物体与互联网相连接，进行信息交换和通信，实现物与物、物与人之间的交互，进而实现对物体的智能化识别、定位、跟踪、监控和管理的一种网络。物联网的体系架构可分为3层：物联网感知层、物联网传输层和物联网应用层
云计算（Cloud Computing）	是基于互联网的相关服务的增加、使用和交付模式，通常涉及通过互联网来提供动态易扩展、虚拟化的资源。云是网络、互联网的一种比喻说法。现阶段被广为接受的是美国国家标准与技术研究院（NIST）提出的有关云计算的定义：云计算是一种按使用量付费的模式。这种模式提供可用的、便捷的、按需的网络访问；访问一旦进入可配置的计算资源共享池（资源包括网络、服务器、存储、应用软件、服务），池子中的这些资源就会被快速提供给用户，而用户只需投入很少的管理工作，或与用户的服务供应商进行很少的交互即可
ICT（Information Communication Technology）	是信息通信技术的简称，是信息技术与通信技术相互融合而形成的一个新的概念和新的技术领域
TCP/IP 协议（Transmission Control Protocol/Internet Protocol）	是指传输控制协议/互联网协议，又名网络通信协议，是互联网最基本的协议。TCP负责发现传输的问题，有问题就发出信号，要求重新传输，直到所有数据安全正确地传输到目的地。而 IP 是给互联网的每一台计算机规定一个地址

名　称	定　义
3G（The Third Generation of Mobile Telecommunication System）	是第三代移动通信系统的简称，是一种支持高速数据传输的蜂窝移动通信技术。3G 服务能够同时传送声音及数据信息，速率一般在几百千比特每秒以上
4G（The Fourth Generation of Mobile Telecommunication System）	是第四代移动通信系统的简称，是集 3G 与 WLAN 于一体，能够传输高质量视频图像，且图像传输质量与高清晰度电视不相上下的技术产品。4G 系统下载速度能达到 100Mbit/s，上传的速度也能达到 20Mbit/s，并能够满足几乎所有用户对于无线服务的要求，价格却与固定宽带网络不相上下，而且计费方式更加灵活，用户完全可以根据自身的需求确定所需的服务
NGN（Next Generation Network）	是下一代通信网络的简称。ITU-T 对 NGN 的定义是，NGN 是基于分组的网络，能够提供电信业务；利用多种宽带能力和服务质量（Qos）保证的传送技术；其业务相关功能与其传送技术相独立。NGN 使用户可以自由接入不同的业务提供商；NGN 支持通用移动性。具有双向互动功能的 IPTV 是 NGN 上的一项重要业务内容
泛在网	是指基于个人和社会需求，利用现有的网络技术和新技术，实现人与人、人与物、物与物之间按需进行的信息获取、传递、存储、认知、决策、使用等服务，网络具有超强的环境感知、内容感知及智能性，为个人和社会提供泛在的、无所不含的信息服务和应用
ISP(Internet Service Provider)	是互联网服务提供商，即向广大用户综合提供互联网接入业务、信息业务和增值业务的电信运营商，是广大的个人用户和规模有限的公司用户进入互联网的入口和桥梁
OTT（Over The Top）业务	是指互联网公司越过电信运营商发展的对传统电信业务有替代竞争效应的业务
产业前向关联	是指一产业的产品在其他产业中的利用而形成的产业关联，即对其下游产业的影响，也就是上游产业为下游产业提供生产资料或中间产品的供给作用
产业后向关联	是指一产业在其生产过程中需要投入其他产业的产品所引起的产业关联，即对其上游产业的影响，也就是某个产业的发展为向它提供中间产品或生产资料的产业创造需求
政府信息化	是指政府部门为更加经济、有效地履行自己的职责，向全社会提供更好的服务而广泛应用信息技术、开发利用信息资源的活动和过程
企业信息化	就是将信息技术应用于企业生产、技术、经营、管理等领域，不断提高信息资源开发效率，获取信息经济效益的过程
产业信息化	是指在由同类企业（非信息企业）所组成的各个产业部门内，通过大量采用信息技术和充分开发利用信息资源而提高劳动生产率和产业效益和过程
社会信息化	指在人类工作、消费、教育、医疗、家庭生活、文化娱乐等一切社会活动领域里实现全面的信息化
规模经济性	是指随着产品数量增加而使产品成本不断下降所带来的经济性
联结经济性	是指当信息化发展到信息网络化阶段时，多个市场主体通过信息网络相互联结，建立起一种新型的竞争协同关系，可以创造出既不同于规模经济，又不同于范围经济的新的经济效应
纵向一体化	是企业在两个可能的方向上扩展现有经营业务的一种发展战略，它包括前向一体化和后向一体化
横向一体化	又称"水平一体化"或"整合一体化"，是指企业收购或兼并同类产品生产企业以扩大经营规模的成长战略，其实质是提高系统的结构级别

名　称	定　义
信息经济	即知识经济、智能经济，是建立在信息的生产、分配和使用基础之上的经济，是以现代信息技术等高科技为基础，信息产业起主导作用的，基于信息、知识、智力的一种新型经济形态，同时也是通过信息配置社会生产力要素和资源的经济活动
网络经济	第一种含义是对信息经济的一种描述，是指由于计算机互联网络在经济领域的普遍应用，使得垂直的关系被拉平，信息替代资本在经济中的主导地位，并最终成为核心经济资源的经济形态；第二种含义是指包括交通运输、电力、通信等具有网络特征的部门经济
网络外部性	在网络中，随着使用同一产品或服务的用户数量的变化，每个用户从消费此产品或服务中所获得的效用的变化。直接的网络外部性是指一个用户所拥有的产品价值，随着另一个用户对一个与之兼容的产品的购买而增加
梅特卡夫定律	网络价值等于网络节点数的平方，即 $V=n^2$。式中，V 为网络价值，n 为网络节点数。网络的价值与互联网用户数的平方成正比，使用网络的人越多，网络资源会变得越有价值，吸引更多的人来使用，提高整个网络的总价值。在全通道式的网络中，节点之间两两互连，任意一个节点都与其中 $n-1$ 个节点相连，全网中有 $n(n-1)$ 条通道。当 n 足够大时，通道数量约等于 n^2。通道的数量代表网络的有用性和网络的潜在价值，因为每一条通道都可能成为网络价值的来源
边际效用递增	传统经济学认为，随着消费数量的增加，单位商品或服务给人们带来的满足程度会逐步下降。在网络经济中存在相反的情况，消费者对某种商品消费越多，增加对该商品消费量的欲望越强，呈现边际效用递增规律
网络中立性	又称为"互联网中立性"或"非歧视性的互联互通"，是一种涉及通信网、互联网的基础性原则。该原则要求：第一，主导电信运营商在与不同的网络实施网间互联时不能存在歧视；第二，对于基础网上流动的由不同的网络内容提供商提供的内容没有选择或歧视，即基础网络提供商不得为利益相关者提供优先服务。网络中立性可以有效地缩小网络外部性导致的小规模网络和小型运营商的劣势
增值电信业务	是利用公共网络基础设施和其他通信设备开发提供的内容丰富多彩、更具个性化特征和附加价值的电信与信息服务业务，其实现的价值使原有网络的经济效益或功能价值增加
三网融合	是指电信网、广播电视网、互联网及其业务市场彼此之间的相互渗透、相互融合。在向宽带通信网、数字电视网、下一代互联网演进过程中，3 大网通过技术改造，其技术功能趋于一致，业务范围趋于相同，网络互联互通、资源共享，能为用户提供语音、数据和广播电视等多种服务
歧视性定价	是指居于市场支配地位的运营商没有正当理由，在向具有同等交易条件的其他经营者提供相同商品或者服务时，在价格上针对不同的交易对象，实行明显有利或不利的差别待遇
垂直价格挤压	是指同时进行两个或两个以上垂直业务经营的企业，利用其在上游业务市场的支配地位，控制下游企业从事生产经营的必要投入要素（上游产品或业务），并利用其对上游产品和下游产品的定价主导权，抬高上游业务价格，同时保持下游业务价格不变或降低下游业务价格，从而导致竞争对手利润降低甚至完全失去利润，最终将相同效率或更高效率的竞争者排挤出下游市场的一种滥用市场支配地位的定价行为
掠夺性定价	也称"驱逐对手定价"，指的是某企业对其所提供的业务制定非常低甚至低于成本的价格，从而主动放弃利润，故意发生亏损，以达到把竞争对手挤出市场，同时阻止潜在竞争者进入的目的
捆绑销售	是指经营者在销售商品或者提供服务时，将两种以上的商品或服务组合在一起提供给买方的行为

名　　称	定　　义
市场失灵	是指在充分尊重市场机制作用的前提下,市场仍然无法有效配置资源和正常发挥作用的现象。理论上,完全自由竞争的市场机制可实现资源配置达到帕累托最优状态,但由于市场垄断势力、公共物品、信息不对称以及外部性的存在等原因,纯粹的完全竞争的市场机制在现实中是不存在的,市场失灵就成为普遍现象
有效竞争	是指使经济活动保持高效率,同时规模经济与竞争活力得到兼顾,并在长时间范围内既不存在生产能力过剩,也不存在超额利润的不完全竞争状态
竞争政策	是指国家为促进和保护竞争,维护市场竞争机制的正常运行,提高生产效率和资源配置效率,增进社会福利而制定的各种行为准则的总和
规制	是规制部门通过对某些特定产业或企业的产品定价、产业进入与退出、投资决策、危害社会环境与安全等行为进行的监督与管理
对称规制	是指对于电信市场上的所有运营商,无论其规模大小、市场份额高低,也不论其是否具有市场支配地位,一律实行一视同仁的规制政策
非对称规制	是指在电信市场打破垄断、开放竞争的改革进程中,政府规制机构通过制定实施有差别的规制政策,在市场准入、许可证发放、频率资源分配、普遍服务及互联互通的责任与义务、资费的制定与调整等方面,对在位企业或主导运营商实行更加严格的规制,目的是扶持新进入者、弱势企业发展壮大,以尽快形成与原有企业、主导运营商势均力敌的对等竞争的局面,促进并维持公平竞争
经济性规制	是指为了防止在自然垄断产业发生资源配置的低效率和确保使用者的公平利用,政府机关以其法定权限,通过许可和认可等手段,对企业的进入和退出、价格、服务的数量和质量以及投资、财务、会计等有关行为加以规制
社会性规制	主要指政府对有关产品与服务的安全性与质量、卖方所提供信息的可信程度以及经济活动所引起的各种外部性问题,如环境污染、消费者健康受损等进行的监控。
通信业务总量	是以货币形式表示的通信(包括邮政和电信)企业为社会提供各类通信服务的总数量。通信业务总量以不变价格计算,以便于进行比较
电信业务总量	是以货币形式表示的电信企业为社会提供各类通信服务的总数量。电信业务总量以不变价格计算,以便于进行比较
电信通信能力	主要由固定通信能力(用户交换机容量、电话机总数等)、卫星通信能力(地面卫星地球站)、移动通信能力(无线寻呼系统容量、移动电话交换机容量等)、非话通信能力(宽带业务网端口个数、数字数据节点机端口个数等)、长途通信能力(长途电话交换机容量)共同构成
通信资费	就是通常意义上的通信业务资费标准,即通信产品的价格,指的是用户在享用通信服务时按照规定的资费标准支付的费用
电信业价格指数	是反映一定时期电信业价格变动程度和趋势的相对数,它是以百分数的形式来反映电信业价格在不同时期的涨跌幅度
电信网	主要是指利用有线及无线的电磁系统或者光电系统,传递、发射或者接收各种形式信息的通信网
互联网	由许多小的网络(子网)互联而成的一个逻辑网,每个子网中连接着若干台计算机或通信终端,以相互交流信息资源为目的,是一个信息资源和资源共享的集合
长尾效应	基于网络或系统的长期积累而产生的一种经济现象:一类属于范围经济,即为销售主要产品而建立的系统成熟之后为其他产品(如增值业务)的销售带来便利;另一类是中心市场形成之后对边缘市场(如低端用户群)的带动作用
通信业务收入	通信企业从事通信生产,向社会提供通信业务所取得的收入,作为统计指标按照当时的价格计算

名　　称	定　　义
电信业务收入	电信企业在生产提供各类电信业务过程中取得的收入，作为统计指标按照当时的价格计算
基础电信运营商	经营基础电信业务的企业，是指那些拥有能够支撑电信服务的电信基础设施并提供公众电信业务服务的运营商
公共运营商	提供公共电信业务（包括公共交换电信网络接入和电信传输业务）的运营商
主导电信运营商	是指在电信市场上起主导作用的电信运营商，通常是原有的全国性公共电信业务运营商。各国政府或通信管理机构都规定了主导运营商应该承担的义务，并规定了主导运营商的确定标准，主要依据是企业的市场份额（如欧盟规定市场占有率达到40%的为主导运营商）
虚拟电信运营商	指那些不拥有自己的基础网络资源，通过租用基础电信运营商的网络资源来提供电信服务，并在其基础上增加更适合于用户需求的服务，然后以自己的品牌向用户提供通信服务的新型电信运营商
市场集中指数（HHI）	是衡量市场垄断（竞争）程度的市场结构性指标。西方发达国家（如美国）用HHI指数衡量电信市场集中度。计算方法是相关市场内每个企业市场份额（百分比）的平方之和。美国司法部根据 HHI 指数确定企业集中控制标准，HHI 指数在 1 800 以上定义为高度集中市场。其计算公式为：$$HHI=\sum_{i=1}^{N}\left[\frac{X_i}{T}\right]^2 \times 10000$$ 其中：N 为产业内的企业总数；X_i 为第 i 个企业的规模；T 为产业市场的总规模
普遍服务	通信业的普遍服务是指每一个家庭或个人能够以合理的价格享受符合标准的通信服务，也即任何人在任何地点都能以承担得起的价格享受电信业务，而且业务质量和资费标准完全相同
虚拟成本	也称"重置成本"，是依据现实的网络技术设备、电力、人力资源等的开销水平，虚拟计算同等规模的网络所需支出的成本。在确定网间互联资费、进行网间结算以及政府实行资费管制时，虚拟成本是相关各方需要参照的成本数量依据
增量成本	是指为增加一定的产出量而增加的成本，也即由产出增量而导致的总成本的变化量，它等于生产增量之后的总成本减去生产增量前的总成本
需求价格弹性	是指市场商品需求量对于价格变动做出反应的敏感程度，通常用需求量变动的幅度对价格变动幅度的比值，即以需求价格弹性系数来表示
需求收入弹性	是指在一定时期内，消费者对某种商品需求量的变动对于消费者收入量变动的反应程度，通常用需求量变动的幅度对收入量变动幅度的比值，即以需求收入弹性系数来表示
消费者剩余	又称消费者净收益，是指消费者为取得一定数量的某种商品所愿意支付的最高价格与它取得该商品而实际支付的价格之差
生产者剩余	是指厂商提供一定数量的某种商品时，实际接受的总支付与其所愿意接受的最小总支付之间的差额
线性资费	是指消费者享用通信服务所支付的价格总额与消费数量之间具有一定的线性关系
非线性资费	是指消费者购买特定商品或服务所支付的价格总额与购买该商品或服务的总数量之间不存在严格的线性比例关系，即消费者支付的总价格不随购买总量增加而线性递增
捆绑资费	也称多产品资费，是指将两种或两种以上的不同产品捆绑在一起打包定价，并且相对于产品包内所有单产品售价之和提供一定价格折扣的一种资费形式和定价策略
范围经济	是指一个同时提供两种以上产品或业务的运营商比起仅提供一种产品或业务的单个运营商所具有的成本和价格优势

名　称	定　义
自然垄断性	是指当一种产品或一种服务的生产全部交给一家垄断企业经营时,对全社会来说总成本最低
交叉补贴	是指企业在其提供的各种业务中,人为地将一部分业务的价格定得高于成本,而将另一部分业务的价格定得低于成本,最终用高于成本定价的业务、地区和用户市场的盈余来弥补低于成本定价的业务、地区和用户市场的亏损,从而实现盈亏互补的一种定价方式或定价策略
策略性交叉补贴	指的是纵向一体化或横向一体化经营的主导电信运营商,用垄断业务的高利润来补贴低利润的竞争性业务,从而在竞争性业务市场上排挤竞争对手的价格行为
公正报酬率管制	是通过设置合理的企业资本收益率（公正报酬率）来对企业利润进行控制,进而间接控制具体业务资费水平的一种管制方法,其基本思路是先确定总成本,总成本除包括直接费用外,还将资本报酬作为生产费用纳入其中。然后要求:资费总收入=总成本,即资费总收入=直接费用+资本报酬。目的是限制垄断企业利用垄断地位制定垄断高价。实际上,这会导致企业没有降低成本的积极性,致使成本上升
价格上限管制	在现行资费基础上,由政府管制部门针对社会零售物价指数 RPI,规定一个企业的生产效率调整因子 X,电信资费的上调幅度不得超过 RPI-X 的标准,从而确定资费的上限
网间结算	是与网间互联相伴而生的一个重要概念,是指电信运营商之间因为所发生的网络互联、呼叫接入等经济业务而产生的收入分配与结算关系。网间结算的依据是网间互联资费也即网间互联结算价格
有效元素定价原则（ECPR）	也称为"Baumol-Willig"原则,其主要内容是:原先占垄断地位的公司（主导公司）为新公司（竞争公司）提供接入,主导公司收取的接入价（AP）应该能补偿其直接成本（DC）以及由于为竞争公司提供服务而损失的机会成本（OC）,这里的机会成本指垄断运营商因提供这些竞争性业务而使自己减少的收入。ECPR 定价可用公式简单表示为 $AP=DC+OC$
长期增量成本	基于现实的网络和用户规模下的成本水平,并考虑未来较长时期内因用户和业务量增长、互联需求增加、网络结构变化和技术进步等因素所可能导致的固定资产投资成本和运营成本的变化,所预测出来的将来的增量成本水平。这个成本增量不仅包括短期内可变的变动成本,也包括短期内不发生变化,但长期来看却是可变的固定资产投资
网络安全审查	是指对关系国家安全和社会稳定信息系统中使用的信息技术产品与服务进行测试评估、监测分析和持续监督的过程
管道智能化	是相对于"哑管道"或说以带宽和静态服务质量（Quality of Service,QOS）为标志的传统通信管道而言的,一般来说是指运营商通过一定的方法,在通信基础网络上构建一系列致力于网络资源优化的网络服务系统,使之具备应用层优化和服务质量区分能力,使通信基础网络成为智能化的网络管道。智能化管道建设运营是涉及网络、业务、终端等多个层面的系统工程,运营商可从网络、感知、管控、分发、平台 5 个方面入手开展智能化提高
网元与通信网络单元	网元又称网络元素或网络单元,是指网络管理系统中可以监视和管理的最小设备单位,如主机、路由器、交换机/集线器、打印机、调制解调器等设备。通信网络单元是指通信网中功能相对独立的构成要素,如本地环路、本地汇接交换设施、局间传输设施、长途交换、长途传输等
网元出租	是指基础电信运营商将基本的网络元素,如交换机、用户线路、光纤等,采用有偿租用的方式提供给客户,以满足其组网及传送信息的需要。这些相对独立的网络元素可以作为一种特殊的服务提供给新进入的运营商。新进入者可以根据自己的需要,租用自己不具备的网络元素,而不必租用或购买一整套的互联服务功能。这项业务有利于优化资源配置、避免重复建设

序号	指 标 名 称	计量单位	2010 年不变单价（元）	
			月度	年度
1	固定电话平均用户	户	8.00	96.00
2	固定本地网内区内电话及拨号上网通话时长	分钟	0.064	
3	固定本地网内区间电话通话时长	分钟	0.16	
4	固定传统国内长途通话时长	分钟	0.28	
5	固定传统国际长途通话时长	分钟	3.15	
6	固定传统港澳台长途通话时长	分钟	1.25	
7	固定国内 IP 电话通话时长	分钟	0.16	
8	固定国际 IP 电话通话时长	分钟	1.55	
9	固定港澳台 IP 电话通话时长	分钟	0.80	
10	固网来电显示平均用户	户	3.05	36.60
11	固网个性化回铃业务平均用户	户	3.45	41.40
12	移动非漫游本地通话时长	分钟	0.088	
13	移动非漫游传统国内长途通话时长	分钟	0.22	
14	移动非漫游传统国际长途通话时长	分钟	2.76	
15	移动非漫游传统港澳台长途通话时长	分钟	0.89	
16	移动国内漫游通话时长	分钟	0.26	
17	移动国际漫游通话时长	分钟	3.05	
18	移动港澳台漫游通话时长	分钟	2.42	
19	移动国内 IP 电话通话时长	分钟	0.13	
20	移动国际 IP 电话通话时长	分钟	1.76	
21	移动港澳台 IP 电话通话时长	分钟	0.79	
22	移动可视电话通话时长	分钟	0.21	
23	移动个性化回铃业务平均用户	户	3.84	46.08
24	移动点对点短信业务量	条	0.10	
25	移动点对点彩信业务量	条	0.39	

序号	指 标 名 称	计量单位	2010 年不变单价（元）	
			月度	年度
26	固定互联网宽带接入平均用户	户	71.30	855.60
27	无线上网卡平均用户	户	80.26	963.12
28	手机上网平均用户	户	6.61	79.32
29	IPTV 平均用户	户	12.45	149.40
30	手机电视平均用户	户	4.64	55.68
31	基础数据业务平均用户	2M	1 294	15 528
32	出租电路	2M	878	10 536
33	其他基础电信业务	元	业务收入	
34	固网电话信息服务业务时长	分钟	0.61	
35	固定互联网信息服务平均用户	户	9.91	118.92
36	IDC 平均用户	户	4 046	48 552
37	手机报业务平均用户	户	3.56	42.72
38	手机音乐业务平均用户	户	3.06	36.72
39	手机铃音下载次数	次	0.44	
40	其他增值电信业务	元	业务收入	
41	结算	元	业务收入	
42	其他主营业务	元	业务收入	

类别	序号	业务量指标名称	2015 年不变单价	
			月度	年度
固定语音	1	固定本地及国内长途通话时长	0.146 元/分钟	
	2	固定国际及港澳台长途通话时长	1.662 元/分钟	
固定数据及互联网	3	家庭宽带接入平均用户	43.56 元/户·月	522.69 元/户·年
	4	单位宽带接入平均用户	94.63 元/户·月	1 135.51 元/户·年
	5	其他固定数据及互联网业务	以收代量	
固定增值及其他	6	互联网数据中心出租机架平均数量	10 616.36 元/个·月	127 396.3 元/个·年
	7	IPTV 平均用户	13.72 元/户·月	164.59 元/户·年
	8	其他固定增值业务及其他固定业务	以收代量	
移动语音	9	移动国内通话时长	0.109 元/分钟	
	10	移动国际及我国港澳台地区通话时长	1.416 元/分钟	
移动数据及互联网	11	无线上网卡流量	16.264 元/G	
	12	手机上网流量	80.224 元/G	
	13	物联网流量业务量	2.17 元/户·月	26.02 元/户·年
	14	其他移动数据及互联网业务	以收代量	
移动增值及其他	15	移动短信业务量	0.060 元/条	
	16	其他移动增值业务及其他移动业务	以收代量	

参 考 文 献

[1] 王永江，蔡秉三．社会主义邮电经济学[M]．北京：北京邮电大学出版社，1993．

[2] 诸幼侬，李国梁．邮电通信经济学[M]．北京：中国经济出版社，1995．

[3] 诸幼侬，钱忠浩．当代世界电信经济[M]．上海：文汇出版社，1994．

[4] 杨培芳．信息网络服务[M]．北京：京华出版社，1995．

[5] 吴基传．中国通信发展之路[M]．北京：新华出版社，2002．

[6] 吴洪，黄秀清．通信经济学[M]．北京：北京邮电大学出版社，2003．

[7] 中华人民共和国信息产业部．中国电信业发展指导[M]．北京：人民邮电出版社，2004．

[8] 高仰止．转型期的邮电改革[M]．上海：文汇出版社，2004．

[9] 王浣尘．信息距离与信息[M]．北京：科学出版社，2006．

[10] 张铭洪，杜云．网络经济学教程[M]．北京：科学出版社，2010．

[11] 让·雅克·拉丰，让·索纳尔．电信竞争[M]．北京：人民邮电出版社，2001．

[12] 邬义钧．产业经济学[M]．北京：中国统计出版社，2001．

[13] 苏金生．管制模式与发展研究[M]．北京：人民邮电出版社，2007．

[14] 何霞．网络时代的电信监管[M]．北京：人民邮电出版社，2010．

[15] 唐守廉．电信管制[M]．北京：北京邮电大学出版社，2001．

[16] 蒋洪，朱萍．财政学[M]．上海：上海财经大学出版社，2000．

[17] 杨远红，刘飞，王旭，赵彦卓．通信网络安全技术[M]．北京：机械工业出版社，2006．

[18] 彭英，王珺，卜益民．现代通信技术概论[M]．北京：人民邮电出版社，2010．

[19] 张凯．物联网安全教程[M]．北京：清华大学出版社，2014．

[20] 郭亚军，王亮，王彩梅．物联网基础[M]．北京：清华大学出版社，2013．

[21] 王平．物联网概论[M]．北京：北京大学出版社，2014．

[22] Hank Intven, Jeremy Oliver, Edgardo Seplveda．电信规制手册[M]．管云翔译．北京：北京邮电大学出版社，2001．

[23] 刘云，孟嗣仪等．通信网络安全[M]．北京：科学出版社，2011．

[24] 王景中，徐小青，曾凡锋．通信网安全与保密[M]．西安：西安电子科技大学出版社，2008．

[25] 陆平，李明栋，罗圣美，钟健松．云计算中的大数据技术与应用[M]．北京：科学出版社，2013．

[26] 张学记．智慧城市：物联网体系架构及应用[M]．北京：电子工业出版社，2014．

[27] 马志刚．中外互联网管理体制研究[M]．北京：北京大学出版社，2014．

[28] 张德丰．大数据走向云计算[M]．北京：人民邮电出版社，2014．

[29] 唐宝民，江凌云．通信网技术基础[M]．北京：人民邮电出版社，2009．

[30] 徐民鹰，刘信圣．三网合一技术基础[M]．北京：中国国际广播出版社，2003．

[31] 童晓渝，张云勇．智能普适网络——面向服务的云计算运营架构[M]．北京：人民邮电

出版社，2012.

[32] 唐子才等. 互联网规制理论与实践[M]. 北京：北京邮电大学出版社，2008.

[33] 金洁. 互联网应用教程[M]. 北京：清华大学出版社，2005.

[34] 陶小峰，崔琪楣，许晓东，张月霞. 4G/B4G 关键技术及系统[M]. 北京：人民邮电出版社，2011.

[35] 蔡跃明，吴启晖，田华，高瞻. 现代移动通信[M]. 北京：机械工业出版社，2010.

[36] 王承恕. 通信网新技术[M]. 北京：人民邮电出版社，2006.

[37] 宗平. 物联网概论[M]. 北京：电子工业出版社，2012.

[38] 王汝林. 物联网基础及应用[M]. 北京：清华大学出版社，2011.

[39] 李春茂. 物联网理论与技术[M]. 北京：化学工业出版社，2013.

[40] 艾浩军等. 物联网技术与产业发展[M]. 北京：人民邮电出版社，2011.

[41] 黄玉兰. 物联网概论[M]. 北京：人民邮电出版社，2011.

[42] 孙颖. 物联网核心技术及应用[M]. 辽宁：东北大学出版社，2012.

[43] 卢建军. 物联网概论[M]北京：中国铁道出版社，2012.

[44] 信息产业部电信管理局. 电信网间互联管理[M]. 北京：人民邮电出版社，2003.

[45] 戴宗坤. 信息安全法律法规与管理[M]. 重庆：重庆大学出版社，2005.

[46] 贾铁军. 网络安全实用技术[M]. 北京：清华大学出版社，2011.

[47] 黄秀清，吴洪. 通信经济学[M]. 北京：北京邮电大学出版社，2012.

[48] 高斌. 通信经济学[M]. 北京：人民邮电出版社，2008.

[49] H.克雷格·彼得森，W. 克里斯·刘易斯. 管理经济学[M]. 北京：中国人民大学出版社，1998.

[50] 张宁，陶琳. 论我国电信法律规制中非对称管制的完善[J]. 法制与社会，2006(9)：229-230.

[51] 王文婧，吕廷杰. 我国电信市场竞争监管政策探讨[J]. 北京邮电大学学报（社会科学版），2012（1）：45-51.

[52] 何霞. 我国电信监管改革历程与发展方向[J]. 电信技术，2006（11）：27-29.

[53] 侯广吉，马慧，梁雄健. 移动电话资费管制的研究[J]. 电信科学，2006（10）：46-50.

[54] 阚凯力. 电信网络的二维成本分析[J]. 北京邮电大学学报（社会科学版），2005（2）：29-33.

[55] 王含春，李文兴. 强自然垄断定价理论研究述评[J]. 生产力研究，2007（15）：149-151.

[56] 梁雄健，徐亮. 电信网间互联成本测算与定价[J]. 通信管理与技术，2003（4）：4-7.

[57] 徐俊杰，忻展红. LECOM 电信网成本测算模型探析[J]. 探析管理与技术，2005（4）：3-5.

[58] 廖洋. 成本标杆法与标准成本法的比较分析[J]. 商场现代化，2007(5)：95.

[59] 鲁向东，钱琼，吕廷杰. 网间接入费定价模型分析比较[J]. 通信企业管理，2003（6）：17-20.

[60] 陈宁. 电信行业的非线性定价竞争对消费者行为及社会福利的影响[J]. 民营科技，2012（1）：128.

[61] 王冰. 公共事业规制中的非线性定价及福利改进[J]. 数量经济技术经济研究，2004（6）：53-63.

[62] 宋灵恩. 世界主要电信管制改革模式比较研究[J]. 中州学刊，2007（5）：70-72.

[63] 彭峻. 电信业务捆绑销售策略研究[J]. 广东通信技术，2006（7）：37-43.

[64] 贾永毅. 3G 时代中国通信运营商的捆绑销售[J]. 北方经济，2010（3）：24-25.

[65] 许伟. 中国电信 ICT 业务服务成本测算模型分析[J]. 电信技术，2009（1）：103-106.

[66] 张炎滨. 电信监管模式的分析[J]. 通信管理与技术，2007（2）：1-2，9.

[67] 张伟，周鲁柱，乔翠霞. 依靠民间资本提高城市基础设施投资绩效的理论与实证研究 [J]. 管理现代化，2006(6)：106-108.

[68] 张东红. 移动通信建设项目经济评价理论、实务与案例[M]. 北京：人民邮电出版社，2009.

[69] 韦秀长. 中国电信运营商融资问题的理论与实践[M]. 北京：经济科学出版社，2009.

[70] 黄春平，余宗蔚. 媒介融合背景下我国数字内容的监管难题与解决路径[J]. 深圳大学学报（人文社会科学版），2010（2）：140-146.

[71] 刘茂松，曹虹剑. 信息经济时代产业组织模块化与垄断结构[J]. 中国工业经济，2005(8)：56-64.

[72] 孙霄凌，朱庆华. 日本信息通信政策研究及其对中国的启示——日本三网融合政策述评及其启示[J]. 情报科学，2010（12）：1746-1753.

[73] 马健. 产业融合识别的理论探讨[J]. 社会科学辑刊，2005（3）：86-89.

[74] 周振华. 产业融合：产业发展及经济增长的新动力[J]. 中国工业经济，2003（4）：46-52.

[75] 于刃刚，李玉红. 产业融合对产业组织政策的影响[J]. 财贸经济，2004（10）：18-22.

[76] 何立胜，李世新. 产业融合与产业变革[J]. 中州学刊，2004（11）：59-62.

[77] 郭水文. "三网融合"下中国通信网络竞争及对公共政策的挑战[J]. 现代经济探讨，2011（4）：60-64.

[78] 岳芃. 媒介融合、产业利益冲突与市场监管[J]. 西安交通大学学报（社会科学版），2011（3）：43-48.

[79] 张昕竹，马源，冯永晟. 电信广电应分业规制还是统一规制——基于跨国数据的实证研究[J]. 当代财经，2011（8）：92-101.

[80] 刘轩. 电信规制改革的国际比较[J]. 经济社会体制比较，2010（2）：155-160.

[81] 王湘军. 我国电信业政府监管机构重构研究[J]. 行政法学研究，2010（3）：42-49.

[82] 魏丹. 电信业增加值在 GDP 中的比重变化趋势及影响研究[D]. 南京：南京邮电大学，2012.

[83] 高斌，张玉梅. 通信经济学[M]. 北京：人民邮电出版社，2015.

[84] Lewin, D., Williamson, B., Cave, M.. Regulating next-generation fixed access to telecommunications services[J]. Info, 2009, 11(4)：3-18.

[85] Lehr, W., Sirbu, M., &Gillett, S.. Wireless is changing the policy calculus for municipal broadband[J]. Government Information Quarterly, 2006（23）：435-453.

[86] Huigen, J., Cave, M.. Regulation and the promotion of investment in next generation networks-A European dilemma[J]. Telecommunications Policy, 2008（32）：713-721.

[87] Nutavoot Pongsiri. "Regulation and Public-Private Partnership"[J], The International Journal of Public Sector Management, 2002（15）：487-495.

[88] Gillett，S．E．，Lehr，W．H．，Osorio，C．Local government broadband initiatives[J]. Telecommunications Policy，2004（28）：537-558.

[89] Frieden，R．. Lessons from broadband development in Canada，Japan，Korea and the United States. Telecommunications Policy，2005（29）：595-613.

[90] Hacklin Fredrik and Christian Marxt. Assessing R&D management strategies for wireless applications in a converging environment[R]. Proceedings of The R&D Management Conference，Manchester，Pngland，2003（7）：7-9.

[91] Jouni K，Juha P S. Analyzing the evolution of industrial ecosystems：Concept and application[J]. Ecological Economies，2005（2）：169-186.

[92] Felicia Fai，Nicholas von Tunzelmann. Industry-specific competencies and converging technological systems：evidence from patents[J]. Structural Change and Economic Dynamics，2001(12)：141-170.

[93] C．Bores a．C．Saurina a，R．Tomes．Technological convergence：a strategic perspective[J]. Technovation，2003（23）：1-13.

[94] Jonas Lind. Ubiquitous Convergence：Market Redelinitions Generated By Technological Change and the Industry Life Cycle[R]. Paper for the DRUID Academy Winter 2005 Conference，January：27-29.

[95] Lei，D．T．. Industry evolution and competence development：the imperatives of technological convergence[J]. International journal of technology management．2000（19）：7-8.

[96] Yoffie B David. Competing in the age of digital convergence[J]. California management review．1996（4）：31-53.

[97] Stieglitz N. Industry Convergence and the　transformation of the Mobile Communications System of Innovation[R]. Phillips University Marburg，Department of Business Administration and Economics，2004.

[98] Choi．D，Vatikangas，L．Patterns of Strategy Innovations[J]．European Management Journal．2001（19）：424-429.

[99] 中华人民共和国国家统计局．中国统计年鉴，2014-5-10．

[100] 中国互联网络信息中心．第 41 次中国互联网络发展状况统计报告，2018-1-31．

[101] 中华人民共和国工业和信息化部运行监测协调局．2013 年通信运营业统计报表，2014-1-23．

[102] 工业和信息化部．2013 年通信运营业统计公报表，2014-01-23．

[103] 中国联通．中国联通 2012 年报，2013-03-21．

[104] 中国电信．2013 年中国电信年报，2014-03-25．

[105] 孙永杰．中国移动获固网牌照，宽带格局短期难变，2013-12-17．

[106] 韦柳融．电信资费水平的国际比较方法分析，2011-12-02．

[107] 工业和信息化部．2017 年通信运营业统计公报表，2018-02-02．